Annemarie und Wolfgang van Rinsum

Interpretationen

Lyrik

Bayerischer Schulbuch-Verlag · München

1986
1. Auflage
© Bayerischer Schulbuch-Verlag
Hubertusstraße 4, 8000 München 19
Satz und Druck: Wagner GmbH, Nördlingen
ISBN 3-7627-2146-7

Inhalt

4

Vorwort

Dieser Band der bsv-Interpretationen führt in die wissenschaftliche Auseinandersetzung mit Gedichten ein. Dabei werden Kenntnisse vorausgesetzt, wie sie einbändige Literaturgeschichten vermitteln, und die Grundbegriffe der Poetik. Das Wort „Interpretation" steht hier für alle Arten der Texterläuterung, zum Beispiel auch für Rezensionen. Eine möglichst breite Streuung der Methoden wurde angestrebt. Die Interpretationen sind meistens gekürzt, zum Teil sehr stark.

Bei der Auswahl der Gedichte waren folgende Überlegungen maßgebend: Es wurden nur acht Themenkreise erfaßt, um diese gründlicher repräsentieren zu können. Einige Dichter treten mehrfach auf; das soll die Zahl der Autoren überschaubar halten, ist jedoch nicht als qualitative Wertung gedacht. Die mittelalterliche Lyrik fiel dem begrenzten Raum zum Opfer, Klopstock, der späte Hölderlin und der späte Rilke der Notwendigkeit, knappe und verständliche Gedichte und Interpretationen abzudrucken. Die Gegenwartslyrik ist unterrepräsentiert, weil es dazu kaum Untersuchungen gibt.

I. Einleitung

Aspekte der Poetik

Gedichte unterscheiden sich dadurch von der Alltagssprache,
- daß sie in Wortwahl, Satzbau und Stil abweichen,
- daß sie in Versen und diese meist in Strophen angeordnet sind,
- daß Betonung, Takt und Rhythmus bestimmten Gesetzen gehorchen und
- daß sich oft Wörter reimen.

Die Sprache der Lyrik ist somit von allerlei Regeln abhängig: sie ist „gebundene Rede".

Nicht jeder Text, der diese Merkmale ganz oder teilweise aufweist, ist Lyrik – auch Dramen oder Erzählungen können in gebundener Rede verfaßt sein.

Die Inhalte von Gedichten können sein:
- Betrachtungen über das Leben, das Ich, die Welt, die Religion, die Politik, die Kunst;
- Empfindungen und Gefühle, Selbsterlebtes, das man zum Ausdruck bringen will;
- Beschreibung der Natur, eines Gegenstandes, eines Kunstwerks, eines Tieres, eines Menschen, eines Seelenzustandes.

Alle Inhalte von Lyrik lassen sich auch in Prosa sagen – in einer Erzählung, einem Roman, einem Essay, einer Analyse, einer Beschreibung. Vom Inhalt her läßt sich Lyrik daher nicht kennzeichnen. Was über das Inhaltliche hinausgeht, macht das eigentliche Wesen der Poesie aus. Es ist aus sich heraus nicht erklärbar; man kann aber bestimmte Eigenschaften feststellen und analysieren. Drei dieser Eigenschaften sind das Mythische, das Phantastische und das Ästhetische.

Das Mythische

Die Anfänge der Poesie haben einen deutlichen mythischen Bezug. Im Gebet, in der Beschwörungsformel, im rituellen Fest bedient sich der Mensch einer überhöhten, feierlicheren Sprache. Beispiele dafür gibt es aus vielen Kulturbereichen, etwa den Sonnengesang Echnatons, die Psalmen und das Hohe Lied, die Dithyramben oder germanische Zaubersprüche.

Der mythische Bezug ist auch in der heutigen Poesie noch – wenn auch säkularisiert – vorhanden. Wer dichtet, möchte mehr als bloß mitteilen: er möchte den Leser in eine Erlebens- und Erkenntnissphäre heben, in die dieser nicht geraten könnte, würde er nur die Sachaussage des Gedichts erfassen. Diese Sphäre ist die des eigentlich Unaussprechlichen, das in poetischer Sprache jedoch erahnt werden kann – so wie in der Beschwörungsformel das Göttliche erahnt wird.

Das läßt sich am besten an der historischen Erscheinung der Mystik erklären. In allen anerkannten und institutionalisierten monotheistischen Religionen haben sich Formen der Frömmigkeit entwickelt, deren Vertreter sich nicht mit der ritualisierten Gottesdienstordnung zufriedengeben und ein ursprünglicheres, unmittelbareres Verhältnis zu Gott anstreben. Sie gewinnen es in der meditativen, gefühlsmäßigen Hingabe und Versenkung, also in einer irrationalen, transzendenten Erfahrung. Wenn sie diese Erfahrung in Worte fassen wollen, geraten sie in Sprachnot, weil sie sich einer Sprache bedienen müssen, die über keine Ausdrücke für ihre individuellen Erfahrungswerte verfügt. In dieser Sprachnot suchen sie Bilder, faßbare Metaphern für das Unfaßbare. Es versteht sich, daß diese Metaphern nur Annäherungen sein können an das, was sie ausdrücken wollen. – Die deutsche mittelalterliche Mystik verwendete zum Beispiel die Metaphern „Meer" und „Wüste", um das allumfassende Wesen und die Grenzenlosigkeit Gottes auszudrücken.

Dieser Sprachvorgang wiederholt sich nicht nur in religiösen Erweckungsbewegungen, sondern auch immer dann, wenn Lyriker das Irrationale, das Unfaßbare und eigentlich Unsagbare in Worte fassen wollen.

Es gibt auch im zwanzigsten Jahrhundert Dichter, die sich ihren eigenen Mythos geschaffen haben, zum Beispiel Rilke, Lehmann, Celan, Bachmann. Keiner davon ließe sich in ein exaktes theologisches oder philosophisches System zwängen; könnte man sie lückenlos aufschließen, würde man sich fragen, warum sie in poetische Form gefaßt sind.

Das Phantastische

Der Begriff des Phantastischen bezieht sich – nicht in der verdünnten Bedeutung von „großartig" – auf die schöpferische Einbildungskraft. Die Phantasie entwirft aus Teilen der Wirklichkeit etwas Neues, Gestaltetes. Sie ist in verschiedenen Bereichen wirksam: sie formt Erfahrungen von Wirklichkeit in zusammenhängenden Bildern neu; sie gibt psychischen Vorgängen, inneren Erlebnissen, seelischen Regungen Struktur oder sie verdichtet den Rohstoff Sprache zu überraschenden und neuartigen Gebilden. Das Phantastische kann in allen Einzelheiten realitätsbezogen sein; es kann zum Beispiel lauter alltägliche Wörter benutzen oder lauter Phänomene zeigen, die es tatsächlich gibt; in der Zusammensetzung und Gestaltung jedoch ist es neu und von der Wirklichkeit unabhängig. Es gehört zu den Rätseln der Psyche und der Poesie, daß und wie sich die Eindrucks- und Aufnahmefähigkeit eines einzelnen durch seine Einbildungskraft in Kunstwerken verdichtet.

Das Ästhetische

Das Ästhetische ist die Lust am Schönen, das Bedürfnis, Gestaltetes wahrzunehmen oder selbst herzustellen. Jeder Mensch hat dieses Bedürfnis. Es äußert sich im Schmuck ebenso wie in dem Wunsch, etwas Eigenes zu haben, um sich von den anderen zu unterscheiden. Auch Rhythmik und Takt sind Erscheinungsformen des Ästhetischen. Kunst im weitesten Sinne ist das Resultat dieses Bedürfnisses.
Das muß nicht Dichtkunst sein. Es gibt Völker und Zeiten, die keine Poesie kennen, und wo es sie gibt, tritt sie zeitweise zurück zugunsten anderer Bereiche. Unsere Zeit ist zum Beispiel weitaus stärker auf rhythmische Musik ausgerichtet, in der Renaissance dominierte die Malerei, im Barock die pathetische Repräsentation.
Das Ästhetische ist nicht gleichbedeutend mit dem Schönen im trivialen Sinn. Ein Gedicht ist selten „schön"; es schön zu nennen, bedeutet schon fast eine Abwertung, heißt kunstvoll, aber wenig gehaltvoll.

Metrik: Vers – Takt – Rhythmus

Gedichte sind in Zeilen geordnet, den sogenannten Versen (lat.: versus = die Furche). Aufeinanderfolgende Verse stehen im gleichen Takt oder in einem erkennbaren Verhältnis von Takt und Rhythmen zueinander. Oft sind (waren) sie durch Reime verbunden und in Strophen zusammengefaßt.
Das Metrum, der Takt in der deutschen Lyrik, beruht auf einem einfachen Prinzip, nämlich dem Wechsel von betonten und unbetonten Silben, und zwar weit überwiegend „alternierend", das heißt, daß regelmäßig eine betonte Silbe (Hebung) und eine unbetonte (Senkung) aufeinanderfolgen. Der alternierende Takt kann entweder mit der Hebung oder der Senkung beginnen. Im ersten Fall heißt er trochäisch, im zweiten Fall jambisch. Eine Hebung und eine (oder zwei) Senkungen zusammen nennt man Versfuß bzw. in den beiden genannten Fällen Trochäus und Jambus. Ein Vers kann dann zum Beispiel aus zweifüßigen Trochäen

oder aus fünffüßigen Jamben bestehen (auch: trochäische Zweiheber, jambische Fünfheber).

Der Jambus ist der Grundtakt der deutschen Lyrik. Schätzungsweise zwei Drittel aller Gedichte sind jambisch.

Der alternierende Takt ist an sich nicht typisch für das Deutsche. Die Germanen „akzentuierten": Der Stabreim (lat. Alliteration) betont mit den Anlauten die Anfangssilben sinntragender Wörter im Vers, ohne die Zahl der Senkungen dazwischen zu beachten. Der musterbildende Einfluß der romanischen Lyrik hat aber schon im Mittelalter zu einer Angleichung geführt, so daß zwar theoretisch „Füllungsfreiheit" besteht, das heißt, daß die Zahl der Senkungssilben beliebig ist, praktisch aber höchstens zwei aufeinanderfolgen.

In diesem Fall verwendet man wiederum griechische Bezeichnungen: wenn die Hebung vorausgeht, heißt der Versfuß Daktylus, folgt sie nach, heißt er Anapäst. Daktylen und Trochäen können nach bestimmten komplizierteren Regeln gemischt sein, ebenso Jamben und Anapäste. Rein daktylische Verse sind selten, rein anapästische treten kaum auf; Jamben und Trochäen durcheinander entdeckt höchstens der Spezialist, und andere Versfüße, von denen es in der griechischen Metrik noch einige gibt, sind der deutschen Metrik fremd.

Wer Schwierigkeiten hat, das Metrum zu erkennen, kann versuchen, jambisch zu skandieren (skandieren heißt, mit übertriebener Betonung lesen). Dabei empfiehlt es sich, nicht die erste Zeile des Gedichts zum Maßstab zu nehmen, sondern die folgenden Verse; denn der Einsatz durchbricht oft absichtlich das Grundschema. Den Takt erkennt man am leichtesten an zwei- und mehrsilbigen Wörtern, weil deren Betonung eindeutig ist.

Die hier angeführten Fakten sind nur ein grobes Gerüst, für das zweierlei gilt:

1. Niemand kann den Takt (das „Metrum") peinlich genau einhalten, ohne monoton und einschläfernd zu wirken.

2. Die Abweichungen von den metrischen Regeln, die in jedem Gedicht vorhanden sind, dürfen ein gewisses, unmöglich festlegbares Maß nicht überschreiten, ohne ein Gedicht zu zerstören.

Innerhalb dieser beiden vagen Grenzen findet das statt, was man Rhythmus nennt; dieser kommt dadurch zustande, daß die einzelnen Hebungen im Vers unterschiedlich stark betont werden.

Reim und Gleichklang

Unter den lautlichen Bindungen tritt der Reim besonders deutlich hervor. Es gibt darüber hinaus mehrere andere Mittel; die wichtigsten davon sind die Alliteration, die Assonanz und die Vokalmelodie. Diese kommen zusammen mit dem Reim in den folgenden vier Zeilen konzentriert vor:

Schimmernde Schwäne in prahlenden Posen
gleiten leise auf glänzendem Glatt
aus der Tiefe tauchen die Rosen
wie Sagen einer versunkenen Stadt

Schimmernde – Schwäne; prahlende – Posen; gleiten – glänzendem Glatt; Tiefe – tauchen; Sagen – versunken – dies sind Alliterationen: die Wörter beginnen mit dem gleichen Konsonanten, wobei in „versunkenen" der Effekt dadurch erreicht wird, daß die Vorsilbe in der Senkung steht und dadurch gegenüber der folgenden Silbe zurücktritt. Die Alliteration ist nämlich nur dann ein wirksames poetisches Mittel, wenn die jeweilige Silbe betont ist. Sie ist dem altdeutschen Stabreim verwandt und wegen der germanischen Anfangsbetonung ein typisches poetisches Mittel des Deutschen und Englischen. Sprachen, die vorwiegend die zweite und dritte Silbe eines Wortes betonen, können sie naturgemäß nicht oft verwenden. Dafür haben sie reichere Reime und Assonanzen.
Der Alliteration der Konsonanten entspricht die Assonanz der Vokale: gleiten – leise; prahlend – Glatt; Schwäne – glänzendem; aus – tauchen; Sagen – Stadt. Dies kann im Einzelfall ein zufälliges Zusammentreffen sein, ist aber in der hier vorliegenden Häufung deutlich als Absicht erkennbar. Assonanzen müssen nicht immer auf die betonten Silben bezogen sein; auch in „prahlenden", „glänzendem", „versunkenen" erkennen wir Anklänge.
Die Vokalmelodie ergibt sich aus dem Vergleich der betonten Vokale eines Gedichts. Sie entzieht sich weitgehend einer Analyse, doch ist in unserem Beispiel immerhin erkennbar, daß in keiner Hebung ein e vorkommt und daß sich der Autor statt dessen auf die Abwandlung volltönender Vokale stützt. Assonanzen sind Stützen der Vokalmelodie.
Die vier Zeilen (von Rainer Maria Rilke) sind ohne Zweifel sehr kunstvoll; die Konzentration der verschiedenen Mittel auf den wenigen Zeilen wirkt allerdings zugleich gekünstelt. Sparsamkeit ist poetischer. Rilke, der seinen Tagesruhm mit solcherart kunstfertigen Gebilden erworben hat, hat in seinen späteren Gedichten diese Mittel sehr gedämpft. Er sah bewußt davon ab, seine außerordentliche Ziselierungsfertigkeit anzuwenden, weil sie von dem, was er sagen wollte, ablenkte.

Metapher

Der Begriff Metapher (von griech. metaphorein = übertragen) bedeutet, daß ein Ausdruck nicht so verwendet wird, wie es in der allgemeinen Verständigungssprache festgelegt ist, sondern eben in einer übertragenen Bedeutung. So ist etwa der „Kopf des Unternehmens" nicht ein menschliches Haupt, sondern die Person, die Planung und Durchführung der Firmenpolitik bestimmt.

Der Begriff Metapher wird in zwei Bereichen angewendet: in der Rhetorik und in der Poetik.

Metapher als rhetorischer Begriff

In der klassischen Rhetorik ist die Metapher eine aus einer Reihe von „Tropen". Diese Tropen (tropos, griech. = Wendung) bezeichnen Wörter und Ausdrücke, die um des Effektes und um der Veranschaulichung willen an die Stelle der eigentlichen Begriffe treten. Es sind bildhafte Wörter anstelle von begrifflichen. Die Metapher ist dasjenige Bild, das eine erkennbare Ähnlichkeit mit dem ursprünglichen Begriff hat. Die Ähnlichkeit kann auf begrifflichen Konventionen beruhen, zum Beispiel in „Er ist ein Fuchs" (weil dieses Tier aus der Fabel als Symbol der Schlauheit bekannt ist), oder auch unmittelbar aus dem Zusammenhang erkennbar sein, zum Beispiel: „Unter der Sorgenlast niedergedrückt".

Neben der Metapher werden als weitere Tropen Synekdoche (Teil für das Ganze: „unser tägliches Brot"), Metonymie (sachlogischer Bezug: „Rauch" für bewohnt) und Ironie genannt.

Diese Begriffe aus der Rhetorik und viele andere mehr sind auch in der Gedichtinterpretation anzutreffen, da die Lyrik zu allen Zeiten mit den gleichen Mitteln gearbeitet hat und im Prinzip das gleiche Ziel hat: zu beeinflussen, zu verdeutlichen und auszuschmücken.

Metapher als poetologischer Begriff

Die Poetologie hat den Begriff Metapher zunehmend zum Leitbegriff für alles Bildhafte gemacht. Man spricht von Metaphorik der Lyrik und meint damit ganz allgemein deren Bildhaftigkeit. Gedichten ist eine metaphorische Redeweise grundsätzlich eigen. Selbst bei vermeintlich sachlichen Texten, wie sie etwa in der modernen politischen Lyrik auftreten, läßt sich Bildhaftigkeit aufzeigen, und nicht nur deshalb, weil Sprache an sich bildhaft ist.

Aus der umfassenden Bedeutung des Begriffs Metapher für die Lyrik ergeben sich andere und neue Gesichtspunkte, die bei einer Darstellung der rhetorischen Mittel zu kurz kommen, die aber in der Poetologie eine entscheidende Rolle spielen. Das sind
– die Qualität der Bildhaftigkeit
– der Umfang der Bildhaftigkeit
– das Verhältnis von Metapher zu Allegorie, Chiffre, Symbol und Emblem.

Die Qualität der Metapher

Metaphern treten im täglichen Sprachgebrauch unendlich oft auf („unendlich" und „auftreten" sind zum Beispiel solche Metaphern); sie werden in der Regel gar nicht mehr wahrgenommen. Für die Lyrik bedeutet das, daß dort auch Metaphern vorkommen, die bereits in den allgemeinen Sprachgebrauch übergegangen und zu Sachbezeichnungen geworden sind. Darunter finden sich viele gedanklichen Begriffe (z. B. „Begriff"). Wenn eine Metapher in der Lyrik so allgemein benutzt wird, daß sie nicht mehr als individuelle Prägung des Poeten erkennbar ist, dann ist ihr der Charakter der spezifischen Formulierung verlorengegangen. Man spricht dann von einer toten oder verbrauchten Metapher, von einer Ex-Metapher oder vom Klischee.
Die folgenden kennzeichnenden Adjektive gehören zum Interpretationsvokabular:
– gängige oder triviale Metapher
– echte, reiche, gewagte, kühne Metapher
– absolute Metapher
Die Prädikate sprechen bis auf das letzte für sich. Als absolut sind solche Metaphern zu verstehen, bei denen sich die Ähnlichkeit mit dem Gemeinten weder aus einer Konvention noch aus der Einsicht in einen Sachzusammenhang ergibt. Der Lyriker verwendet sie so, wie sie sich seiner individuellen Bildvorstellung anbieten, so daß der Bezug zum Gemeinten im Extremfall nur für ihn selbst erkennbar ist.
Jede Metapher verwandelt sich in der Regel allein durch die Wiederverwendung von einer kühnen und neuen in eine verbrauchte; denn bereits dem zweiten, der sie gebraucht, liegt ein Muster vor, und er muß mit der Vorkenntnis der Interessierten rechnen. Es ist aber nicht möglich, hierfür Gesetzmäßigkeiten aufzustellen. Es gibt Metaphern, deren Wiederverwendung als Plagiat oder als Beweis für das Unvermögen des Autors angesehen wird, und andere, deren Bildgehalt in so perfekter Weise den Zeitgeist repräsentiert und anspricht, daß sie akzeptiert und zitiert wer-

den. Im zweiten Fall verwandelt sich die Metapher unter Umständen zum Symbol.

Bestimmte Metaphern haben sich lange gehalten, weil ihr Symbolgehalt größer war als der Sättigungsgrad bei den Lesern (Brunnen, Posthorn, Parklandschaft), oder weil es sich um ein so differenziertes Sprachmittel handelt, daß ihm kleinste Nuancen neue Kraft geben (die Rose).

Die verändernde Kraft der Metapher

Die Metapher wirkt zunächst einmal dadurch, daß der Leser den Schluß vom Bild auf den Sinn mitvollzieht. Auf dieser Ebene erscheint sie als ein bloßer stilistischer Schmuck, als „schönere" Variation der Rede, deren Zweck darin besteht, Monotonie des Ausdrucks zu vermeiden.

Die poetische Metapher hat aber ein wesentlich weiter gestecktes Ziel. Mit Hilfe des Bildes läßt sich eine viel stärkere Wirkung auf den Leser erzielen als durch die bloße Nennung des Begriffs. Diese stärkere Wirkung beruht darauf, daß Bilder die Vorstellungskraft ansprechen und damit dem abstrakten Denken zu Hilfe kommen und es erweitern. Das geschieht in mehreren Stufen.

1. Das Bild ist anschaulicher als der Begriff. Wer sagt, „Rauch steigt auf" statt „Das Haus ist bewohnt", der fügt der sachlichen Feststellung etwas hinzu, was zwar keinen Zugewinn für den Verstand bringt, aber Vorstellungskräfte gemüthafter Art weckt („evoziert"). Also ist die bildhafte Beschreibung vom poetischen Standpunkt etwas Höherstehendes als die nüchterne Feststellung des gleichen Sachverhalts – auch wenn das dem Leser nicht bewußt wird.

2. Wer eine Metapher verwendet, setzt im Leser nicht nur Analogieschlüsse in Gang, sondern auch Konnotationen. Dieser Begriff, der aus der modernen Linguistik stammt, bedeutet, daß wir mit jedem Wort außer der eigentlichen Sachbedeutung (der sogenannten Denotation) stets in individueller Weise andere Vorstellungen verbinden. Diese Konnotationen können davon abhängen, wann und wo einem das Wort begegnet ist, von wem man es gehört hat usw. Ebenso können sich damit Erinnerungen an individuelle, oft längst vergangene Erlebnisse verbinden, die im Unterbewußtsein gespeichert sind. Das Wort Hund weckt zum Beispiel ganz verschiedene Empfindungen, je nachdem, ob man damit die Erinnerung an einen geliebten Spielgefährten der Kindheit verbindet oder an einen schmerzhaften Biß. Alle diese Einwirkungen, über die der Psychologe oder der Psychoanalytiker ausführlich Auskunft geben kann, spielen als Konnotationen beim Gebrauch einer Metapher eine Rolle – sowohl beim Autor als auch beim jeweiligen Leser.

3. Die verändernde Kraft der absoluten Metapher geht am weitesten. Wenn wir akzeptieren, daß die Lyrik andere und tiefere – mythische – Schichten der menschlichen Seele anspricht als den Verstand, dann bewegen wir uns auf der Ebene der Tiefenpsychologie und des Traums. Nach Sigmund Freud kann sich im Traum alles mit allem verbinden. Das wäre auf die absolute Metapher zu übertragen. Der Lyriker, der, wie Paul Celan, somit seine Bilder – das Auge, den Stein – absolut setzt, also keinerlei konventionellen oder anschaulichen Bezug herstellt, hätte dann tatsächlich „alles mit allem" verbunden.

So ist es jedoch nicht. Es gibt in der Traumdeutung und ganz allgemein in der Psychoanalyse die Erscheinung, daß bestimmte Traumbilder wiederkehren, daß sich zwar theoretisch im Traum oder im menschlichen Unterbewußtsein alles mit allem verbinden kann, daß aber faktisch eine begrenzte Zahl von Bilder wiederkehrt, und zwar in vergleichbaren Zusammenhängen. Es handelt sich hierbei um sogenannte archetypische Bilder beziehungsweise um solche, die offensichtlich in der Erlebnissphäre des Menschlichen von Anfang an vorhanden sind oder sich aufgrund irgendwelcher sozialen und kulturellen Gegebenheiten herausgebildet haben. Ein Beispiel wäre etwa die Drachenangst im aufgeklärten zwanzigsten Jahrhundert, die durch nichts mehr im alltäglichen Leben begründet ist und die bei psychisch gesunden Menschen im bewußten Empfinden nicht auftritt.

Auf solchen psychischen Gegebenheiten beruht die Wirkung der absoluten Metapher. Der Lyriker, der ein derartiges Bild verwendet, schreibt es nieder, weil es sich seinem Erfahrungsbereich und seiner psychischen Gestimmtheit aufdrängt. Ob seine Leser die Analogie zu dem zugrunde liegenden Begriff nachvollziehen können, ist für ihn ohne Belang. Er riskiert, daß niemand den Sinn der Metapher erkennt. Dann hat er zwar eine absolute, aber auch eine absolut unbrauchbare Metapher – eine fehlgeschlagene Metapher verwendet. Die Verständigung mit dem Leser – oder zumindest mit einem mehr oder weniger großen Teil der Leserschaft – vollzieht sich jedoch im günstigen Fall auf der Ebene des kollektiven Unterbewußtseins, auf von Verstand nicht kontrollierten Urzuständen der menschlichen Psyche.

In einem solchen Falle ist es müßig, nach Erklärungsmöglichkeiten zu suchen. Das Bild spricht das Individuum an, es weckt etwas Verwandtes in ihm, es evoziert Gleichgestimmtheit oder vergleichbare Gestimmtheit, ohne daß irgend jemand in der Lage wäre, dieses Phänomen in wissenschaftliche, denominative Formulierungen zu zwingen.

Allegorie

Die Allegorie (griech. = anders reden) ist eine breit ausgeführte Metapher oder eine Bündelung von Metaphern mit zusammenhängender Bedeutung. Das vorherrschende Stilmittel ist die Personifikation, also die Verwandlung von abstrakten Vorstellungen in konkrete Wesen. Mörikes Gedicht „Gelassen stieg die Nacht an Land ..." ist eine Allegorie. Allegorien haben eine geringere Assoziationskraft als Metaphern; je ausführlicher sie sind, um so stärker besteht die Gefahr von Pedanterie oder Eintönigkeit.

Chiffre

Die Chiffre ist ein seit Gottfried Benn eingeführter Begriff für die reiche Metapher, die viele Assoziationen weckt und sprachlich, klanglich besonders stark das ästhetische Empfinden berührt. Vgl. dazu die Seiten 262 und 275.

Symbol

Die Bedeutung des Symbols kann man sich mit Hilfe des folgenden sprachwissenschaftlichen Gedankengangs klarmachen: Alle Bezeichnungen sind letztlich willkürlich; sie beruhen auf der Einigung von Sprechpartnern, etwas mit einem bestimmten sprachlichen Zeichen zu versehen. Der Hund hat nichts mit dem zu seiner Benennung verwendeten Wort zu tun, bis sich verschiedene Sprecher darauf einigen, dem Tier eine bestimmte Lautabfolge, später auch Buchstabenfolge zuzuordnen. Diese Laute oder Buchstaben sind Zeichen, die in der entsprechenden Zusammensetzung Hund bedeuten. Für das Wort Zeichen kann man das Wort Symbol verwenden. Buchstaben sind Symbole für Laute, und die Lautfolge h-u-n-d ist, zusammengenommen, das Symbol für das Tier Hund. Das gleiche gilt für bildliche Symbole. Tatsächlich kam in Zeiten weitgehender Schriftlosigkeit dem gemalten Symbol eine entscheidende Bedeutung bei der Vermittlung vor allem von Glaubensinhalten zu. Für poetologische Symbole gilt entsprechend: ein Gegenstand oder ein Lebewesen wird dadurch zum Zeichen – Symbol –, daß mehrere (Dichter, Leser von Gedichten) übereinkommen, sich etwas Bestimmtes unter dem zum Symbol erhobenen Begriff vorzustellen. Wer nicht teilhat an der Übereinkunft (Konvention), hat keine Ahnung, welchen Sinn das Symbol hat.

Das Symbol kann ursprünglich eine Metapher gewesen sein. Baudelaire hat zum Beispiel in einem Gedicht die Metapher Albatros für den Dichter verwendet. Er drückte mit dem Bild des Vogels, der im Flug einen majestätischen Eindruck macht, am Boden jedoch häßlich und unbeholfen wirkt, die romantische Vorstellung von der Lebensferne des Poeten aus. Baudelaires „Albatros" machte einen so starken Eindruck auf die literarische Welt, daß seitdem eine Übereinstimmung über die Bedeutung des Symbols Albatros besteht.

Emblem

Das Emblem (griech. = Eingelegtes) war in der Renaissance und im Barock eine wohlgeordnete Kunstform, die aus einer Überschrift (Lemma), einem Bild (Pictura) und einem epigrammatischen Text darunter (Subscriptio) bestand. Das Bild konzentrierte sich auf wenige Gegenstände und Personen. Seine Bedeutung ergibt sich aus der Erklärung. Eine brennende Kerze wird zum Beispiel in der Subscriptio erläutert als das Gleichnis für die Lebensaufgabe, zu leuchten (vorbildlich zu handeln), indem man seine Lebenskräfte verzehrt. So ergänzen sich Bild und Text zu einem Sinnbild. Die Subscriptio spricht unmittelbar aus, was beim Symbol tradierter Sinnbezug ist, und erzeugt dadurch erst den Sinn. In der Literatur ist an die Stelle der Pictura die Beschreibung des Bildes in Worten getreten, so daß das Emblem schwer vom Gleichnis zu unterscheiden ist.

Geschichte der Lyrik

1. Anfänge

Gedichte entstanden, so vermutet man, anfänglich aus zweierlei Impulsen, einem mythisch-religiösen und einem anthropogenetischen. Die Menschen der frühen Zeit ahnten, daß man mit Hilfe der Sprache Dinge festhalten kann und mit einer besonders feierlichen Sprache auch jene höheren Wesen bannen oder beschwören kann, von denen man sich die Welt erfüllt dachte. Aus früher Zeit kennen wir Zaubersprüche und Beschwörungsformeln dieser Art.
Der anthropogenetische Impuls ist das mit der Menschwerdung ursächlich verbundene Bedürfnis nach Takt, Rhythmik und Gleichklang, nach einfachen sprachlichen und musikalischen Spielen. Die bis heute gültigen Ausdrucksformen dafür sind die sogenannten Volkslieder.

2. Volkslied

Volkslied ist ein literaturwissenschaftlicher Begriff, der von Johann Gottfried Herder um 1770 eingeführt wurde und bis heute erhalten blieb. Das Wort selbst ist insofern nicht ganz präzise, als nicht das Volk dichtet, sondern einzelne Personen. Das „Volk" übernimmt aber, „zersingt", vereinfacht zu leicht erinnerbaren und wiederholbaren Formen. Im Deutschen sind solche Formen Paarreime in dreihebigen Versen oder der Wechsel zwischen drei und vier Hebungen und zwischen Reimen und Assonanzen. Elemente des Volkslieds wurden von der Kunstlyrik aufgegriffen, und zwar schon im Minnesang; Herder und die Romantiker machten es „gesellschaftsfähig".

3. Minnelyrik

Die Minnelyrik ist die Poesie der europäischen Adelsgesellschaft im Hochmittelalter. Sie hatte feste Stoffe, vor allem die Verehrung und den Lobpreis der Herrin, und vorgegebene Formen. Das ermöglichte es dem Mitglied der Adelsschicht, mit Hilfe von vorgeformten Bauteilen Texte zu verfassen, die seine Zugehörigkeit zu diesem höfischen Kulturkreis unterstrich. Es war also Rollenlyrik und eine Art Gesellschaftsspiel: der ritterliche Minnesänger versetzte sich in die Situation des schmachtenden Liebhabers – der er in der Regel nicht war – um eine Dame zu besingen, deren gesellschaftliches Wohlwollen für ihn nützlich war. Das Ziel der sogenannten „Hohen Minne" war die verheiratete „frouwe", die Standesdame, und durch sie letztlich der Herr des Hofes.
Der deutsche Minnesang hatte seinen Höhepunkt in Walther von der Vogelweide, weil dieser die Stoffe nicht nur konventionell darbot, sondern zum Teil eigenwillig variierte und Volksliedhaftes einbrachte; und er rückte die Minnelyrik in die Nähe der echten Liebeslyrik, indem er die „Niedere Minne" einbezog, die erotische Beziehung zu einem Mädchen geringeren Standes.

4. Lyrik des Barock

Der Lyriker des Barock war so gut wie ganz eingebunden in die Standesgesellschaft, obwohl er ihr nicht angehörte. In der Regel dichteten nicht die adeligen Herrschaften, sondern Männer, die als Bürger Kontakt mit den zahlreichen größeren und kleineren Höfen hatten, gebildete, gelehrte Literaten. Manche wurden geadelt, viele erreichten angesehene bürgerliche Positionen. Der Dichter galt etwas; denn er trug zur Würde und zum Ansehen des gräflichen oder fürstlichen Herrn bei. Das Repräsentationsbedürfnis dieser Zeit war ungeheuerlich. Im Absolutismus verkörperte der Fürst den Staat, und der Glanz seines Hofes symbolisierte das Wohlergehen des ganzen Landes. Unter der glänzenden Oberfläche herrschte Daseinsangst. Die Zeitläufte waren unsicher und kriegerisch, auch nach dem Dreißigjährigen Krieg; Gewalt und Krankheit bedrohten die Existenz, und die Glaubensnöte setzten sich fort. Nicht nur Herrschaftswechsel konnte den Gläubigen in Konflikte stürzen, sondern auch die Bekennerwut der verschiedenen protestantischen Erneuerer.

Der Gegensatz aus Lebenshunger und Diesseitsverachtung prägte das Generalthema der Zeit, die Frage, wie man die irdische Existenz mit der Jenseitserwartung abstimmen konnte. Die Schlagworte lauteten „carpe diem" und „carpe coelum", also: nütze den Tag und verdiene dir den Himmel. Es gehörte zu den Konventionen der Zeit, daß man sich Bußpredigten und Memento-mori-Gedichte ebenso anhörte, wie man sich dem Lebensgenuß hingab.

Im Gegensatz zu den Hofdichtern stehen die Kirchenlieddichter in der lutherischen Tradition (Paul Gerhardt).

5. Anakreontik und Empfindsamkeit

Die Lyrik folgt beim Übergang vom Barock zum Rokoko Impulsen aus zwei politischen und gesellschaftlichen Entwicklungen: der Machtkonzentration im Heiligen Römischen Reich auf Preußen und Österreich und dem Aufkommen der Bürgerschicht.

Als Schlesien, das in der Barockzeit Zentrum der Literatur gewesen war, preußische Provinz wurde, verlor sich das Mäzenatentum der kleineren Herren des Landes, und das kulturelle Leben an den Höfen trocknete aus. Als neue Zentren traten zunehmend die Städte, vor allem die Universitätsstädte hervor (Leipzig, Göttingen). Die gesellschaftliche Geste der Barocklyrik setzte sich in verbürgerlichter Form in der Anakreontik fort. War jene Rollenlyrik gewesen, so ist diese Maskenlyrik. Das will besagen, daß die Dichter der Anakreontik nicht mehr eine Funktion im Rahmen eines Zeremoniells wahrnehmen, sondern ihre eigenen Erfahrungen oder Wünsche in Worte fassen; sie tun dies aber nicht direkt, sondern halten sich die Maske einer antiken Gestalt vors Gesicht, versetzen sich in eine Kunstlandschaft mit Schäfern und Schäferinnen.

Die vorherrschende geistige Bewegung, die Aufklärung, war der Lyrik naturgemäß wenig aufgeschlossen, die ja Tendenzen zeigte, den Bereich

rationaler Überprüfbarkeit zu verlassen. Daher speiste sich die Lyrik aus anderen Quellen, vor allem aus der Religion. Gläubige Protestanten antworteten auf die Aufklärung mit dem Pietismus (von lat. pietas = Frömmigkeit), der die persönliche religiöse Erfahrung betonte. Diese Haltung ließ den einzelnen seine Gefühle und Empfindungen erforschen, und das wiederum förderte den lyrischen Ausdruckswillen. Der literarische Ausdruck für diese Haltung ist Empfindsamkeit.
Bei Claudius (S. 37 ff.) vereinigen sich so Frömmigkeit und Empfindsamkeit.

6. Erlebnislyrik

Unter der Kategorie der Erlebnislyrik läßt sich der Hauptentwicklungsstrang der Lyrik zwischen 1770 und 1900 zusammenfassen. Die Dichter strebten weg von vorgeprägten Bildern, von Versen nach den Regeln der antiken Poetik und von tradierten Inhalten; sie wollten in subjektiven und impulsiven Worten ausdrücken, was sie selbst erlebten und empfanden. Im Sturm und Drang trat an die Stelle des Kunstverständigen das leidenschaftliche Genie. Das utopische Gefühl, daß Ich und Natur eins seien (Pantheismus), gab dem Dichter seine produktive Kraft. Unter dem Einfluß der Sprach- und Volksliedforschung Johann Gottfried Herders und unter dessen direkter Anleitung suchte der junge Goethe den natur- und volksnahen Ausdruck für seine persönlichen Empfindungen und Gefühle und löste damit eine neue lyrische Haltung aus, die ein Jahrhundert lang die Dichter beflügelte.
Für Goethe selbst folgte bald danach, in der Klassik, die den unbegrenzten Fortschrittsglauben der Aufklärung korrigierende Einsicht, daß es „Grenzen der Menschheit" gibt. Aus der Erkenntnis der Natur des Menschen als Geist- und Naturwesen ergab sich für ihn die ethische Forderung, die Leidenschaften zu zügeln, Maß zu halten. Das wirkte wie eine Rückkehr zu Form und Zucht, hat aber den Trend zur Erlebnislyrik nicht wesentlich beeinflußt.
Auch für die Romantiker gilt Herder noch als Anreger. Die unmittelbare Gefühlssprache, das schlichte Lied bleiben vorbildlich. Im Realismus fließen detaillierte Schilderungen und Gedankliches in die Lyrik ein, aber auch sie müssen gefühlsbezogen sein und eine einheitliche Stimmung festhalten. Das Zeitgedicht des Vormärz wurde allgemein als im Kern unlyrisch angesehen und abgelehnt: „Lilienduft ist kein Schießpulver" (Hebbel).

7. Naturalismus

Dem Naturalismus (zwischen 1890 und 1900), der die Zeitfragen aufgriff und die soziale Frage entdeckte, galt die Lyrik als schöne Formkunst, gegen die man polemisierte, weil sie nicht dazu taugte, aktuelle Probleme zu lösen, und weil sie zur Flucht in die Idylle verleitete. Man ging zur Prosa über. Arno Holz versuchte mit seinem Phantasusrhythmus, seinem Mittelachsenvers, der eigentlich ein Prosarhythmus ist, die verachtete Lyrik zu retten, indem er sie der angesehenen Prosa anglich. Die Lyrik trocknete aus; um so eindrucksvoller war ihre Wiedergeburt im Symbolismus.

8. Symbolismus

Im Symbolismus der Jahrhundertwende setzte sich eine neue Auffassung vom Dichtertum durch. Sie gab der Lyrik so starke Impulse, daß diese erstmals seit der Romantik wieder ins Zentrum der Literatur rückte. Allerdings verlor sie die Breitenwirkung einer fraglos akzeptierten literarischen Gattung. Die Position des Lyrikers ist nunmehr gekennzeichnet durch ein öffentliches Desinteresse und eine in Zirkeln gepflegte Hochschätzung (vgl. den Georgekreis und die Gemeinde, die Rilke um sich scharte).
Der Name Symbolismus verweist darauf, daß die Dichter der „poésie pure" (Mallarmé) eine eigene Verständigungssphäre entwerfen, in der die Wortzeichen − Symbole − für sich selbst und für den abgesonderten Kunstbereich sprechen sollen. Diese Neuentwicklung geht von der französischen Lyrik der Jahrzehnte vor 1900 aus (Baudelaire, Mallarmé) und kündigt sich bei uns im Dinggedicht an. Das Dinggedicht unterscheidet sich von der bisherigen Lyrik dadurch, daß die Dinge − gemeint sind die wahrnehmbare Natur, die Menschen und Kunstwerke − in ihrem Eigenwesen erfaßt werden sollen; sie werden nicht mehr als Gegen-Stände gesehen, an denen man seine persönlichen Empfindungen und Erlebnisse ablesen und vergleichen kann. So hat Conrad Ferdinand Meyer in seinem Gedicht „Der römische Brunnen" (Endfassung 1882) nicht versucht, sein individuelles Erlebnis beim Betrachten des Brunnens wiederzugeben; vielmehr will er den künstlerischen Willen des Architekten aufleben lassen, der den Brunnen geschaffen hat. Wegen seiner Ding-Gedichte ist Rilke berühmt, aber auch in der späteren naturmagischen Dichtung entdeckt man den Versuch, den Dingen (der Natur) bis zum mythischen Urgrund gerecht zu werden, also in ihnen nicht mehr das Gegenstück und Spiegelbild des eigenen Inneren zu sehen. Günter Eich

hat das mit dem Gedichtanfang „Der Häher wirft mir / die blaue Feder nicht zu" ausgedrückt („Tage mit Hähern"): Das „Ding" hat keinen gemütshaltigen Bezug zum Betrachter.

Von Charles Baudelaire stammt der Satz: „Die Phantasie zerlegt die ganze Schöpfung; nach Gesetzen, die im tiefsten Seeleninneren entspringen, sammelt und gliedert sie die Teile und erzeugt daraus eine neue Welt." Dieser der Romantik nahe Satz und der Satz Stéphane Mallarmés, daß Gedichte aus Worten bestünden, nicht aus Gefühlen (vgl. „Wort und Phänomen" in diesem Buch, S. 260), drücken zusammen die neue Zielrichtung aus: Dichter sollen Kunstwerke schaffen, die mit dem Leben nichts zu tun haben. Man spricht von Artistik und von bewußter Anwendung der Sprachmittel zur künstlerischen Gestaltung, so wie die Maler Farben und die Musiker Töne verwenden. Eine konsequente Befolgung dieser Maxime führt zum Ende jeder rationalen Analyse der Aussage: Tatsächlich aber ist der modernen Lyrik bei aller Hermetik auch eine Mitteilung von Sachinhalten und gedanklichen Zusammenhängen zu eigen, obwohl nachgewiesen worden ist, daß etwa Trakl in seinen Gedichten der Sprachmelodie den Vorrang vor Sachaussagen gibt (Walter Killy).

In Deutschland ist der typische Vertreter dieser Lyrikauffassung Stefan George. Für ihn ist ein Gedicht Form, und er setzt sich rein ästhetische Maßstäbe. Aus Georges Frühzeit stammt der Satz: „In der dichtung – wie in einer kunst-betätigung – ist jeder der noch von der sucht ergriffen ist etwas zu ‚sagen' etwas ‚wirken' zu wollen nicht einmal wert in den vorhof der kunst einzutreten."

Diese elitäre Kunstauffassung wird unter dem Schlagwort „l'art pour l'art" – Kunst um der Kunst willen – zusammengefaßt; sie hat unmittelbar, und als Hintergrundvorstellung mittelbar über Jahrzehnte gewirkt; George gilt heute noch als Symbolfigur für die Kunst als einem autonomen Gebiet jenseits der Realität. Das liegt zum guten Teil daran, daß er sich selbst zum Lehrmeister und Priester der einzig wahren Kunst emporstilisierte.

9. Expressionismus

Die Lyrik des Expressionismus (lat. expressio = Ausdruck) hat zwei deutliche Kennzeichen: die übergewichtige Sprache und das „O-Mensch-Pathos". Die Sprache wird zerstückelt und zugleich konzentriert durch den Fortfall alles Nebensächlichen bis zum Hauptwörtermosaik eines August Stramm. Der Stil wird durch „expressive", ausdrucksstarke und besonders kraftvolle Wörter bestimmt (steil, reißen, Sturm, Schrei,

Wollust); grelle Farben (Heym) und rätselhafte, trotzdem assoziationsreiche Metaphern (Trakl) beherrschen den Bildbereich. Das „O-Mensch-Pathos" stammt als Terminus technicus von der Anredeformel, die Franz Werfel in seinen Gedichten verwendet hat. Es erwuchs aus dem Widerwillen gegen die satte, selbstgerechte und schicksalsblinde wilhelminische Gesellschaft. Die Dichter wurden zum Bürgerschreck (van Hoddis); sie wollten schockieren und wünschten die große Katastrophe herbei, die die Menschen aufrütteln und dazu bringen sollte, sich auf das wahre Wesen des Menschseins zu besinnen.

Der erste Weltkrieg war die ersehnte Schicksalswende, aber er führte die Menschen nicht zum Wesentlichen, und ihr Untergang in den Materialschlachten war nicht groß und erhaben. Die Expressionisten wurden zu Kriegsgegnern und Pazifisten; die Überlebenden suchten den „neuen Menschen" in Ideologien.

10. Existentialismus

Existentialismus ist keine literarische Bewegung wie der Expressionismus, sondern die Modephilosophie der Zeit nach dem Zweiten Weltkrieg. Der Begriff kann für die Lyrik zwischen 1945 und 1960 deshalb verwendet werden, weil die Frage nach dem Sinn der Existenz durch den Nationalsozialismus und den Krieg in eindringlichster Weise gestellt worden war. Nach dem Existentialismus ist der Mensch ins Leben „geworfen", ein Spielball des Seins; er muß seine Existenz für sich selbst „entwerfen". Der Krieg aber hatte die Lebensschicksale willkürlich durcheinandergerüttelt, und jeder Mensch sah sich vor der Aufgabe, seine Ziele neu festzusetzen. Der Wille, Rechenschaft vor sich selbst abzulegen, und der Versuch, im existentiellen Chaos der Nachkriegszeit sinnvolle Strukturen herzustellen, führte zu den gewichtigsten Gedichten (Benn, Huchel, Eich, Bachmann). Nach 1960, im Zuge der zunehmend restaurativen Ordnung, oder — positiver gesagt — während sich die Menschen wieder in geordneten Verhältnissen einrichteten, verlor die existentialistische Lyrik an Gewicht.

11. Elfenbeinturm und Engagement

Die ausgehenden zwanziger Jahre hatten eine Konfrontation gebracht zwischen den esoterischen (griech. = innerlich) Lyrikern, das heißt denen, die sich als Dichter für eine kleine Gruppe von Eingeweihten verstanden, und denen, die sich dem Nationalsozialismus oder dem Kommunismus verschrieben hatten. Diese Konfrontation fand bei der Machtübernahme des Nationalsozialismus ein vorläufiges Ende, lebte aber gegen Ende der fünfziger Jahre wieder auf. Sie läuft seitdem unter den Stichworten „Elfenbeinturm" und „engagierte Literatur" ab. Das Wort Elfenbeinturm bezeichnete im Mittelalter das Tabernakel, den Aufbewahrungsplatz für das Allerheiligste. Daraus entstand gegen Ende des 19. Jahrhunderts in Frankreich erstmalig der Symbolbegriff für den Dichter, der im stillen Kämmerlein seine Verse schreibt, ohne sich um das zu kümmern, was um ihn herum vorgeht. Um 1960 wurde das Wort zum Schlagwort für den an Politik desinteressierten, für die brennenden Fragen der Gegenwart tauben Dichter.

Der engagierte Schriftsteller dagegen nimmt Stellung, sein Dichten will die Gesellschaft verändern. Die Auseinandersetzung gipfelte in dem Ausruf Peter Handkes: „Ich bin ein Bewohner des Elfenbeinturms" (1967) und dem Eingreifen der „Engagierten" in den politischen Tageskampf; sie ist noch nicht beendet.

12. Subjektivismus

Die Darstellung der Geschichte der deutschen Lyrik konnte nur auffällige Merkmale der verschiedenen Epochen aufzeigen. Daneben wären ungezählte andere Gesichtspunkte und Tendenzen zu berücksichtigen; denn die Geschichte der Lyrik ist eine Geschichte von individuellen Dichtern, die sich nicht in verbindliche Ordnungsprinzipien zwängen lassen. Je näher wir der Gegenwart kommen, um so verwegener wird jeder Versuch einer literarhistorischen Einordnung.

Für das Jahr 1985 kann man feststellen, daß die politische Lyrik der siebziger Jahre zurückgesteckt hat vom Anspruch auf Veränderung der Gesellschaft auf eine Zuwendung zum Gesinnungsgenossen, zum Kumpel, zum Mitmenschen allgemein. Sie verwendet weiterhin die metaphernfeindliche realistische, ja proletarisch niedere Sprachebene und befaßt sich mit dem Alltagsleben. Zahlreich sind die Verse über Liebesbeziehungen, deren augenblickliches Glück vom Wissen überschattet ist, daß Liebe nicht von Dauer sein kann (vgl. Ursula Krechel). Daneben fühlen sich viele Dichter auf sich selbst zurückgeworfen, befassen sich mit subjektiven Existenzfragen und schirmen sich gegen die Außenwelt ab, so daß man auch von „Neuer Innerlichkeit" spricht.

Die Interpretation

Für die Untersuchung, Erklärung und Auslegung von Texten werden vier Fremdwörter verwendet, deren Bedeutung durch stillschweigende Übereinkunft einigermaßen festgelegt ist: die Begriffe Hermeneutik, Exegese, Interpretation und Textanalyse.

Die Hermeneutik (griech.) ist von Hermes abgeleitet, der nach der griechischen Mythologie zwischen Göttern und Menschen vermittelt, und heißt Textauslegung. Sie gilt als eine Art Oberbegriff für alle Arten von Textuntersuchungen. Für Bibelerklärungen wird „Exegese" verwendet, wiederum ein griechisches Wort, das eigentlich Auseinandersetzung bedeutet. Interpretation und Textanalyse dagegen sind vorwiegend zu Begriffen der Literaturwissenschaft geworden. Von diesen beiden stammt der zweite aus der Naturwissenschaft; wer ihn gebraucht, legt Wert darauf, seine literaturwissenschaftlichen Methoden als gleichwertig und gleichartig mit denen der exakten Wissenschaften wie Chemie oder Physik anerkannt zu wissen. Das heißt mit anderen Worten, daß sie eine Reihe von gesicherten Meßdaten voraussetzt, die ein literarisches Gebilde vollständig erfassen kann. Sie wählt aus diesen die für den Einzelfall angemessenen Kriterien aus, mißt den Text daran und kommt zu einem entsprechenden Ergebnis. Dieses Ergebnis muß den Gegenstand nicht vollständig erfassen; es kann auch hypothetisch sein; es gilt, wie in der Naturwissenschaft, stets nur so lange, bis dank besserer Meßmethoden ein wahrscheinlicheres Ergebnis erzielt wird.

Wer „interpretiert", erhebt über die wissenschaftliche Genauigkeit hinaus einen zusätzlichen Anspruch: Ein literarischer Text unterscheidet sich danach von einem beliebigen naturwissenschaftlichen Untersuchungsgegenstand dadurch, daß er neben den exakt meßbaren Werten rational nicht faßbare Elemente enthält, die sich nicht dem analysierenden, wohl aber dem ähnlich empfindenden Leser erschließen. Es ist zwar so, daß manche „Interpretation" entweder an der Stelle stehenbleibt, wo auch die Textanalyse endet, oder daß sie dort, wo sie darüber hinausgeht, nur persönliche Ansichten und anfechtbare Meinungen wiedergibt; trotzdem aber ist es der Anspruch und das Ziel der Interpretation, mehr und „Tieferes" zu erfassen als die reine Sachanalyse.

Der hermeneutische Zirkel

Ein Grundproblem jeder Textauslegung ist der sogenannte „hermeneutische Zirkel". Wenn man einen unbekannten Text ohne Vorkenntnisse zu lesen beginnt, tauchen frühzeitig Vorstellungen vom Sinn des Textes auf, die sich beim Weiterlesen bestätigen oder als falsch erweisen. Das führt zu fortlaufenden Aspektverschiebungen. Wenn man am Ende des Textes angekommen ist, überschaut man das Ganze, ist aber noch nicht in der Lage, den Text zu durchschauen; denn man hat während des Lesens immer wieder verfehlte Erwartungen und abweichende Vorstellungen entwickelt. Man muß ihn noch einmal, vielleicht wiederholt lesen. Das Textverständnis nimmt zu im Widerspiel zwischen der Reflexion der Einzelheiten und der Frage nach dem Sinn des Ganzen („Gehalt"), die beide in mehreren Anläufen gesucht werden.

„Wer einen Text verstehen will, vollzieht immer ein Entwerfen. Er wirft sich einen Sinn des Ganzen voraus, sobald sich ein erster Sinn im Text zeigt. Ein solcher zeigt sich wiederum nur, weil man den Text schon mit gewissen Erwartungen auf einen bestimmten Sinn hin liest. Im Ausarbeiten eines solchen Vorentwurfs, der freilich beständig von dem her revidiert wird, was sich bei weiterem Eindringen in den Sinn ergibt, besteht das Verstehen dessen, was da steht." (Gadamer: Vom Zirkel des Verstehens)

Man nennt das den „hermeneutischen Zirkel", also den fehlerhaften Kreis der Textauslegung. Das Bild ist nicht ganz zutreffend; denn die Überlegungen kehren nicht an den Anfang zurück; vielmehr spielt sich ein zunehmender Erkenntnisprozeß ab. Man hat daher auch von einer hermeneutischen Spirale gesprochen oder von konzentrischen Kreisen. Der Begriff „hermeneutischer Zirkel" hat sich jedoch gehalten – vielleicht, weil darin auch die potentielle Vergeblichkeit der Mühe um Verständnis deutlicher zum Ausdruck kommt.

Das Phänomen des Zirkels tritt in mehreren Stufen auf: Es zeigt sich bei Einzeltexten wie einem Gedicht, gilt für eine Schaffensperiode – denn man durchschaut ein Gedicht um so leichter, je mehr man von seiner Entstehungszeit und anderen Werken daraus weiß – und wiederholt sich beim Blick auf das Gesamtwerk, beim Studium der Epoche und bei der Beschäftigung mit Dichtung überhaupt. Um Dichtung zu verstehen, muß man Dichtung kennen. Das eben ist der hermeneutische Zirkel.

Arten der Interpretation

Lesen

Wir nennen Sprecher, die Dichtung öffentlich vorlesen, Interpreten. Doch schon beim stillen Lesen geschieht eine Interpretation, indem man Nachdruck, Lesegeschwindigkeit, Verzögern und Beschleunigen, Pausen,

Tonhöhen usw. entwickelt. Diese Eigentümlichkeiten der Interpretation könnten – auch wenn das nicht oft geschieht – begründet werden; denn sie sind immer vorbedacht oder zumindest vorempfunden. Darin drückt sich aus, welchen Sinn der einzelne Leser in den Text legt, auch dann, wenn er sich keines wissentlichen Gestaltungsprozesses bewußt ist.

Prosaparaphrase

Die nächstliegende Art der schriftlichen Interpretation ist die Prosaparaphrase. Paraphrase ist ein griechisches Wort und bedeutet „in gleicher Weise in Worte fassen". Man versteht darunter eine erklärende Umschreibung eines Textes mit anderen Worten.

Diese Prosaparaphrase hat ihre Grenzen: Ein metaphernreiches Gedicht macht Schwierigkeiten, weil die Übertragung ausufern kann und sich ein Bild oft nicht umschreiben läßt, so daß die Paraphrase zur Wiederholung wird, zu einer unzulänglichen, verflachenden Nacherzählung.

Als paraphrasierende Interpretation bezeichnet man das Verfahren, ein Gedicht Vers für Vers oder Strophe für Strophe durchzugehen, deren Inhalt anzugeben und zu erläutern. Dieses Verfahren wenden Wallmann bei Lasker-Schüler und Killy bei Trakls „Kaspar Hauser Lied" an.

Werkimmanente Interpretation

Eine rein werkimmanente Interpretation befaßt sich mit nichts anderem als dem Text selbst und dessen Qualitäten als Sprachkunstwerk. Sie verlangt einen Interpreten, der über ein umfangreiches Wissen im Bereich der Poetik verfügt, aber die Hintergründe der Textvorlage außer acht läßt; denn sie schließt jeden biographischen oder geistesgeschichtlichen Gedankengang aus.

In einer solchen Einseitigkeit ist die werkimmanente Interpretation selten anzutreffen. Man kommt nicht weit ohne personen- und zeitbezogene Informationsvorgaben; die Frage danach folgt zwangsläufig aus der Arbeit am Text.

Wenn man diese Umstände im Auge behält, so ergibt sich als Charakteristikum der werkimmanenten Interpretation, daß sie ihr Hauptaugenmerk auf die Form („Sprachkunstwerk") und auf die Aussage („Gehalt") richtet und Hintergründe wie die psychische Gestimmtheit des Autors, dessen Schlüsselerlebnisse und Bildungsgang sowie die Zeitverhältnisse nur zusätzlich heranzieht; der Interpret muß sie aber zumindest kennen, wenn er dem Autor gerecht werden will.

Werkimmanent sind die Interpretationen von Alewyn; ebenso die von Schneider zu Hofmannsthals „Die Beiden", von Rasch zu Bachmanns „Anrufung des Großen Bären" und von Requadt zu Hofmannsthals „Ballade des äußeren Lebens".

Rezeptionsästhetische Analyse

Voraussetzungslosigkeit in einem wesentlich realeren Sinn als bei der Werkimmanenz ist ein Kennzeichen des rezeptionsästhetischen Ansatzes. „Rezipient" ist der Leser des Textes. Der Rezipient hat einen Wortschatz, einen Begriffsvorrat und ein allgemeines Weltverständnis, die von verschiedenerlei Einflüssen geprägt sind; sie sind mit Sicherheit nicht identisch mit denen des Autors.
Wenn der traditionelle Literaturwissenschaftler daraus den Schluß zieht, daß das Informationsdefizit des Rezipienten angemessen beseitigt werden muß, verfolgt die Rezeptionsästhetik ein anderes Ziel: Sie untersucht, wie der Erkenntnisvorgang bei einem Rezipienten abläuft, der den Text so liest, als wäre er für sein individuelles Textverständnis geschrieben. Der Bezugsrahmen ist dann unabhängig von den Intentionen des Autors oder von den bisherigen Bedeutungszuweisungen der Wissenschaft. Der idealtypische Rezipient geht den Text unbefangen und ohne Vorwissen an. Auf diese Weise erlebt er ein intellektuelles und ästhetisches Abenteuer, ohne den Text auf vorher schon bekannte Bedeutungen und Zusammenhänge zurückzuführen. Ein Literaturkenner ist dazu schon nicht mehr imstande, aber auch der „Anfänger", also wer sich erstmals mit ernstzunehmender Literatur befaßt, ist schon durch die Schule der Comics und der Trivialliteratur gegangen. Daher ist der realistische Ansatz der, sich einen Leser vorzustellen, der sich tunlichst von Erwartungshaltungen freihält und Vorwissen nicht zum Ausgangspunkt seiner Rezeption macht.
Dieses Rezeptionsverhalten ist der Gegenstand der Analyse. Sie ist damit die Interpretation einer Interpretation und bringt ein neues Element in die Textanalyse. Allerdings ergeben sich zwei Komplikationen: erstens wäre die Untersuchung einer wirklich individuellen Vorstellung der Anfang einer endlosen Reihe, so daß man notwendig zur Untersuchung kollektiver Haltungen gelangt; zweitens ist der Gedanke vom voraussetzungslosen Rezipienten in sich absurd: Jedermann hat Erwartungen und Vorstellungen, die er in die Dinge legt, auch in Gedichte; er ist also nicht voraussetzungslos. Der rezeptionsästhetische Ansatz kann als Freibrief verstanden werden, mit einem Gedicht nach Belieben umzuspringen. Müller-Hanpft zum Beispiel übt an einem Kriegsgefangenen-Gedicht Günter Eichs (»Inventur«) Kapitalismuskritik.

Positivismus

Interpretationsversuche an literarischen Werken entstanden in größerer Zahl im Positivismus in der zweiten Hälfte des letzten Jahrhunderts. Er ging davon aus, daß Wissenschaft, wenn sie diesen Namen verdienen will, Faktenwissenschaft sein muß. Diese Fakten sind nach einem berühmten Wort des Literaturwissenschaftlers Wilhelm Dilthey solche über das „Ererbte, Erlernte und Erlebte", das heißt also, daß der Bezugsrahmen des Textverständnisses der biographische Hintergrund des Autors ist, und zwar in einem zunehmenden Umfang, bis hin zur psychoanalytischen Durchleuchtung des Autors und einer philosophischen Durchdringung seiner Zeit.

Die Literaturwissenschaft zehrte und zehrt noch von dieser Methode und der ungeheuren Menge der im Positivismus zusammengetragenen Fakten. Die Tiefenpsychologie hat sie auf das kollektive Unterbewußte und archetypische Verhaltensweisen ausgedehnt; die Geisteswissenschaft hat das Zeitgeistproblem erarbeitet, nach dem bestimmte Gedanken und Vorstellungen so sehr in das allgemeine Bewußtsein eingedrungen sind, daß der einzelne Autor sie in seine Werke übernimmt, auch wenn man beweisen kann, daß er den Urheber gar nicht kennt.

Die Möglichkeiten positivistischer Feldstudien sind unerschöpflich. Sie können ausufern und zum Selbstzweck werden. Die bekanntesten Beispiele dafür sind der Biographismus und der Psychologismus. Unter dem ersten versteht man die Tendenz, das Leben eines Autors so genau zu untersuchen, daß das Interesse an seinen Werken sich auf die Frage reduziert, ob sie weitere biographische Erkenntnisse vermitteln; ähnlich führt der zweite Ansatz mit Hilfe der Dichtung zu einer Psychoanalyse des Autors, die kaum noch Einblicke in das Werk gewährt.

Die Auseinandersetzungen um Goethes „Auf dem See" befassen sich auch mit dem Problem des Biographismus.

Literatursoziologische Interpretation

Literatursoziologie ist eine spezifische Form des Positivismus. Sie mißt das Gedicht an der gesellschaftlichen Wirklichkeit und sucht jene Elemente herauszufiltern, in denen sich der Autor entweder in bewußtem sozialen Engagement äußert oder wenigstens die gesellschaftlichen Zustände unbewußt durchscheinen läßt. Diese Art der Literaturbetrachtung ist besonders interessant in Fällen, in denen ein Gedicht das Gegenbild zur gesellschaftlichen Realität enthält. Es kommt hier nämlich nicht auf die Aussageabsicht des Verfassers an, auch nicht auf dessen subjektiven

Gestaltungswillen, sondern auf das, was er, ohne es zu wollen, von der gesellschaftlichen Wirklichkeit verrät, in der er lebt. Eine Untersuchung dieser Art ist die von Müller-Hampft zu Eichs „Inventur".

Die Literatursoziologie neigt, wie der Positivismus überhaupt, dazu, den poetischen Text zu anderen als Interpretationszwecken heranzuziehen; dann wird sie zur Geschichtswissenschaft oder zur Soziologie, das Gedicht zur Geschichtsquelle.

Strukturanalyse

Struktur ist die Ordnung der Einzelteile in einer Gesamtheit. Die literarische Strukturanalyse ist daher die Untersuchung, aus welchen Elementen die Gesamtheit zum Beispiel eines Gedichts aufgebaut ist. Die wissenschaftstheoretische Grundlage dafür ist die These, daß die Welt auf unveränderlichen Gesetzen beruht, die ihr immanent sind, das heißt, daß sie im Bau der Welt selbst enthalten sind, „strukturell" zu ihr gehören. So beschaffene Gesetze sind Naturgesetze, und solchen Naturgesetzen sind auch Kunstwerke unterworfen.

Die Struktur literarischer Texte ist zunächst an der Form untersucht worden. Die erste ausgeprägte Schule in Rußland um 1925 hieß deshalb abwertend „Formalismus". Man stellt fest, daß sich poetische Texte, wie sprachliche Texte überhaupt, naturnotwendig auf bestimmte Grundprinzipien zurückführen lassen, die unabhängig von der einzelnen oder auch individuellen Sprache vorhanden sind. Eines davon ist die sogenannte Grammatizität, das heißt, daß in einer Sprache stets Elemente vorhanden sind, die Phänomene wie Einzahl und Mehrzahl, Vergangenheit und Gegenwart unterscheiden. In der Dichtung sind solche Ordnungsprinzipien zum Beispiel die Veränderung der Alltagssprache oder eine Rhythmisierung: durch Reim, Takt, Rhythmus, Wiederholung. All das führt zurück auf zwei Strukturformen: auf die Wiederholung von Ähnlichem (Äquivalenz) und auf den Gegensatz (Opposition).

Diese Erscheinungen sind sogenannte Invariable oder Konstanten, und sie gelten für alle literarischen Texte, so daß ihre Erarbeitung zu einer globalen Literaturbetrachtung führt. Sie läßt sich schließlich nicht mehr auf die Form beschränken, auch wenn man diese sehr weit faßt.

Die Aussage oder der Sinn sind ebenfalls Strukturgesetzen unterworfen. Es gibt eine Art Grammatizität des Erlebens und Fühlens. Die Anthropologie hat zum Beispiel Äquivalenzklassen hinsichtlich der Eßgewohnheiten oder des Trauerverhaltens festgestellt, die global gestreut sind, also nicht auf Tradition oder Nachahmung beruhen können. Letztlich ist sogar die Äußerung von Sinn auf Strukturgesetze zurückzuführen, zum Beispiel darauf, daß sie naturnotwendig auf einer Ideologie und den relevanten Elementen dieser Ideologie beruht. Ähnliche Gesetze lassen sich aus der Psychoanalyse entwickeln, zum Beispiel aus C. G. Jungs Lehre von den Archetypen.

Die Analyse literarischer Texte mit Hilfe dieser Methode führt zu neuen Erkenntnissen; sie hat jedoch zwei Eigenschaften, die ihre Verwendung begrenzen: Der Blick auf das Globale und die Konstanten lenkt vom Individuellen ab, das uns eigentlich dazu veranlaßt, ein bestimmtes Gedicht, und gerade dies Gedicht zu lesen – und der Strukturalismus verwendet in Verfolgung seiner Ziele eine wissenschaftliche Fachsprache, die so international sein soll wie die Methode und deshalb auf der Grundlage des Lateins bis zur Unverständlichkeit spezialisiert ist. Strukturanalysen unterschiedlicher Art sind die Texte zu Georges „Komm in den totgesagten park ..." und Neumanns Untersuchung zu Eichs „Inventur".

II. Weltbild

Für das Verhältnis des Ichs zur Welt gibt es drei einander ähnliche Begriffe: Weltbild, Weltsicht und Weltanschauung. Davon ist der dritte von den Nationalsozialisten überbeansprucht worden und hat dadurch einen negativen Nebensinn erhalten, den er mit dem Ersatzbegriff Ideologie teilt: Wer weltanschaulich bzw. ideologisch gebunden ist, der sieht die Welt nicht unvoreingenommen, sondern aus einem vorgegebenen, begrenzten Blickwinkel. Er urteilt nicht frei nach seinem Gewissen, sondern ordnet das eigene Denken Lehrmeinungen unter, die Anspruch auf absolute Gültigkeit erheben.

Wenn man zwischen Weltsicht und Weltbild einen Unterschied machen will, dann liegt dieser darin, daß sich im Begriff Weltsicht ein aktives Wollen ausdrückt, während man das Weltbild eher aufnimmt und ordnet. Der Unterschied ist ähnlich wie der zwischen sehen und schauen. Der Begriff Weltbild erscheint somit als derjenige, der auf eine größere Zahl von Personen angewandt werden kann.

Das Bild, das sich ein Mensch von der Welt macht, ist so einzigartig wie der Mensch selbst. Es deckt sich mit keinem anderen Weltbild und ist selbst einem stetigen Wandel unterworfen, der von den individuellen Erfahrungen und der geistigen Entwicklung der betreffenden Person abhängt. Das ist ebenso unbestreitbar wie die Tatsache, daß sich zu jeder Zeit eine Vielzahl von Übereinstimmungen im Weltbild von Menschen finden lassen, die in der gleichen Zeit und in einem vergleichbaren soziokulturellen Umfeld leben oder gelebt haben. Man spricht bei dieser Erscheinung von den Wirkungen des Zeitgeists. Dieser umfaßt zum Beispiel den zeitüblichen Bildungsgang, die jeweils herrschenden Sittengesetze, die Interessen der meinungsbildenden Schicht, die Lebens- und Überlebensbedingungen, kollektive Reaktionen auf Weltereignisse und vieles andere mehr.

Die in diesem Abschnitt aufgenommenen Gedichte und Interpretationen sind so ausgewählt, daß sie als Beispiele für wichtige literarische Epochen oder für dichtungsgeschichtlich bedeutende Wendepunkte dienen können; es geht also weniger um die Erfassung des individuellen Weltbildes als um übertragbare und vergleichbare Äußerungsformen des Zeitgeistes – immer aber mit dem Vorbehalt, daß diese von der jeweiligen individuellen Komponente der Weltsicht geprägt sind.

Andreas Gryphius

Es ist alles eitell.

DU sihst / wohin du sihst nur eitelkeit auff erden.
Was dieser heute bawt / reist jener morgen ein:
Wo itzund städte stehn / wird eine wiesen sein
Auff der ein schäffers kind wird spilen mitt den heerden.
Was itzund prächtig blüht sol bald zutretten werden.
Was itzt so pocht vndt trotzt ist morgen asch vnd bein.
Nichts ist das ewig sey / kein ertz kein marmorstein.
Itz lacht das gluck vns an / bald donnern die beschwerden.
Der hohen thaten ruhm mus wie ein traum vergehn.
Soll den das spiell der zeitt / der leichte mensch bestehn.
Ach! was ist alles dis was wir für köstlich achten /
Als schlechte nichtikeitt / als schaten staub vnd windt.
Als eine wiesen blum / die man nicht wiederfindt.
Noch wil was ewig ist kein einig mensch betrachten.

Informationen

1. Andreas Gryphius (1616–1664) hat alle Schrecken seiner Zeit selbst erfahren. Er wurde früh Waise, wurde von seinem Vormund um sein Vermögen betrogen, erlebte den Untergang seiner Vaterstadt Glogau und die Pest, erfuhr konfessionelle Verfolgung, die ihn zur Flucht trieb, erlitt Krankheit und den Tod mehrerer Kinder. Er erreichte jedoch auch ein angesehenes Amt und wurde in Danzig zum Dichter gekrönt.

2. Als Zwanzigjähriger schrieb Gryphius 1636 die ersten Sonette in deutscher Sprache. Sie erschienen ein Jahr später in Lissa (Schlesien). Unter den sogenannten „Lissaer Sonetten" befand sich bereits das Vanitas-Sonett. Seine Überschrift lautete: Vanitas, vanitatum et omnia vanitas (Eitelkeit, aller Eitelkeiten Eitelkeit). Im Laufe seines Lebens veränderte Gryphius seine Gedichte z. T. mehrmals, um sie der geltenden Poetik und dem Zeitstil anzupassen. Dabei verdeutschte er auch Fremdwörter, und so gab er der Fassung von 1643 den Titel „Es ist alles eitel". In dieser Fassung und in der originalen Schreibweise ist das Sonett abgedruckt. Das Adjektiv „eitel" bedeutet im 17. Jahrhundert soviel wie leer, nichtig, nutzlos.

3. Gryphius schrieb alle Sonette der Sammlung in Alexandrinern, das sind sechsfüßige Jamben mit einer regelmäßigen Zäsur in der Mitte und mit der Reimstellung abba in den Quartetten und ccd eed in den Terzetten. Damit erfüllte er die Forderungen, die Opitz 1624 in seinem „Buch von der deutschen Poeterey" aufgestellt hatte.

4. „Die Lissaer Sonette wurden nach einem Zahlenprinzip komponiert. Die Zahl war für den mittelalterlichen Menschen das Symbol der göttlichen Ordnung. Diese göttliche Ordnung versucht – laut damaligen Ansichten – die Hölle zu stören und in ein teuflisches Chaos zu verwandeln. Gegen diese zerstörende Macht des Chaos kämpft der Mensch. [...]

Bei der Anwendung der Zahlenkomposition stützte man sich auf gewisse einfache Regeln, die zum Verschlüsseln und Entschlüsseln der Symbolik dienten. Am gebräuchlichsten war nach Siegfried Streller das Addieren der Buchstaben und Silben, das Berechnen der Quersummen, der symmetrische Bau der Texte. [...] Auf der 7 fußt auch das Kompositionsprinzip der Lissaer Sonette, wovon das Titelbild der Sammlung zeugt. Es enthält nur drei Worte. Die üblichen Angaben über Drucker, Druckart und Erscheinungsjahr fehlen. Der merkwürdige Titel lautet:

ANDREAE
GRYPHII
SONNETE

Alle drei Worte auf dem Titelblatt zählen je sieben Buchstaben, beziehungsweise je drei Silben. 7 und 3 sind zwei sehr wichtige Zahlen in der Offenbarung Johannis. Nach den Regeln der Zahlenkomposition addieren wir die Zahl der Silben und der Buchstaben auf dem Titelblatt und erhalten die Summe 30. 30 aber ist die Zahl der Sonette, ohne das Anfangs- und Schlußgedicht. Die Anfangsalexandriner und das Beschlußsonett zählen wiederum 30 Verse. Wenn wir vom Inhalt der Sonette ausgehen, können wir die ganze Sammlung [...] in sieben Gruppen einteilen. Die erste Gruppe zählt 5, die folgenden 4, 3, 6, 3, 4, 5 Sonette. Wir erhalten so ein symmetrisches Bild, das sich dann in eine Konfiguration 2 × 6 + 6 + 6 × 2, in der die 6 dominiert, umwandeln läßt. Die 6 symbolisiert bei Gryphius die Vanitas. Wenn also die 6 in der Sammlung die dominierende Zahl ist, müßte das sechste Sonett das Hauptsonett sein und den Leitgedanken der ganzen Sammlung enthalten. Unsere Vermutung bestätigt der Titel des Sonetts, der von der Vergänglichkeit handelt. Darüber hinaus ist diese Überschrift die einzige in der ganzen Sammlung, die mit großen Buchstaben gedruckt wurde. Sie lautet: VANITAS, VANITATUM ET OMNIA VANITAS. Auch die Zahl der Buchstaben dieses Titels ergibt 30, also die Zahl der Sonette in dem Band. So wurde der Kreis der Kombination geschlossen, den wir hier in einer gekürzten Form vorgeführt haben." (Szyrocki: Gryphius, S. 57–58)
5. Szyrocki zitiert in der ersten Interpretation nach der Fassung von 1637.

1. Interpretation

Mitten im Rasen des Krieges, selbst zum Augenzeugen der Vergänglichkeit geworden, erhebt der Dichter als Wahrheitsverkünder und Seher seine prophetische Stimme:
Wo jtzt die Städte stehn so herrlich / hoch und fein
Da wird in kurtzem gehn ein Hirt mit seinen Herden
Der Gedanke von der Vergänglichkeit alles Irdischen wird ausgebaut in einer Kette von antithetischen Halbversen. Sie klingen in der Existenzfrage *„Solt denn die Wasserblaß, der leichte Mensch bestehn?"* aus. Nach diesem, dem zehnten Vers, folgt der Sonetteinschnitt. In den letzten vier Zeilen zieht der Dichter aus Erlebtem und Durchdachtem die Folgerungen und erhebt Klage über die Nichtigkeit der Welt. „Der Klang des Satzes ist traurig: mit *Ach* hebt er an, als Frage klingt er aus, die

Stimmlage ist tief, dunkel. Aber er endet doch mit einem an sich lieblichen Bild –, *eine Wiesenblum, die man nicht wiederfind't* – ... Das Irdische, das vergänglich ist und insofern *eitel,* leuchtet doch einen Augenblick in Schönheit auf, die geliebt erscheint – aber das klingt nur ganz leicht an; ausgesprochen bewußt geworden ist es nirgends. Die neue Exempla-Häufung nennt in raschem Zusammentreffen lauter Dinge, die schnell vergehen und später nicht mehr zu finden sind". Dies klingt hoffnungslos und pessimistisch. Gryphius sieht zwar „in dem was ewig ist" einen Ausweg aus der Sackgasse der Vanitas, doch die Menschen wollen ihn nicht gehen. Mit prophetischer Stimme mahnt Gryphius in dem Sonett die im Bruderkrieg verblutenden Zeitgenossen, leitet aus den angeführten Beispielen die Gesetzmäßigkeit der Vergänglichkeit ab, erhebt Klage und schließt mit einer Anklage.

In dem Gedicht werden verschiedene Möglichkeiten der Antithetik verwertet: zwischen Wort und Wort, Halbvers und Halbvers, zwischen Vers und Vers, Satzperiode und Satzperiode. Der Anfangs- und der Schlußvers stellen das Irdisch-Vergängliche dem Transzendent-Ewigen gegenüber und rahmen durch diese gedanklichen Extreme das Sonett gewissermaßen ein. Die formale Meisterschaft und die erschütternde, tief erlebte Wahrhaftigkeit entschieden über die künstlerische Lebensdauer der dichterischen Aussage des Gedichtes, in dem die Haupterfahrung von Gryphius' schwerer Jugend, das Vanitaserlebnis, einen vollkommenen Ausdruck fand.

Szyrocki: Gryphius, S. 59–60

2. Interpretation

Das Zentralthema des Gryphschen Gesamtwerkes ist das Vergänglichkeitsmotiv, das vor allem in den Sonetten in unzähligen Varianten gestaltet wird. Der Vanitasgedanke als Ausdruck der Spannung zwischen dem zeitlichen und ewigen Aspekt wird zum Kristallisationspunkt der barokken Lebenshaltung. Diese Dichotomie* zwischen *carpe diem* einerseits und *carpe coelum* andrerseits wird für Gryphius zur entscheidenden Erfahrung des christlichen Glaubens, die sich in allen Bereichen des Lebens manifestiert. Doch gerade den christlichen Glauben sieht er durch die politischen Zeitumstände des Dreißigjährigen Krieges einer ständigen Bedrohung ausgesetzt. Reformation und Gegenreformation haben das Individuum nicht nur einem äußeren Chaos ausgeliefert,

---

* Dichotomie (griech.) = Zweiteilung, Auseinanderstreben.

sondern sie haben auch zu einer inneren Verunsicherung in Glaubensfragen geführt, in der Gryphius eine gefährliche Unterminierung des Heilsgedankens erblickt. So ist es nicht verwunderlich, daß sich in seinen Gedichten das antithetische Lebensgefühl seiner Zeit mit einem unerschütterlichen Glaubenspathos verbindet, mit dem oft in fast beschwörender Weise der Leser direkt angesprochen wird. [...]

Gleich die erste Zeile enthält [...] ein für Gryphius typisches Stilmerkmal. Er wendet sich direkt an den Leser, indem er ihn unmittelbar mit dem Thema des Gedichts, d. h. mit der Eitelkeit dieser Welt, konfrontiert. Diese abrupte, fast schockartige Akzentuierung der Grundidee eines Gedichts in der Eröffnungszeile, sei es in Form einer Aussage oder einer Frage, findet sich in einer ganzen Reihe Gryphscher Gedichte. Wie sehr es ihm auf den direkten Leserbezug ankommt, zeigt die Tatsache, daß er die Ich-Form der ersten Fassung von 1637 („Vanitas, Vanitatum, Et Omnia Vanitas") in der hier vorliegenden Version von 1643 in die Du-Form umgewandelt hat. Durch die direkte Ansprache wird der Leser von vornherein in eine Antithetik einbezogen, die erst aus der letzten Zeile ersichtlich wird, deren Versrhythmus als einziger mit dem der ersten Zeile identisch ist. Beide Zeilen zusammen bilden ein Kontrastpaar, das die dazwischenliegenden zwölf Zeilen in die Polarität von irdischer Vergänglichkeit und christlicher Ewigkeitslehre stellt. Die sich daraus entwikkelnde antithetische Grundhaltung des gesamten Gedichtes wird sowohl durch das Versmaß als auch durch die intensive Bildlichkeit unterstrichen. Da der Alexandriner nach der dritten Hebung eine deutliche Zäsur aufweist, entsteht eine Mitteldiärese*, die es Gryphius ermöglicht, die zwei Halbverse einer Zeile antithetisch zu gestalten, ohne dabei gegen den Sprachrhythmus schreiben zu müssen. Infolgedessen fügt sich die Bildlichkeit, die durchgängig auf Kontrastmetaphern beruht, nahtlos in das vorgegebene Versschema ein. Die Gegensatzpaare von *bauen* und *einreißen*, von *Stadt* und *Wiese*, von *Glück* und *Beschwerden* und schließlich von *Ruhm* und *Traum* dienen einzig dem Zweck, die Bedingtheit alles Zeitlichen, d. h. den Vergänglichkeitsgedanken in konkreten Bildern dem Leser vor Augen zu führen. [...]

Der Vergänglichkeitsgedanke wird zum dominierenden Faktor des Gedichts. Was bei den alttestamentlichen Predigern noch als Hoffnung auf eine positive Lebensbewältigung erscheint, wird bei Gryphius in ein totales Gegenteil, nämlich in die absolute Negation alles Irdischen verkehrt. Und wie Marvin Schindler treffend beobachtet, ist die Negation so total, daß sogar das *Ewige* ungenannt bleibt; es manifestiert sich nur

---

* Diärese (griech.) = starke Zäsur: zugleich Ende eines Versfußes und eines Wortes; typisch für den Alexandriner.

indirekt in der durch Vergänglichkeit gezeichneten Erscheinungswelt. Mit Hilfe von biblischer Bildlichkeit, die hier, beinahe zweckentfremdet, zu einer Schreckensmetaphorik umgewandelt wird, versucht Gryphius in diesem Gedicht, den Leser mit einer ernsten, unmittelbaren Warnung anzusprechen: Betrachte die eigentlichen Werte der menschlichen Existenz, gedenke deines ewigen Seelenheils, andernfalls bist du verloren! Dieser offensichtliche Lebenspessimismus, hervorgerufen durch die tiefe Glaubenserschütterung seiner Zeit und dargestellt mit fast missionarischem Unterton, ist typisch für die Gryphsche Lyrik.

Kenkel: Was liefert dir die Welt, S. 88

Matthias Claudius

Abendlied

Der Mond ist aufgegangen,
Die goldnen Sternlein prangen
  Am Himmel hell und klar;
Der Wald steht schwarz und schweiget,
Und aus den Wiesen steiget
  Der weiße Nebel wunderbar.

Wie ist die Welt so stille
Und in der Dämmrung Hülle
  So traulich und so hold!
Als eine stille Kammer,
Wo ihr des Tages Jammer
  Verschlafen und vergessen sollt.

Seht ihr den Mond dort stehen? —
Er ist nur halb zu sehen
  Und ist doch rund und schön!
So sind wohl manche Sachen,
Die wir getrost belachen,
  Weil unsre Augen sie nicht sehn.

Wir stolze Menschenkinder
Sind eitel arme Sünder
  Und wissen gar nicht viel;

Wir spinnen Luftgespinste
Und suchen viele Künste
  Und kommen weiter von dem Ziel.

Gott, laß uns d e i n Heil schauen,
Auf nichts Vergänglichs trauen,
  Nicht Eitelkeit uns freun!
Laß uns einfältig werden
Und vor dir hier auf Erden
  Wie Kinder fromm und fröhlich sein!

Wollst endlich sonder Grämen
Aus dieser Welt uns nehmen
  Durch einen sanften Tod!
Und wenn du uns genommen,
Laß uns in Himmel kommen,
  Du unser Herr und unser Gott!

So legt euch denn, ihr Brüder,
In Gottes Namen nieder;
  Kalt ist der Abendhauch.
Verschon uns, Gott, mit Strafen
Und laß uns ruhig schlafen,
  Und unsern kranken Nachbar auch!

Informationen

1. Matthias Claudius (1740–1815) stammt aus einer alten holsteinischen Pfarrers-
familie. Er studierte Rechtswissenschaft, eignete sich alte und neue Sprachen und
ihre Literatur an und leitete die Zeitung „Der Wandsbeker Bote". Er lebte beschei-
den mit einer zahlreichen Familie in Wandsbek und war mit vielen berühmten
Zeitgenossen befreundet.
Claudius steht in seiner geistigen Haltung zwischen Aufklärung und Sturm und
Drang. Obwohl er sich gegen den Verstandeskult der Aufklärung wendet, übernimmt er von dieser den Glauben an die Entwicklungsfähigkeit des Menschen. Er
verbindet die Rousseauschen Erziehungsideen mit einer religiösen, leicht pietisti-
schen Komponente und bemüht sich um Seele und Gemüt. Sein Ideal sind das
Kind und der einfache Mensch, die als Kinder Gottes der Natur und dem Ursprung
näher sind. Hier begegnet er dem Sturm und Drang.
Das „Abendlied" stellt als Ziel des Lebens die kindliche Einfalt dar als Antithese
zum Stolz auf die Vernunft.
2. „Der Wandsbeker Bote" erschien zwischen 1771 und 1775 viermal wöchentlich.
Claudius veröffentlichte darin seine volkstümlichen Gedichte – auch das Abendlied – und machte die Zeitung berühmt. Er identifizierte sich so mit ihr, daß er

selber zum „Wandsbeker Boten" wurde, als die Zeitung nicht mehr existierte.
3. Zu den Interpretationen
Die beiden folgenden Texte sind anschauliche Beispiele für werkimmanente
Interpretationen und Strukturanalyse. Der erste ist im Mittelteil stark gekürzt.

1. Interpretation

Dieses lange Gedicht, in dem die allgemeine Betrachtung die einmalige
Anschauung überwiegt, sinkt doch an keiner Stelle ab zu nackter Rede,
die losgelöste Denkinhalte beträfe. Der große Atem einer einheitlichen
Seelenstimmung belebt noch die gedanklichste Strophe mit übergedank-
licher Fülle; und so bleibt denn der gesamte Vorstellungsablauf eingebettet in den unwiederholbaren Augenblick einer Begegnung zwischen Welt
und Herz.
In der ersten Strophe ist das Bild einer Abendlandschaft zu stiller Gegenwart geweckt: Zug um Zug baut es in klarer Gliederung sich auf, die
fromme Einfalt eines Menschen spiegelnd im Mittel dessen, was seine
Andacht schaut. Verkindlichende Benennung zieht die Sterne ans
Menschliche heran, ins Menschliche hinein. [...] Zugleich setzt die Verwandlungskraft der sinnbildlichen Aussage alle ruhende Gegenständ-
lichkeit um in Regung und Ereignis, in nachfühlbare Wesensschwingung.
Des Waldes stumme Finsternis ist leibhaftig hervorgebracht. [...]
Dem bildhaften Eindruck entsprechen Rhythmus und Tongestalt. Die
Verse schreiten dahin mit einem innigen Ernst, der den an sich nur
dreihebigen, scheinbar leichtfüßigen Rhythmus zu einem ruhig-atmen-
den, sanft-getragenen macht: eine Bewegungsform, die entscheidend
mitbestimmt ist durch das Ausschwingen der Strophenform in einem
vierhebigen Vers. Für die Tongestalt wesentlich ist die Stimmungskraft
der Vokale: wie das ausweitend Lichte des Sternenglanzes versinnlicht
ist in der Klangfolge *Am Himmel hell und klar;* wie sich in der ausgewoge-
nen Tönung der beiden folgenden Verse gegen die dunkle Wand des
Waldes die zarte Schwebe des geisterhaften Nebelschleiers abhebt. Und
die Stimmungskraft der Konsonanten: sie erweist sich im Wohllaut zahlreicher Gleichklänge, die sich wie von selber einstellen: *Himmel – hell,
schwarz – schweiget, Wiesen – weiße – wunderbar.*
Mit der zweiten Strophe beginnt das Gedicht sich loszulösen von dem,
was bildhaft gegenwärtig ist. [...] Wie hier die Darstellung nun schon
unmerklich leise übergegangen ist in die ausdeutende Betrachtung, so
verläßt die dritte Strophe endgültig den Bereich der Anschauung, indem
sie den Mund zum Anlaß einer Lehre macht, die in der Form eines
Schlusses gegeben wird. Das ist scheinbar nur-noch-gedankliche Rede;
und dennoch handelt es sich gerade nicht um den frostigen Schluß

urteilender Verständigkeit, sondern um die Zeichensprache des ahnenden Herzens, auf dessen dunklen Weg erleuchtend ein Strahl jenseitiger Wahrheit fällt. [...] Statt im Sinne romantischen Weltgefühls die Grenze zu verwischen und das Endliche verdämmern zu lassen im Unendlichen, lenkt das Gedicht gerade umgekehrt zur Lage des Menschen hin, durch dessen verderbten Willen der Bruch in die Schöpfung gekommen ist. [...]

Wie das Gedicht angehoben hat als lyrischer Monolog, wie es sich dann bezogen hat auf die Gemeinschaft unseres Irrens und Suchens, so wagt es jetzt die unmittelbare Anrede dessen, der uns geoffenbart ist als der Vater. Denn „über" Gott kann man nicht sprechen, man kann ihn nur ansprechen; der betende Anruf Gottes aber fordert ein Vertrauen, das sich nur dem reinen, dem nüchtern-gesammelten Herzen je und je schenkt. Von unserer eigenen Bereitschaft also hängt es ab, ob uns die Gottheit begegnet als „Gott": nicht mehr ein unbestimmtes „Es", das „Weltgeist", „Allseele", „Natur" oder sonstwie heißen dürfte, sondern das ewig-eine, das liebend-richtende „Du", das ebenso unverfügbar wie unveränderlich das endliche Dasein umgreift.

Die innige Bitte um Reinheit und Einfalt wird in der sechsten Strophe ergänzt und gesteigert. Wie wenn jede Kunst versunken wäre, streckt sich der Mensch der verheißenen Erlösung entgegen: der Auferstehung in hoffender Zuversicht gewiß, so jedoch, daß er sich dem überantwortet weiß, in dessen Hand allein es steht, uns zu erwählen oder zu verwerfen.

Und nunmehr kehrt das Gedicht, gleichsam unendlich angereichert, zurück zu seiner Ausgangslage. Der Atem dieses abendlichen Augenblickes weht uns noch einmal an, wenn wir den dritten Vers der letzten Strophe vernehmen. Aber zwischen Anfang und Ende beschlossen liegt die ganze Weite und Tiefe des Seins: der Mensch hat einen Gang getan vom Hiesigen und Irdischen zurück zum allgegenwärtigen Ursprung; er hat sich seiner ewigen Bestimmung vergewissert. So wendet er sich von neuem den Brüdern zu, indem er sein Sinnen und Beten einmünden läßt in die unscheinbare Wirklichkeit, die es alltäglich zu bestehen und zu verantworten gilt. Siegel des Glaubens und der Hoffnung ist die Liebe, der denn das letzte Wort gehört: das Gedicht rundet sich nicht zu selbstgenugsamer Geschlossenheit, sondern bleibt offen dem Anspruch des Nächsten, wie er hier und heute unserer hilfsbereiten Teilnahme bedarf.

Pfeiffer: Abendlied, S. 186–189

2. Interpretation

Der Ruhm des Gedichtes beruht vor allem auf den beiden ersten Strophen, allenfalls auf der letzten. Die Meinung des Gedichtes ist dies freilich nicht. Gewiß, das Naturbild der beiden ersten Strophen gehört zu den lyrischen Meisterwerken der Goethezeit. Offenbar genug sind die Alliterationen, der ruhige Wechsel der Vokale, die andeutende mythische Verlebendigung des schweigenden Waldes, vielleicht auch des steigenden Nebels. Der Wortschatz scheint vom *Himmel* über *wunderbar* zu dem *traulich und so hold* der zweiten Strophe zu führen und so das Bild einer schönen Harmonie zu geben, die uns Heutigen ein wenig unwahr vorkommt, wenn auch historisch sanktioniert.

Sieht man etwas genauer hin, dann sind gerade die beiden Strophen, die dem heutigen Leser peinlich sind, das Zentrum des Gedichtes, nämlich Strophe 4 und 5. Diese Strophen enthalten eine Version des lutherischen Themas von der Sündigkeit, das heißt Gottabgewandtheit der menschlichen Existenz und der Vergeblichkeit unseres Tuns, wenn wir diesen Zustand ändern wollten. Die Gnade kommt von Gott, wird nicht erworben oder verdient. [...] Diese Strophen stehen in der Tradition des lutherischen Kirchenliedes. [...]

Die erste Strophe ruft einen schönen harmonischen Eindruck in uns hervor. Es sei aber der Verdacht ausgesprochen, daß dieser Eindruck ungebührlich durch unsere historische Perspektive verstärkt wird, die an Goethes Lyrik nicht vorbeisehen kann. Wir sind immer zu sehr geneigt, uns Goethes Lyrik als klassisch, harmonisch und naiv vorzustellen. Schon in Claudius' erster Strophe unterliegt der Harmonie ein Gegensatz zwischen dem Himmel, wo die Adjektive *golden, hell,* und *klar* gelten, und der Erde, wo der schwarze Wald stumm bleibt, der Nebel emporsteigt und die Welt ins Wunderbare verwandelt. In Vers 3 muß *Himmel* den Hauptton erhalten, in Vers 5 ist die Hebung auf *aus* nicht voll zu realisieren. Darum wird *Wiesen* hervorgehoben, und ich würde diesem Wort den Hauptton geben. (Das ganze Gedicht zeigt übrigens rhythmisch die Neigung, einer Hebung den Hauptton zu geben. Diese Tendenz beginnt mit dem Wort *Mond* in Vers 1.) Zwischen *Himmel* und *Wiesen* besteht klanglich eine Beziehung, weil sie die einzigen i-Laute in der Strophe sind. Klanglich sind auch die Gegensatzpaare *schwarz* und *klar* verbunden, vielleicht auch (ebenfalls als Gegensatz, wenn auch nicht so eindeutiger Natur) *hell* und *Nebel.* [...]

Die zweite Strophe nimmt im ersten Vers das alliterierende *w* auf, das Vers 4–6 der zweiten Strophe, die Erd-Verse, beherrscht hatte. Es gilt für das ganze Gedicht, daß die Strophen ihre thematische Einheit haben, daß aber klangliche und semantische Beziehungen vom Strophenende der vorigen auf den Strophenanfang der folgenden übergreifen. Die ersten drei Verse der zweite Strophe führen das Thema der abendlichen Verwandlung weiter. Unter der Hülle der Dämmerung erscheint die Welt traulich und hold. Sie ist es also nicht eigentlich, sondern nur jetzt, in ihrem verhüllten Zustand. Vers 4–6 führen den uneigentlichen Zustand der Welt weiter aus. Sie ist nicht mehr wie sonst offen, sondern *eine stille Kammer.* Aber zugleich wird deutlich, was die eigentliche Welt, die offene, ist: *des Tages Jammer,* der nicht beseitigt, sondern nur verschlafen und vergessen werden kann. Wir erinnern uns auch an Paul Gerhardts „Jammertal", einen weitverbreiteten Topos natürlich.

Zugleich ist aber die Störung des Identitätsbewußtseins im lyrischen Ich eingetreten, von dem die Rede sein sollte. Bisher hatte das lyrische Ich als Gemeinsamkeit von Sprecher und Leser sich in dem von der Sprache beschworenen Naturbild gefunden. Beinahe heimlich tritt mit dem *ihr* in Vers 5 der zweiten Strophe der Sprecher aus der Identität heraus und vor die Hörer hin. Der Leser darf sich nun nur noch mit einer fiktiven Hörergemeinde identifizieren.

Der erste Vers der dritten Strophe nimmt das *ihr* auf und zugleich das Mond-Thema der ersten. Das Gestirn gerät in die Unsicherheit irdischer Dinge. Der Mond wird zum Predigtthema. Es ist an dieser Stelle besonders deutlich, daß der nun hervorgetretene Sprecher die Hörer gewinnen will. Der sprachliche Naturzauber hat die empfindsamen Herzen gewonnen, jetzt wendet sich der Sprecher mit einem astronomischen Faktum an den aufgeklärten Verstand. Denn das Gedicht wendet sich offensichtlich an das stolze Menschenkind (Strophe 4), das humanistisch an die Selbstperfektion glaubt. [...]

Strophe 5 redet von Gott und seinem Heil, zwar immer noch unter dem Aspekt *uns,* aber die Einbeziehung Gottes, die Gebetsanrede an ihn, ist doch eine neue strukturelle Wendung. Diese Perspektive wird hinübergeführt in Strophe 6, die Bitte um einen sanften Tod und Aufnahme in den Himmel. Diese Gebetswünsche sind in der Tat ein wenig allzu *einfältig,* aber sie erscheinen auf dem Grunde des Einverständnisses mit dem eigenen Tode, und diesen religiösen Untergrund wird man nicht primitiv nennen können. [...]

Am Anfang der letzten Strophe wird die Gemeinsamkeit des Gebetes wieder unterbrochen. Der Sprecher redet die Hörer mit *euch* und *ihr Brüder* an. Seine Situation ist der eines bewußt gemachten Erzählers in der Prosa sehr ähnlich. Die letzte Strophe bringt das Abendmotiv zusammen mit dem theologischen Hauptmotivzweig. Die Gebetsgemeinsamkeit wird mit *uns* in den Versen 4 und 5 der letzten Strophe wiederhergestellt. Der letzte Vers, der die Struktur noch einmal so überraschend durchbricht, impliziert das Liebesgebot, das der brüchigen Existenz ebenso entgegengestellt ist wie das Vertrauen auf Gottes Heil, ein Vertrauen, das nur auf dem Grunde der Einsicht in die Unvollkommenheit, Widersprüchlichkeit, Fragwürdigkeit der menschlichen Existenz entstehen kann.

Lehnert: Struktur und Sprachmagie, S. 44–48

Johann Wolfgang von Goethe

Selige Sehnsucht

Sagt es niemand, nur den Weisen,
Weil die Menge gleich verhöhnet:
Das Lebend'ge will ich preisen,
Das nach Flammentod sich sehnet.

In der Liebesnächte Kühlung,
Die dich zeugte, wo du zeugtest,
Überfällt dich fremde Fühlung,
Wenn die stille Kerze leuchtet.

Nicht mehr bleibest du umfangen
In der Finsternis Beschattung,
Und dich reißet neu Verlangen
Auf zu höherer Begattung.

Keine Ferne macht dich schwierig,
Kommst geflogen und gebannt,
Und zuletzt, des Lichts begierig,
Bist du Schmetterling verbrannt.

Und so lang' du das nicht hast,
Dieses: Stirb und werde!
Bist du nur ein trüber Gast
Auf der dunklen Erde.

Informationen

1. Schon immer hatte Goethe (1749–1832) sich nebenbei mit dem Orient befaßt, von der Welt der Bibel über ein geplantes Mahomet-Drama, eine Übersetzung alter Beduinendichtungen bis zur Lektüre orientalischer Reisebeschreibungen. Sie

verkörperten für ihn ursprüngliche, naturhafte Lebensformen. Als 1812–13 die Gedichtsammlung des persischen Dichters Hafis (1326–1390) ins Deutsche übersetzt worden war, schenkte der Verleger Cotta ihm ein Exemplar. Goethe begann die Lektüre während eines Kuraufenthalts im Frühsommer 1814. Als er dann am 26. Juli mit der Kutsche in seine alte Heimat an den Rhein reiste, reiste das Buch mit. Am ersten Tag auf der Fahrt nach Eisenach, schrieb Goethe schon mehrere Gedichte an sein imaginäres Gegenüber Hafis. Dies setzte er fort, und so entstand am 31. Juli, bereits in Wiesbaden, die „Selige Sehnsucht".

1819 erschienen die gesammelten Gedichte unter dem Titel „West-Östlicher Divan".

2. Divan, ein persisches Wort, heißt Versammlung, Gruppe, Liedersammlung. Es handelt sich um einen Gedichtkreis, der aus zwölf Büchern besteht. Der ursprüngliche Titel Goethes lautete: „Versammlung deutscher Gedichte mit stetem Bezug auf den „Divan" des persischen Sängers Mahomed Schemseddin Hafis."

Die Beziehung unseres Gedichts zu Hafis lag zunächst in der Überschrift, die „Buch Sad, Ghasel 1" hieß. Genannt ist das Gedicht, an das Goethe anknüpft und von dem er Motive übernommen hat. Der Titel wurde umgewandelt in „Selbstopfer", dann in „Vollendung", und schließlich in der letzten Fassung in „Selige Sehnsucht". Es steht im 1. Buch der Sammlung, das „Buch des Sängers" heißt.

3. Bei seinem Erscheinen 1819 wurde der „Divan" kaum beachtet. Goethe hatte ihn nur für Freunde und Liebhaber gedacht. In der zweiten Hälfte des Jahrhunderts wuchs die Aufmerksamkeit, aber erst um die Wende zum 20. Jahrhundert rückte der West-östliche Divan in das Interesse von Forschung und Leser.

4. Zu den Interpretationen

Die Interpretation von Wilhelm Schneider ist, obwohl stark gekürzt, noch sehr umfangreich. Deshalb werden hier zum Vergleich nur zwei Ansätze zu anderen Möglichkeiten der Inhaltsdeutung gegeben. Die erste ist von Erich Trunz aus den Anmerkungen zum „West-östlichen Divan" in der Hamburger Ausgabe der Werke Goethes, die zweite aus der Geschichte der deutschen Lyrik von Johannes Klein:

„Das Gedicht hat als Grundvorstellung die Polarität von Licht und Dunkel. Die *Erde* ist *dunkel* (20), zu ihr gehört der *Finsternis Beschattung*. Der Gegensatz ist das *Licht,* nach welchem der Mensch *begierig* ist (15). Die *stille Kerze,* in welcher der *Schmetterling* verbrennt, wird zum Sinnbild dieses höheren Lichts, eines höheren *Flammentods.* Solange der Mensch nicht fähig ist, sich nach ihm zu sehnen *(Selige Sehnsucht),* bleibt er – die Licht-Methaphorik wird fortgeführt – ein *trüber Gast.* Das Wort *trüb* bedeutet: für das Licht nur halb durchlässig, d. h. noch weitgehend dem Irdisch-Materiellen verbunden, noch nicht dem göttlichen Licht zugehörig; das Trübe öffnet sich nur begrenzt dem Licht, setzt ihm noch Widerstand entgegen, nur das Reine öffnet sich ihm und wird von ihm erfüllt." (Erich Trunz: Goethe, Werke, Bd. 2, S. 559)

„Aber auch die Lebensalter sind gemeint. Zwischen Kindheit und Jugend liegt ein Sterben, eine Schwermut ist der Ausdruck dafür. Es ist das neue Werden zugleich. – Zwischen Jugend und Reife liegt ein noch qualvolleres Sterben, der innerlich weiteste, der begeisterungsfähige Mensch scheint dahinzuschwinden, der neue Mensch w i r d. Zwischen Lebenshöhe und sinkendem Leben liegt die größte Krise; die Zeit, da der Mensch das Leben vor sich hatte, ist vorüber; Alterung und Entsagung beginnen. Und doch wird, wenn der Mensch wesentlich ist, nochmal ein Neues: die durchschauende, vergeistigte Gestalt. – Immer ist das heraufkommende Lebensalter ein Mysterium, an dem das vorige verbrennt." (Johannes Klein, S. 352–353).

Interpretation

Die eindringliche Mahnung und die feierliche Ankündigung in der ersten Strophe sowie das geheimnisvolle spruchhafte Schlüsselwort *Stirb und werde* in der letzten lassen uns ahnen, daß Goethe in diesem tiefsinnigen Gedicht aus dem „West-östlichen Divan" ein Bekenntnis von höchster Bedeutung abgelegt hat. Es geht hier nicht um eine Einsicht am Rande seiner Lebenserfahrungen, [...] vielmehr um den Ertrag lebenslangen Strebens nach letzter Weisheit. Goethe spricht hier als Dichter und Prophet.
Aber seine prophetische Stimme darf nicht von allen gehört werden. Er spricht zu den Nächststehenden, einem kleinen Kreis von Gleichstrebenden und Eingeweihten, und fordert sie auf, gegen jedermann außer den Weisen Schweigen zu wahren. Denn es ist ein Geheimnis, das er aussprechen wird, ein Geheimnis besonderer Art, ein religiöses Geheimnis, und soll es auch bleiben. Denn wenn es der unweisen Menge preisgegeben wird, stößt es auf Verständnislosigkeit und wird, eben weil es nicht verstanden werden kann, *gleich verhöhnet.* Es ist aber zu heilig, als daß es durch den Mund Uneinsichtiger herabgewürdigt werden dürfte. [...] Durch die verpflichtende Mahnung gegen eine allgemeine Verbreitung gesichert, wird nun das Geheimnis angekündigt.

Das Lebend'ge will ich preisen,
Das nach Flammentod sich sehnet.

Es ist nicht nur ein Geheimnis in dem Sinne, daß Schweigen darüber gewahrt werden soll, sondern auch in dem andern, daß es an sich geheimnisvoll ist und sich dem verstandesmäßigen Zugriff entzieht. Wir müssen uns also beim Versuch der Deutung bewußt sein, daß wir es nicht weiter als zu einem Erahnen seines verborgenen Kerns bringen können, und dabei behutsam und mit Ehrfurcht zu Werk gehen.
Dieser Kern wird zunächst angedeutet als das Lebendige, das sich nach Flammentod sehnt. Das besondere Lebendige, dessen Sehnen also im Gegensatz steht zum Trieb alles anderen Lebendigen nach Leben, wird über das allgemein-gemeine Lebendige erhoben und gepriesen.
Um dem befremdenden Gedanken ein wenig näher zu kommen, ohne vorerst die folgenden Strophen zu befragen, wollen wir uns darauf besinnen, daß dem Feuer nicht nur eine vernichtende, sondern auch eine läuternde und verwandelnde Kraft zukommt. [...]
Während über die in der ersten Strophe Angesprochenen *(Sagt es niemand)* kein Zweifel sein kann, ist das *Du* der drei folgenden Strophen nicht eindeutig. Erst im letzten Vers der vierten Strophe wird das Du genannt: Schmetterling; eine über elf Zeilen ausgehaltene Spannung

wird überraschend gelöst, wenigstens für manchen Leser überraschend. [...]

Der Schmetterling als Sinnbild der menschlichen Seele ist keine Neuschöpfung Goethes. Schon den Griechen war das Symbol geläufig (Psyche als zarte Mädchengestalt mit Schmetterlingsflügeln), und aus der persischen Lyrik war Goethe auch das Motiv des Schmetterling (oder der Mücke) bekannt, der im Kerzenlicht verbrennt, als Gleichnis des Menschenherzens, das im Liebesfeuer sich verzehrt. Neu aber ist die tiefere Bedeutung, die das Gedicht ,Selige Sehnsucht' in das Gleichnis hineinlegt. [...]

In der Wortverbindung *der Liebesnächte Kühlung* ist *Kühlung* jetzt nicht mehr zu *Nächte* gehörig, sondern zu *Liebe* und zielt auf die Stillung des natürlichen Liebesverlangens, auf das Löschen der sinnlichen Brunsthitze. Die *Fühlung,* die dann den Menschen in der Liebesnacht überfällt, also plötzlich, unerwartet und mit großer Gewalt ergreift, ist zwar *fremd,* weil sie nicht von Seinesgleichen, sondern von einem höheren Wesen erregt wird; aber sie setzt die schrankenlose Hingabe des Liebenden voraus, die Selbstaufgabe, die in der Vereinigung mit der Geliebten sich erwiesen hat. Die stille Kerze ist das Sinnbild dieses höheren Wesens. (Das Kerzenlicht in seiner eigentlichen Bedeutung kann im Menschen keine fremde Fühlung erregen.) Das Beiwort *still,* das für die Deutung vom Schmetterling aus belanglos ist, offenbart jetzt seine tiefe Bedeutung. [...]

Nicht mehr bleibest du umfangen
In der Finsternis Beschattung.

Diese Verse, die mit Bezug auf den vom Kerzenlicht angezogenen Nachtfalter ganz eindeutig sind, werden rätselhaft, wenn man sie auf den Menschen bezieht und dazu noch bedenkt, daß sie aus dem Munde des erdengläubigen und licht- und farbenfrohen Goethe kommen. Was ist der Finsternis Beschattung? Die Worte Finsternis und Schatten sind in der Bibel und auch sonst in theologischer Literatur Bilder für die Preisgabe des Menschen an den Tod und sein Verlorensein ohne die göttliche Hilfe. Und so bliebe denn nur der vom göttlichen Licht angestrahlte und angezogene Mensch, der nach Vereinigung mit ihm strebt, nicht in der *Finsternis Beschattung.* Der Begriff der Ferne, die *schwierig* macht, vertauscht seinen Raumsinn, den einzig die Auffassung vom Schmetterling aus zuläßt, gegen eine metaphysische (übersinnliche) Bedeutung: es ist die Scheide zwischen der sinnlichen Welt und der Welt jenseits von Raum und Zeit, zwischen dem engen menschlichen Bereich und der göttlichen Unendlichkeit. Diese Scheidewand kann vom Menschen nur im Tode überstiegen werden: so könnte man, wenigstens vorläufig, die Verse deuten:

Und zuletzt, des Lichts begierig,
Bist du Schmetterling verbrannt.

Die *höhere Begattung* kann für den Menschen nur die Vereinigung mit Gott sein. Für den Schmetterling ist der Flammentod das Ende, nachdem er sich vorher durch den Raupen- und Puppenzustand hindurch zu seiner letzten und schönsten Gestalt gewandelt hat; für den Menschen dagegen ist der Tod ein Übergang in eine andere Seinsweise, eine Umwandlung, Höherwandlung in einen Zustand, der das Ziel seiner *seligen Sehnsucht* ist. [...]
Goethe hat den Tod als einen Übergang begriffen; doch war er ihm ein „Übergang aus einer uns bekannten Existenz in eine andere, von der wir auch gar nichts wissen." Wir werden also die Mahnung *Stirb und werde!* nicht in ihrer wörtlichen Bedeutung fassen dürfen; das Wort „Sterben" muß bildlich verstanden werden, zum mindesten auch bildlich. Wir stoßen hier auf den Begriff der Metamorphose, einen Lieblingsbegriff Goethes, der, von seinen naturwissenschaftlichen Studien her ihm vertraut, von ihm auf die eigene geistige Entwicklung und die des Menschen überhaupt wiederholt angewandt worden ist. Es ist für ihn ein Lebensgesetz, daß alles Lebendige über sich hinausstrebt und durch immer neue Verwandlungen hindurch sich zu höheren Formen emporsteigert. [...]
Dies ist der Sinn des Flammentodes und der Mahnung „Stirb und werde": Der alte Mensch mit seiner Unzulänglichkeit und Verkrustung, mit seinen Irrtümern und Notbehelfen muß sterben, damit ein neuer besserer Mensch werde.
Was den edlen Menschen dazu drängt und treibt, sich zu häuten, die alte Seinsweise aufzugeben und gleichsam neu geboren zu werden, ist die *selige Sehnsucht,* das Verlangen nach dem göttlichen Licht der Wahrheit, Reinheit, Weisheit und Liebe. Wer von ihm gebannt ist, wer zu ihm emporfliegen will, den macht keine Ferne schwierig, dem ist kein Opfer zu groß, auch nicht das der eignen Persönlichkeit. Wer aber den Drang zur Wandlung und Höherwandlung nicht fühlt, wer in der einmal erlangten Gestalt verharren und den alten, unfruchtbar und wertlos gewordenen geistig-sittlichen Besitz nicht abstoßen will, der ist *ein trüber Gast auf der dunklen Erde.* Die dunkle Erde, eine Entsprechung zu *der Finsternis Beschattung,* ist der Ort des Abfalls vom Streben nach der Vollendung; das göttliche Licht leuchtet dem trüben Gast nicht, oder es leuchtet ihm vergebens. Und so geht auch kein Licht von ihm aus.

Schneider: Selige Sehnsucht, S. 72–81

Joseph von Eichendorff

Sehnsucht

Es schienen so golden die Sterne,
Am Fenster ich einsam stand
Und hörte aus weiter Ferne
Ein Posthorn im stillen Land.
Das Herz mir im Leibe entbrennte,
Da hab ich mir heimlich gedacht:
Ach, wer da mitreisen könnte
In der prächtigen Sommernacht!

Zwei junge Gesellen gingen
Vorüber am Bergeshang,
Ich hörte im Wandern sie singen
Die stille Gegend entlang:
Von schwindelnden Felsenschlüften,
Wo die Wälder rauschen so sacht,
Von Quellen, die von den Klüften
Sich stürzen in die Waldesnacht.

Sie sangen von Marmorbildern,
Von Gärten, die überm Gestein
In dämmernden Lauben verwildern,
Palästen im Mondenschein,
Wo die Mädchen am Fenster lauschen,
Wann der Lautenklang erwacht
Und die Brunnen verschlafen rauschen
In der prächtigen Sommernacht.

Informationen

1. Zu Joseph von Eichendorff (1788–1857) sagt Richard Alewyn in dem Essay
„Eichendorffs Symbolismus":
„Aber, so wenig wie die Poesie in das Leben, hat er das Leben in die Poesie
gemengt. Er hat es abgelehnt, die Dichtung zum Instrument der Selbstbespiege-
lung, der Selbstentblößung oder der Selbstzerfleischung zu machen. Er ist auch
kein sogenannter „Erlebnisdichter" gewesen wie etwa Goethe, der die Dichtung
als ein therapeutisches Mittel verwendete, um sich von seelischen Stauungen oder
Krisen zu befreien. Es ist daher auch nicht möglich, aus Eichendorffs Werken
seine Psychologie oder seine Biographie abzulesen. Seinen Dichtungen ist es in

der Regel nicht anzusehen, aus welcher Epoche seines Lebens sie stammen. Die des Fünfundsechzigjährigen unterscheiden sich in Formen, Motiven und Gehalten kaum von denen des Fünfundzwanzigjährigen. Was aus seinem Leben in seine Dichtung übergetreten ist, sind nicht datierbare Erlebnisse, akute Erregungen, einmalige Freuden und Schmerzen, sondern die anhaltenden oder wiederkehrenden Zustände des Gemüts oder Verhältnisse des Daseins. Man ist daher nicht gut beraten, wenn man in Eichendorffs Leben den Schlüssel zu seiner Dichtung sucht, sondern man ist darauf angewiesen, diese selbst zu befragen." (Alewyn: Eichendorffs Symbolismus, S. 234)

2. Eberhard Lämmert, von dem die 2. Interpretation stammt, sagt an anderer Stelle des gleichen Essays:
„Dieser Dichter kennt alle Sehnsüchte, alles Fernenweh, allen Schmerz des Ungenügens an der bürgerlichen Existenz, er hat sie von früh auf, schon während des Studiums in Halle, im Umgang mit seinen Dichterfreunden auf Gibichenstein, vollends im „Eleusischen Bunde" in Heidelberg, samt den immergleichen Themen romantischer Poesie eingesogen, aber er weiß die Formen des Wünschens und Sehnens von der eigenen Lebensform abzusondern. Sehnsuchtsmotive, die etwa für Brentano so gut Dichtungs- wie Lebensmotiv sind, werden in seinen Liedern erstmals bewußt poetisch gebändigt, d. h. sie werden als das erkannt, was sie sind, nämlich Wunschgebilde schweifender Phantasie." (Lämmert: Eichendorffs Wandel, S. 227)

3. Das Gedicht „Sehnsucht" ist erstmals, zunächst ohne Titel, 1834 in der Erzählung „Dichter und ihre Gesellen" (24. Kap.) abgedruckt. Später wurde es mit dem Titel „Sehnsucht" unter die Wanderlieder eingereiht.

1. Interpretation

Dies Gedicht, unvergänglich wie nur eines aus Menschenhand, enthält kaum einen Zug, dem man nicht das Abgeleitete, Sekundäre vorrechnen könnte, aber jeder dieser Züge wandelt sich in Charakter durch die Fühlung mit dem nächsten. Was ließe von der nächtlichen Landschaft Unverbindlicheres sich sagen, als daß sie still sei, und was wäre fataler als das Posthorn; aber das Posthorn im stillen Land, der tiefsinnige Widersinn, daß der Klang die Stille nicht sowohl tötet, denn, als ihre eigene Aura, zur Stille erst macht, trägt schwindelnd hinweg übers Gewohnte, und die unmittelbar anschließende Zeile *Das Herz mir im Leibe entbrennte*, mit dem falschen Präteritum, das gleichsam vom ungestümen Pochen der Gegenwart nicht los kann, verbürgt durch den Kontrast zu dem Vorhergehenden eine Würde und Eindringlichkeit, von der kein einzelnes ihrer Worte etwas weiß. Oder: wie schwach wäre, nach allen Maßstäben des Gewählten, für die Sommernacht das Attribut *prächtig*. Aber das Assoziationsfeld des Adjektivs begreift die von Menschen geschaffene Schönheit, allen Reichtum von Stoff und Stickerei in sich ein und nähert damit das Bild des gestirnten Himmels dem uralten von Mantel und Gezelt: die ahnungsvolle Erinnerung daran macht es glühen.

[...] Als Erfüllung der Sehnsucht dessen, der da mitreisen möchte in der prächtigen Sommernacht, erscheint die prächtige Sommernacht noch einmal, Sehnsucht selbst. Das Gedicht rankt sich gleichsam um den Goetheschen Titel „Selige Sehnsucht": Sehnsucht mündet in sich als in ihr eigenes Ziel, so wie, in ihrer Unendlichkeit, der Transzendenz über alles Bestimmte, der Sehnsüchtige den eigenen Zustand erfährt; so wie Liebe stets so sehr der Liebe gilt wie der Geliebten. Denn wie das letzte Bild des Gedichts die Mädchen erreicht, die am Fenster lauschen, enthüllt es sich als erotisch; aber das Schweigen, mit dem allerorten Eichendorff Begierde zudeckt, schlägt um in jene oberste Idee des Glücks, worin Erfüllung als Sehnsucht selber sich offenbart, die ewige Anschauung der Gottheit.

Eichendorff zählt, nach der Periodisierung der Geistesgeschichte und auch dem eigenen Habitus nach, bereits in die Phase des Verfalls der deutschen Romantik. Wohl hat er viele aus der ersten Generation, darunter Clemens Brentano, noch gekannt, aber das Band scheint zerrissen; nicht zufällig hat er den deutschen Idealismus, nach Schlegels Wort eine der großen Tendenzen des Zeitalters, mit dem Rationalismus verwechselt. Er hat den Nachfolgern Kants, für den er einsichtsvolle und ehrfürchtige Worte fand, „eine Art chinesischer Schönmalerei ohne allen Schatten, der doch das Bild erst wahrhaft lebendig macht" in vollkommenem Mißverständnis vorgeworfen und an ihnen kritisiert, daß sie „das Geheimnisvolle und Unerforschliche, das sich durch das ganze menschliche Dasein hindurchzieht, ohne weiteres als störend und überflüssig negierten". Dem Bruch der Tradition, den solche ununterrichteten Sätze dessen bekunden, der selber noch im Heidelberg der großen Jahre studierte, entspricht seine Stellung zu den romantischen Errungenschaften als zu einem Erbe. Aber weit entfernt davon, daß dergleichen geistesgeschichtlichen Reflexionen Eichendorffs Lyrik minderten, beweisen sie nur das Läppische einer Betrachtungsweise nach dem Schema von Aufstieg, Höhe und Verfall. Den Dichtungen Eichendorffs fiel mehr zu als denen der Inauguratoren der deutschen Romantik, selbst Brentano und Novalis, die ihm bereits historisch waren und die er kaum mehr recht begriff. Hat Romantik, nach dem Wort eines anderen ihrer Spätlinge, Kierkegaard, an jedem Erlebnis die Taufe der Vergessenheit vollzogen und es der Ewigkeit der Erinnerung geweiht, dann bedurfte es wohl der Erinnerung, um der Idee der Romantik ganz Genüge zu tun, die ihrer eigenen Unmittelbarkeit und Gegenwart widersprach. Erst die abgeschiedenen Worte sind, von Eichendorffs Munde gesprochen, zur Natur zurückgekehrt, erst die Trauer um den verlorenen Augenblick hat errettet, was der lebendige bis heute stets wieder versäumte.

Adorno: Zum Gedächtnis Eichendorffs, S. 89–90

2. Interpretation

Der Ort am Fenster ist derjenige, der die Enge des Hauses vergessen läßt, von dem aus man das nahe und das ferne Draußen sehen, hören, ja einatmen kann, ohne doch selbst unbehaust zu sein. Sehr unbestimmt bleibt die Landschaft. [...] Konkret bietet sich dem Fensterspäher so gut wie dem Zuhörer nur eine Reise mit dem Klang an, der in der Stille das einzig Schwebende, Lebendige ist. Betrachten wir zunächst nur zwei Verse näher: *Es schienen so golden die Sterne – Und hörte aus weiter Ferne.* *Golden* als Bestimmung des Sternenscheins, *weit* als Attribut der Ferne: Das sind eingewurzelte, allgemeinste Epitheta, fast schon Pleonasmen, wie sie sich beim Übergang kunstvoller Strophen zu Volksliedern schon vor Jahrhunderten an Stelle preziöser Wortverbindungen eingestellt hatten. Hier aber wird gerade ihre Vertrautheit das Kunstmittel. [...]

Tieck und der junge Novalis hatten in Hunderten von Reimetüden versucht, der Urpoesie der Sprache auf die Spur zu kommen, von der Herder versichert hatte, daß sie am Anfang der Menschheitsentwicklung, vor der Entfremdung des Menschen von der wahren Natur, geherrscht habe. Es sollte eine Sprache gewesen sein, in der Wortklang und -sinn zusammenfielen, in der Wahrheit deshalb unverfälscht gesagt und vom Hörenden in der Melodie der Worte noch unverfälscht aufgenommen werden konnte. Die einfachsten, sinnlichsten dieser seither vielfach erprobten Reimfügungen hat Eichendorff sich zu eigen gemacht, und indem er an die Stelle des Wortreichtums und der schweifenden Reimvielfalt Brentanos einen Kanon wiederkehrender Leitwörter, Klänge und Reime setzte, konnte er nun durch Wiederholung des Immergleichen neuerlich zu ungefragter, mythischer Wahrheit erheben, was moderner Zweifel einer differenzierteren Redeweise nicht mehr willig abgenommen hätte. [...]

Die Gesellen singen die Gegend entlang – eine ungewöhnliche Fügung, aber doch gegenständlich gemachte Bewegtheit von Bild und Klang; der Hörer bedarf keiner hochsensiblen Vorstellungskraft mehr, um die Seelenbewegtheit des romantischen Sängers zu erfahren. Eichendorff hat solche Zustände der Bewegtheit [...] förmlich dingfest gemacht in der Fülle der Richtungspräfixe, die er Zustandsverben voranstellt.

Unterm „Entlangsingen" der Gesellen wandeln und vervielfältigen sich die Bilder vorüberziehender Landschaften, entspinnt sich eine Kette nächtlicher Bilder und Klänge bis hin zum Bilde der Mädchen, die wiederum vorüberziehenden Lautenklängen nachlauschen. Diese ganze Bilderflucht aber wird für den Lauschenden nur hörbar im Liede der Vorüberziehenden. Das ist nun der zweite Schalltrichter, oder der zweite Fokus, wenn man es romantisch ausdrücken will, die zweite Potenz

jedenfalls der Vermittlung ferner Herrlichkeiten durch das Lied. Im Vorüberziehen erwecken die Sänger mit ihrem Lied eine Fülle bewegter
Bilder, die noch ungleich größer ist als die, die das Auge von einem
Fenster aus wahrnehmen kann: Nun kann – noch dazu im unbestimmten
Plural – die Rede sein von Felsenschlüften, Wäldern, Marmorbildern,
Palästen im Mondschein, Brunnen, Mädchen am Fenster: Zaubernacht in
der Zaubernacht, und in der Wiederholung des Fensterbildes mit den
lauschenden Mädchen noch einmal unabsehbare Vervielfältigung der
doch immer gleichen Melodien. Die ganze unwirkliche Fülle wird in
einem Augenblick erlebbar – aber nur für den, der am Fenster verharrt
und es dem Liede überläßt, die Wirklichkeiten herbeizuzaubern.

Lämmert: Eichendorffs Wandel, S. 230–233

Heinrich Heine

Anno 1829

Daß ich bequem verbluten kann,
Gebt mir ein edles, weites Feld!
O, laßt mich nicht ersticken hier
In dieser engen Krämerwelt!

Sie essen gut, sie trinken gut,
Erfreun sich ihres Maulwurfglücks,
Und ihre Großmut ist so groß
Als wie das Loch der Armenbüchs.

Zigarren tragen sie im Maul
Und in der Hosentasch die Händ;
Auch die Verdauungskraft ist gut, –
Wer sie nur selbst verdauen könnt!

Sie handeln mit den Spezerein
Der ganzen Welt, doch in der Luft,
Trotz allen Würzen, riecht man stets
Den faulen Schellfischseelenduft.

O, daß ich große Laster säh,
Verbrechen, blutig, kolossal, –
Nur diese satte Tugend nicht,
Und zahlungsfähige Moral!

Ihr Wolken droben, nehmt mich mit,
Gleichviel nach welchem fernen Ort!
Nach Lappland oder Afrika,
Und seis nach Pommern – fort! nur fort!

O, nehmt mich mit – Sie hören nicht –
Die Wolken droben sind so klug!
Vorüberreisend dieser Stadt,
Ängstlich beschleungen sie den Flug.

Informationen

1. Heinrich Heine (1797–1856) war lange Zeit finanziell von seinem Onkel abhängig, dem steinreichen Bankier Salomon Heine in Hamburg. Dieser finanzierte sein Studium, wollte ihn zum Kaufmann ausbilden und richtete seinem Neffen ein Geschäft ein. Der Neffe versagte jedoch als Geschäftsmann vollkommen; er konnte mit Geld einfach nicht umgehen. Zwar wollte Heine nicht „aus der Gnadenschüssel seines Oheims leben", aber er tat es trotzdem und haßte ihn dafür. Politisch vertrat Heine progressive liberale Vorstellungen, die allerdings dadurch beeinträchtigt waren, daß der deutsche Liberalismus teilweise ausgeprägt antijüdische Tendenzen entwickelte (Fichte, Turnvater Jahn). Die doppelte Belastung: die Abhängigkeit von seinem Onkel und die geringe Aussicht auf eine politische Wende zugunsten des Liberalismus in Deutschland, veranlaßte ihn 1831, nach Paris zu emigrieren.
2. „Anno 1829" ist entweder im Februar 1831 in Bremen entstanden oder in den ersten Jahren des Pariser Exils. Im Druck erschien es 1839 zusammen mit dem – schwächeren – „Anno 1839" in den „Romanzen", und zwar unter dem Titel „Sehnsucht nach der Fremde" (Bremen 1831), allerdings ohne die 4. Strophe. Vollständig ist es in den „Neuen Gedichten" von 1844 enthalten.

Interpretation

Dies ist der Verzweiflungsschrei eines Mannes, der das Großbürgertum der Hansestadt Hamburg kennt, durchschaut und verachtet. Es ist aber eine komische Verzweiflung, gewissermaßen eine mit Rückversicherung; denn was auch immer an bösartiger Charakterisierung in dem Text steht, wird schon in den ersten Zeilen durch stilistische Tricks relativiert, durch ein Oxymoron und ein schiefes Bild. Jeder potentielle Leser der Zeit erkennt diese Stilmittel als absichtlich und zum Zweck der Relativierung der Aussage eingesetzt: Man verblutet nur im Theater bequem – und zum Verbluten braucht man kein weites Feld. Das braucht man vielmehr, um nicht zu ersticken in der spießbürgerlichen Enge der Hansestadt.
Auch die Art, wie Heine die Krämerseelen beutelt, ist durchdrungen von

ironischen rhetorischen Mitteln, die auch ein Angegriffener goutieren kann, und da wir über den eigentlichen Adressaten, Salomon Heine, fast nur durch Heinrich Heine informiert sind, können wir nur ahnen, daß der Onkel es zumindest zeitweise auch goutiert hat. Wenn er bei Tafel einem Gast zum Beispiel zuflüstert, sein – anwesender – Neffe sei eine Canaille, dann gibt er unter Umständen nur im gleichen Ton Antwort, in dem dieser ihn anzugreifen pflegte. Die Zeit war Wortgefechten nicht abgeneigt, und paradoxe Bosheiten, wie *satte Tugend* und *zahlungsfähige Moral,* antithetische Setzungen wie *Trotz allen Würzen* gegen *Schellfischseelenduft* und Wortspiele wie die Verwendung eines Ausdrucks im wörtlichen und im übertragenen Sinn (*Verdauungskraft* biologisch – *verdauen* im Sinne von aushalten, ertragen), haben sicher nicht nur Empörung bei den Betroffenen ausgelöst.

Heinrich Heine schreibt sich also seinen Ärger über das Abhängigkeitsverhältnis, unter dem er leidet, von der Seele, und auch wenn man deutlich analysieren kann, wie er diesen Ärger selbstironisch zersetzt, so ist die Abhängigkeit doch eine reale, oft sicher schwer erträgliche Belastung, und die wird auch durch den Umstand nicht aufgehoben, daß der verhaßte Wohltäter offensichtlich eine äußerst strapazierfähige Geduld hatte.

Nun ist dies aber nicht nur eine ganz individuelle Fehde zwischen zwei grundverschiedenen Charakteren; vielmehr spiegelt sich darin ein romantischer Topos: Es ist das Gegensatzpaar von Künstler und Philister, von dem Genie, das in einer anderen, der richtigen Welt lebt, und dem nur am Materiellen hängenden, phantasie- und empfindungslosen Bürger. Der Onkel Salomon ist im Grunde arm trotz seines Reichtums, da er in der Welt lebt, die keinen Ewigkeitswert hat wie die Poesie, weil er die Welt nicht singen hört – auch nicht in seinem Neffen. Dieser aber ist, wie es nicht anders sein kann, verkannt, wirkt komisch und lächerlich, auch noch in seinen wütenden Angriffen, die zwar berechtigt sein mögen, die aber nur seinesgleichen wirklich nachempfinden kann. Das ist der Topos. In der Wirklichkeit des Jahres 1831 ist er freilich längst zur Schablone geworden; er ist abgenutzt. Die Leiden eines Kapellmeisters Kreißler oder die Weltentrücktheit eines Ritter Gluck (E. T. A. Hoffmann) sind immerhin schon zwanzig Jahre alt, und inzwischen ist die Romantik Allgemeingut geworden; sie gehört auch dem Philister, unter dem der Künstler leidet; beide beherrschen ihre Rolle in dem Spiel.

Das Leiden des romantischen Künstlers ist also in diesem Gedicht eine mit Augenzwinkern vorgeführte theatralische Pose. Es ist spezifisch für Heine, daß er das weiß, daß er aber gleichzeitig von diesem Ausgeschlossensein zuinnerst betroffen ist, daß er die Kluft zwischen Poesie und Leben ganz konkret selbst erfahren hat.

Am wenigsten deutlich sind mögliche politische Implikationen. Sie können in den beiden Passagen versteckt sein, die vom Verbluten auf einem edlen, weiten Feld reden und von den großen Lastern, den Verbrechen, blutig, kolossal. Das erste kann auf die in jüdischen Kreisen als drückend empfundenen Widersprüche hinweisen, die sich aus dem Umstand ergaben, daß einerseits Napoleon die Judenemanzipation in Deutschland durchgesetzt hatte, andererseits die deutschen Juden aus Vaterlandsbegeisterung auf dem Schlachtfeld einen aktiven Beitrag zum Sturz eben dieses Herrschers geleistet hatten. Und nunmehr waren 1822 die judenfreundlichen Bestimmungen aus der Zeit der Befreiungskriege im Königreich Preußen (nicht in Hamburg) aufgehoben worden.

Mehr Gewicht kommt der zweiten Passage zu. Wenn man in der Öffentlichkeit von politischen Verbrechen sprach, so geschah dies unter dem Eindruck des kollektiven Schocks, den die Schreckensherrschaft der Jakobiner ausgelöst hatte. Daraus ließe sich schließen, daß Heine sagen will, er ersehne die Freiheit auch um den Preis einer vorübergehenden Schreckensherrschaft.

Tatsächlich mag Heine in der Entstehungszeit so gedacht haben. Er litt unter den Zuständen im Deutschen Bund und vor allem im Königreich Preußen, seiner Heimat; sie trieben ihn dazu, aus der politischen Enge auszubrechen.

Aber auch der politische Aspekt ist nicht so eindeutig, wie er nach dieser Darstellung erscheint. Der Liberalismus in Deutschland war gerade bei seinen militanten Vertretern mit Germanisierungstendenzen verbunden, die Heine 1823 in einem Brief an Embden wie folgt charakterisierte: „Obschon ich aber in England ein Radikaler und in Italien ein Carbonari bin, so gehöre ich doch nicht zu den Demagogen in Deutschland, aus dem ganz zufälligen und geringfügigen Grunde, daß bei einem Sieg dieser letzteren einige tausend jüdische Hälse, und just die besten, abgeschnitten werden."

In allen seinen Bezügen erweist sich Heines Gedicht als ein ambivalentes Gebilde, als Spiegelung eines komplizierten Charakters. Heine will nicht nur alles im unklaren lassen, sondern es macht geradezu sein Wesen und auch seine Wirkung aus, daß alles, was er sagt, auf verschiedenen Ebenen verschieden verstanden werden kann und daß er alle diese Zweideutigkeiten und Vieldeutigkeiten in sich selbst vereinigt. Seine Zeit hat dafür das Schlagwort vom „Zerrissenen" geprägt, der im „Weltschmerz" versinkt. Auch dieser Zerrissene wurde, wie der an der Welt leidende Künstler, bald zu einem Topos; bei Heine ist er noch original.

Hugo von Hofmannsthal

Ballade des äußeren Lebens

Und Kinder wachsen auf mit tiefen Augen,
Die von nichts wissen, wachsen auf und sterben
Und alle Menschen gehen ihre Wege.

Und süße Früchte werden aus den herben
Und fallen nachts wie tote Vögel nieder
Und liegen wenig Tage und verderben.

Und immer weht der Wind, und immer wieder
Vernehmen wir und reden viele Worte
Und spüren Lust und Müdigkeit der Glieder.

Und Straßen laufen durch das Gras, und Orte
Sind da und dort, voll Fackeln, Bäumen, Teichen,
Und drohende, und totenhaft verdorrte ...

Wozu sind diese aufgebaut? und gleichen
Einander nie? und sind unzählig viele?
Was wechselt Lachen, Weinen und Erbleichen?

Was frommt das alles uns und diese Spiele,
Die wir doch groß und ewig einsam sind
Und wandernd nimmer suchen irgend Ziele?

Was frommts, dergleichen viel gesehen haben?
Und dennoch sagt der viel, der „Abend" sagt,
Ein Wort, daraus Tiefsinn und Trauer rinnt

Wie schwerer Honig aus den hohlen Waben.

Informationen

1. Hugo von Hofmannsthal (1874–1929) war ein frühreifes „Wunderkind". Schon als Gymnasiast hatte er sich eine umfassende klassische Bildung und eine umfangreiche Kenntnis der „Modernen" angeeignet und sah sich von Künstlern und Literaten als Dichter anerkannt. Bis 1899, während er Jura und Romanistik studierte, entstanden rund dreißig Gedichte, die er später noch gelten ließ, und ungefähr ein Dutzend lyrische Kurzdramen (Dramoletts). Dann kam es zu einer

Krise, er brach seine bisherigen literarischen Arbeiten ab und veränderte sein Leben und Dichten. Aber es blieb sein Fragen nach dem Sinn und der richtigen Art des Lebens.

2. Das Gedicht entstand wahrscheinlich 1895; es erschien 1903 in den „Ausgewählten Gedichten".

1. Interpretation

So ungewöhnlich schon eine Ballade in Terzinen ist, eine Ballade dazu, der alles Handlungsmäßige im Sinne der klassischen Muster abgeht, sie entzieht sich nicht ganz dieser Gattung, da sie den Menschen einem Unheimlichen aussetzt, ihn heimatlos macht: *und wandernd nimmer suchen irgend Ziele.* Daß nur das *äußere* Leben genannt und dadurch ein *inneres* ausgeklammert wird, ist später bedeutungsvoll.

Die ersten vier Terzinen bilden eine Einheit, die mit *und* aneinandergereihten Sätze reichen so weit, bis die Fragen nach der Bedeutung von diesem allen einsetzen, und diese werden wiederum durch das entschiedene *und dennoch* des Schlusses abgebrochen.

Bei der Betrachtung des ersten Teils meint man das zufällige Herausgreifen vergänglicher Dinge und Wesen zu bemerken, mit Recht, denn ihre Zusammenhanglosigkeit verdammt sie schon zur Vergänglichkeit. Sie unterliegen alle der Endlosigkeit des bloß additiven *und* und dem Sog der unentrinnbar sich folgenden, in den Terzinen erscheinenden Reimen. Zugleich aber steigert sich gleichsam der Grad der Sinnlosigkeit. [...]

Einer der Vergänglichkeit verfallenen Welt antwortet der Mensch mit ebenso endlosen Fragen. Das Bühnenhafte der Welt wird ihm bewußt, seine eigene Schauspielerrolle in ihr, die zu durchschauen wiederum die Größe des Menschen ausmacht, obgleich dies Wissen ihn aus der Welt drängt und zur Einsamkeit verurteilt. Er stellt im Grunde die philosophische Frage: „Warum ist überhaupt Seiendes und nicht vielmehr Nichts?"

Man vertieft sich leicht in den Stimmungsgehalt der Ballade und überhört darüber Hofmannsthals Antwort. Dieser gibt sie dichterisch, das heißt gestaltet. Es wäre denkbar, daß er die Ballade nicht eigentlich beschlossen hätte; dann wären die Terzinen weitergeflutet und irgendwo in der Aufzählung abgebrochen, vielleicht hätten im Schriftbild einige Punkte das endlose Weiter markiert. Tatsächlich aber staut Hofmannsthal den Fluß durch Versetzung der Reime. Sie bewirkt, daß der in der letzten vollen Terzine erwartete neue Reim *(haben)* schon um eine Verszeile eher einsetzt und sich dadurch zum Schlußreim des ganzen Gedichtes *(Waben)* qualifiziert. Durch denselben Vorgang isoliert sich eine einzige Zeile, weil ihr Reim nicht wieder aufgenommen wird: *Und dennoch sagt der viel, der „Abend" sagt.* Wer das ganze Gedicht im Sinn hat und weiß, daß dem „sagt" kein neuer Reim antwortet, hält dort ein; es ist wirklich der entscheidende, durch das Wort *dennoch* herausgehobene Einwand gegen das sinnlose Vergehen.

Requadt: Hofmannsthal, S. 70

2. Interpretation

Eigentümlich berühren uns zunächst Rhythmus und Sprachklang, diese fast flache, monotone, müde und schwere Bewegung mit langen Kola im Ganzen des Gedichts und besonders in den vier ersten Strophen, welche in scheinbar zusammenhangloser Reihung das Geschaute an uns vorübertreiben lassen: Kinder, Menschen, Früchte, Lust und Müdigkeit, Wind und Straßen, Orte – Verse, die selbst gleichsam ins Endlose weitergleiten. [. . .] Selbst die Orte sind ins Unbestimmte gestreut – da und dort – und haben keine gemeinsame Bestimmung: die einen blühen im Festlicht der Fackeln, die anderen vernichten, und wieder andere liegen vernichtet als Ruinen – ein beständiger Kreislauf: *und gleichen einander nie.*

In diesen drei Zeichen: *voll Fackeln . . . drohende, und totenhaft verdorrte* setzt sich die Zeit ihr Mal: Es ist, als ob das immer Fließende petrefakt* geworden und nun als Nebeneinander sichtbar wäre, die Sinnlosigkeit des Lebens, des Seins, versinnbildlicht in den drei Gesichtern der Orte. Der circulus vitiosus ist Stein geworden.

Und damit sind wir dem Grunderlebnis des Dichters nahe: die Leere der Zeit, die Sinnlosigkeit und Vergeblichkeit menschlichen Tuns in der Zeit. Er erschaut überhaupt nur diese sinnlos kreisende Bewegung, die sich in einen unendlichen Kreis weitet. Er sieht nicht das Objekt, den „Gegenstand", in seiner Begrenzung, seiner Einmaligkeit und seiner Sinnerfüllung. Die Dinge werden zu allgemeinen schattenhaften Nomina – Kinder, Menschen, Früchte – sie werden ohne hinzeigenden Artikel, ohne differenzierende Adjektive genannt, sind gleichsam namenlos und haben kein eigenes Gesicht. Sie sind nur da – und das haben sie miteinander gemeinsam –, der Zeit verfallen zu sein. Der planlose Wind und die planenden Menschen erleiden beide das Gleiche: zu werden, um zu vergehen. Darum auch werden sie so „wahllos" nebeneinandergereiht. [. . .]

Nun sehen wir auch ein, warum der eintönige Rhythmus uns so eindring-

---

* petrefakt (griech./lat.) = versteinert

58

lich berührt hat. Die Uniformität des Geschehens, die Wehrlosigkeit diesem Geschehen gegenüber wird hör- und spürbar im Atem und Pulsschlag des Gedichts: Erlebnis, Rhythmus und Sprachklang sind eins. [...] Die drängenden, sich überstürzenden Fragen nach dem Sinn dieses Welttreibens üben in ihrer rhetorischen Gebärde eine tragische Wirkung aus. Sie müssen antwortlos bleiben. [...] Wozu ist dann der Geist gegeben, der uns *groß* und zugleich *ewig einsam* macht im Durchschauen dieses richtungslosen, inhaltslosen, beziehungslosen Welt- und Lebensspiels? Die tiefste Einsicht dieses Geistes führt doch nur ins Abgründige, zum Erlebnis der Lebensverkehrung, zu einer Ironie, die unser Dasein in den Wurzeln erschüttert und zu vernichten droht! Auch der Titel: *Ballade des äußeren Lebens* ist im Sinne der Verkehrung, als Oxymoron zu verstehen.

Nun erst öffnet sich die volle Bedeutung des in elf Verseingängen und im ganzen 25 mal erscheinenden *Und*. Diese Kopula, ihrem Wesen nach Ausdruck des Verbindenden ... – sie bindet, baut und fügt nicht mehr; sie wird zum Glied der sinnlosen Kette Zeit, die endlos dahinschleift von Unbekannt zu Unbekannt, vom Einsatz des Gedichtes mit *Und* bis zu den drei zeichenhaften Punkten hinter der vierten Strophe, hinter der sich noch unzählbare Kettenglieder des *Und* fortsetzen und im Unendlichen verlieren. Sie sind wie endlos wiederkehrende Speichen im Rade der Zeit.

Daß indessen hinter den Siegeln dieses *Und* ein Gültiges verborgen liegen könne, der Schlüssel zum „inneren Leben", das deutet die inhaltsschwere Mittelzeile der siebten Strophe an, die durch ihre logisch unlyrische Einführung *Und dennoch*, durch ihre syntaktische Geschlossenheit und durch ihre Reimlosigkeit aus dem Verband der Verse heraustritt und für sich selbst steht: *Und dennoch sagt der viel, der „Abend" sagt.* In dem Wort *Abend* – Feierabend – stellt sich für uns gemeinhin das vielfältig gebrochene Tagleben wieder als Einheit her. [...] Für Hofmannsthal aber, den „ewig einsamen" Zuschauer des Lebens, für den Draußen- und Abseitsstehenden, der nicht naiv oder in wissender Hingabe zu leben vermag, kann der Abend keine Erfüllung bringen; er wird ihm zum Zeichen des versäumten Lebens, darum die Trauer der Unwiederbringlichkeit heraufrufend. Zugleich aber auch weckt er den Tiefsinn, der aus der Lebensleere herausquilt *wie schwerer Honig aus den hohlen Waben.* Denn der Abend bedeutet nicht nur Neige, Tiefpunkt des rotierenden Zeitenrades, er ist auch das letzte Glied des sich natürlich vollziehenden Kreislaufs und läßt im Dichter die Ahnung von einer schöpferischen Ordnung aufstehen, in der alles seine Stelle, seinen Bezug, seinen Sinn besitzt. Was ihm bisher Chaos, sinnloses Spiel und ungeheuer Leerlauf erschien, es schlösse sich hinter den Schleiern der äußeren Erscheinung endlich doch zum schöpferischen Ring. Im Wort *Abend* erspürt der Dichter die erlösende, befreiende Antwort.

Franke: Ballade des äußeren Lebens, S. 273–278

Rainer Maria Rilke

Ausgesetzt auf den Bergen des Herzens ...

Ausgesetzt auf den Bergen des Herzens. Siehe, wie klein dort,
sieh: die letzte Ortschaft der Worte, und höher,
aber wie klein auch, noch ein letztes
Gehöft von Gefühl. Erkennst du's?
Ausgesetzt auf den Bergen des Herzens. Steingrund
unter den Händen. Hier blüht wohl
einiges auf; aus stummem Absturz
blüht ein unwissendes Kraut singend hervor.
Aber der Wissende? Ach, der zu wissen begann
und schweigt nun, ausgesetzt auf den Bergen des Herzens.
Da geht wohl, heilen Bewußtseins,
manches umher, manches gesicherte Bergtier,
wechselt und weilt. Und der große geborgene Vogel
kreist um der Gipfel reine Verweigerung. – Aber
ungeborgen, hier auf den Bergen des Herzens ...

Informationen

1. Rilke schrieb das Fragment am 20. September 1914 in Irschenhausen bei München nach der ersten Entstehungsphase seines Hauptwerks, der „Duineser Elegien"; es war ursprünglich für diese entworfen. Aus dem Fragment kann man vielleicht auf die Gründe für die Schaffenskrise schließen, die den Dichter bis 1922 hinderte, die Elegien zu vollenden.
2. Das Gedicht reimt sich nicht, hält aber weitgehend ein daktylisch-trochäisches Grundschema ein, also ein fallendes Metrum, das dem elegischen Gedankenablauf entspricht.
3. Das Stichwort für das Weltbild des späten Rilke ist der „Weltinnenraum". Damit ist gemeint, daß sich das Ich nicht am äußerlich Wahrnehmbaren und rational Faßbaren orientieren, sondern versuchen soll, in Versenkung und Innenschau das wahre Wesen des Seins zu erfassen. Daher taucht bei Rilkeinterpretationen das Wort „innen" häufig auf, und Innerlichkeit ist seitdem zu einem vielbenutzten

Schlagwort der Lyrikdiskussion geworden. – Die Gebirgslandschaft des Gedichts kann man als einen in der Versenkung erfahrenen Innenraum verstehen. Da sich diese Erfahrung nicht auf rationaler Ebene vollzieht, kann Sprache sie nur in Andeutungen und unvollkommenen Bildern wiedergeben.

4. Zu den Interpretationen

Die Interpretation Steiners ist Teil einer Abhandlung über das Wort bei Rilke. Daher erfaßt sie nicht den ganzen Inhalt des Gedichts, sondern nur die mit diesem Thema zusammenhängenden Bereiche; aus den oben angegebenen Gründen sind es Kernbereiche der Auseinandersetzung. – Hermann Kunisch hingegen untersucht das Gedicht im Rahmen einer Gesamtdarstellung der Werke Rilkes.

1. Interpretation

Zunächst frappiert uns vor allem die Bildhaftigkeit dieser Verse: wir wissen nicht, ob wir das Gedicht für reine Gedankenlyrik halten sollen, die metaphorisch intensiv illustriert ist, oder ob es als Landschaftsgedicht mit dem Erlebnis einer bestimmten Topographie und deren Fauna und Flora gelten soll, das gedanklich-symbolisch ausgedeutet wird. Ich halte es für beides zugleich und meine, in diesem In-Eins-Sehen von Außen und Innen oder in diesem Pendeln über die kaum mehr wahrnehmbare Grenze zwischen Innen und Außen manifestiere sich schon wesentlich die Struktur von Rilkes Spätwerk.

Auf den Bergen des Herzens ausgesetzt sein bedeutet hinaustreten aus dem Gemeinmenschlichen. Die Menschen haben sich in den Niederungen angesiedelt, sowohl im realistischen Sinn wie im übertragenen der Niederungen des Daseins. Dort sind die Ansprüche niedrig: Befriedigung der materiellen Lebensbedürfnisse und Zerstreuungen, wie sie die zehnte Elegie vorführt. Jedes Gewächs wächst da und erfüllt die utilitaristische Forderung*. Wo an die Sprache keine höheren Ansprüche gestellt werden, genügt sie zum zwischenmenschlichen Behelfsmittel. Je höher hinauf man in der Innenwelt steigt, um so karger erscheint der Grund, der das Wort hervorbringt. Es gibt schließlich *die letzte Ortschaft der Worte:* Ortschaft ist die gemeinsame Siedlungsstätte, der Platz, wo man sich geborgen fühlt und wo der Verkehr unter seinesgleichen funktioniert. Die Ortschaft der Worte wäre also jener Bereich, wo die Worte noch für den zwischenmenschlichen Verkehr taugen, wo sie noch gemeinschaftsbildend sind. Solche Worte jedoch enthalten das Wertvollste noch nicht: die Erfahrung des höchsten Zugänglichen. In diesen Bereich hinauf reichen die gemeinschaftlichen Worte nicht mehr. Über der letzten Ortschaft der Worte gibt es noch das *Gehöft von Gefühl*, jene Stelle, wo das Gefühl

---

* utilitaristische Forderung = die Forderung, daß alles nützlich sei

gefaßt ist und dem Menschen – wenigstens zeitweise – Unterkunftsstätte zu sein vermag, wo er zuhause ist. Aber vom Standpunkt, der die Perspektive des Gedichts bestimmt, ist auch diese letzte Gefühlsgeborgenheit noch weit unten, so daß sie klein erscheint. Hier oben steht man auf dem bloßen Urgrund des Daseins. Er wird Steingrund genannt, weil alles Weiche und Verbindende der Erde in den Niederungen zurückgeblieben ist und weil man die Härte der Einsamkeit unvermittelt spürt. Dennoch ist die beinah absolute Landschaft des Urgrunds des Daseins nicht völlig kahl:

> *Hier blüht wohl*
> *einiges auf; aus stummem Absturz*
> *blüht ein unwissendes Kraut singend hervor.*

Das pflanzliche Wachsen und Blühen ist, wie uns bekannt, Bild des Worts. Das darf wohl auch für dieses Kraut gelten. Zwei Bestimmungen sind nun von Interesse: das Adverb *singend* bedeutet vermutlich, daß das Wort, das auf dieser Höhe noch aus dem Daseinsgrund hervorgeht, das dichterische Wort ist – wir wagen zu sagen das lyrische Wort. Und da es ein *unwissendes* Kraut ist, muß es sich wohl um das unmittelbar eingegebene lyrische Wort handeln, das unwillkürlich heraustritt aus dem Unsagbaren; wie die Sterne im frühen Vierzeiler, so wird hier das einzelne Wort, am Rand der existenziellen Gefährdungen des Daseins gewachsen, besonders kostbar auf dem Grund der Unsagbarkeit. Es geht aus dem Innigsein im Urgrund hervor, hat also nicht die Entzweiung in Teil und Gegenteil zum Schicksal, aus der das Wissen des modernen Menschen stammt. Wer zu wissen begonnen hat, scheint nicht mehr daraus zurücktreten zu können. In der immer absoluteren Landschaft des Herzens aber gibt es nicht mehr den „Grund von Gegenteil"*, mit dem die Menschen die Welt deutbar und sagbar machen. Darum verstummt hier der Wissende.

Steiner: Die Thematik des Worts, S. 182–183

2. Interpretation

Noch überwältigendere Form nimmt (die) Verwandlung von geistigem Vorgang in räumliche Gegenwart in einigen der außerhalb der ‚Elegien' und ‚Sonette' stehenden Gedichte der Spätzeit an: „Umkehr der Räume. Entwurf innerer Welten im Frein", wie es in dem Gedicht ‚Gong' heißt. In

---

* IV. Duineser Elegie, Z. 15.

dem hier statt vieler gewählten Beispiel stellt sich die Umsetzung des Fühlens in Raum bereits in den ersten Worten dar: *Ausgesetzt auf den Bergen des Herzens.* [...]
Das Hinausversetztsein des Fühlens und Sprechens in eine Seelenlandschaft wirkt in dem unvermittelten Einsatz bestürzend, unsere Vorstellung von Sein und Wort ins Erschreckende umbildend. Das ganze Gedicht führt nun diese Seelenszenerie als Ort des Menschen, der seinem Fühlen und Sprechen entsetzt ist, bis ins Einzelne durch.
Ausgangspunkt der Klage – so wird man das Gedicht wohl nennen dürfen – ist eine menschliche, genauer genommen geistige Situation; jemand ist ausgesetzt auf einem Berg, auf dessen Gipfel, der letzten betretbaren Stelle einer Berglandschaft. Das ist aber nicht wörtlich gemeint, sondern übertragen. Diese Berge, auf deren Gipfel er ausgesetzt ist, sind sein eigenes Herz, sein Fühlen, Bewußtsein und Sprechen umfassendes geistiges Sein. Er ist an das Äußerste seiner geistigen Existenz gelangt, in eine Region der Gefahr, des Ungesichertseins, des Nichtangenommenseins, des Nichtwissens und Schweigens. Der hier Sprechende, niemand anders als der Dichter selbst, der sein Schicksal enthüllt, verweist ein Gegenüber auf seine Lage: *Siehe,* und *erkennst du's?* Dieser hier Angeredete ist aber der Sprechende selbst, der sich seine eigene, unbegreifliche Situation mühsam, wie einem Fremden, klar zu machen versucht. Er, der sich selbst als Ausgesetzten, aus seiner Sinnmitte Hinausgewiesenen erkennt, sieht sich in einer unzugänglichen Höhe wie einen Verbannten. Vielleicht darf man die reale Situation als Ausdruck geistigen Ausgesetztseins noch genauer deuten. Er liegt oder kniet auf dem letzten Grat, weil Stehen zum Absturz führen könnte: *Steingrund unter den Händen.* Das ihm Verbliebene ist steiniger, unfruchtbarer Grund, der kein Fühlen und Sprechen mehr zeitigt. Nur noch ein *unwissendes,* seiner selbst nicht bewußtes Kraut blüht aus dem abstürzenden Hang heraus: *singend,* das ist, sein Wesen im Nicht-von-sich-wissen sicher und ungefährdet erfüllend. Und ihm verschwistert das Bergtier, das hier oben nicht *ausgesetzt* ist, sondern *gesichert* als in seinem Eigen; und der um den Gipfel kreisende Vogel, wie Kraut und Bergtier hier *geborgen* in ihrer ihnen zugehörigen Welt der Gipfel, die sich dem Menschen verweigern.
Dieses Äußerste, in das der Mensch verwiesen ist, wo es weder Gefühl und Bewußtsein von sich gibt, noch die Möglichkeit, sich dessen im Wort zu vergewissern, ist für die vom Dasein unbewußt umfangene Kreatur Aufenthalt und Geborgenheit. Das ist ein in den ‚Elegien' mehrfach benanntes Geschick. Wo die Bäume und Tiere ihre Gezeiten und ihren Ort wissen, haben wir den Zusammenhang mit dem uns Zustehenden verloren. [...]
All dies ist in unserem elegischen unvollendeten Gedicht zusammenge-

zogen auf den Gegensatz der ihrer selbst gewissen, in sich beruhenden Kreatur, die eben darum *geboren* ist, und des *ausgesetzten* Menschen, dessen inneres Sein in das Nichtwissen um sich selbst und dadurch ins Verstummen führt, des Menschen, der den Ort, wo er berechtigt wäre und Dauer hätte, verloren hat.

Kunisch: Rilke, S. 265–267

Jakob van Hoddis

Weltende

Dem Bürger fliegt vom spitzen Kopf der Hut,
In allen Lüften hallt es wie Geschrei.
Dachdecker stürzen ab und gehn entzwei,
Und an den Küsten – liest man – steigt die Flut.

Der Sturm ist da, die wilden Meere hupfen
An Land, um dicke Dämme zu zerdrücken.
Die meisten Menschen haben einen Schnupfen.
Die Eisenbahnen fallen von den Brücken.

Informationen

1. Jakob van Hoddis (1887–1942), Pseudonym für Hans Davidson, stammt aus dem jüdischen Großbürgertum in Berlin. 1914 kam er wegen Geisteskrankheit in eine Heilanstalt in Jena, aus der er 1942 nach unbekannt verschwand, wahrscheinlich ein Opfer der Euthanasie oder der Konzentrationslager.
2. Das Gedicht „Weltende" ist Ende 1910 entstanden; es wurde im „neopathetischen Caberet" in Berlin zum erstenmal vorgetragen und in der Berliner Zeitschrift „Der Demokrat" 1911 erstmals veröffentlicht.
3. 1910 war der Halleysche Komet wiedererschienen und hatte Untergangsstimmung ausgelöst. Der Weltuntergang war also ein aktuelles Thema, wie es im Kabarett aufgegriffen wird. Das Kabarett hat auch den Stil des Gedichts beeinflußt: Alltagssprache, nicht alltägliche Bilderfolge, Groteske, Wille zur Veränderung.
4. Hoddis war der frühexpressionistische Lyriker mit der größten Wirkung auf seine Zeitgenossen, seine Simultantechnik wurde viel kopiert. Noch in der 1919 erschienenen Anthologie „Menschheitsdämmerung" wird ihm eine Vorzugsstellung vor Heym eingeräumt. Zur Wirkung des Gedichts sagt Kurt Hiller rückblickend, daß mit „Weltende" „die fortgeschrittene oder expressionistische Lyrik eröffnet worden ist"; er nennt van Hoddis deshalb den „Initiator dieser künstlerischen Bewegung". Johannes R. Becher schließlich bezeichnet „Weltende" als die

„Marseillaise der expressionistischen Rebellion" und gibt eine anschauliche Beschreibung der Wirkung des Gedichts (siehe 1. Interpretation).
Die Wirkung erklärt sich aus der Atmosphäre im Berlin der letzten Jahre vor dem
Ersten Weltkrieg: Kritik an der wilhelminischen Gesellschaft, deren Konventionen
und Wertvorstellungen.
5. Zu den Interpretationen
Wie enthusiastisch das Gedicht „Weltende" von Zeit- und Gesinnungsgenossen
des Dichters gefeiert wurde, zeigt die Würdigung und Interpretation von Johannes
R. Becher aus dem Jahre 1957. Jürgen Ziegler untersucht in Auseinandersetzung
mit Hansjörg Schneider („Jakob van Hoddis", Bern 1967), wie der Verfremdungseffekt in dem Gedicht entsteht und wie der Reihungsstil angewendet wird.

1. Interpretation

Meine poetische Kraft reicht nicht aus, um die Wirkung jenes Gedichtes
wiederherzustellen, von dem ich jetzt sprechen will. Auch die kühnste
Phantasie meiner Leser würde ich überanstrengen bei dem Versuch,
ihnen die Zauberhaftigkeit zu schildern, wie sie dieses Gedicht *Weltende*
von Jacob van Hoddis für uns in sich barg. Diese zwei Strophen, diese
acht Zeilen schienen uns in andere Menschen verwandelt zu haben, uns
emporgehoben zu haben aus einer Welt stumpfer Bürgerlichkeit, die wir
verachteten und von der wir nicht wußten, wie wir sie verlassen sollten.
Diese acht Zeilen entführten uns. Immer neue Schönheiten entdeckten
wir in diesen acht Zeilen, wir sangen sie, wir summten sie, wir murmelten
sie, wir pfiffen sie vor uns hin, wir gingen mit diesen acht Zeilen auf den
Lippen in die Kirchen, und wir saßen, sie vor uns hinflüsternd, mit ihnen
beim Radrennen. Wir riefen sie uns gegenseitig über die Straße hinweg
zu wie Losungen, wir saßen mit diesen acht Zeilen beieinander, frierend
und hungernd, und sprachen sie gegenseitig vor uns hin, und Hunger
und Kälte waren nicht mehr. Was war geschehen? Wir kannten das Wort
damals nicht: Verwandlung. [...]
Ein neues Weltgefühl schien uns ergriffen zu haben. Das Gefühl von der
Gleichzeitigkeit des Geschehens. Einige gelehrte Literaturbehandler haben dafür auch alsbald eine Etikettierung erfunden, und zwar Simultanis-
mus. Jacob van Hoddis aber dozierte uns, während wir Nächte hindurch
die Stadt von einem Ende bis zum anderen durchstreiften (wir waren
nämlich *Peripatetiker**), daß schon bei Homer dieses Gefühl der Gleichzeitigkeit vorgebildet sei. Der Vergleich nämlich sei bei Homer nicht dazu
da, um eine Sache zu verdeutlichen, sondern um in uns das Gefühl der
Gleichzeitigkeit, der unermessenen Weltweite zu erzeugen. Wenn Homer
eine Schlacht schildere und das Geklirre der Waffen vergleiche mit dem

---

* Peripatetiker (griech.) = der beim Philosophieren Umherwandelnde.

Schlag eines Holzfällers, so habe der Dichter diesen Vergleich nur gebraucht, um uns zu zeigen, daß während des Schlachtvorgangs gleichzeitig auch Waldstille sei, erschüttert vom Schlag der Holzfäller [...]

Dachdecker stürzen ab und gehn entzwei,
Und an den Küsten – liest man – steigt die Flut.

So heißt es in Jacob van Hoddis' *Weltende.* Während die Dachdecker
abstürzen, steigt zugleich die Flut, oder nichts ist für sich allein da auf der
Welt, alles Vereinzelte ist nur scheinbar und steht in einem unendlichen
Zusammenhang. *Die meisten Menschen haben einen Schnupfen,* und
gleichzeitig fallen die Eisenbahnen von den Brücken. Das katastrophale
Geschehen ist nicht denkbar ohne eine gleichzeitige Nichtigkeit. Das
Große ist dem Kleinen beigemengt und umgekehrt, nichts vermag abge-
schlossen für sich zu bestehen. Dieses Erlebnis der Gleichzeitigkeit
waren wir nun bemüht, in unseren Gedichten zu gestalten, aber van
Hoddis, so scheint es mir heute, hat alle diese unsere Bemühungen
vorweggenommen, und keinem sind solche zwei Strophen gelungen wie
„Weltende".

Becher: Lyrik, Prosa, Dokumente, S. 5–6

2. Interpretation

Diese „Marseillaise der expressionistischen Rebellion" hat nichts von
dem, was eine gewisse Betrachtungsweise als „expressionistisch" in
expressionistischer Dichtung herauszufinden pflegt: es formuliert sich
kein Schrei, keine Ekstase; Syntax, Metrum, Reime, Strophengliederung
bleiben wie in Heyms erster Phase erhalten. Keine Spur von „Sprach"-
oder „Formzertrümmerung". Der Rhythmus ist weder „rasend" noch
eintönig: Schwebung, Enjambement und Parenthese sorgen für gemä-
ßigte rhythmische Abwechslung.
Gleichwohl konstatiert Hansjörg Schneider – ähnlich wie Becher – „Unruhe", die das Gedicht erzeugt. Er fügt hinzu, daß die Unruhe nicht von
den geschilderten Ereignissen – Unglücksfälle und Naturkatastrophen –,
„sondern von ihrer Darstellung" ausgehe. „Van Hoddis verwendet hier in
souveräner Art eine Technik, die Brecht später als Verfremdung bezeichnete. Mit vollständiger Gelassenheit reiht er Ereignis an Ereignis. Jede
Anteilnahme und jedes Urteilsvermögen scheinen ihm zu fehlen.
Was Schneider „Verfremdung" nennt, ist leicht am dritten Vers *Dachdek-
ker stürzen ab und gehn entzwei* zu sehen: es ist das Unangemessene
des Ausdrucks „entzweigehn", der für Sachen, für Puppen, nicht aber für

66

Menschen verwendet wird. Weniger evident ist, was an dem Vers *Die meisten Menschen haben Schnupfen* befremden soll. Unruhe entsteht hier nicht aus dem Gesagten selbst, sondern aus der Konstellation dieses Verses zu den übrigen Versen: die von der Konstellation gesetzte Äquivalenz der Verse steht im Widerspruch zum Inhalt.

Schneider spricht von „vollständiger Gelassenheit" und von fehlender „Anteilnahme", die die Darstellungsweise des Gedichts charakterisieren. Wir versuchen, diese Art der Technik mit den Begriffen „Distanz" und „Perspektive" zu fassen. Bereits die Abwesenheit eines „lyrischen Ich" verweist auf Distanz. [...] Auch der Vergleich *In allen Lüften hallt es wie Geschrei* hilft mit, Distanz zu erzeugen: der die Ereignisse Registrierende muß mit Mutmaßungen vorliebnehmen. Man hört nicht ausdrücklich Schreien, sondern es bleibt beim unbestimmten, unbeteiligten, neutralen *es*. Im Vergleich wird das akustische Geschehen gewissermaßen weggerückt, so daß auch dessen Urheber nicht erkannt werden kann.

Mit der Distanz ist bereits die Perspektive teilweise beschrieben, in dem Sinn nämlich, wie die große Entfernung die Dinge auch qualitativ im Blick zu verändern vermag: die durch die Distanz vermittelte Unbeteiligtheit am Geschehen schafft auch Neutralität der Perspektive. Doch nicht allein in der räumlichen Entfernung zeigt sich diese Neutralität. Bemerkenswert ist, in welcher Weise vom Menschen die Rede ist: im ersten Vers verliert der *Bürger* ein wichtiges Attribut, den Hut nämlich, und damit auch seine Wohlbehütetheit und Saturiertheit, indem eine Naturmacht gegen ihn auftritt; er handelt nicht, er ist Objekt. Im dritten Vers degradiert bereits der Ausdruck den Menschen zur Sache. Im siebten Vers schließlich ist er nur noch neutraler Gegenstand der Statistik. Umgekehrt verhält es sich im Bereich der Dinge: sie bekommen Eigenleben. Sie erscheinen als die eigentlichen Subjekte. Sie allein sind der Aktion fähig, wenn sie *hupfen* oder *zerdrücken*. Der Mensch dagegen ist passiv, selbst wenn er grammatisch als Subjekt erscheint: *Dachdecker stürzen ab* ... Das solchermaßen verkehrte Verhältnis von Subjekt und Objekt kommt auch syntaktisch zum Ausdruck: der einzige Nebensatz – zudem ein finaler – unterstreicht die Aktivität und den Eigenwillen der *Meere*. [...]

In *Weltende* konstituiert sich die neutrale Perspektive – ausgenommen der oben erwähnte Finalsatz – in einfachsten und feststellenden Hauptsätzen. Bemerkenswert ist dabei die Tendenz, Vers und Satz zusammenfallen zu lassen, metrische und syntaktische Einheit in Übereinstimmung zu bringen. Dies ist immerhin sechsmal der Fall, besonders deutlich in den beiden letzten Versen.

Das hier waltende kompositorische Prinzip ist ganz allgemein das der neutralen Reihung: die einzelnen Teile werden aneinandergefügt, ohne daß durch Inhalt oder Sinn ein Zusammenhang der Teile gefordert wäre.

Die Art der Reihung weist zusätzlich die Besonderheit auf, daß die einzelnen Teile sich in einer identischen Form – in der Zeile – präsentieren. Wir nennen diese Technik im folgenden „Reihungsstil". Offenbar ist es diese Technik, die den Zeitgenossen neu und kühn an *Weltende* erschien. [...]

Von der Struktur her gibt es im „Reihungsstil" weder Anfang noch Ende: die Gleichheit des Heterogenen kennt weder Kausalität noch Finalität. Damit aber entfällt konsequenterweise auch die Funktionalität der einzelnen Teile. Sie sind austauschbar und letztlich sogar ohne Verlust wegzulassen. [...]

Die raffinierte Ökonomie des Gedichts besteht darin, daß der „Reihungsstil" lediglich in zwei Versen, in der kleinstmöglichen Anzahl also, rein verwirklicht ist: in den beiden letzten Versen. Hier erreicht die Selbständigkeit der Verszeilen in deren formaler Gleichheit bei heterogenen Inhalten den Höhepunkt; folgerichtig sind die beiden Verse durch einen Punkt getrennt. Zum Bewußtsein gelangt die Heterogenität im Sinne der aufgezeigten Dialektik durch die parallele Aufeinanderfolge der grammatischen Fügung und ihrer Einfachheit: in beiden Versen stehen Subjekt, Prädikat und Ergänzung (Akkusativobjekt bzw. Umstandsergänzung) nacheinander. Der gleiche Zeileneingang *Die* tut ein übriges. Im Gedicht taucht solche Parallelität zum ersten Mal auf.

Diese beiden Verse stellen die „Pointe" des Gedichts dar und sind so genau das, was der „Reihungsstil" von seiner Struktur her nicht zu bilden vermag. Van Hoddis bringt es also fertig, eine Struktur funktional einzusetzen, die von sich aus jede Funktionalität ausschließt.

Ziegler: Form und Subjektivität, S. 120–126

Georg Trakl

Kaspar Hauser Lied
Für Bessie Loos

Er wahrlich liebte die Sonne, die purpurn den Hügel hinabstieg,
Die Wege des Walds, den singenden Schwarzvogel
Und die Freude des Grüns.

Ernsthaft war sein Wohnen im Schatten des Baums
Und rein sein Antlitz.
Gott sprach eine sanfte Flamme zu seinem Herzen:
O Mensch!

Stille fand sein Schritt die Stadt am Abend;
Die dunkle Klage seines Munds:
Ich will ein Reiter werden.

Ihm aber folgte Busch und Tier,
Haus und Dämmergarten weißer Menschen
Und sein Mörder suchte nach ihm.

Frühling und Sommer und schön der Herbst
Des Gerechten, sein leiser Schritt
An den dunklen Zimmern Träumender hin.
Nachts blieb er mit seinem Stern allein;

Sah, daß Schnee fiel in kahles Gezweig
Und im dämmernden Hausflur den Schatten des Mörders.

Silbern sank des Ungeborenen Haupt hin.

Informationen

1. Georg Trakl (1887–1914) hat in seinen letzten Jahren ein verzweifeltes Leben geführt. Er versuchte hektisch, eine Stellung als Apotheker zu bekommen, ließ aber Chancen, die er bekam, ungenutzt. Er war zunehmend abhängig von Alkohol und Rauschgift (Kokain), litt vor allem deshalb unter ständig wiederkehrenden Depressionen und unter dem Gefühl, von Gott fallengelassen worden zu sein. In Kaspar Hauser mag er wegen dessen Ausgeschlossenseins aus der menschlichen Gesellschaft einen Schicksalsverwandten gesehen haben.
2. Das „Kaspar Hauser Lied" wurde erstmals in der Tiroler Halbmonatszeitschrift

„Der Brenner" veröffentlicht (am 15. November 1913); es gehört also zu Trakls Spätwerken. Da Ludwig von Ficker, der Herausgeber des „Brenner", Trakls Gedichte unmittelbar in die Zeitschrift übernahm, ist es in der Endfassung wohl kurz vor November 1913 entstanden. Die Beschäftigung mit dem Stoff kann aber weiter zurückreichen; denn im April 1912 schrieb der Dichter in einem Brief: „Ich werde doch immer ein armer Kaspar Hauser bleiben."

3. Das Gedicht ist der Frau eines Wiener Freundes gewidmet, einer Tänzerin; ein spezieller Bezug zwischen Bessie Loos und dem Text ist nicht bekannt.

4. Der historische Kaspar Hauser tauchte 1828 als ungefähr Sechzehnjähriger in Nürnberg auf. Er wußte nichts über seine Herkunft und konnte nur den einen Satz sagen: „Ä sechtene Reuter möcht ich wähn, wie mei Votta wähn is." Fünf Jahre nach seinem Erscheinen wurde er das Opfer eines Mordanschlags, der nie geklärt werden konnte. Um seine Herkunft rankten sich viele Vermutungen, und sein Schicksal wurde mehrmals literarisch gestaltet.

5. Jakob Wassermanns Roman „Caspar Hauser oder die Trägheit des Herzens" erschien 1908, war weit verbreitet und bekannt. Regine Blass zog Verbindungen zu Trakls Gedicht, eine bewußte Übernahme ließ sich jedoch nicht nachweisen.

6. Kaspar Hauser ist ein Sinnbild für die Sprachnot, die in der deutschen Literatur seit der Jahrhundertwende reflektiert wird (vgl. S. 259). Das Geheimnis seiner Herkunft und seiner Existenz vor dem Auftauchen in Nürnberg läßt sich nicht lüften, weil er ohne Sprachkontakte aufwuchs und deshalb weder einen Gedankengang entwickeln noch Erinnerungen in Worte fassen konnte.

7. Zu den Interpretationen
Trakl verwendet in seinem Werk vielfach die sogenannte absolute Metapher; sie hat vermeintlich keinerlei konkret faßbare Vergleichsmomente mit dem – deshalb auch nicht real erkennbaren – Gemeinten. Das läßt sich an Trakls Farbmetaphern darstellen. Bei den Adjekten weiß und silbern assoziiert man etwa zart und verletzlich (silbern) oder unschuldig und ahnungslos (weiß); wie differenziert diese beiden Farbmetaphern beim späten Trakl angewandt werden, zeigt der Ausschnitt aus der Untersuchung von Regine Blass. Man kommt zu dem Ergebnis, daß Trakl seine Metaphern im Kontext je neu mit Bedeutung versieht, so daß ihr Sinn reizvoll rätselhaft und höchstens erahnbar bleibt. Eine zusätzliche Komponente ist im übrigen die erhöhte Intensität der Farbempfindung Rauschgiftsüchtiger.

Walter Killy geht vom Titel aus, und da er nicht „Kaspar Hausers Lied" lautet, also das Gedicht nicht der Titelgestalt in den Mund gelegt ist, sieht er darin den Ausdruck der Identifizierung des Dichters mit dem Findling. Trotzdem orientiert sich seine Interpretation in erster Linie an der Biographie Hausers. Die Interpretation Metzners beginnt mit einer Art Wortspiel mit den Namen Georg Trakl und Kaspar Hauser, weil der Autor dem Verhältnis zwischen dem Autor, dem „lyrischen Ich" und der Titelgestalt nachgeht. Eine Identifikation vereinfacht seiner Ansicht nach zu stark.

1. Interpretation

Ihre Bedeutungsfülle bezieht die Farbe Weiß – wie alle anderen Farben der Dichtung – aus der unmittelbaren Wahrnehmung und der metaphorischen Verflechtung verschiedener Farbvorstellungen, die diese Farbe

allmählich zur vielseitig interpretierbaren, allgemeinen Farbmetapher werden läßt, [...] in der [...] entgegengesetzte Bedeutungssphären miteinander verbunden sind; sie steht einerseits für Kälte, Erstarrung, Alter und Tod; andererseits ruft sie die Vorstellung von Licht hervor, drückt sie Reinheit und Unschuld aus. [...]
Silbern sank des Ungeborenen Haupt hin. Auch der letzte Vers umschließt den zweifachen Interpretationsaspekt, indem er im Schicksal des historischen Kaspar Hauser zugleich die Problematik des erkennenden Subjektes aufdeckt.

Nach dem Roman Wassermanns und der von ihm streng befolgten historischen Überlieferung stirbt Kaspar Hauser durch das Messer. *Silbern* kann das Hinsinken des Hauptes also deshalb sein, weil der Tod durch das Metall erfolgt. Aber die Farbe Silbern ist im Spätwerk Trakls noch für andere Bestimmungen offen: „Silbern glänzt aus Laubgewinden" der Bach; „Silbern flackert der Leuchter"; „Silbern strahlt die Rose"; aus „silbernen Wassern" tauchen Kröten.
Solche Zusammenhänge fixieren die Farbe Silbern im Sinne von glänzen und von köstlichem Strahlen. Sie sprechen nur die Eigenschaft des Edelmetalls zu glänzen an, während von anderen Merkmalen des Silbers hier abgesehen ist. Der „silberne Schnee", die „silbernen Fische" verbinden mit dem Merkmal „glänzen" auch die kühle Wirkung des Metalls. Vor allem aber bezeugt das Silber seine Strahlkraft im Reflexionsvermögen. Eine Verbindung mit dem Spiegel oder mit Spiegelung ist üblich. [...]
Zwischen der Bedeutungssphäre von Silber und von Weiß besteht eine gewisse Verwandtschaft. Wie die Farbe Weiß kann auch Silbern als Bezeichnung eines Metalls ganz allgemein Erstarrung und Kälte ausdrükken. Beide Farbvorstellungen sind aber auch durch ihre lichte, helle Wirkung verbunden. Silbern verstärkt und intensiviert in gewisser Weise noch die Eigenschaften von Weiß. Seine Bedeutungssphäre scheint jedoch größer als die von Weiß, sein Gehalt reicher und schillernder. [...]
Zugleich aber vermochten die Farbmetaphern Silbern und Weiß auch seine positive Bedeutung zu entfalten (vgl. die Interpretation der vierten Strophe). Die helle, lichte Wirkung des Weiß steigert sich im Silber zum kostbaren Glanz. So betrachtet, fügte sich in die Relation weiß-silbern nicht das Wort „Schnee", sondern der „Stern". – Daraus folgte nun aber, daß über Kaspar Hausers Tod ein Glanz liegt.

Blass: Trakl, S. 229–234

2. Interpretation

Er liebte die Sonne, die Wege des Waldes, die Vögel: am Anfang steht das Bild der schuldlosen Natur, in einfachen Sätzen. Dort ist sein Ursprung, dort wohnte er, sein Blick war rein, und als eine sanfte Flamme – nicht als verzehrende – würdigte ihn Gott des Ansehens. Diese ersten Zeilen begründen seine Heimat, eine Heimat freilich, die er als verloren beklagen wird. Nicht nur die Heimat des historischen Hauser ist hier gemeint, der aus dem dunklen bayrischen Wald sich plötzlich in die nie gesehene Stadt verschlagen fand; auch nicht nur die Erinnerung an die Kindheit des Dichters, die immer wieder in stillen Bildern anklingt. Das *O Mensch Gottes* richtet sich an den Menschen, und dieses Gedicht spricht von ihm, wie alle Gedichte Trakls den Menschen in dieser Welt zum eigentlichen Gegenstand haben. In dieser Welt, die hier als Stadt am Abend uns entgegentritt: wir werden noch sehen, daß in der vielfältig verschlungenen Zeichensprache der Traklschen Gedichte die Stadt und die steinernen Mauern besondere Bedeutung haben. Ihr Bereich ist feindlich, kalt und fremd, und der überlieferte Wunsch Kaspar Hausers, daß er Soldat zu Pferde werden wollte, gewinnt einen sehnsüchtigen Sinn: die dunkle Klage um Freiheit und Weite. Zunächst fand Kaspar in Nürnberg, in der Welt, liebevolle Aufnahme; man hatte Mitleid mit dem so rätselhaft der Natur Entrissenen, ja es schien, als ob er eine Heimat haben werde. Da wird die sanfte Folge der Verse durch das unerbittliche *Und sein Mörder suchte nach ihm* unterbrochen. Er weiß nichts davon, aber schon ist ihm ein Mörder bestimmt, ist schon irgendwo auf der Suche nach dem erkorenen Opfer. Nicht lange nach der Ankunft in der Stadt traf, wie die Geschichte berichtet, den Kaspar Hauser der erste Dolchstoß von der Hand eines Unbekannten, noch nicht tödlich. Noch sind Frühling, Sommer und Herbst schön. Dann kommt der Winter. Als Kaspar Hauser in den verschneiten Garten ging, nach Jahren, traf ihn, wieder von unbekannter Hand, der tödliche Stich. Noch ehe er wirklich herangewachsen war, verschied er und nahm das Geheimnis seines Ursprungs mit sich und ist nie in die Freiheit gekommen.

Man tut dem Rang dieses Gedichtes Abbruch, wenn man es ausschließlich auf den historischen Hauser deutet. Wie in jedem echten Gedicht durchdringen sich in ihm die Bereiche, und der wirkliche Hauser ist „Medium der Selbstbegegnung" in dem von Kommerell geprägten Wortsinn. Er tritt uns als vordergründiges Geschichtliches entgegen. Er ist Figur für mehr: für den Menschen, für den Dichter, über welche beide das *Kaspar Hauser Lied* vieles sagt, welche beide in ihm enthalten sind.

Killy: Über Georg Trakl, S. 6–7

3. Interpretation

Kaspar Hauser Lied (von Georg Trakl), das will also wohl heißen: Ein fast noch (oder fast wieder) kindlicher, altkluger Sing-Sang des Kaspar Hauser Georg Trakl über Kaspar Hauser und Georg Trakl, den Kaspar Hauser in Georg Trakl; die sprachliche Arbeit von einem der sich erkennend und erinnernd in wesentlichen Zügen als Wiederholung sieht – und erweist; eine Wortlaut-Folge, der immer und überall mehrere Sinnverhalte unterlegt werden können (wie zwei, drei Melodiestimmen einem Liedtext. [...]

Am Gedicht-Anfang sind (jedenfalls dem ersten Anschein zufolge) weder Szenen aus der Vita des Findlings unter den Menschen der „Stadt", in die er für den unbefangenen Betrachter erst mit Strophe III gerät, gespiegelt, [...] noch ist vor allem oder gar allein die unbekannte geschichtliche „Heimat des historischen Hauser" evoziert, „der aus dem dunklen bayrischen Wald sich plötzlich in die nie gesehene Stadt verschlagen" gefunden habe, wie Killy kombiniert, indem er kaum an Trakls vorauszusetzendes Wissen dachte: Hausers Frühgeschichte *in* der Welt durfte nach allem, was Trakl von ihr kennen mußte, nicht so durchaus positiv geschildert werden. Nicht der historische, sondern ein uranfänglicher, metaphysischer Herkunftsraum des „Fremdlings" ist mit der offensichtlich „symbolischen Landschaft" ganz am Beginn gemeint bzw. mitgemeint. Die gleiche unheilsgeschichtliche Herkunft und die vergleichbare ungemeine Liebe Trakls und Hausers (und der anderen Hauser) zu dem, was von dieser Welt nach dem Sündenfall noch auf jene eigentliche Heimat zu verweisen scheint, dies und nichts anderes ist zunächst das tertium comparationis.* [...]

Ein Sonnenuntergang im Hügelland, Wege im Wald, ein singender Vogel im aufleuchtenden Grün – all dies in Strophe I und II mit dichterischer Bildkraft Benannte, aus dem besonderen „Gefühl der Erinnerung" (Hölty) heraus mit den sprachlichen Mitteln eines „orphischen Dichters" wie beiläufig Bewegte, Belebte und Beseelte der Umwelt Trakls und Hausers läßt den Zustand der einstigen Existenzstufe vor unserem inneren Blick entstehen. Dabei lehrt der Dichter solchen Heimwehs in der Rückschau wieder mit Adams Augen sehen, mit Adam sprechen: Wie der erste Mensch am Sprachbeginn gibt er, der den Worten auf die Bedeutung schaut und die wieder zu Worten kommen läßt, den Wesen nachschöpferisch „seinen" Namen: „Schwarzvogel" heißt es nun etwa (I), wo

---

* tertium comparationis = das, was zwei Gegenstände (hier der historische Kaspar Hauser und die poetische Hausergestalt) gemeinsam haben; wörtlich (lat.) das Dritte, das sich aus dem Vergleich ergibt.

der versierte Sprecher, der kaum jemals etwas zum ersten Mal sieht, weniger anschaulich (und beziehungsvoll) gedankenlos einen geläufigen Begriff parat gehabt hätte. [...]
Und man sollte bemerken, wie die Schilderung dessen, was man im ersten Augenblick und im irdischen Verstand als Ende, als Hinsinken nach der tödlichen Tat des *Mörders* der Strophen IV und VI begreift, auch der andeutenden Beschreibung eines Einschlafens gleicht: *Silbern sank des Ungeborenen Haupt hin* (VII). Ein traumhaftes Dasein der Seele am paradiesischen Anfang des Lebens – ein „Schlaf" (und möglicherweise ein erneuter paradiesischer Traum) des erst (wieder) hier *Ungeborenen* (VII) am Ende – dazwischen das mühsame, ernüchternde Zusichkommen und Beisichsein, das die Menschen Geburt, Kindheit, Jugend usw. zu nennen pflegen und aus dem sie immer nur für eine Zeitlang irdischer Schlaf und Traum entführen können: Sollte nicht dies der Hintergrund-Sinn, vorsichtiger, die Hintergrund-Hoffnung der auch ganz vordergründig zu verstehenden fragmentarischen Vita des *Gerechten* sein, die das Gedicht erzählt?
Das künftige bittere ‚Erwachen', der Sünden-,Fall' Adams, des Menschen, des Menschen Kaspar Hauser, des Menschen Kaspar Hauser Georg Trakl soll sich also u. E. in den Worten *O Mensch*, in der dazuzudenkenden warnenden Fortsetzung „Gib acht" bereits andeuten – als ein Element der biblischen Überlieferung, das Vergleichbares der Folgezeit präfiguriert und von Trakl offenbar ganz wörtlich als Sturz verstanden wird, der Benommenheit, Bestürzung, Klage, Verstummen (und „stille Verzweiflung"?) nach sich zieht: als Sturz von jenem *Stern* zunächst, wie der Luzifers, dann als ein ‚Aus-allen-Wolken-Fallen', wie es sich im irdischen Leben als symbolische Wiederholung des uranfänglichen Vorgangs immer ereignen kann. [...]
Es erscheint weiter ganz folgerichtig, daß erst und gerade hier in der „Stadt" – Nürnberg (oder Ansbach) in der Hauser-Historie, ein stellvertretendes Innsbruck (oder Salzburg oder Wien) in der Trakl-Biographie – diese „Klage" aufklingt: eine um die verlorene ländliche „Sehnsuchtslandschaft" frühzeitliche Lebenssicherheit und Daseinsordnung" und als solche „Objektivation spätzeitlichen Krisengefühls". Scheinbar unvermittelt erfährt das vorher Ausgesparte nunmehr die nötige Wertung: Unheil ist hereingebrochen, Gott sei's geklagt, und „täglich unheilvoller" gestaltet sich die Situation. Doch die Äußerung *Ich will ein Reiter werden* bleibt zunächst *dunkel* – Klage eines Ungewandten, dessen „Herz" wohl noch anders sagen will als sein „Mund" kann; auch auf die Verdüsterung, die nun mit Notwendigkeit über den Unverstandenen hereinbricht, ist indirekt verwiesen.
Der unentrinnbaren, der „trostlosesten Hoffnungslosigkeit" des Kaspar

Hauser Georg Trakl versucht nun ganz offensichtlich jenes klägliche Begehren *Ich will ein Reiter werden* zu entgehen. Man wird es in seinem Kontext und seiner Wortkargheit als Dokumentation der Selbstentfremdung voll „stiller Verzweiflung" verstehen können. Zunächst allerdings erkennt man im Blick auf die Hauser-Überlieferung den Satz nur als Paraphrase des offenbar eingelernten Wortlauts, den der historische Findling von Nürnberg als ersten und immer wieder geäußert hat: „Ich möchte ein solcher Reiter werden wie mein Vater", lautet das Diktum aus Hausers bäurischer Mundart veredelt bei Wassermann. Aber der Zusammenhang bei Trakl macht eben aus Worten, die man an sich und in ursprünglicher Fassung als Ausdruck sehnsüchtigen Verlangens, „in das Leben zu treten, sich in Wirklichkeit zu bewähren", auffassen könnte, *dunkle Klage* – und der Dichter äußert sich dabei keineswegs so willkürlich, wie es anfangs den Anschein hat, weil er doch nicht eigentlich jenen, sondern diesen Hauser meint, sich, der sich selbst in Hauser begegnet und Hauser wie sich verstand.

Metzner: Die dunkle Klage, S. 454–461

Günter Eich

Inventur

Dies ist meine Mütze,
dies ist mein Mantel,
hier mein Rasierzeug
im Beutel aus Leinen.

Konservenbüchse:
Mein Teller, mein Becher,
ich hab in das Weißblech
den Namen geritzt.

Geritzt hier mit diesem
kostbaren Nagel,
den vor begehrlichen
Augen ich berge.

Im Brotbeutel sind
ein Paar wollene Socken

und einiges, was ich
niemand verrate,

so dient es als Kissen
nachts meinem Kopf.
Die Pappe hier liegt
zwischen mir und der Erde.

Die Bleistiftmine
lieb ich am meisten:
Tags schreibt sie mir Verse,
die nachts ich erdacht.

Dies ist mein Notizbuch,
dies meine Zeltbahn,
dies ist mein Handtuch,
dies ist mein Zwirn.

Informationen

1. Günter Eich (1907–1972) wurde erst als Vierzigjähriger mit dem Lyrikband
„Abgelegene Gehöfte" (1948) bekannt. Dieser Band enthält unter anderem eine
Gruppe von Gedichten, die Eich in einem Kriegsgefangenenlager am Rhein
schrieb, darunter „Inventur" und „Latrine". Dieser Gedichtzyklus ist der einzige
seiner Art im Werk des Autors.
2. „Inventur" gilt als Beispiel für die sogenannte Kahlschlag-Literatur. Dieser von
Wolfgang Weyrauch geprägte Begriff umfaßt die Dichtung, die nach dem Zusam-
menbruch des Dritten Reiches unter dem Eindruck entstand, man müsse ganz von
vorne anfangen, „im Jahre Null", weil mit dem „tausendjährigen" Reich auch der
geistige Bestand vollständig zusammengebrochen sei und sich die Literatur unter
dem Nationalsozialismus unrettbar kompromittiert habe.
Günter Eichs „Inventur" drückt den Neubeginn geradezu exemplarisch aus. Das
lyrische Ich zählt karge Habseligkeiten auf und deutet damit gleichzeitig an, daß in
seinem Kopf kein „Besitz" übriggeblieben ist. – Ob es sich 1945 wirklich um einen
Kahlschlag und um die Stunde Null gehandelt habe, ist Gegenstand der Diskussion; die Sprache der Nazizeit jedenfalls konnte nicht so einfach weggewischt
werden.
3. Zu „Inventur" gibt es einen Vorläufer, das Gedicht des tschechischen Autors
Richard Weiner: „Jean Baptiste Chardin", erschienen in deutscher Übersetzung in
der Anthologie „Die Aktionslyrik II" (1916). Die erste Strophe lautet:

Dies ist mein Tisch,
Dies meine Hausschuh,
Dies ist mein Glas,
Dies ist mein Kännchen.

Es ist ein Rollengedicht, in dem der Rokokomaler Chardin behaglich und zufrieden sein Zuhause darstellt. „Inventur" wurde, als man das entdeckte, als „literarische Replik entlarvt" (Müller-Hanpft); das Gedicht handle nicht nur von Besitz, sondern „auch die *Art seines Sprechens* ist ein Besitzergreifen" (Neumann). Günter Eich selbst konnte sich freilich nicht erinnern, Weiners Gedicht gelesen zu haben.

4. Zu den Interpretationen

Die beiden Interpretationen befassen sich mit der Kahlschlagthese; auch die – nur teilweise aufgenommenen – Reflexionen über die Vergleichsmomente zu Weiners Gedicht haben indirekt damit zu tun. Die erste Interpretation ist engagiert links, die zweite läßt ästhetische Qualitäten gelten und verwendet Aspekte der Strukturanalyse.

1. Interpretation

Dieses Gedicht zeigt eine kindliche Perspektive. Da ist ein Poet, der sich in der Wirklichkeit wie ein Kleinkind neu orientieren muß und diesen Vorgang in lapidarer Sprache festhält. Seine Umwelt konstituiert sich für ihn in den Dingen, die ihn umgeben. Sie werden für ihn zur Wirklichkeit in dem Moment, da er sie mit Sprache benennt.

Allerdings gibt es für das Gedicht *Inventur* eine bisher niemals erwähnte Vorlage, die Eichs berühmtestes Gedicht der Nachkriegszeit als literarische Replik entlarvt und deutlich macht, daß auch dieser „Neuanfang" bereits literarisch vermittelt ist.

Die unterschiedliche Thematik weist zwar dem Gedicht Eichs einen anderen Stellenwert zu, die formalen Mittel erhalten einen neuen, der veränderten Umwelt angepaßten Akzent. Das Vorläufergedicht stammt von Richard Weiner. [...]

Die Form dieses Gedichtes hat erst in der Version Günter Eichs den ihr gemäßen politischen Inhalt erhalten. Die Dimension der Inventur des Kriegsgefangenen hat eine andere Qualität als die des Biedermannes, der seine häusliche Umgebung konstatiert. [...]

Es scheint gerade die Aussichtslosigkeit zu sein, die die Lage des lyrischen Subjekts bestimmt, die es vor den Dingen zurücktreten läßt.

Endlich, nach Beendigung des Krieges, provoziert durch die unerträgliche eigene Situation, bringt Eich in diesem lapidaren Stil die „Verdinglichung" des Lebens, die der Spätkapitalismus in immer totaleren Formen prägte, zum Ausdruck. Der Mensch wird in dieser Lyrik zum passiven Element, die toten Dinge bestimmen als aktive Elemente seinen Lebensablauf. Von menschlichen Werten und Eigenschaften, Nöten oder Sehnsüchten, von Kommunikation und Beziehungen ist nicht mehr die Rede. Der einzige Akt, der andere mit einbezieht, ist das Verbergen vor „begehrlichen Augen". Konkurrenzdenken bleibt also als einzige Haltung dem anderen gegenüber. Der Prozeß der Verdinglichung ist total in der Situation des Gefangenen.

Wie sehr sich auch jene Zeitgenossen Eichs, die nicht in einem Kriegsgefangenenlager waren, mit seinem Gedicht identifizieren, zeigt dessen Bedeutung für die erste Phase der Nachkriegsliteratur an. Das Gefangenenlager wurde als beispielhaft für die gesamte gesellschaftliche Lage empfunden.

Das Gefangenenlager wird zum Sinnbild der Absurdität menschlicher Handlungsweisen, die mit dem Streben nach idealistischer Menschlichkeit überhaupt nichts mehr verbindet. Der Bruch zwischen der sozialen Wirklichkeit und menschlicher Harmoniesehnsucht ist so scharf geworden, daß die Gestaltung dieses Zustandes immer mehr der einfachen Konstatierung und Beschreibung einer verdinglichten, jeder anderen Bedeutung beraubten Gesellschaft Platz machen mußte.

Die Einsicht, daß metaphysischer Sinn keine Substanz mehr hat, zerrüttet die Form des Gedichts bis in ihr sprachliches und rhythmisches Gefüge hinein. Was wesentlich Audruck der Aussage war, durfte nicht durch ein ästhetisches Gebilde jenen Sinn überlappen, sollte er nicht inadäquat zum Gehalt werden.

Müller-Hanpft: Lyrik und Rezeption, S. 36–39

2. Interpretation

Das Titelwort *Inventur* ist so genau gesetzt wie jedes andere Wort in diesen achtundzwanzig Versen. Alle Zeilen sind zweihebig. Jede Strophe bildet eine geschlossene Einheit, auch die mittlere, die als einzige nicht mit einem Punkt schließt. In sechs Versen füllt ein Satz eine Zeile; sie stehen in den Eck-Strophen, von denen die untere am strengsten parataktisch gebaut ist. Der Eindruck einer schwerfälligen Besonnenheit stellt sich ein, und er verstärkt sich noch durch die häufige Betonung der jeweils ersten Silben. Der Gestus des Zeigens *(dies ist)* bestimmt das ganze Gedicht: Einer weist vor, was er noch hat. Indem er seine Sachen benennt, versichert er sich ihres Besitzes. Besitzen ist eine Elementarerfahrung; hier wird sie auf einem sehr regressiven Niveau erlebt. Da alle genannten Besitztümer zugleich gefährdet sind, ist der Akt ihres Benennens auch eine Verteidigungsgebärde. Sie sind schäbig, aber sie sind ein Reichtum: *kostbar* wird der Nagel, und er ist es, denn mit ihm kann der eigene Name ins Weißblech geritzt werden; er deklariert die Konservenbüchse als *mein*. Überhaupt darf das besitzanzeigende Fürwort als die wichtigste Vokabel des Gedichts gelten. Es bindet die Sachen an das Ich und jedes Ding gehört zu einem Bedürfnis, dessen Befriedigung lebenswichtig ist. Vor wessen Augen diese Inventur geschieht, kann nicht genau bestimmt werden. Vor allem aber geschieht sie vor den Augen des Sprechenden selbst. Indem er zeigt, was sein ist, weist er sich selber vor als der, der er ist: ein auf das Minimum seiner Existenz zurückgeworfener Gefangener. Auch diese Art von Buchführung hat freilich ihre Dunkelstellen: *einiges* bleibt im Brotsack versteckt und wird *niemand verraten.* Zum Besitz gehört ein Geheimnis. [...]

Es ist eine merkwürdige Fehleinschätzung, wenn man meinte, durch die Entdeckung des Gedichtes von Richard Weiner seien Eichs Verse als „literarische Replik entlarvt". Bei aller Übereinstimmung besteht in der Tat schärfster Gegensatz zwischen den Erfahrungswelten in beiden Gedichten. „Inventur" ist aber nicht Replik, sondern *Kontrafaktur** der Weinerschen Verse. [...]

Vom Vorgang des Dichtens spricht Eichs Gedicht in der vorletzten Strophe: tags schreibt die Bleistiftmine *Verse, / die nachts ich erdacht.* Aber ist wirklich nur in der vorletzten Strophe vom Dichten die Rede? Mir scheint: auch bei Eich, auch bei ihm im letzten Vers, ja im letzten Wort, wie bei Weiner-Chardin wird das Werk selbst genannt. Dort: das „Bild", das zugleich ein Bild-Gedicht ist; hier: das Gedicht „Inventur", das zugleich „mein Zwirn" ist. Zwirn, gewiß, muß zunächst als der Faden zum Nähen, Festnähen, Ausbessern verstanden werden. Wie alle Dinge in diesem spärlichen Inventar genau das bedeuten, was sie sind, so ist auch *Zwirn erst* einmal Zwirn. Aber mir scheint: die Vokabel darf zugleich auch als Metapher gelesen werden. Wie ein Faden zum Auffädeln taugt, so „fädelt" der Sprechende die Namen seiner Sache zum Text („textilis" heißt auch „zusammengefügt"). Aber noch eine andere Nebenbedeutung ist zu bedenken: Zwirn – das Gerede, das „Gedicht".

Hier ist das Problem der Konnotationen berührt. Was, wenn ein Wort im Gedicht erscheint, ist vom Autor *mitgemeint*; was wird vom Leser *mitverstanden?* Zwischen den vom Dichter aktualisierten Wortbedeutungen (den *objektiven* Konnotationen) und denen, die ein Leser dank seiner Sprachkompetenz und Assoziationsmächtigkeit ins Spiel bringt, sind klare Trennungen nur selten möglich.

Neumann: Die Rettung der Poesie, S. 60–66

---

* Kontrafaktur (lat.) Nachdichtung im gleichen Ton, aber mit parodistischem oder (hier) berichtigendem Inhalt.

Gottfried Benn

Quartär

I.
Die Welten trinken und tränken
sich Rausch zu neuem Raum
und die letzten Quartäre versenken
den ptolemäischen Traum.
Verfall, Verflammen, Verfehlen –
in toxischen Sphären, kalt,
noch einige stygische Seelen,
einsame, hoch und alt.

II.
Komm – laß sie sinken und steigen,
die Zyklen brechen hervor:
uralte Sphinxe, Geigen
und von Babylon ein Tor,
ein Jazz vom Rio del Grande,
ein Swing und ein Gebet –
an sinkenden Feuern, vom Rande,
wo alles zu Asche verweht.

Ich schnitt die Gurgel den Schafen
und füllte die Grube mit Blut,
die Schatten kamen und trafen
sich hier – ich horchte gut –,
ein Jeglicher trank, erzählte
von Schwert und Fall und frug,
auch stier- und schwanenvermählte
Frauen weinten im Zug.

Quartäre Zyklen-Szenen,
doch keine macht dir bewußt,
ist nun das Letzte die Tränen
oder ist das Letzte die Lust
oder beides ein Regenbogen,
der einige Farben bricht,
gespiegelt oder gelogen –
du weißt, du weißt es nicht.

III.
Riesige Hirne biegen
sich über ihr Dann und Wann
und sehen die Fäden fliegen,
die die alte Spinne spann,
mit Rüsseln in jede Ferne
und an alles, was verfällt,
züchten sich ihre Kerne
die sich erkennende Welt.

Einer der Träume Gottes
blickte sich selber an,
Blicke des Spiels, des Spottes
vom alten Spinnenmann,
dann pflückt er sich Asphodelen
und wandert den Styxen zu –,
laß sich die Letzten quälen,
laß sie Geschichte erzählen –
Allerseelen –
Fini du tout.

Informationen

1. Gottfried Benn (1886–1956) gelangte nach dem 2. Weltkrieg, im letzten Jahrzehnt seines Lebens, zu Weltruhm, obwohl er zunächst in Ost und West auf der schwarzen Liste stand. So konnten seine Gedichte aus den Jahren 1937–1947 nicht in Deutschland erscheinen, sondern wurden erstmals 1948 in Zürich im Arche Verlag unter dem Titel „Statische Gedichte" gedruckt. Statisch (aus der Bautechnik) bedeutet: bewegungslos, affektlos. Der Autor strebt weder ins Unendliche noch glaubt er an politisches Engagement und gesellschaftlichen Fortschritt. Sein Weltbild ist pessimistisch, indifferent.
2. „Quartär" ist 1946 entstanden und in den „Statischen Gedichten" erschienen.
3. Zu den Interpretationen
Erckmann folgt erklärend dem Wortlaut des Gedichts, während Büttner das Schwergewicht auf eine kritische Gesamtschau legt. Auf diese Weise ergänzen sich die beiden Aufsätze.

1. Interpretation

Das *Quartär*-Gedicht – eine der wichtigsten ,Summen' Benns – vom Titel her gefaßt: kein kulturgeschichtlicher Begriff (etwa ,Altertum, Mittelalter'), sondern ein geologisch-erdgeschichtlicher, naturwissenschaftlicher: wir erkennen den im Grund natur-, nicht geisteswissenschaftlichen Ansatz des Mediziner-Dichters. [. . .]

Das Gedicht ist dreiteilig angelegt. Teil I: In acht randvollen Zeilen wirken die *Welten* als tätige Wesen auf den Menschen ein; selber wie Lebewesen oder gar Menschen. Auf sie übertragen der [...] Gedanke des Rausches: die Welten und Quartäre trinken sich den Rausch an, neuen Raum zu gewinnen [...]. Zugleich vernichten sie den [...] anderen Erlebenszustand des Menschengeschlechts, den Traum. Er ist hier mit einem zentralen Benn-Begriff *ptolemäisch* genannt. Wir bestimmen den Begriff naturwissenschaftlich: der Mensch und seine Erde als Zentrum des Kosmos, auch geistig und religiös verstanden. Dieser Traum, Mensch und Erde als Mitte alles Seienden, wird von den *letzten Quartären versenkt:* mit *letzten* ist das 20. Jahrhundert gemeint. [...] Es bleiben in dem Vorgang des Endes nur sichtbar wenige Seelen am Ufer des Totenflusses. [...], *einsame, hoch und alt.* Offenbar die wenigen aristokratischen Geister, die sich über die Vorgänge im klaren sind, wie Benn selbst. Frage: wer bewirkt dies Weltende? Die Welten selbst; nicht ein Gott; nicht eine außerweltliche Macht. Es vollzieht sich ein immanentes Gesetz, nicht ein überweltlicher Wille. [...]

Teil II: Was ist, bzw. war mit dem Menschen im versinkenden Quartär? *Komm* – [...], *laß sie sinken und steigen:* kein Eingreifen in den Prozeß, hinnehmen, erdulden! Innerhalb des Zeitalters *brechen die Zyklen hervor:* wir finden den Gedanken des Kreislaufs, der „ewigen Wiederkehr" Nietzsches wieder. In der Bewegung der Erdrinde, dem Beben, kommen als Trümmer zum Vorschein Zeugnisse des Ptolemäers aus seinen verschiedensten Schaffenszeiten, auch solche aus Klang (Zyklen wieder geologischer Ausdruck!). Längst Gewesenes wird sichtbar: Ägyptisches *(Sphinxe)*, Italienisches *(Geigen)* Babylon *(Ischtar-Tor)*, Christliches oder allgemein Religiöses *(ein Gebet);* von Klängen der südamerikanische Jazz *(vom Rio del Grande)* und der nordamerikanische *Swing;* die *Geigen* auch vielleicht Hinweis auf die hohe europäische Musik. Eine Szene ist dann ausgeführt: der Dichter selber vollzieht das alte Tierschlachtopfer vor der Grube, alttestamentarisch und antik zugleich, um den Vollzug sammeln sich die *Schatten* der Toten, vom Opferblut angezogen und trinkend und dabei von ihren Schicksalen berichtend *(ich horchte gut),* Männer und Frauen; die *stiervermählte,* die Europa (der alte Kontinent); die *schwanenvermählte,* wohl die Leda; beide Geliebte des Zeus (wieder die Antike!); die letztere die Mutter der Helena wie der Klytämnestra, der tragenden Gestalten des Atridenschicksals. Der Dichter bewirkt mit dem Opfer diese Totenbeschwörung und will Erkenntnis. Sein Bemühen und Ringen vergeblich: die „Szenen" verraten nichts; das Rätsel des Letzten bleibt [...] ungelöst: es tauchen auf als Mögliches das unendliche Leid (die weinenden Frauen); die Lust, die die Liebe ausmacht. [...]

Teil III: noch einmal ein Ansatz, das späte ptolemäische Quartär zu

kennzeichnen. Der Erkenntnisdrang des Menschen *(riesige Hirne,* wohl Denker von Benns Art), versucht, das *Dann und Wann,* das Zufällige, Ereignis und Zeitpunkt des Gewesenen zu fassen. Aber es schwebt wie *Fäden* (Herbstbild des Altweibersommers!) dahin. Woher diese *Fäden?* Ein Gespinst der *alten Spinne,* des *alten Spinnenmanns.* Wer ist damit gemeint? Der „alte Spinnrich Tod" Liliencrons. Die Spinne heftet mit ihren *Rüsseln* ihre Fäden *an alles, was verfällt* (Verfall!). [...]
Dann: diese unendliche Mühe des erkenntnisbegierigen Menschen ist nichts anderes als die Selbstbetrachtung eines *der Träume Gottes,* der sich im eigenen Spiegelbild sieht. Welches Gottes? Der Gottesbegriff Benns füllt sich auch mit diesem Hinweis nicht: Verweis auf frühere Andeutungen; auf ein Überweltliches, das, unfaßbar, verschwand. Ein greifbares Metaphysisches bietet sich Benns positivistischer und biologistischer Innenweltschau nicht. Auf den sich selber beschauenden Menschen, den *Traum Gottes,* blickt seinerseits der Tod. Er nimmt ihn nicht ernst, hat nur *Blicke des Spiels, des Spottes;* gewissermaßen achselzukkend, wie Benn selbst. Dann pflückt der Tod gleichgültig ein paar Asphodelen von den Hadeswiesen und wandert den Todesflüssen (Mehrzahl!) zu. Ihm ist völlig gleichgültig, was sich mit dem Menschen begibt: *Laß sich die letzten* (die versinkenden Quartäre) *quälen laß sie* (die Toten) *ihre Geschichten erzählen* wie jene Schatten von ihrem Leid, ihrer Lust, beim Opfer. Es bleibt nur: das Totenfest *Allerseelen* (aller!); und *fini du tout.*

Erckmann: Jazz und Lyrik, S.112–114

2. Interpretation

Die Form des dreiteiligen Zyklus ist gekennzeichnet durch die achtzeilige Reimstrophe – mit einer Zäsur in der Mitte, die mehr oder weniger deutlich markiert wird. Die Verse sind kreuzweise gereimt, und zwar abwechselnd weiblich und männlich. Sie enthalten je drei Hebungen und ein- oder zweisilbige Senkungen. Das Metrum ist demnach jambisch-anapästisch, von stellenweisen Abweichungen abgesehen. Die Sätze sind oft elliptisch, unverbunden und ungeordnet, sie bringen das unbewußte Meditieren und Schauen in die Zukunft auch stilistisch zum Ausdruck. Der Rhythmus wirkt langsam, zögernd und tonlos. Im ersten Teil (I) wird die Situation nach dem Zweiten Weltkrieg als Ende der abendländischen Kultur und Abschluß der ptolemäischen Weltvorstellung gedeutet, wobei allerdings der zeitgeschichtliche Bezug verschwiegen wird. Die erste Strophe des zweiten Teils (II) nennt stichworthaft die versunkenen verschiedenartigen Kulturkreise. Die zweite Strophe dieses Abschnittes bringt das Motiv der Totenbeschwörung zur Beglaubigung der Vision, daß unser Erdzeitalter sein Ende erreicht hat. Sie ist aus dem 11. Gesang der ‚Odyssee' entlehnt, wo Odysseus den Geist des Sehers Teiresias beschwört. Ähnliche Heraufbeschwörungen der Toten und abgeschiedenen Seelen finden sich im Alten Testament, in den Liedern der Edda und in den Gesängen der keltischen Barden. Sie sind den vorchristlichen Glaubensvorstellungen der Völker gemeinsam. Als Haupterfordernis bei der Befragung der Toten über die Zukunft galt warmes Tierblut (sogar Menschenblut), von dem die Schatten schlürften, um dadurch die Kraft zu erhalten, den fragenden Menschen Rede und Antwort zu stehen. In der dritten Strophe des zweiten Teils werden die Epochen des Quartärs metaphorisch als Szenen eines Welttheaters bezeichnet und nach deren Sinn gefragt. Die Antwort: es ist kein Sinn und Ziel erkennbar. Ist das Letzte der Schmerz oder die Lust oder beides zusammen? Ist das Ende sinnvoll oder sinnlos? Im dritten Teil (III) hören wir, daß das Zeitalter des Quartärs ohne zielgerichtete Entwicklung, ohne Verwirklichung großer Ideen und Ideale, ohne Aufstieg zum Absoluten gewesen ist, sondern nur einer der spielerischen *Träume Gottes.* Was sich den Menschen als Wirklichkeit darstellt, ist für Gott nur ein Traum, bloß ein Experiment, das er überlegen lächelnd aufgibt, wenn es mißglückt ist. Die letzte Strophe ist gegenüber den übrigen Strophen um zwei Verse verlängert und verbunden mit Reimhäufung, gegenmetrischer Betonung und abschließender französischer Redensart. Diese formale Hervorhebung entspricht der inhaltlichen Bedeutung der Strophe, denn sie stellt den Höhepunkt der Prophetie dar, das untergehende Quartär, *Allerseelen-Fini du Tout.*

Das Gedicht verdeutlich die späte Gedanken- und Ausdruckswelt Benns. Das Thema ist die abendländische Kultur, die düstere Zukunftsvision, der Untergang unseres zivilisatorischen Zeitalters. Dem Traum und Rausch der wissenschaftlich-technischen Welteroberung von heute werden vergangene bedeutende Kulturperioden entgegengehalten, die zyklisch abgelaufen und zu Asche verweht sind, nur Überreste von Bauten, Kulten und Mythen zurücklassend. Den Schluß des Gedichts bildet die Schau von riesigen Hirnen, die ein Spinnennetz des Wissens weben. Der *alte Spinnenmann* überläßt enttäuscht und müde die Welt sich selber und liefert sie damit dem *Allerseelen*-Ende aus. Die Wirkung des Stücks liegt jedoch weniger in der geschichtlichen Prophetie als in der bannenden Wortmagie, in der sprachlichen Kombination. Da sind Reime und Strophen, Alliterationen und Assonanzen, Antithesen und Hyperbeln, beschwörende Chiffren und Allegorien. Die formelhaften Stabreime klingen wie alte, heilige Weisheit, und der jambische und anapästische Rhythmus bezaubert und betört. Die Wortmagie ist begleitet von einer verhüllten Emotion, die als Schwermut und Trauer zu bezeichnen ist. Aber die

Erregung wird ausgeglichen oder verdeckt durch einen stoischen Gleich-
mut, den die Untergangsvision nicht zu erschüttern vermag.

Büttner: Von Benn zu Enzensberger, S. 70–71

Ingeborg Bachmann

Anrufung des Großen Bären

Großer Bär, komm herab, zottige Nacht,
Wolkenpelztier mit den alten Augen,
Sternenaugen,
durch das Dickicht brechen schimmernd
deine Pfoten mit den Krallen,
Sternenkrallen,
wachsam halten wir die Herden,
doch gebannt von dir, und mißtrauen
deinen müden Flanken und den scharfen
halbentblößten Zähnen,
alter Bär.

Ein Zapfen: eure Welt.
Ihr: die Schuppen dran.
Ich treib sie, roll sie
von den Tannen am Anfang
zu den Tannen am Ende,
schnaub sie an, prüf sie im Maul
und pack zu mit den Tatzen.

Fürchtet euch oder fürchtet euch nicht!
Zahlt in den Klingelbeutel und gebt
dem blinden Mann ein gutes Wort,
daß er den Bären an der Leine hält.
Und würzt die Lämmer gut.

's könnt sein, daß dieser Bär
sich losreißt, nicht mehr droht
und alle Zapfen jagt, die von den Tannen
gefallen sind, den großen, geflügelten,
die aus dem Paradiese stürzten.

Informationen

1. Ingeborg Bachmann (1926–1973) ist berühmt als Repräsentantin der jungen Nachkriegslyrik. Sie wurde 1953 auf der Tagung der Gruppe 47 in Mainz entdeckt und sogleich anerkannt. Ihr lyrisches Werk ist in den beiden Gedichtsammlungen „Die gestundete Zeit" (1953) und „Anrufung des großen Bären" (1956) enthalten. Danach hat sie Prosa geschrieben.
2. Ihre Gegenwart empfand sie als „kalte neue Zeit", in der die Zerstörung um sich greift und zu apokalyptischen Ausblicken führt.
3. Über die Sprache Ingeborg Bachmanns heißt es bei Ria Endres:
„Da das Expressive und Pathetische nicht mehr benutzbar war, weil es durch den Faschismus in so scheußlicher Weise zur Alltagsstimmung gehörte, war die Bachmannsche Intensität besonders auffällig. Trotzdem wurde dieses Pathos begrüßt. Reich-Ranicki schreibt zurückblickend:
‚Auch fällt es auf, daß in den 50er Jahren, da man feierliche Töne verabscheute, Ingeborg Bachmann mit einer häufig pathetischen und ins Würdevolle stilisierten Lyrik erfolgreich war, daß sie in einer Zeit, die angeblich großen Worten mißtraute, mit Versen überzeugen vermochte, die mit einem reichlichen Bestand eben großer Worte fußen, zumal allgemeiner geographischer, naturwissenschaftlicher und kosmischer Begriffe. Da gibt es ,Kontinente', ,Berge', ,Hügel' und ,Krater', ,Küsten', ,Häfen', ,Inseln', ,Meere, Seen und Ströme', ,Winde, Nebel und Wolken'. Ihre Lyrik ist voll von ,Himmel' und ,Erde', ,Sonne', ,Mond' und ,Sternen', wir hören von ,Planeten' und ,Kometen', von ,Firmamenten', ,Horizonten', ,Feuerzonen' und ,Wendekreisen'. Dieses System von Schlüsselwörtern ergibt ein gigantisches Welttheater.'
Große, ,alte' Worte also, denen der Sinn zwar noch nicht ganz ausgetrieben worden ist, die aber oft disparat, ohne Verbindung nebeneinander stehen oder als Bilder selbst nicht unversehrt sind. Ingeborg Bachmann ist schon früh an der Nachkriegswelt verzweifelt, um so entscheidender ist es, daß sie in dem Gedicht *Rede und Nachrede* sagt: ,Mein Wort errette mich.'" (Endres: Die Wahrheit …, S. 81–82)
4. Zu den Interpretationen
Aus dem Aufsatz Wolfdietrich Raschs ist jeweils der Beginn der Interpretation der drei Strophen wiedergegeben; der Autor deutet das Gedicht behutsam aus dem Wortlaut, fast ohne Kenntnisse zu Hilfe zu nehmen, die sich nicht direkt daraus ergeben. Clemens Heselhaus beschreibt das Gedicht im Rahmen einer Darstellung der modernen Lyrik; Ria Endres analysiert die poetologische Struktur.

1. Interpretation

Manche Sternbilder werden mit dem Namen irdischer Dinge benannt, ohne daß eine sofort wahrnehmbare optische Ähnlichkeit besteht. Ein Name wie Großer Bär reizt eine kindliche und die dichterische Phantasie, die Ähnlichkeit mit dem Waldbären in der Sternfigur zu suchen, die Analogie in sie hineinzusehen. Das mag der Keimpunkt für das Gedicht sein, das diese nur durch den Namen gestiftete Verbundenheit zweier Erscheinungen, die voneinander so stark unterschieden sind wie Himmelswelt und Erdenwelt überhaupt, dennoch befestigt und in einer entgötterten Gegenwartswelt einen Bezug von Oben und Unten erfahrbar macht. Im Anruf, im Sprache werdenden Verlangen der Menschen nach der Nähe des mächtigen Sternbildes gelangt es in diese Nähe: [...]

Großer Bär, komm herab, zottige Nacht,

Zottig ist zunächst nur der Waldbär, der hier evoziert wird; noch nicht als klare Gestalt (das wäre ein zu schneller Schritt über die Kluft der optischen Verschiedenheit beider Gebilde), sondern nur mit einer Eigenschaft seines Fells. Er hebt sich nur schwach vom nächtlichen Waldesdunkel ab, als *zottige* Stelle dieser Dunkelheit. Aber zottig scheint die Nacht auch dort, wo zwischen den Sternen des Sternbildes Wolken schweben. Ihre pelzig-weiche, irreguläre, konturschwache Formation ist dem Bärenfell verwandt. So heißt der Große Bär in der zweiten Zeile *Wolkenpelztier.* Die durch die Namengleichheit provozierte Phantasie schafft, erzwingt schließlich eine optische Entsprechung beider Gebilde.

In der zweiten Strophe antwortet der Große Bär dem Anruf der Menschen. Was dem Waldbären die Tannenzapfen sind, das sind dem Sternenbären die Welten, die als Sterne im Himmel hängen. Die Bilder sind wieder verschränkt. *Ein Zapfen: eure Welt.* In die alten biblischen Vorstellungen, die später anklingen, mischt sich die moderne von der Pluralität der Welten. Der Große Bär spielt mit dem Tannenzapfen, mit der von Menschen besetzten Erdenwelt. *Ich treib sie, roll sie*: das *sie* meint natürlich die Welt, die ihm, wie ein Tannenzapfen dem Waldbären, überlassen ist. [...]

Nach der Anrufung und der Antwort des Großen Bären spricht in der abschließenden Strophe das wissende lyrische Ich der Dichterin. Wenn vorher das Spiel des Bären mit dem Zapfen fast jovial schien, so verbirgt sich darunter seine dennoch spürbare Gefährlichkeit. Auch wenn er nun als gezähmter Schau-Bär an der Leine des blinden Bärenführers erscheint, geschieht kein Bruch mit der anfänglich gesetzten Vorstellung, sondern eine sinngerechte und strukturgemäße Entfaltung des immer auch in einem naiven Anschauungsbereich bleibenden Bildes. Der Schau-Bär, das drollige Pelztier, hebt am stärksten den harmlos freundlichen Aspekt in der Erscheinung des Bären hervor und macht damit die Doppeldeutigkeit alles Sichtbaren kenntlich. Denn auch dieser gefangene Schau-Bär bleibt der Große Bär, der gefährlich werden kann. Die Leine muß ihn halten. Der Anfangsvers dieser Strophe ist der Schlüsselvers des Gedichtes. *Fürchtet euch oder fürchtet euch nicht!* Man kann das zunächst auf die Zuschauer beziehen, die der gefangene Bär ängstigt oder erheitert. Aber der Vers zielt ebenso auf das Weltgericht. Es ist zu fürchten, doch auch als Erlösung der verheerten Welt herbeizuwünschen. Denn Weltgericht schließt Welterneuerung ein. Im dichterischen Wort der Bachmann ersteht, im Bären konkretisiert, das Numinose, das dem säkularisierten Menschen im Anblick des Gestirns als drohende Verheißung begegnet und sogleich die Erwartung des Gerichtes heraufruft.

Rasch: Anrufung, S. 284–287

2. Interpretation

Die Anrufung verfährt ganz emblematisch, indem sie im Stil alter Gestirnbücher das Sternbild in das Tierwesen umsetzt, danach es benannt ist. Das ist zugleich ein naives und ein raffiniertes Verfahren. Aus der Tierfiguration schimmern an allen Enden die realen Grundlagen des Bildes in metaphorischen Wendungen hervor: Wolkenpelztier, Sternenaugen, Sternenkrallen. Zweimal sind drei Zeilen am Anfang ähnlich gebaut. Sie gehören als das Spiel mit Imagination und Wirklichkeit zusammen. Diese Einleitung ist märchenhaft oder mythisierend, die imaginierende Erschaffung einer Erzählsituation. [...]
Im zweiten Abschnitt wechselt die Perspektive. Ohne Ankündigung ergreift der angerufene Bär das Wort. Jetzt ist es auch kein Sternenbär mehr, sondern ein Waldbär, der zwischen den Bäumen mit Tannenzapfen spielt. Es ist sogar ein symbolischer Bär; denn er erklärt im Gleichnis den Zapfen als Welt, die Schuppen daran als Menschen. Wörtlich treibt und rollt der Bär die Schuppen; dem Sinne nach ist es aber der Zapfen. Sehr sprechend steht der Wald aus der Perspektive des spielenden Bären auf: *von den Tannen am Anfang / zu den Tannen am Ende.* In beiden Versen geht der jambisch-trochäische Rhythmus in Daktylen über. Dieser andere Rhythmus bildet das Spiel ab und erschafft dann sogar einen ganz anderen Bären. [...] Das Märchen ist zur Tierfabel geworden. Es tun sich sogar theologische Perspektiven auf: die Tannenzapfen auf dem Waldboden sind nicht mehr die Welt, sondern die aus dem Paradies der Tannenwipfel gefallenen Menschen. Mit der Anwendung und Aufklärung der Symbolik ist es eine eigene Sache. Der große Bär an der Leine könnte zwar so etwas wie der Behemoth* sein, von dem Gott zu Hiob sagt, daß er ihn an der Angel halte; [...]
Das Gedicht enthält drei Perspektivenwechsel, die aber nicht poetisch erhöht sind, sondern zur Ausdeutung und Anwendung eingeführt wurden. Die Anwendung der Symbolik führt auch zu ihrer Zersetzung. Inge-

---

* Behemoth (hebr.) = Großtier; Ungeheuer der Apokalypse, der Weltendzeit.

borg Bachmann hat zwar die surrealistische Metamorphose des Symbols der Regel nach durchgeführt; aber die Anwendung gehört in die emblematische Dichtung. Beide Verfahren vertragen sich nicht recht miteinander. Selbst die Anrufung im Titel wird durch das Gedicht zu einer spöttischen Herausforderung abgewandelt. Dennoch wird eine Einheit suggeriert, aber sie kommt nicht aus dem Gedicht, sondern aus dem Gedanken, der Idee, der Absicht, die rein, lauter und großartig sind. Das ist ein lehrreiches Beispiel, wie schwer heute die angewandte Symbolik zwecks gemeinverständlicher Belehrung zu verwenden ist.

Heselhaus: Lyrik der Moderne, S. 445–446

3. Interpretation

Hier wird das Sternbild des Großen Bären assoziiert auf eine Bilderwelt, die bis ins Alttestamentarische zurückführt. Schon im Buch Job, Kapitel 40, gibt es das Riesentier Behemoth; es ist Symbol für die Schöpfungskraft Gottes. In diesem Gedicht füllt der Große Bär als Fabelwesen und apokalyptisches Untier genauso den Weltraum aus wie der Waldbär oder der harmlose Tanzbär auf dem Jahrmarkt; er spielt sogar mit den Engeln, die aus dem Paradies gestürzt sind. Immer kommt dem Bär eine übermenschliche, ja vernichtende Gewalt zu. Der Gedichtsorganismus wirkt geschlossen und offen zugleich, da die Regeln der Syntax nicht verletzt werden; auf der anderen Seite vermögen sie den Bedeutungen keinen festgelegten Rahmen zu geben. Je weiter die Bilder in das Weltall hinausführen, um so reiner stehen sie nebeneinander. Das Besondere dieser Bilder ist aber deren Dramatik. Die lyrische Souveränität des Sprechens entsteht durch eine selbstverständliche Musikalität: Laute wirken wie Akkorde, man kann sie wie einen Klangkörper abtasten.
Die Autorin spricht eine Sprache ohne Schuld. Die Strenge dem Wort gegenüber und das Ausschöpfung seiner Expressivität ergeben eine unverwechselbare Spannung. Sie wagt es, ihre subjektiven Gedanken und Gefühle in einem expressiven Pathos vorzutragen.

Endres: Die Wahrheit ist dem Menschen zumutbar, S. 80

Peter Rühmkorf

Variation auf ‚Abendlied'
von Matthias Claudius

Der Mond ist aufgegangen.
Ich, zwischen Hoff- und Hangen,
rühr an den Himmel nicht.
Was Jagen oder Yoga?
Ich zieh die Tintentoga
des Abends vor mein Angesicht.

Die Sterne rücken dichter,
nachtschaffenes Gelichter,
wie's in die Wette äfft –
So will ich sing- und gleißen
und Narr vor allen heißen,
eh mir der Herr die Zunge refft.

Laßt mit den Mond dort stehen.
Was lüstet es Antäen
und regt das Flügelklein?
Ich habe gute Weile,
der Platz auf meinem Seile
wird immer uneinnehmbar sein.

Da wär ich und da stünd ich,
barnäsig, flammenmündig
auf Säkels Widerrist.
Bis daß ich niederstürze
in Gäas grüne Schürze
wie mir der Arsch gewachsen ist.

Herr, laß mich dein Reich scheuen!
Wer salzt mir dort den Maien?
Wer sämt die Freuden an?
Wer rückt mein Luderbette
an vorgewärmte Stätte,
da ich in Frieden scheitern kann?

Oh Himmel, unberufen,
wenn Mond auf goldnem Hufe

über die Erde springt –
Was Hunde hochgetrieben?
So legt euch denn, ihr Lieben
und schürt, was euch ein Feuer dünkt.

Wollt endlich, sonder Sträuben,
still linkskant liegen bleiben,
wo euch kein Schmerz mehr trifft.
Müde des oft Gesehnen,
gönnt euch ein reines Gähnen
und nehmt getrost vom Abendgift.

Informationen

1. Peter Rühmkorf (geb. 1929 in Dortmund) lebt nach aufgegebenem Germanistik-studium und vorübergehender Tätigkeit als Lektor bei Rowohlt als freier Schrift-steller in Hamburg. Schon als Student engagierte er sich für die Linke und schrieb für Studentenbühne, -kabarett und -zeitung. Sein bevorzugtes Medium für die Auseinandersetzung mit unserer Zeit ist die Parodie, wobei er jedoch diese weniger benützt, um die Vorlage an sich lächerlich zu machen, als vielmehr um durch den Vergleich die eigene Zeit zu kritisieren und zu treffen.
„Der Mond und die von ihm ausgelösten Herzenserregungen haben dem Men-schen in der Lyrik des ausgehenden 18. Jahrhunderts eher das Gefühl für Entgren-zung, für das Unsterbliche, die metaphysische, die religiöse Dimension seines Daseins vermittelt, was z. B. das Abendlied des Matthias Claudius auf exem-plarische Weise zeigt. Rühmkorf vollzieht betont eine Umkehrung: ‚Und ich berufe mich / Auf das was uns sterblich macht.‘ Aber auch in dieser Umkehrung kommt das, was in sein Gegenteil verkehrt wird, immerhin noch als solches zur Darstel-lung. Man kann von einer bewußten Anspielung auf den Verlust der metaphysi-schen Dimension des modernen Daseins und Bewußtseins sprechen, der dieses von dem des Menschen im 18. Jahrhundert trennt." (Petersen: Das Spiel mit der Tradition)
2. Das Gedicht ist 1962 bei Rowohlt erschienen in „Kunststücke. Fünfzig Gedichte nebst einer Anleitung zum Widerspruch".

Interpretation

Den bekanntesten Versuch (der) Gegenwartsanalyse mit Hilfe eines paro-distischen Rückgriffs auf den lyrischen Bestand bildet wohl Rühmkorfs „Fassung" des „Abendliedes" von Matthias Claudius. Auf den ersten Blick handelt es sich um ein Gegengedicht, welches sich bis in die Einzelheiten hinein an der Vorlage orientiert: Auch Rühmkorf schreibt sieben Strophen, er hält Zeilenzahl, Metrum und Reimschema streng ein und zitiert sogar einen Teil des vorgegebenen Wortmaterials *(Mond,*

Himmel) und manche Formulierung entweder wörtlich *(Der Mond ist aufgegangen)* oder abgewandelt *(Laßt mir den Mond dort stehen, So legt euch denn, ihr Lieben)*. Schaut man genauer hin, so erkennt man jedoch, daß Rühmkorf in Wirklichkeit stärker mit der parodierenden Verkehrung des Vorgegebenen als mit dessen Zitierung arbeitet. Matthias Claudius beschwört die Harmonie zwischen der Welt und den Menschen, indem er beide als Geschöpfe Gottes versteht. Welt und Mensch, geborgen in Gottes Hand, bilden eine Gemeinschaft. Das wird heute nicht mehr empfunden. Zwar setzt Rühmkorf noch wie Claudius mit der Beschreibung einer Abend- und Landschaftsidylle ein, aber im Gegensatz zu diesem nimmt sich jener nicht die Zeit, das Bild auszugestalten und das Trostgefühl zu beschwören, welches der dunkle locus amoenus* bei Claudius noch vermittelt. Rühmkorf sprengt die Idylle dadurch, daß er sich dem Göttlichen gegenüberstellt: *Ich ... rühr an den Himmel nicht.* Was sich bei Claudius als Harmonie von Welt, Gott und Mensch darstellt, ist bei Rühmkorf zur Diskrepanz zwischen Ich, Gott und Welt geworden. Mond und Sterne und Himmel haben als Symbole des Göttlichen im Zeitalter der Technik und der Wissenschaften ausgedient. Die Metaphysik, die Transzendenz, das Gefühl, in der Hand Gottes geborgen zu sein, ist ans Ende gekommen, der Mensch sieht sich auf sich selbst zurückgeworfen und sagt dann: Ich. Er wendet sich vom Jenseits ab und dem Diesseits zu: *Herr, laß mich dein Reich scheuen / Wer salzt mir dort den Maien!* Während Claudius – ganz gläubiger Christ – Gott zum Orientierungszentrum macht und darum bittet *Gott, laß dein Reich uns schauen, / auf nichts Vergänglichs trauen*, erfüllt den modernen Sänger, dem Gott verlorenging, ein fast verzweifelt-trotziges Selbstvertrauen: *der Platz auf meinem Seile / wird immer uneinnehmbar sein. / ... Bis daß ich niederstürze / in Gäas grüne Schürze.* Der heutige Mensch weiß nicht mehr vom Himmel, sondern nur noch etwas von sich selbst und von *Gäa,* der Erde, als Todes- und Nichtigkeitsstätte.

Das Welt und Menschen harmonisierende „Abendlied" des Wandsbeker Dichters konterkariert Rühmkorf vor allem dadurch, daß er den überkommenen poetischen Rahmen anstelle von Daseins- und Menschheitsfragen mit dem subjektivistischen Ich-Problem des modernen Künstlers füllt. *So will ich sing- und gleißen / und Narr vor allen heißen, / bis mir der Herr die Zunge refft,* ruft er aus und unterläuft damit jedes Gemeinschaftsgefühl, das die Zeilen von Claudius erfüllt. Der Dichter von heute ist zu einer isolierten Gestalt geworden, und er redet daher von sich selbst, während Claudius, indem er das Ich hinter dem Wir des ganzen

---

* locus amoenus (lat.) = die dichterische Beschreibung einer lieblichen, anheimelnden Landschaft; wörtlich: anmutiger Ort.

Menschengeschlechts verschwinden läßt, noch die Kommunikation zwischen dem Poeten und den Menschen vorzuführen weiß. Dies, so möchte man mit Rühmkorf sagen, ist heute nicht mehr haltbar. Heute *lüstet es Antäen*, das dichtende Ich anzugreifen, wofür sich dieses mit der Bitte revanchiert: *nehmt getrost vom Abendgift.* Die Brüderlichkeit, die Claudius beschwört, hat heute keinen Bestand mehr.

Blickt man über dieses Gegengedicht hin, so sieht man, daß Rühmkorf den Verlust jeder Art von transzendentalem Halt in unserer Zeit, die Vereinzelung des Menschen, des Dichters zumal, den Verlust der Harmoniegefühle zwischen Mensch und Mensch, Mensch und Welt aufdeckt, indem er das „Abendlied" von Matthias Claudius hernimmt und es sozusagen auf den Prüfstand unserer Tage legt. Dies geschieht durch die Konfrontation alltagssprachlicher Elemente mit dem Stil vergangener literarischer Epochen und zugleich mit deren Denkinhalten. In dem metaphorischen Kompositum „Tintentoga des Abends" verbindet Rühmkorf antikes und modernes Vokabular, um den Verlust idyllischer Abendgefühle beim modernen Schriftsteller ins Bewußtsein zu heben, und wenn er in der Zeilenkombination *Bis daß ich niederstürze / in Gäas grüne Schürze / wie mir der Arsch gewachsen ist* Antikes mit Obszönem aufeinandertreffen läßt, so bringt dieser „Vergleich" in der Parodie ebenfalls einen Verlust zum Ausdruck: Das „Sumpfgebiet der Umgangssprache", dem griechischen Wort für die mythisch-personifizierte Erde konfrontiert, läßt den Tod als banalen, aller idealisierenden Überhöhung baren Naturvorgang erscheinen. In der fünften Strophe seines Gegengesangs zum „Abendlied" von Claudius bildet er, barocken Stilschwulst nachahmend, die Zeilen *Wer rückt mein Luderbette / an vorgewärmte Stätte, / da ich in Frieden scheitern kann;* doch während das *Luderbett* bislang die verwerfliche Stätte sinnlicher Exzesse bezeichnete, *Friede* hingegen in der barocken Tradition die religiös eingefärbte, innere Lebenserfüllung des durch das „Jammertal" wandelnden Menschen meinte, kehrt Rühmkorf unter Zitierung des barocken Vokabulars den Inhalt um: Das Luderbett bildet das Ziel der Sehnsucht, so es nur warm ist, und das Scheitern des Menschen ist heute so an der Tagesordnung, daß es mit der Geste der Resignation akzeptiert wird.

Die sprachliche Raffinesse Rühmkorfs kann hier nicht bis in jede Nuance nachgezeichnet werden. Aber schon bei flüchtigem Hinsehen zeigt sich, daß unser Autor nicht nur barockes Vokabular zitiert, sondern solches auch selbst bildet. [...] Wodurch aber, so mag man fragen, wird dieses zitierende und sprachlich nachschöpferische Verfahren zu einem parodistischen? – Dadurch, daß die pathetischen „Zentnerworte" und die kunstvoll konstruierten Bilder für eine Daseinserfahrung und Lebensinterpretation Verwendung finden, die der traditionellen, durchaus gerade auch der barocken entgegensteht. Denn hier tritt Diesseitsorientierung an die Stelle der letztlich sich immer durchsetzenden Jenseitsversessenheit des barocken Menschen, und an die Stelle barocker Vitalität rückt die zaghafte Hoffnung auf ein angewärmtes Plätzchen. Hier das in seiner Vereinzelung ebenso stolze wie resignative Individuum, dort das seiner Geborgenheit im Jenseits stets sichere religiöse Wesen – dies ist es, was Rühmkorf mit seinem Verfahren deutlich macht.

Petersen: Das Spiel mit der Tradition, S. 312–314

III. Liebe

Die Lyrik wird als die subjektivste der Gattungen definiert, da sie inner-
seelische Vorgänge erschließt. Und was wäre subjektiver als die Liebe?
Liebe und Lyrik sind folglich untrennbar miteinander verflochten, und
das Thema Liebe begleitet wie kaum ein anderes die Geschichte der Lyrik
durch alle Epochen. Und obwohl die Liebe ein allgemeinmenschliches,
zeitübergreifendes Phänomen ist, spiegelt die Liebeslyrik doch sowohl
das gesellschaftliche Umfeld als auch die Wandlungen im Verhältnis
zwischen Mann und Frau.

In ihrer Struktur ist die Liebe, das die Sinne und das Gefühlsleben
erregende Verhältnis zwischen Mann und Frau, paradox: Liebesfreud
und Liebesleid liegen nahe beieinander, der Liebende schwankt in seinen
Gefühlen, auf Euphorie folgt Ernüchterung oder Enttäuschung.
Zu den Situationen, die vorwiegend von Glücksgefühlen begleitet sind,
gehören die Huldigung aus der Ferne, die Werbung mit Hoffnung auf
Erhörung, Liebeserfüllung in Rausch oder Stille, die seelisch-geistige
Gemeinschaft zweier Menschen. Die Schattenseiten der Liebe zeigen
sich dem verschmähten Liebenden, dem Verlassenen, dem Abschiedneh-
menden, dem um einen Toten Trauernden. Wenn der Dichter eines dieser
Motive schildert, kann er aus Erfahrung sprechen, aus einer Wunschsi-
tuation oder einer Traumvorstellung.
Im Laufe der Geschichte hat die deutsche Liebeslyrik zwei Höhepunkte
erlebt: in der Stauferzeit (1152–1268) und in der Goethezeit zwischen
Klopstock und Mörike. Diese Blütezeiten zeigen zugleich die beiden
möglichen Grundhaltungen in der Liebespoesie: die eine ist von der
Form, die andere vom Erleben geprägt. Der ritterliche Minnesang ist an
die höfische Adelsgesellschaft gebunden, ist damit ständisch eingeengt,
in Form und Sprache genormt – in der Goethezeit dagegen fühlt sich der
einzelne frei von Konventionen, nur seiner persönlichen Erlebnis- und
Ausdrucksfähigkeit verhaftet.
Die Liebe in der Blütezeit des Rittertums ist Dienst an der Herrin, Hohe
Minne; sie wahrt den Abstand und fordert keinen Liebeslohn, denn die
„Geliebte" ist eine verheiratete Frau. Gunstbeweise der Dame, die über
ein Band oder eine Blume hinausgehen, sprengen den Rahmen des
Erlaubten. Ob Wunsch oder bisweilen auch Wirklichkeit – der Dichter
darf darüber nur in Form eines Traumes berichten. In der Niederen Minne
bleibt die Form des Dienstes erhalten, auch wenn Lohn hier leichter zu
erringen ist und gesellschaftlich toleriert wird. Formen, Themen, Bilder,
Sprache sind genormt; sie gehen später als Klischees in das Volkslied
über.

Das zweite erotische System der abendländischen Liebesdichtung, das aus dem Minnesang hervorgegangen ist und in der Barocklyrik weiterlebt, ist der Petrarkismus. Vorbild ist die leidvolle Liebe des italienischen Frühhumanisten Petrarca (1304–1374) zu Laura, der treuen Ehefrau eines anderen. Im Petrarkismus wird diese Situation zu einem System ausgebaut: Zur Geliebten besteht eine unüberwindliche Distanz, deshalb bleibt der Liebe die Erfüllung versagt, aber die Macht der Liebe ist groß, und zwischen Hoffnung und Enttäuschung, zwischen Wunsch und Wirklichkeit hin- und hergetrieben, manchmal dem Tode nahe, klagt der Liebende sein Leid. Aus dieser qualvollen Ferne preist er die körperliche Schönheit der Frau. Nicht nur die Situation, auch Stil, rhetorische Mittel, Metaphern und Motive sind genormt.

Auch in der Barockzeit sind die in der Liebeslyrik besungenen Beziehungen noch gesellschaftlich geprägt und ohne persönliche Note. An die Stelle des Ritters oder Gelehrten ist der Höfling, der galante Kavalier oder der Patrizier getreten. In der erotischen Lyrik finden wir den Petrarkismus, die Anbetung einer kühlen Schönen und die Aufzählung ihrer körperlichen Vorzüge; darüber hinaus spiegelt sie den barocken Dualismus zwischen „carpe diem" (nutze den Tag) und „vanitas mundi" (Vergeblichkeit alles Weltlichen). Hinzu kommt eine neue Rolle der Frau: sie wird nicht nur zur Göttin hochstilisiert, sie wird auch zum Objekt des Genusses. Für Hofmannswaldau ist die Geliebte ein solches Objekt, das der überlegene Mann mit List gefügig machen kann, wenn es widerstrebt.

Schon früh im Barock aufgenommen, im Rokoko zur vollen Blüte gelangt und bis in die Jugendzeit Goethes tonangebend für die Liebeslyrik ist das europäische Schäfermotiv. Es verbindet sich mit diesseitigem Sinn und epikuräischer Lebensweise zur sogenannten Anakreontik bei Hagedorn. (Nach dem griechischen Lyriker Anakreon am Hofe des Polykrates zu Samos im 6. Jahrhundert v. Chr.) Barocke und höfische Vorstellungen sind klischiert zu sich ständig wiederholenden Formeln und Motiven von Liebe und Kuß, von Trunkenheit und Gesang. Die Liebe wird zum artistischen Spiel: heiter, sinnenfroh, erfüllt.

Ein tiefer Bruch trennt alle vorangegangene Liebeslyrik von der grundlegend veränderten Auffassung und Darstellung, die durch Goethe und den Sturm und Drang eingeleitet wird. Die Dichtung entdeckt das persönliche Liebeserlebnis. Das Individuum erfährt die Macht des Gefühls und der Leidenschaft, es erlebt die sinnlich-seelische Übereinstimmung zweier Menschen – und es spricht diese Gefühle frei aus. Der Inhalt der Gedichte handelt jetzt vom Glück der erfüllten Liebe; Schmerz bereitet nur die Trennung, Entsagung gibt es einzig auf freiwilliger Basis. Wie der Inhalt werden auch Motive und Form individualisiert.

Diese Haltung wird im großen und ganzen im 19. Jahrhundert beibehalten. Liebe wird als eine Naturkraft, als etwas Elementares individuell erlebt, und diese Selbsterfahrung wird zur Welterfahrung, ja, bei gefühlsmäßiger Übersteigerung sogar zum Ersatz für die Welt (Hölderlin). In der Klassik hebt die Frau den Mann auf eine höhere Stufe der Menschlichkeit.

Die Vorstellung von der sittlichen und moralischen Höhe der Frau und die geistige Komponente der Liebe werden in der Romantik noch stärker hervorgehoben. Die Liebesgedichte erhalten einen Seelenton, in dem Sinnlichkeit und religiöses Gefühl verschmolzen sein können. Die Liebe beglückt, auch wenn sie erst im Jenseits Erfüllung finden sollte, denn sie ist mehr verlangendes Sehnen als gelebte Wirklichkeit.

In der nachromantischen Zeit verliert die subjektive Erlebnislyrik an Bedeutung. Der Dichter will nicht nur das eigene Ich zu Wort kommen lassen, sondern auch fremde Gefühle und Gedanken nachempfinden und schildern. Das führt zu einer Art Rollenlyrik, in der die Worte einer anderen Gestalt in den Mund gelegt werden (so etwa bei Mörike). Auch der Symbolismus entfernt sich vom Erlebnis, sein Ziel ist das Kunstgebilde. Aber immer noch ist die Liebe verinnerlicht, idealisiert.

Ein radikaler Wandel in der Auffassung von der Liebe findet erst wieder mit dem Expressionismus statt. Hier wird die Liebe zu einer Möglichkeit des Rausches, führt wie dieser zu einer teilweisen Auflösung des Ichs, währt aber nur kurze Zeit und trägt anarchische Züge. Die romantische Liebe wird als Selbsttäuschung verachtet, die Frauen sind in erster Linie Lustobjekt, die Dämonie des Geschlechts wird bevorzugt von der Dirne verkörpert.

Das Thema Liebe scheint in unserer Zeit wenig Chancen zu haben. Zum einen erschweren Kollektivierung und Anonymität die Begegnung zweier Menschen; zum anderen stehen die Tendenz zu Nüchternheit und analytischer Beobachtung der Hingabe an eine schöne Täuschung im Wege, sie sind sogar der Rauscherfahrung der Liebe feind. Es bleibt die Klage über die Fremdheit des anderen, über die Schwierigkeiten der Liebesbeziehung, die Vergeblichkeit der Annäherung, die fehlende Harmonie zwischen den Menschen und der Welt.

Christian Hofmann von Hofmannswaldau

Vergänglichkeit der Schönheit

Es wird der bleiche Tod mit seiner kalten Hand
Dir endlich mit der Zeit um deine Brüste streichen,
Der liebliche Korall der Lippen wird verbleichen,
Der Schultern warmer Schnee wird werden kalter Sand;

Der Augen süßer Blitz, die Kräfte deiner Hand,
Für welchen solches fällt, die werden zeitlich weichen.
Das Haar, das itzund kann des Goldes Glanz erreichen,
Tilgt endlich Tag und Jahr als ein gemeines Band.

Der wohlgesetzte Fuß, die lieblichen Gebärden,
Die werden teils zu Staub, teils nichts und nichtig werden,
Denn opfert keiner mehr der Gottheit deiner Pracht.

Dies und noch mehr als dies muß endlich untergehen.
Dein Herze kann allein zu aller Zeit bestehen,
Dieweil es die Natur aus Diamant gemacht.

Worterklärungen:
endlich – am Ende (nach heutigem Sprachgebrauch); Blitz – Blick; zeitlich – mit
der Zeit; für – vor; itzund – jetzt; gemeins – allgemein oder gewöhnlich; denn –
dann; dieweil – weil

Informationen

1. Christian Hofmann von Hofmannswaldau (1617–1679), Ratsherr in Breslau, ist
der gefeierte Führer der sogenannten Zweiten Schlesischen Schule, also des
Hochbarock.
2. Der Dichter hat das Gedicht nicht in die „Übersetzungen und Gedichte" aufgenommen, die kurz vor seinem Tod erschienen sind. Die erste Veröffentlichung
erfolgte erst 1695 in einer Anthologie von Barock-Gedichten (von Benjamin Neu-
kirch), die dann bis ins 18. Jahrhundert immer wieder aufgelegt wurde.
3. Zu den Interpretationen
Beide Interpretationen sind in der Deutung sehr ähnlich: sie betonen das Spielerische des Gedichts. Dabei geht die 1. Interpretation von der strengen Form zum
lehrhaften Sinn über und erkennt ein typisch barockes Kunstgebilde. In der
2. Interpretation untersucht Sorge die Herausbildung der lyrischen Subjektivität,
d. h. die Entwicklung der Lyrik von einem geordneten und unveränderlichen
Regelgefüge zur Lyrik einzelner Individuen, die sich selbst die poetischen Gesetze
geben. Daher betont er die Einbindung des Barockgedichts in festgefügte Regeln.

1. Interpretation

Die Form des Sonetts prägt wesentlich den Charakter des Gedichts. Im Unterschied zu „Arien" und „Oden", Liedern aus beliebig vielen Strophen in ein und demselben Maß, ist das Sonett zum Gesang weder geeignet noch bestimmt. Im festen Rahmen der vierzehn Zeilen läßt sich nur s p r e c h e n ; ja es ist darin im Grunde nur für e i n e n Gedanken Raum. Und dieser Gedanke gliedert sich der Ordnung gemäß, die mit dem Reimschema des Sonetts gegeben ist, am besten in „protasis", den „Vorsatz", und „apodosis", den „Nachsatz". Es vollzieht sich da also eine Argumentation – dazu bestimmt, den Adressaten für eine Meinung zu gewinnen oder zu einem Handeln zu bewegen. [. . .]
Nach seiner inneren Form bildet das Sonett eine Anrede. Weder spricht ein Ich sich aus, noch wird ein Es besprochen – was in anderen Sonetten Hoffmannswaldaus durchaus der Fall sein kann. Das angesprochene Du ist eine Frau; der Handschrift zufolge heißt sie Lesbia. Man hat sie sich außer als schön auch als jung zu denken; schon weil die poetische Konvention Schönheit und Jugend in eins setzt. Der Ausnahmefall würde eigens angezeigt. [. . .] Wer aber redet in Hofmannswaldaus Versen die jugendliche Schöne an? Gewiß spricht hier nicht der Verfasser selbst. [. . .] Das Ich des Gedichts hat so wenig wie das Du eine historische, beide haben nur eine exemplarische Existenz. Immerhin wird man sich den Sprecher als einen Mann, und wohl als einen jungen, vorzustellen haben, der einer gleichfalls jungen Frau die Vergänglichkeit ihrer Schönheit vor Augen zu stellen sucht.
Das Lob dieser Schönheit reiht nach hergebrachter Weise Bild an Bild. Anders aber als in einigen Anakreonschen Liedern [. . .] geht der Blick des Betrachters hier nicht den geradesten Weg: von oben nach unten. Die Schönheiten der Frau, aus denen ihre Schönheit sich zusammensetzt, werden nach barocker Manier vergleichungsweise vorgestellt. Korallen ist der Mund, golden das Haar. [. . .]
Aber freilich geht es hier nicht allein um das Lob der Schönheit. *Verbleichen* und *weichen*: das tun hier eben nicht die Kostbarkeiten der Natur; [. . .] vielmehr fallen diese Reize hier ja selber dahin, um so tiefer, je höher sie vordem zu schätzen waren. Um diesen Nachweis ist es dem Sprecher eigentlich zu tun.
Kräftig genug setzt die Rede ein. Statt des Alterns wird sogleich das Sterben ins Auge gefaßt, und statt des Sterbens erscheint sogleich der Tod in Person: bleich von Aussehen, mit Händen bewehrt, zum Greifen bereit. In dieser Gestalt war der Tod dem Zeitalter nur allzu gut bekannt. [. . .]
In derlei „Galanten Gedichten" wirbt allemal ein Liebender um die Gunst

der Geliebten. Sie soll ihr Herz erweichen und den Tag genießen. Aber während sich der Liebhaber zumeist nur auf den Widerspruch beruft, in dem die Göttlichkeit der Schönen zu ihrer Grausamkeit steht, macht er sich in Hofmannswaldaus Sonett das ungleich stärkere Argument zunutze, das in der Vergänglichkeit der Schönheit gelegen ist. Auch diese Verknüpfung beider Devisen, des Memento mori und des Carpe diem, bildet einen Topos der barocken Liebespoesie. [...] Nur darum soll sich die Schöne der Hinfälligkeit ihrer Reize vergewissern, um daraus die Lehre zu ziehen, daß ihr nichts als der Genuß der Jugend bleibt. Laß statt des Knochenmanns, so lautet die sinnreich verkleidete Botschaft, lieber mich um deine Brüste streichen.

So will es der Sprecher des Gedichts, und so soll ihn die Hörerin verstehen. Der Dichter aber hat mit dem Leser etwas anderes im Sinn. Sie verständigen sich miteinander gleichsam über die Köpfe der Figuren hinweg: nicht im Medium des Lebens, sondern in dem der Poesie. In dieser Beziehung geht es weder um die Hinfälligkeit der Jugend noch um deren Genuß im Augenblick; vielmehr bilden beide Motive, Memento mori wie Carpe diem, nur die Marken in einem Spiel, das sie geschickt und gefällig zu verbinden weiß.

Wagenknecht: Memento mori, S. 334–343

2. Interpretation

Hofmannswaldaus Sonett scheint, bis ins zweite Terzett hinein, ein düsterpathetisches Memento mori. Dem redenden Ich steht ein weibliches Du gegenüber, dem mit sadistischer Unerbittlichkeit Verfall, Siechtum und Tod am Beispiel ihres eigenen jetzt noch so begehrenswerten Körpers beschrieben werden. In fulminanter und tradierter* Rhetorik entsteht, gleichsam exemplarisch, ein Bild von Schönheit und unabwendbarem Untergang. Brüste und Lippen, Schultern und Augen, die hellen Haare und der wohlgesetzte Fuß – also das Äußere der jungen Frau – sind nur genannt, um sofort lustvoll als transitorisch** und damit minderen Ranges denunziert zu werden. Melancholie liegt über den Quartetten und dem ersten Terzett. Die Überschrift erfährt eine erste, vorläufige Erfüllung. Die Situation, sofern von einer solchen schon die Rede sein kann, hält sich im Beispielhaft-Allgemeinen: nicht *eine* Schöne wird angeredet, alle sollen sich getroffen und betroffen fühlen; zwar beschränkt sich das mahnende Ich auf ein Du, aber ohne unterscheidbare Individuation, die ja

---

  * tradiert (lat.) = überliefert; hier: schon lange geltende Regeln.
 ** transitorisch (lat.) = vergänglich.

auch, bis zur Zeile 11, der prätendierten Intention* zuwiderliefe. Das zweite Terzett wendet nun das Gedicht in mannigfaltiger Hinsicht. Der Erscheinung folgt das Innere, das Wesen des Mädchens, ihr Herz. In herkömmlicher Metaphorik soll es überdauern, und fast ist der Leser enttäuscht, daß alles so regelrecht und bieder vor sich geht. Aber Hofmannswaldaus intelligente Artistik brilliert in der Schlußzeile: *Dieweil es die natur aus diamant gemacht.* Mehrere Pointen folgen hier aufeinander und erzwingen ganz andere Lesarten des Vorhergehenden. Zunächst ist der Vergleich von Herz und Diamant schmeichelhaft: der wertvollste Edelstein verbunden mit dem Sitz von Gefühl und Zuneigung. Aber der Diamant ist nicht nur der kostbarste, sondern auch der härteste aller Steine. Alles löst sich auf, Fleisch und Gebein, nur das harte Herz überdauert Leben und Tod, Werbung und Begehren. Die beschworene Vergänglichkeit der Schönheit, all die Nichtigkeitsbilder, lassen sich jetzt, vom Ende des Textes her, zwei-deutig lesen: sie zielen nicht auf Abkehr vom Irdischen, im Gegenteil akzentuieren sie ein unmißverständliches erotisches carpe diem. Das Gedicht enthüllt sich als kunstvolle Werbung, es will überreden, das Mädchen von der Unsinnigkeit spröden Widerstrebens überzeugen. [...] Damit gewinnt das Sonett eine zuvor nicht erkennbare persönliche Dimension; die Konfrontation von Ich und Du kann nicht reduziert werden auf eine unpersönliche Situation abstrakter Lehre, in der jedes beliebige Du die Rolle des Hörenden spielen könnte. Ein Liebender redet statt dessen zur Geliebten, Begehrten. Aber schon hier ist evident, in welch außerordentlicher und charakteristischer Weise Hofmannswaldaus lyrisches Ich von denen Goethes oder denen des 19. Jahrhunderts differiert. Die vorgebliche Unpersönlichkeit wird in der Schlußzeile zwar witzig gewendet und entlarvt sich als erotische Nähe, aber die dritte Ebene des Sonetts erheischt dann wieder eine scharfe Distanzierung von allen Entwürfen späterer Epochen. Das Ineinander von Lehre und Werbung, Konkretion und Abstraktion, Gefühl und Witz zielt endlich doch auf ein Ideal der Barocklyrik: die Exemplarizität, das Beispielhafte und Allgemeingültige. [...]

Die Quartette und Terzette versuchen zwei Ziele in einem Anlauf zu erreichen: die ironisch gebrochene Werbung um ein Mädchen und die, gleichfalls sanft ironisierte, Einsicht in die Zeitlichkeit aller menschlichen Dinge. Beide Ideen kontrastieren innerhalb dieses Kontextes nicht nur nicht, sie unterstützen und befördern einander vielmehr in einsichtiger Weise.

Sorg: Das lyrische Ich, S. 26–27

---

* prätendierte Intention (lat.) = angebliche, vorgegebene Absicht.

Friedrich von Hagedorn

An eine Schläferin

Erwache, schöne Schläferin,
Falls dieser Kuß nicht zu bestrafen:
Doch wenn ich dir zu zärtlich bin;
Schlaf, oder scheine mir zu schlafen.

Die Unschuld, die nur halb erwacht,
Wann Lieb und Wollust die erregen,
Hat öfters manchen Traum vollbracht,
Den Spröde sich zu wünschen pflegen.

Was du empfindest, ist ein Traum:
Doch kann ein Traum so schön betriegen?
Giebst du der Liebe selbst nicht Raum:
So laß dich dann ihr Bild vergnügen.

Worterklärungen:
betriegen – betrügen; giebst – gibst.

Informationen

1. Friedrich von Hagedorn (1708–1754), gebürtiger Hamburger, war Privatsekretär des dänischen Gesandten in London. Er beherrschte die wichtigsten europäischen Sprachen und war ein Freund der Musen und des eleganten Lebensstils.
2. Von Hagedorn ging eine lyrische Bewegung aus, die sich nach ihrem griechischen Vorbild Anakreon Anakreontik nannte. Es war nur eine kurze Zwischenepoche, deren Thematik sich nahezu völlig auf die Liebe und den Wein beschränkte.

Interpretation

Fast wären mir diese Strophen grau geblieben, als ich für die Vorlesung eine Reihe von Gedichten zusammenstellte, denen das Bild der schlafenden Schönheit gemeinsam war. Aber dann: wieviel List und Lebensklugheit steckt in dieser Verjüngung des alten Motivs. Schon die Überschrift hat etwas Paradoxes (in späteren Fassungen wird denn auch die *Schläferin* zur *Schäferin*). Gleichviel. Schläft sie also, oder schläft sie nicht? Soviel ist sicher, das Unentschiedene des Zustandes ist dem Küssenden günstig – kluges Entgegenkommen der Schönen vorausgesetzt. Er setzt es voraus. Aufforderung zum Einverständnis: mit der Liebe, dem Tag, dem Bewußtsein und der Wirklichkeit. Und wenn nicht? Dann kann man immer noch tun, als sei nichts gewesen, und der Genuß verpflichtet zu keiner Reue (also, ich bin sicher, sie schläft nicht wirklich).

Da verläßliche Wahrheit in der Mitte des aufklärenden Jahrhunderts nichts ist, was bloß dem Zufall der Situation entspringen könnte, kommt die zweite Strophe gehörig steif und lehrhaft-abstrakt. Welche Wahrheit? Sprödigkeit, der Übergang von bewußtloser Unschuld zur sinnlichen Freude, ist nicht bei sich, sondern schielt auf ihr Anderes; Unschuld, die sich nicht traut, erfüllt sich das Versagte im Traum (*Hat öfters* – da spricht die kundige Erfahrung!).

Solche einsichtsvolle und gesetzte Lehre, für unschuldige Ohren freilich schon nicht unverfänglich, bereitet in Wahrheit neue List und Überredung vor: *Was du empfindest, ist ein Traum.* Der wirkliche Kuß wird der Zögernden als träumende Wunscherfüllung vorgestellt. Ganz schön unverschämt, aber beruhigend doch auch für die Spröde. Man muß also das Reale nicht anerkennen, es verträgt auch die Umdeutung; im Traum schließlich, was wäre da nicht erlaubt? Besser mit dem Kopf den klugen Kompromiß zwischen Versagung und Wunscherfüllung ausgedacht als ihn an einer unbequemen Wirklichkeit sich eingestoßen. [...]

Wie tief kann eine Frau schlafen, der man so beredt, mit soviel durchtriebener und graziöser Dialektik den Schritt zu erfülltem, wachem Leben bahnt? So läßt sich mit der Angst vor den verinnerlichten Strafandrohungen der gesellschaftlichen Moral, mit allem Lebensfeindlichen ja doch, fertig werden: mit unbeirrbarer Lebenszugewandtheit, spielerischer Gelassenheit und, ja, mit Klugheit.

Die alte „carpe diem"-Strategie der poetischen Verführer bis zum Ende der Barockzeit hatte noch mit dem Rücken zur Wand des Todes um erfülltes Leben gekämpft. Hagedorns Gegner ist nicht der Tod, sondern die konventionelle, bürgerliche Tugendängstlichkeit – und der kommt man um des Lebens willen bei: in einer vernünftig-optimistischen Epoche. Und vielleicht sogar in einer, die weder optimistisch ist noch – oder? – vernünftig. Wie auch immer: Friedrich von Hagedorn lebte von 1708 bis 1754.

Stenzel: Überredung S. 36–38

Johann Wolfgang von Goethe

Maifest

Wie herrlich leuchtet
Mir die Natur!
Wie glänzt die Sonne!
Wie lacht die Flur!

Es dringen Blüten
Aus jedem Zweig,
Und tausend Stimmen
Aus dem Gesträuch,

Und Freud und Wonne
Aus jeder Brust.
O Erd, o Sonne,
O Glück, o Lust!

O Lieb', o Liebe,
So golden schön,
Wie Morgenwolken
Auf jenen Höhn;

Du segnest herrlich
Das frische Feld,
Im Blütendampfe
Die volle Welt.

O Mädchen, Mädchen,
Wie lieb ich dich!
Wie blinkt dein Auge!
Wie liebst du mich!

So liebt die Lerche
Gesang und Luft,
Und Morgenblumen
Den Himmelsduft,

Wie ich dich liebe
Mit warmem Blut,
Die du mir Jugend
Und Freud und Mut

Zu neuen Liedern
Und Tänzen gibst!
Sei ewig glücklich,
Wie du mich liebst!

Informationen

1. Johann Wolfgang von Goethe (1749–1832) studierte 1770/71 in Straßburg. Er liebte in dieser Zeit Friederike Brion, Pfarrerstochter aus Sesenheim, und es drängte ihn, dieser Liebe Ausdruck zu verleihen. Die gleichzeitige Begegnung mit Herders Kunsttheorie, die Natürlichkeit und Gefühl forderte, führte zu einer neuen Sicht der Lyrik.
Goethe schrieb die sogenannten „Sesenheimer Lieder" für Friederike und schickte sie ihr; sie waren ursprünglich nicht für den Druck bestimmt.
2. Zu den Sesenheimer Lieder gehört das „Maifest". Es wurde 1775 zuerst veröffentlicht, als Jacobi Goethe um Beiträge für seine Zeitschrift „Iris" bat. Dann erschien es 1789 in den „Schriften" mit dem neuen Titel „Mailied".
3. Zu den Interpretationen
Die erste Interpretation ist der Kommentarteil aus der „Hamburger Ausgabe" der Werke Goethes.
In der zweiten Interpretation untersucht Wolfgang Kayser die formalen Aspekte und zeigt, daß äußere und innere Gliederung übereinstimmen. Der dritte Text ist ein Auszug aus einer umfassenden Interpretation.

1. Interpretation

Der Höhepunkt der Sesenheimer Lyrik. Keine konkreten Situationen wie *Es schlug mein Herz* ..., keine dinglich-volksliedhaften Einzelheiten wie in den Briefgedichten.* Das Fest der Natur und der Seele wird Klang, jubelnd, leicht, tanzend und zugleich feierlich: Kurzverse mit zwei Haupthebungen, je zwei Verse treten klanglich zusammen wie Halbverse von Langzeilen. Für den Satzbau charakteristisch: Ausrufe, die das Gedicht von Anfang bis Ende beherrschen; Ausruf drückt Jubel am unmittelbarsten aus. Völliges Einssein von Natur und Mensch in der Sprache: In Vers 5 beginnt ein langer Satz mit dem Wort *Es dringen*. Kein anderes Zeitwort könnte kürzer, kräftiger das allgemeine Werden verdeutlichen; zu diesem einen Verb *es dringen* gehören *Blüten aus jedem Zweig* (Pflanzenwelt), *Stimmen aus dem Gesträuch* (Tierreich), *Und Freud' und Wonne aus jeder Brust* (Menschenseele); ebenso nennen die Ausrufe 11/12 *O Erd', o Sonne, o Glück, o Lust* in einem Atem Natur und Seele, desgleichen

---

* Briefgedichte sind fingierte, in Reime gefaßte Briefe, geschrieben in einem herzlichen, zuweilen fast kindlichen Ton.

fassen die Folgezeilen *Liebe* und *Morgenwolken* gemeinsam als Schönes, Göttliches. Vollends ziehen die Zeilen 25–30 *Lerche, Morgenblumen* und *Ich* zusammen in einer einzigen großen Bewegung. Je mehr uns das Lied in diesen festlichen Wirbel hineinzieht, desto mehr wird das Kosmische der Liebe deutlich. Das liebende Mädchen, das liebende Ich sind Natur und sind darum eins mit dieser festlichen Landschaft. – Frühlingsgedichte gab es in Menge, aber immer, bei Brockes, Haller, Gleim, auch Klopstock, waren sie in zwei Schichten geteilt, die der Natur und die des Menschen. Goethes Sprache ist Einheit. Dieser beschwingte Ausruf malt nicht Gegenstände, sondern zieht nur ein paar sinnbildliche Motive in das Ich hinein. Dieser Stil hatte die Zukunft. Das *Maifest* ist Goethes erstes ganz großes Gedicht, eben darum auch ein Markstein in den Linien der geschichtlichen Entwicklung.

Trunz: Goethe, Werke, Bd. 1, S. 454

2. Interpretation

Äußerlich gesehen baut sich das Gedicht aus neun vierzeiligen Strophen auf. Aber schon beim Lesen merkt man, wie wenig streng die Strophengrenzen eingehalten werden. Zwischen Strophe 2 und 3, 3 und 4, 7 und 8, 8 und 9 sind die Pausen kaum noch merklich, während die merklichen Pausen der Gliederung (nach Rhythmus und Bedeutungen) nicht selten innerhalb der Strophen liegen (III, 2; IV, 1; IX, 2). Der Aufbau des lyrischen Vorgangs vollzieht sich in drei Phasen, die zwar nicht völlig gleich lang, wohl aber gleich geartet sind: jede Phase setzt mit einem Anruf ein und wendet sich dann zur Darstellung (Aussagesätze!). Der Ausruf der ersten Phase umfaßt die erste Strophe. Daran schließt sich die Darstellung bis III, 2. Auf den zweiten Ausruf, der drei Zeilen umfaßt und über die Strophengrenze gleitet, folgt bis ans Ende der fünften Strophe Darstellung. Der nächste Ausruf umfaßt wieder eine volle Strophe, während die Aussagen bis in die zweite Zeile der neunten Strophe gehen. Ein selbständiger Ausruf, jetzt in der Form eines Wunsches, schließt fest ab.
Die drei Phasen liegen nicht auf der gleichen Ebene. Eine Bewegung vollzieht sich in ihnen: wurde der erste Ausruf von der räumlichen Umgebung ausgelöst, so wendet sich der zweite stärker nach innen. Wesenszüge der Welt und des bewegten Ich, bedeutsame „Namen" werden ausgerufen. Der dritte Ausruf schließt sich an den letzten „Namen"; die Bewegung läuft jetzt zu den Empfindungen gegenüber einem bestimmten Du. Ihm gilt auch der Wunsch des Schlusses.

Kayser: Das sprachliche Kunstwerk, S. 165

3. Interpretation

Das *Maifest* verkündet das Goethe damals erfüllende, besondere Daseinsgefühl als umfassendes Welt- und Lebensgefühl, das ihn so „grenzenlos glücklich machte an der Seite der Geliebten in der elsässischen Landschaft mit ihrer Klarheit des reinen Himmels und dem Glanz der reichen Erde". Ein Frühling blüht draußen in der Landschaft, und zugleich erwacht der Frühling im leidenschaftlich bewegten Herzen. Er bricht hier wie dort mit elementarer Gewalt hervor und drängt ins lyrische Wort.

Wie herrlich leuchtet
Mir die Natur!

[...]Das ausrufende Ich, zwar als Objekt in den Dativ gesetzt, steht vor dem Subjekt Natur und ist zugleich gebunden an die äußere Welt, die in das Ich hineinwirkt wie ein Lichtstrahl in das Auge als Spiegel der Welt. Nicht zufällig steht das *Mir* im Anfang der zweiten Zeile, und nicht zufällig gerät damit der jambisch strömende Versrhythmus, der das ganze Gedicht durchzieht, an dieser Stelle einmal und dann nie wieder in ein daktylisches Vibrieren *(Mir die Natur).*
Formen, Farben, Stimmen und Gestalten dringen aus der äußeren Welt heran in sein Inneres. Die Sonne glänzt nicht, sondern sie glänzt ihm, der da ruft; die Flur lacht nicht, sie lacht ihm. Natur und Seele erscheinen also aufeinander hin gerichtet, wie zueinander sprechend und füreinander bestimmt. Was draußen erscheint und von draußen hereindringt, sich reich entfaltet aus dem umfassenden Ganzen der Natur, das alles kommt zunächst zur Sprache: Die Sonne, die Flur, die Blüten, die Zweige, die tausend Stimmen, das Gesträuch. Es ist aber charakteristisch, wie dabei in den sprachlichen Ausdrucksmitteln der dynamische Verbalismus sich immer wieder durchsetzt: vordringlich in jedem Satz wird die Tätigkeit ausgesagt, und dann erst erscheint das Subjekt oder der Träger der Aktion. Wie *leuchtet* die Natur, wie *glänzt* die Sonne, wie *lacht* die Flur, es *dringen* Blüten aus jedem Zweig. Und dabei wird mit kindlicher oder urmenschlicher Naivität alles, was erscheint, nur eben so hingezählt, entweder unverbunden oder, wenn überhaupt, nur ganz locker gebündelt mit dem parataktischen *und*. Den überwältigenden Erscheinungen begegnet antwortend das Gefühl im Menschen als *Freud und Wonne* in der Brust dieses einen und eines jeden, der ihm gleich gestimmt ist. [...]
Man wird von einer solchen enthusiastischen Hymne, wie sie soeben ihren Höhepunkt erreicht hat, die stärkste metrisch-rhythmische Entfesselung erwarten, ihrem höchst gesteigerten Ausdrucksdrang gemäß. Aber die metrisch rhythmische Gestaltung bisher hat dieser Erwartung

widersprochen. Sie hat mit ihren Mitteln umgekehrt eine Zersplitterung verhindert und hält durch ihre strengere Gesetzlichkeit die Neigung dieser lyrischen Sprache, sich in einzelne Partikel aufzusplittern, zusammen. Man könnte sich dieses Gedicht leicht umdenken in eine freirhythmische Hymne ohne jede strophische Gliederung und so beschaffen, daß in der Erregung des immer wachsenden Ausdruckswillens nicht eine einzige Verszeile metrisch-rhythmisch sich der vorangehenden angliche. Aber statt dessen hat sich bisher dies stürmische Gedicht in schlichten vierzeiligen, zweitaktig jambischen Strophen entgliedert, und das wird bis an das Gedichtende so bleiben. [...]

Das Wort *Liebe* ist bereits gefallen. Was es meint, ist als segensreiche, weltlich überweltliche Macht jubelnd und demütig zugleich angerufen worden.

Die Anrufung der Liebesmacht zieht den Liebenden wie magnetisch hin zur Geliebten. Sie verkörpert von nun an die Liebe zugleich als Stellvertreterin für die ganze Natur. Du und ich verschlingen sich, die Gefühle strömen ineinander.

O Mädchen, Mädchen,
Wie lieb ich dich!
Wie blinkt dein Auge!
Wie liebst du mich!

Die Verdoppelungen, die Wiederholungen kommen zurück, auch die verbale Dynamik. Immer bedeutet Wiederholung ein Mehr und bewirkt in poetischer Sprache mehr als ein nur verdoppeltes Quantum. Es erzeugt die Wirkung eines gesteigerten Quale.* Die Sprache strömt eine magisch beschwörende, bannende Kraft aus. Dabei wird die Sprache in ihrem Wortschatz immer ärmer, aber das aus innerer Fülle. Es scheint fast so, als gäbe es kein wesentliches Wort in der Sprache außer dem einen Wort: Liebe und lieben. [...]

Die Sprache wird nach dem Schluß des Gedichts zunehmend gegliederter, gefügter, gesetzter, antithetischer *(Wie lieb ich dich!... Wie liebst du mich!).* Der große Rausch des Anfangs scheint sich nach dem Ende zu etwas zu verflüchtigen. Die Aufgipfelung des Gefühls, in dem Welt und Ich ineinander schmolzen, wirkt zwar noch mächtig nach. Aber ist es nicht allzu menschliches Versagen, als vermöchte dieses Ich die allerletzte Identität von außen und innen wohl einmal zu fassen, aber nicht festzuhalten auf die Dauer? Denn das liebende Sehnen und der eigene innere Drang fallen noch einmal auseinander in ein *So ... Wie* (Beginn der Strophen 7 und 8). Dabei wird vorübergehend auch bewußtere

---

* quale (lat.) = Formel zur Einführung eines Gleichnisses.

Sprachfügung merklich, und zugleich mit dem Schwächerwerden im Erleben einer mystischen Union von außen und innen taucht ganz schattenhaft wie zum Abschied winkend noch einmal das anakreontische Motiv auf: *Zu neuen Liedern Und Tänzen gibst.* Jedoch, am äußersten Rande des Gedichts reißt sich der Liebende zurück in die ihn ganz erfüllende Empfindung des Augenblicks, in das unbedingte Ja zu seinem Glück, das Ewigkeit verspricht. So mündet das ganze kleine, große Gedicht, das mit dem Blick ins Universum begonnen hat, in der Aussage von dem, was im Herzen des Geliebten lebt. Das Gedicht endet mit seinem ebenso dürftigen wie überreichhaltigen Machtwort lieben, in dem alles zusammen gemeint ist, was Gott, Natur und Geliebte verbindet.

Sei ewig glücklich,
Wie du mich liebst!

May: Drei Goethesche Gedichte, S. 329–335

Friedrich Hölderlin

Abbitte

Heilig Wesen! Gestört hab' ich die goldene
  Götterruhe dir oft, und der geheimeren,
    Tiefern Schmerzen des Lebens
      Hast du manche gelernt von mir.

O vergiß es, vergib! gleich dem Gewölke dort
  Vor dem friedlichen Mond, geh' ich dahin, und du
    Ruhst und glänzest in deiner
      Schöne wieder, du süßes Licht!

Informationen

1. Friedrich Hölderlin (1770–1843) wurde am 1. 1. 1796 Hauslehrer bei dem achtjährigen Sohn des Bankiers Gontard in Frankfurt. In dessen 26jähriger Mutter Susette Gontard (1769–1802) findet der Dichter seine Diotima, die Traumgeliebte seiner Dichtung „Hyperion"; er liebt und wird wiedergeliebt. Die Frage, ob diese Liebe rein platonisch war oder nicht, beschäftigte die Gemüter vielfach. 1798 verläßt Hölderlin das Haus Gontard, führt ein unstetes Leben und versinkt 1806 in geistige Umnachtung. „Diotima" stirbt vier Jahre nach der Trennung.
2. Den Namen Diotima (Diotíma) entnimmt Hölderlin Platons „Gastmahl"; sie ist

eine Priesterin aus Mantineia, die Sokrates über das Wesen der Liebe belehrt hat, und die Stifterin der rettenden Liebe.

3. Die kleinen Gedichte für Diotima waren ursprünglich nicht für den Druck gedacht, doch sandte Hölderlin sie 1798 an seinen Freund Chr. Ludwig Neuffer, der sie 1799 in seinem „Taschenbuch" erstmals veröffentlichte.

4. „Abbitte" ist eine Kurzode, nach demselben Gestaltungsprinzip gebaut wie die großen Oden Hölderlins: Entfaltung eines Situationskeimes in eine das Ganze erfassende geistige Deutung. Hier verwendet Hölderlin das asklepiadeische Silbenmaß.

— U — U U — ‖ — U U — U —
— U — U U — ‖ — U U — U —
— U — U U — U
— U — U U — U —

5. Zu den Interpretationen

Karl Viëtor zeigt in der 1. Interpretation, daß die Liebe zu Diotima fast sakrale Bedeutung für Hölderlin hat und ihm Frieden und Harmonie vor Augen führt. Auch Johannes Klein betont in der 2. Interpretation die Aufgabe der Frau, zwischen Diesseits und Jenseits zu vermitteln, geht dann auch auf Formalien ein. Antonia Corneau Diruf weist die Bedeutung des Lichts in Hölderlins Dichtung nach.

1. Interpretation

Diese Gedichte an Diotima sind einzigartig in der deutschen Literatur hinsichtlich ihrer Haltung. Nirgends ist von Stolz oder Überlegenheit, nie von Sieg oder erobernder Gewalt die Rede. Die Liebe erfüllt den Dichter mit der zufriedenen Inbrunst des Glaubens, der in seinem Gegenstand ruht und seine einzige Lust darin findet, in preisenden und frohlockenden Reden um ihn zu schweifen. Von Besitz oder Nichtbesitz der geliebten Frau ist keine Rede; sie anzuschauen und um sie sein zu dürfen, ist Glücks genug, und vor der Seligkeit des endlichen Gefundenhabens schweigt das Begehren. Diese völlige Enthaltsamkeit eines ganz und gar beherrschenden Gefühls von jedem Wunsch, diese Freiheit von aller körperlichen Beziehung gibt dem Verhältnis der beiden Liebenden eine fast unwahrscheinliche Vergeistigung. In diesem Erlebnis wachsen alle Tugenden auf. Der Geliebten gegenüber hat der Dichter ebensoviel hingebender Demut wie der verständnislosen Umwelt gegenüber Stolz. Am meisten liebt er an ihr die engelhafte Ruhe ihres Wesens, die ihm ein göttliches Attribut scheint; sie ist gesichert in sich und blüht unbeirrt, indes er in demütigem Vergleich sein Wesen bezeichnet: *Gleich dem Gewölke dort, vor dem friedlichen Mond, geh ich dahin ... Sie aber ruht und glänzt wie des Mondes Licht*, und ihre Ruhe gestört zu haben, scheint ihm schwere Schuld.

Viëtor, Die Lyrik Hölderlins, S. 74

2. Interpretation

Hier erfüllen sich Lebenslauf und Dichterschicksal in der Liebesbegegnung. Der Gebetscharakter wird von ferne sichtbar, wenn das Gedicht einsetzt: *Heilig Wesen!* Das muß für christliche Ohren zunächst blasphemisch klingen, aber hier wird mit dem Erlebnis des Menschen als Trägers des Göttlichen Ernst gemacht. Daher ist von der *Götterruhe* Diotimas die Rede. Darum wird sie dem Gestirn verglichen.
Auch hier beugen Liebe und Leid gewaltiger. Sie werden im Leben eines in sich ruhenden, daher an *Götter* erinnernden Menschen zum Zeichen seines Menschseins. Der liebende Mann, der sich hier dem trübenden, vorüberziehenden Gewölk vergleicht, umreißt sein persönliches Schicksal als Mensch und Dichter wie auch die Unruhe des Mannes gegenüber dem Sein der Frau. Die Frau erscheint als Mitte, als Stellvertreterin des Menschenbildes (wie Goethes Iphigenie). Damit wird sie Hüterin eines Zusammenhanges zwischen dem jenseitigen und dem diesseitigen Bereich: sie hat eine religiöse Aufgabe. Sie ist „göttlich", weil sie ganz menschlich ist. – Das mindert um nichts die geistige Aufgabe des Mannes; er ist, weil er nicht dem Sein, sondern dem Werden überantwortet ist, gleich der anderen Seite des Lebens und der Welt. So wird die Liebesbegegnung zum Spiegel von Leben und Welt.
Aber ergreifend ist das Persönliche. Denn Hölderlin spricht die Ahnung aus, daß er im Elend enden wird, und dies schließt das Zerbrechen seiner Liebe ein. Nur in einem irrt er sich: das Gleichnis vom Mond, der nach der Trübung unverändert glänzt, entsprach dem Schicksal Diotimas nicht. Auch sie zerbrach. – In den Maßen der asklepiadeischen Ode schreitet auch diese Ode in feinsten Spannungen von Vers zu Vers. Man merkt es, wenn in der ersten Zeile der ersten Strophe die Disharmonie auch im Inhalt hervortritt: *Heilig Wesen! gestört hab' ich die goldene Götterruhe dir oft,* aber eben durch diesen stärkeren Ton wird der folgende *(hab')*, der nach dem Metron eigentlich einen ebenso starken Ton tragen müßte, abgeschwächt, und diese Verse folgen unwillkürlich der deutschen Betonung: nach der Leidenschaft. Die asklepiadeische Ode wird durchgehalten, die äußere Bannung gelingt. Wie tief aber die innere Spannung ist, zeigt die zweite Strophe, die zum freien Rhythmus übergehen will; denn die sinngemäß zusammengehörenden rhythmischen Gruppen ergeben ungefähr dies Bild:

O vergiß es, vergib!
Gleich dem Gewölke dort
Vor dem friedlichen Mond
Geh ich dahin,

Und du ruhst und glänzest
In deiner Schöne wieder,
Du süßes Licht.

Dies Ringen zwischen strophisch-odischer Gebundenheit und freiem Rhythmus offenbart die ganze Hölderlinische Welt und ihre Gefahr.

Klein: Geschichte der dt. Lyrik, S. 393

3. Interpretation

In den Gedichten Hölderlins erscheint Diotimas Liebe in den verschiedensten Gestalten des Lichtes, als erweckendes Morgenlicht, als fruchtbar wärmende Sonne, um welche sich eine Welt entfaltet, die eine Welt der blühenden lichten Fülle ist. Aller Glanz der Worte, der in frühen Gedichten dem Schmuck der Gedanken, der Erhöhung der Verse, der Gewalt der Begeisterung diente, wird w i r k l i c h in diesem einen Bereich, der zum Bereich des Lebens wurde. Sein Licht steht auch vor dem Dunkel der Nacht. Dieses Licht wird in zwei kurzen Strophen Geheimnis reinster Dichtung.

Staunend wie eine Erscheinung wird das Unerklärbare angeredet. Es wird durch das erste Wort in eine unantastbare Sphäre gerückt. Die *goldene Götterruhe* ist sein Bereich. Früh hatte Hölderlin Gedichte an die Stille geschrieben. Das Wort steht hier in beziehungsreicher Notwendigkeit. Das Ruhen ist dem Heilig-Göttlichen wesensverwandt, auch dem Licht. Überall wo Hölderlin Diotimas Bild zeigt, zeigt er es in *lichter Majestät* und *stiller Schönheit*. Ihr Sein ist Stille, während ihm *Streit und Frieden im Herzen wechseln*. [...] Dem antiken Götterbild vergleichbar, das in erhabener Ruhe steht, geht ihm das Wesen, das als heiliges erscheint, als stille Schöne auf. Heilig – das heißt Vollendung, Vollendung kann nur Ewiges sein, Inbegriff aller Einheit, auch jener, die für den Dichter eine einzige Lichterscheinung seines Schaffens war, der Götter und Menschen Griechenlands. Aus jener heiligen Einheit von Himmel und Erde, Natur und Kultur, stammt Diotima. Sie ist als Mensch, was Griechenland als geschichtliche Gesamtgestalt gewesen war. [...] In vielen Bildern dichtete Hölderlin den Vorgang des Strebens und Gehens an das Licht. In der Ode „Rousseau" steht das große Bild des Menschen, der wie ein Baum ins Licht strebt und zu göttlichem Leben gelangt. In der *Abbitte* gibt es kein heroisches Aufwachsen, nur das sehnsüchtig ferne Stehen vor dem Lichte der Nacht. [...] Licht und Dunkel ist Entsprechung zu Leere und Fülle des Lebens, lichtlos und liebeleer ist der Tod, leblos ist das Gottlose. Gerade weil er das Göttliche so tief erfuhr, erfuhr er auch die Nacht, die Entzweiung von Göttlichem und Menschlichem, die Gottferne in ebensolcher Tiefe. Aus seinem Glauben an das Göttliche wächst aber der schwermütige selige Glaube an seine Wiederkehr. Diese vor allem verbürgt ihm das Licht in der Nacht. Nur in dieser Hoffnung auf die

Vollendung des Seins, wie sie Diotima – liebend geschaut – verkörpert, kann er die Nacht als Zeit der Erwartung, als *heilige Nacht* durchleben. Der Schmerz solchen Ertragens muß sich in Klage äußern. Sie ist dem freudvollen Staunen der Anfangsworte verschwistert. Aber sie wird als Schuld empfunden, als Störung, weil die Antwort auf die Offenbarung des Göttlichen reine, ebenbürtige Freude sein sollte. Hat er nicht von Diotima, der *Götterbotin*, selbst die Ergebung gelernt? *Göttlich stille*, sagt er, habe sie ihn das Göttliche ehren gelehrt. Darum bittet er um Vergebung für seine Trauer. *O vergiß es, vergib*. In dieser Bitte um Vergessen vergißt er selbst die eigene Sehnsucht im Anschaun des Göttlichen, das eigene schmerzliche ruhelose Leben.

Cormeau-Diruf: Abbitte, S. 152–154

Clemens Brentano

Der Spinnerin Lied

Es sang vor langen Jahren
Wohl auch die Nachtigall;
Das war wohl süßer Schall,
Da wir zusammen waren.

Ich sing und kann nicht weinen
Und spinne so allein
Den Faden klar und rein,
Solang der Mond wird scheinen.

Da wir zusammen waren,
Da sang die Nachtigall;
Nun mahnet mich ihr Schall,
Daß du von mir gefahren.

So oft der Mond mag scheinen,
Gedenk ich dein allein;
Mein Herz ist klar und rein,
Gott wolle uns vereinen.

Seit du von mir gefahren,
Singt stets die Nachtigall;

Ich denk bei ihrem Schall,
Wie wir zusammen waren.

Gott wolle uns vereinen,
Hier spinn ich so allein,
Der Mond scheint klar und rein,
Ich sing und möchte weinen.

Informationen

1. Clemens Brentano (1778–1842), Sohn eines Frankfurter Kaufmanns italieni-
scher Abstammung, Enkel der Dichterin Sophie La Roche, Bruder der Bettina, die
„Goethes Briefwechsel mit einem Kinde" erfunden hat, ist ein typischer Romantiker. Sein Ungenüge an der Wirklichkeit ließ ihn ein unruhiges Leben führen, ohne
konsequentes Studium, ohne festen Beruf und ohne langes Verweilen an einem
Ort. Auch in der Liebe konnte er keinen ruhigen Pol finden. In erster Ehe war er mit
der Dichterin Sophie Mereau verheiratet, die nach drei stürmischen Ehejahren im
Kindbett starb. Die zweite Ehe mit einer Sechzehnjährigen ging nach vier Jahren
auseinander. Noch einmal liebte Brentano eine Dichterin, Luise Hensel, die ihn
aber mehrmals abwies. Seine Sehnsucht nach Geborgenheit führte ihn zur Rückkehr in die katholische Kirche.
1805–08 schuf er zusammen mit seinem Freund Achim von Arnim „Des Knaben
Wunderhorn", eine Sammlung von alter und neuer volksliedhafter Lyrik.
2. Das Gedicht „Der Spinnerin Lied" wurde 1818 in der „Chronika eines fahrenden
Schülers" veröffentlicht. Es ist jedoch viel früher entstanden, denn Brentano
schickte es bereits 1802 in einem Brief seinem Freund Achim von Arnim.
3. Zu den Interpretationen
Die erste Interpretation ist eine Formuntersuchung aus der Dissertation des
Lyrikers Hans Magnus Enzensberger; die zweite ist ein klassisches Beispiel für das
werkimmanente Verfahren.

1. Interpretation

Der Sphäre des Volksliedes gehört zunächst das Motiv des Gedichtes an,
und zwar lassen sich die Einzelmotive „Mädchen am Spinnrad" und
„verlassenes Mädchen" unterscheiden. Volksliedhafte Züge sind ferner:
die Schlichtheit der Strophenform; die einfachen, kurzen, wenig geglie-
derten Sätze; die lockere syntaktische Fügung (nur durch Kommata
getrennte unverbundene Hauptsätze, Anschluß von Nebensätzen durch
„da"); das hen dia dioin* *klar und rein*; die ausnahmslose Beschränkung
des Wort- und Bildschatzes auf das im Volksmund Gebräuchliche; die
eingängige Sangbarkeit, der ausgesprochen liedhafte Charakter; und die

---

* Hendiadyoin (griech.) = Wörter von nahezu gleicher Bedeutung.

114

anscheinende Naivität, die sich in der „Gedankenlosigkeit" und Reflexionsferne des Ganzen bekundet.

Daß der Anschein der „Naturpoesie" durchaus trügt, ist allerdings unschwer zu erkennen. Schon der verschränkte Reim ist dem Volkslied fremd. Ganz und gar verrät die Mittel der „Kunstpoesie" aber der äußerst virtuose Aufbau des Liedes.

Obwohl das Gedicht sechs Strophen zu je vier Zeilen umfaßt, hat es insgesamt nur vier Reime: -aren, -all, -einen und -ein, die untereinander assonierende Beziehungen aufweisen. Diese Reime verteilen sich auf die 24 Zeilen nach dem Schema abba cddc abba cddc abba cddc. Schon an diesem Schema ist deutlich abzulesen, daß die sechs Strophen sich von selbst in zwei Gruppen scheiden, deren eine (die Strophen I, III und V umfassend) nur a-Reime, die andere (mit II, IV und VI) nur ei-Reime hat. Damit sind die kompositionellen Mittel aber nicht erschöpft; denn nicht nur die Reime stimmen überein, sondern (bis auf drei Ausnahmen) auch ihre Wortfüllung. Ja, die Wiederkehr des Gleichen geht noch weiter und greift vom Versende auf den ganzen Vers über. Das ganze Gedicht ist eigentlich nichts als ein einziger schweifender Kehrreim. Das Schweifen, die kombinatorische Variation, gehorcht dabei einem ganz bestimmten Gesetz. Wenn man die ersten acht Verszeilen mit den Ziffern 1–8 bezeichnet und von den kleinen, aber bedeutungsvollen Veränderungen absieht, denen sie wiederkehrend unterworfen werden, so erhält man das folgende Bild:

Strophe I	1 2 3 4	Strophe II	5 6 7 8
III	4 2 3 1	IV	8 6 7 5
V	1 2 3 4	VI	5 6 7 8

Jede der beiden Strophenarten (a- und ei-Strophen) wird also in der Weise variiert, daß die zuletzt gesungene Zeile (Zeile 4 in Strophe 1) in der folgenden Strophe der gleichen Art als erste erscheint, während der Strophenkern seine Reihenfolge beibehält. Die zweite Variation kehrt die Konstellation nach dem gleichen Gesetz wieder um und führt auf diese Weise beinahe (aber eben nur beinahe) zur Ausgangsstrophe zurück (I fast = V; II fast = VI). Die beiden Strophengruppen kontrastieren übrigens miteinander nicht nur in ihrem Klangthema, sondern auch durch das Vorwiegen der Ich-Haltung hier, der Du-Haltung dort.

Ein solchermaßen raffinierter Aufbau hat mit der Kunst des Volkslieds natürlich nichts zu tun. Er erinnert viel eher an die kunstvollen Gebilde der Renaissancepoesie, an die Rondeaux und Ritornelle, die Sestinen und Triolette eines Petrarca oder Camões, die ja von den Romantikern auch an anderer Stelle aufgegriffen worden sind.

Enzensberger: Brentanos Poetik, S. 91–92

2. Interpretation

Dies ist kein schwieriges Gedicht. Es verlangt keinerlei Bemühungen des Gedankens oder des Gefühls. Es gleitet mühelos ins Ohr, so gewaltlos, daß die Aufmerksamkeit eher eingeschläfert wird als angestrengt, ein eintöniger Wellenschlag ohne Spannungen oder Stauungen, ohne Wechsel der Tonhöhe oder Tonstärke. Einfach ist die Sprache: schlichte Worte, kurze, aneinandergereihte Sätze ohne syntaktischen Aufwand. Am Ende jeder Strophe – und nirgends sonst – steht ein Punkt, am Ende fast jeder Zeile – und nirgends sonst – ein kleineres Satzzeichen. [...] Das Lied singt von selber, es singt sich selber, es singt von sich selber. Und damit ist nichts gesagt, als daß es reine lyrische Substanz ist ohne fremde Trübung. Es läßt einen Menschen singen, von seinem Singen singen, vom Singen der Nachtigall, und indessen wird es gesungen, ein echter Singsang.

Dieses Singen will gehört werden, denn es ist ein Wunder an Wohllaut, gewebt aus Klängen und Widerklängen. Es ist regiert von dem Spiel der Vokale und solcher Konsonanten, die wirklich „Mitlauter" sind, die Liquidae und Nasale, der Konsonanten, auf denen man singen kann. Keinem Dichter vorher oder nachher ist es wie dem Verfasser dieses Gedichts gelungen, die in der Sprache schlummernden Klänge zu entbinden. In den Reimen blühen sie auf, und an ihnen zuerst kann man ablesen, wenn man die Mühe nicht scheut, daß ihre Verschlingung keineswegs so zufällig ist, wie sie mühelos erscheint.

Sechs Strophen hat das Gedicht, jede zu vier Versen, die jeweils so angeordnet sind, daß der erste und der letzte aufeinander reimen und wiederum der zweite und der dritte, und daß die Randverse auf weibliche Reime enden, die Binnenverse auf männliche. Das macht, daß das Ende jeder Strophe zu ihrem Anfang zurückzukehren scheint und jede eine zyklische Bewegung durchläuft. Aber damit spiegelt die Strophe nur die Bewegung des ganzen Gedichts.

Sämtliche Reime des Gedichts sind auf nicht mehr als zwei Klänge gestimmt. Die Reime der ersten Strophe, ob männlich oder weiblich, lauten alle auf A, die der zweiten Strophe auf Ei, und ebenso verhalten sich die Reime der dritten und der vierten, der fünften und der sechsten Strophe, so daß A-Strophen und Ei-Strophen rhythmisch wechseln und wiederkehren. Aber nicht nur die Reime, sondern die ganzen Reimwörter kehren wieder (mit der Ausnahme des ersten, *Jahren*, das nicht mehr wiederholt, sondern von der zweiten A-Strophe an durch *gefahren* ersetzt wird), so daß das Gedicht für seine vierundzwanzig Reime nur zehn verschiedene Reimwörter gebraucht. Zudem werden dieselben Reimwörter mehrmals gepaart. In den Strophenmitten kommt dies sogar regelmäßig vor. Dreimal reimt sich *Schall* auf *(Nachtig)all*, dreimal *klar und rein* auf *(all)ein*, immer an der gleichen Stelle.

Ebenso wie die Mitten der Strophen sind aber auch ihre Ränder aufeinander bezogen, und hier wiederholen sich nicht nur Versenden, sondern ganze Zeilen. [. . .] Man könnte ganze Strophen miteinander vertauschen, etwa die dritte und die fünfte oder die vierte und die sechste, man könnte viele Zeilen verschiedener Strophen die Plätze wechseln lassen, ohne das Gedicht merklich zu verändern. Ja, es fehlt nicht viel, daß man es Zeile für Zeile rückwärts lesen könnte. Es wäre nur die Syntax, nicht der Sinn, was dem im Wege steht.

Wenn das Gedicht also geradezu umkehrbar ist, dann ist das ein Zeichen dafür, daß zwischen seinem Anfang und seinem Ende nichts geschehen ist, was irgendeine Folge hätte und damit eine Reihenfolge vorschriebe. Daß das Gedicht umkehrbar ist, verrät, daß die Zeit in diesem Gedicht umkehrbar ist, und das besagt: Die Zeit steht still. [. . .]

Gleichmäßiger Wechsel und endlose Wiederkehr, Stillstand und Verrinnen der Zeit, nichts anderes ist das Thema des Gedichts, gebannt in die Situation der verlassenen jungen Frau am Spinnrad. Im Gegensatz der A-Strophen und der Ei-Strophen dehnt die Zeit sich aus. Die A-Strophen sprechen von der verlorenen Vergangenheit – die seligen Nächte *da wir zusammen waren* –, die Ei-Strophen sprechen von der leeren Gegenwart – *hier spinn ich so allein* –, die einen sind beherrscht von einem Klang, dem betörenden Singen der Nachtigall, die anderen von einem Licht, dem tröstenden Scheinen des Mondes. Zwischen diesen beiden Polen, der Vergangenheit und der Gegenwart, der Erinnerung und der Wirklichkeit, bewegen sich die Gedanken der Spinnerin. Wie dieser Wechsel sich in Reimen, Worten und Versen wiederholt, so wiederholt sich das Gedenken und das Warten, das Singen und das Weinen, heute wie gestern, morgen wie heute. Endlos wie ihr Rad sich dreht, so geht der Spinnerin Lied.

Über dies alles ist in dem Gedicht kein Wort gesagt, es braucht nicht gesagt zu werden, weil ein Gedicht nicht zu sagen braucht, was es schon ist. Müssen wir noch hinzufügen, daß es in der deutschen Sprache kein traurigeres Gedicht gibt? Wir haben nur zu zeigen versucht, daß es eines der einfachsten ist und zugleich eines der kunstvollsten, die wir haben, und darum eines der schönsten.

Alewyn: „Der Spinnerin Lied", S. 198–203

Eduard Mörike

Das verlassene Mägdlein

Früh, wann die Hähne krähn,
Eh die Sternlein verschwinden,
Muß ich am Herde stehn,
Muß Feuer zünden.

Schön ist der Flammen Schein,
Es springen die Funken;
Ich schaue so drein
In Leid versunken.

Plötzlich, da kommt es mir,
Treuloser Knabe,
Daß ich die Nacht von dir
Geträumet habe.

Träne auf Träne dann
Stürzet hernieder;
So kommt der Tag heran –
O ging er wieder!

Informationen

1. Eduard Mörike (1804–1875), Pfarrer im Schwäbischen, hatte kein Glück mit Frauen. Seine erste Liebe war eine religiöse Schwärmerin und Landstreicherin, die als Peregrina in seinen Roman „Maler Nolten" eingegangen ist. Mörike trennte sich von ihr. Eine jahrelange Verlobung löste sich, weil er sich nicht zu einem Pfarramt entscheiden konnte. Seine Ehe scheiterte.
2. Das „verlassene Mädchen" steht in der Tradition der romantischen Volksliedersammlung „Des Knaben Wunderhorn", trotzdem ist das Gedicht kein echtes Volkslied und Mörike kein naiver Dichter. Das Gedicht entstand 1829 und erschien erstmals in dem Roman „Maler Nolten" 1832. Es wurde später wie ein echtes Volkslied verbreitet.
3. Zu den Interpretationen
Den Inhalt des Gedichts erfaßt der Leser gefühlsmäßig, so daß sich ein Eingehen auf die Thematik erübrigt. Die beiden Interpreten suchen das Kunstwerk hinter dem Rollengedicht im Volksliedton darzustellen. Die erste Interpretation zeigt die Darstellungskunst auf, die zweite die Klangformen.

1. Interpretation

Das Gedicht ist ein Rollengedicht. Im Zusammenhang des „Nolten" mag zwar noch ein biographischer Hintergrund, wie er für die gesamte Romanhandlung angenommen wird, durchscheinen: eine verdeckte Treulosigkeit; der Maler hört dort das Lied aus dem Munde eines Mädchens und wird dadurch an die nicht ohne seine Schuld ihm verlorene Geliebte erinnert. Aber die Beziehung auf den Dichter oder überhaupt auf einen identifizierbaren Menschen ist gerade nicht erstrebt, im Gegenteil: der Volkston, die archaisierenden Elemente sollen das Geschick des Mädchens als ein allgemeines, zeitloses darstellen. [...] Die Naivität, die der Volkston den Worten des Mädchens verleiht, soll den Monolog spontan erscheinen lassen und seine Wahrhaftigkeit verbürgen. Zugleich soll sie die dichterische Darstellungskunst verhüllen, die der Sprechenden unangemessen wäre. Was an diesem Gedicht kunstvoll ist – und es ist höchst kunstvoll in allen Einzelheiten –, darf nicht dem lyrischen Ich, dem *Mägdlein*, zugeschrieben werden, sondern muß unauffällig bleiben.

Die morgendliche Frühe gibt, wie im idyllischen Kontext, Gelegenheit zu häuslichem Fleiß, aber die andern wesentlichen Elemente wie Frische, Unberührtheit und festliche Reinlichkeit fehlen. Man kann die erste Strophe noch als reine Tatsachenfeststellung lesen: das Mägdlein nennt seine gewohnten Pflichten, die es auch an diesem Morgen auszuüben hat. Aber in dem an betonter Stelle anaphorisch wiederholten *Muß* deutet sich bereits an, daß das Mädchen von Anderem, ihm Wichtigerem beschäftigt wird. Daß die zweite und die vierte Zeile nur ergänzen und bekräftigen, was in der ersten und dritten schon gesagt wurde, ist freilich auch ein volksliedhafter Zug. Die nächste Strophe fällt aus dem Volkston heraus, sie gleicht eher solchen Versen Mörikes, in denen ziellose Wahrnehmungen äußerer Dinge und ungerichtete Gemütsstimmung den Durchbruch innerer Erfahrung oder den Einbruch äußerer Erfahrung ins Innere vorbereiten. Sehr auffällig ist, daß das Mädchen den Schein der Flammen als *schön* empfindet und das muntere Funkenspringen aufs genaueste registriert, ohne daß doch dieser Eindruck ihr Bewußtsein in klarer Weise berührte. Daran ist schon abzulesen, daß die Eingebung, die nun *plötzlich* – in der Art der von Mörike so oft geschilderten überwältigenden Erlebnisse – dem Mägdlein *kommt*, ganz zu ihrem *inneren* Bereich gehört. Im Traum, der aus dem Unterbewußten auftaucht, ist das zum Tagelied-Geschehen gehörige Glück der erfüllten Liebesgemeinschaft nur noch implizite, als Grundlage des bitteren Schmerzes über den *treulosen Knaben*, gegenwärtig. Nicht *der Flammen Schein*, sondern das *Leid* der Verlassenheit findet seine tiefere Deutung und kann in den stürzenden Tränen noch einmal sichtbar werden. *So* kommt der Tag:

nicht – wie im Tagelied – als Störer einer glücklichen Nacht, sondern als Fortsetzung des Elends im hell gewordenen Bewußtsein. Der Wunsch, er möge wieder gehen, nähert sich der Todessehnsucht; sinnlos gewordene Zeit soll vergehen.

Heydebrand: Mörikes Gedichtwerk, S. 232–233

2. Interpretation

In allen Einzelheiten der Sprache und des Versbaus ist dieses Gedicht auf den Ton des Volkslieds gestimmt. Dies zeigen z. B. das Diminutivum *die Sternlein* oder Wendungen einer naiven Sprechweise wie *Ich schaue so drein, da kommt es mir*. Auch der Versbau ist schlicht und gleicht in seiner scheinbaren Regellosigkeit dem Volkston. In Wirklichkeit ist das Gedicht aus feinstem Formsinn geschaffen und in strenger Einsinnigkeit als Rollenlied durchgeführt. Der Wortschatz charakterisiert die Umwelt des Mädchens, dient aber zugleich dem Aufbau und der Gliederung. In dieser Absicht verbindet Mörike die einzelnen Bauelemente durch Stabreim. [...]
Unüberhörbar sind die beiden Hälften in sich verbunden und gegeneinander abgesetzt. In der Mitte der Übergang: *Leid – Plötzlich*. Ebenso gleicht der rhythmische Fluß der Verse nur äußerlich der unbekümmerten Naivität des Volksliedes. [...]
Auch hier hat ein wacher Kunstsinn schwebende Leichtigkeit geschaffen, indem er das rhythmische Gesetz verschleiert hat. Alle Verse weisen im Grunde auf eine zwischen zwei und drei Hebungen wechselnde rhythmische Figur, die überall durchklingt, die aber in freier Variation abgewandelt wird. Dadurch entsteht z. B. am Ende der 3. Strophe eine Steigerung auf das so wichtige *Geträumet* hin. [...] Die Ursache dieser sich steigernden Bewegung finden wir im ersten Vers der 3. Strophe, genau in der Mitte des Gedichts: *Plötzlich, da kommt es mir.*
Hinter dieser schlichten Wendung verbirgt sich das eigentliche Thema des Gedichts: der Übergang vom traumhaft dunklen Gefühl zur Klarheit des Bewußtseins und die Steigerung des Gefühls durch das Bewußtsein. Dieses Nebeneinander von Traum und Bewußtsein und die steigernde Wechselwirkung ist – durch Mörikes ganzes Werk hindurchgehend – das eigentlich Romantische seiner Dichtung. Doch zeigt die Art, wie er diesen Vorgang gestaltet hat, daß sein Schaffen nur zum Teil im romantischen Boden wurzelt; zum andern Teil wird es genährt von der Kunstgesinnung der geliebten römischen Dichter, von der Formstrenge eines Catull und Horaz. Dadurch wird gerade dieses Gedicht zu einem der schönsten

Beispiele für die Verbindung von romanischer Formkunst und deutscher Seelensprache.

Hötzer: Denk' es, o Seele, S. 160–161

Hugo von Hofmannsthal

Die Beiden

Sie trug den Becher in der Hand
– Ihr Kinn und Mund glich seinem Rand –,
So leicht und sicher war ihr Gang,
Kein Tropfen aus dem Becher sprang.

So leicht und fest war seine Hand:
Er ritt auf einem jungen Pferde,
Und mit nachlässiger Gebärde
Erzwang er, daß es zitternd stand.

Jedoch, wenn er aus ihrer Hand
Den leichten Becher nehmen sollte,
So war es beiden allzu schwer:
Denn beide bebten sie so sehr,
Daß keine Hand die andre fand
Und dunkler Wein am Boden rollte.

Informationen

1. Hugo von Hofmannsthal (1874–1929), Sohn eines Wiener Bankiers, war ein Wunderkind; schon als Gymnasiast veröffentlichte er unter Pseudonym seine Dichtungen – und wurde anerkannt. Er machte mit zwanzig Jahren sein erstes juristisches Staatsexamen, lebte aber dann als freier Schriftsteller. 1901 heiratete er eine Jugendfreundin und führte eine glückliche Ehe.
Mit ungefähr 25 Jahren gab Hofmannsthal die Lyrik auf und schrieb in der Folgezeit für die Bühne und für Zeitschriften.
2. „Die Beiden" stammt von 1896 und steht in dem Sammelband, in dem Hofmannsthal seine verstreut erschienenen Gedichte 1907 veröffentlichte, soweit sie seinem kritischen Urteil noch standhielten.
3. Zu den Interpretationen
Wilhelm Schneider geht bei der ersten Interpretation von der Gebärde aus und sieht in dem Gedicht ein Sinnbild für die Macht der Liebe. Daß man es auch anders verstehen kann, zeigt folgende Interpretation aus Kleins „Geschichte der deut-

121

schen Lyrik": „Beide' sind in sich sicher, aber sie finden die Gebärde nicht, die sie wahrhaft verbindet. Darum ist das – ja bereite – Gefühl verschwendet wie Wein." (S. 747) – Andrew O. Jaszi verfolgt das Gezierte und Künstliche des Jugendstils bis in die sprachlichen Elemente des Gedichts; im Mißlingen der Begegnung sieht er einen für die Dekadenz der Jahrhundertwende kennzeichnenden Vorgang.

1. Interpretation

In den vierzehn Versen des Gedichts *Die Beiden* kommt viermal das Wort Hand vor. Das wäre an sich noch nichts Besonderes, wenn nicht die Stellung des Wortes die Wiederholung recht ohrenfällig machte: Dreimal ist nämlich *Hand* Reimwort, und zwar des ersten Verses aller drei Strophen. Zum viertenmal steht das Wort zwar in der Mitte eines Verses, des vorletzten Verses, wird aber klanglich dadurch hervorgehoben, daß es auf das Schlußwort des Verses reimt (sog. Mittelreim). Eine ähnliche Hervorhebung erfährt das Wort *Hand* natürlich auch an den anderen Stellen, indem er als Reimwort einen Reim auf -ant nach sich zieht, der durch die Klangwiederholung die Wortwiederholung wirksam macht.

Wir brauchen nicht lange zu überlegen, welchen Sinn es hat, daß der Begriff Hand vor allen andern mit Wort- und Klangwiederholungen so sehr ausgezeichnet ist, daß das Wort *Hand* als eine Art Leitmotiv gelten kann. Die Schilderung dessen, was, äußerlich wahrnehmbar, zwischen den *„Beiden"* vorgeht, ist fast auf die Gebärde ihrer Hände eingeschränkt. [...] Was im Innern der beiden vorgeht, darüber wird kein Wort ausgesagt. Aber wir ahnen das Unausgesprochene, ahnen es aus den Gebärden, von denen die der Hände die sprechendsten sind.

Das wird besonders in der zweiten Strophe deutlich, wo die Schilderung des Reiters auf die seiner Hand zusammengerafft erscheint. Der Doppelpunkt, der auf den Vers *So leicht und fest war seine Hand* folgt, ist ein äußeres Zeichen dafür. Was sichtbar ist, das ist die nachlässige Gebärde der leichten und festen Hand, die die Zügel hält. Daß sie allein nicht das junge Pferd zum zitternden Stehen bringt, ist selbstverständlich, aber der kräftige Schenkeldruck, der dazu nötig ist, wird nicht gezeigt. Es gehört zur Haltung des Kavaliers, daß er sich die Anstrengung nicht merken läßt, und es ist durchaus verständlich, ja liebenswürdig, daß der *junge* Kavalier in Gegenwart der Dame ein klein wenig schauspielert und großtut, indem er aus dem Bändigen des Pferdes eine ganz leichte Spielerei macht.

Gleich zu Beginn der dritten Strophe fällt wieder alles Licht auf die Hand, vielmehr auf ihre und seine Hand zugleich, die jetzt dicht beieinander sind. Sie können sich nicht finden, *denn beide bebten sie so sehr.* Hier gibt der Dichter eine deutliche, durch das einleitende *denn* kenntlich gemachte Begründung. Aber man beachte, daß auch hier, wenn auch der

Blick zugleich mit der Hand die ganze Gestalt erfaßt, lediglich eine äußere Bewegung gegeben ist. Das Unausgesprochene haben wir zwischen den Zeilen zu lesen, nämlich dies: In der Begegnung erfahren die beiden Menschen eine Erschütterung ihres Seins. Mit einem Schlag verlieren sie ihre Sicherheit und Festigkeit, mag sie nun naturhaft oder willensmäßig gewesen sein. [...] Zwar bewahren beide in Scheu und Zucht noch Haltung und Abstand, nur ihr Beben verrät, was plötzlich über sie hereingebrochen ist, das Beben und seine Folge, daß *dunkler Wein am Boden rollte.* Mit dem verengten Blick auf den verschütteten Wein am Boden wird der Leser vom Dichter entlassen, der scheinbar am Schicksal der beiden nicht teilnimmt und nur die äußeren Vorgänge sachlich berichtet. Aber eben nur scheinbar. In Wahrheit geht das Erbeben der beiden durch sein Herz, und wenn seine Sprachform nicht davon erzittert, so entspricht dies nicht nur der aristokratischen Zucht und Scheu seiner beiden Gestalten, sondern kommt auch aus seinem Lebens- und Kunststil, dem Verhaltenheit und Aussparen gemäß ist. Und es ist noch sehr die Frage, was wirksamer ist, der hemmungslose unmittelbare Ausdruck des Gefühls oder die verhaltene und versteckte Aussage, aus der man die innere Regung erschließen muß.

[Hier folgt eine eingehende Untersuchung des Stils und der Metrik.]

Man ist geneigt, *Die Beiden* in die epische Dichtung einzuordnen und in die Nähe der Ballade zu rücken. Man wird darin bestärkt durch den Gebrauch der Zeitform der Vergangenheit, die eben über Vergangenes berichtet. Gewiß gibt es auch echte lyrische Dichtung, die das Imperfekt verwendet (z. B. Mondesaufgang von Annette von Droste-Hülshoff) oder stellenweise verwendet (Trakl, Einem Frühverstorbenen; Heine, Seegespenst). Aber die eigentliche und übliche lyrische Zeitform ist doch das Präsens.

Das ist alles richtig. Aber richtig ist auch, daß eine Handlung im eigentlichen Sinne wie in der Ballade und der Verserzählung nicht den Gehalt des Gedichts von Hofmannsthal ausmacht. Es ist vielmehr eine Szene, ein Bild, und zwar ein Sinnbild für die Macht und den Zauber der Liebe bei der ersten Begegnung.

Schneider: Die Beiden, S. 164–166, 168

2. Interpretation

Als lyrisches Gedicht mit einer Fabel möchte man *Die Beiden* der Gattung der Ballade zurechnen (wenn es sich auch äußerlich der Form des Sonetts nähert). Aber diese Fabel, dieser feste Kern zweckhaften Handelns, ist auf das äußerste Minimum reduziert worden: das wenige, was davon bleibt, versieht den Dichter lediglich mit dem Rohstoff, in welchem er den Gefühlen der beiden auftretenden Personen konkrete Form geben kann. Jede der drei Strophen leitet hin zu *Gebärde*: jede Strophe gewinnt während ihrer Entfaltung an Ausdruckskraft und kulminiert am Ende. Und ebenso ist die Geste der zweiten Strophe stärker als die der ersten und die Geste der dritten Strophe ausdrucksvoller als die der zweiten. In der ersten Strophe, die sich der *Gebärde* nur nähert, ohne sie ganz zu erreichen, nehmen die Adjektive *leicht* und *sicher* [...] dadurch, daß sie ein von einem Verb abgeleitetes Substantiv modifizieren, adverbialen Charakter an. In der zweiten Strophe sucht, wie wir gesehen haben, die Ausdruckskraft der Handlung deren Zweck zu überwältigen, was zu einem Übergewicht des Adverbs über das Verb führt. In der dritten Strophe schließlich erringt diese Ausdruckskraft einen entscheidenden Sieg, indem sie die der Handlung zugrunde liegende Absicht überhaupt vereitelt. [...] Mit dem Vergießen des Weines wird das Handeln vollkommen des Zweckes beraubt und wird zu einem reinen Gefühlsausdruck, und die Verben gehen zu reiner Adverbfunktion über. Dem Umstand, daß die Zweckhandlung letztlich mißlingt, verdankt im übrigen das Gedicht als Ganzes seinen künstlerischen Erfolg. Denn wenn das Erreichen des Zieles, auf welches die ganze Handlung, die Fabel dieses Gedichtes, ausgerichtet ist, nicht vereitelt worden wäre, hätte Hofmannsthal diese Zweckhandlung nicht in mehr oder weniger in sich beschlossene Gebärde verwandeln können, hätte er den Stoff des Gedichtes nicht ausdrucksvoll machen können. Künstlerischer Rang ist hier auf ein Versagen des Lebens gegründet. Die Unterwerfung des Mädchens unter die Leidenschaft symbolisierend, zeigt die letzte Zeile, daß die beiden, die im Leben getrennt bleiben mußten, in Rhythmus und Gestaltung der Gebärde, die sie gemeinsam ausführen, derselben Gebärde, die sie, was das Leben anlangt, scheitern läßt, eine k ü n s t l e r i s c h e Vereinigung vollzogen haben. Es ist ein Triumph lebensuntüchtiger Überfeinerung, daß schließlich die Handelnden gerade kraft des Versagens, das sie getrennt hält, vereinigt werden.

Jedes erfolgreiche Kunstwerk begründet einen Zusammenhang, der die Kraft hat, das Wesen der Entitäten*, die es aufbauen, genau zu bestimmen. Da der Begriff der Nützlichkeit nur bedeutungsvoll ist, wenn ein Zweck gegeben ist, so müssen Nutzobjekte wie der Becher, in Hofmannsthals Gedicht, in Schönheitsobjekte verwandelt werden. Ohne eine solche Verwandlung könnte Hofmannsthal, in der zweiten Zeile, die Frau nicht dadurch charakterisieren, daß er ihre Gesichtszüge der Form und

---

* Entität von lat. ens = seiend. Einheiten des Seins; in diesem Gedicht z. B. die beiden Menschen, der Becher, die Begrüßung usw.

den Konturen des Bechers vergleicht. Aber d a ß er einen Menschen dadurch charakterisiert, daß er ihn einem Kunstgegenstand vergleicht, ist auffallend und gibt dem ganzen Gedicht die Tönung, nämlich die der Künstlichkeit. Künstlich ist die Bemühung, die Ausdruckskraft von der Handlung selbst, das Adverb vom Verb zu trennen; die Hand, diesen höchst ausdrucksvollen Teil des menschlichen Körpers, von dem übrigen Körper abzusondern *(Daß keine Hand die andre fand / Und dunkler Wein am Boden rollte)*. Dieses Gedicht ist künstlich, weil es, kurz gesagt, einen Sieg des Ausdrucks, der das Gesetz der Kunst ist, in dem Bereich des Lebens erwirkt, dessen Gesetz Handlung ist. „Wir nennen Stil das", sagt Emil Staiger, „worin ein vollkommenes Kunstwerk . . . in allen Aspekten übereinstimmt". Künstlichkeit begründet gerade den hohen Rang dieses Gedichtes und kennzeichnet seinen Stil.

Jaszi: Ausdruck und Leben, S. 220–222

Else Lasker-Schüler

Ein alter Tibetteppich

Deine Seele, die die meine liebet,
Ist verwirkt mit ihr im Teppichtibet.

Strahl in Strahl, verliebte Farben,
Sterne, die sich himmellang umwarben.

Unsere Füße ruhen auf der Kostbarkeit,
Maschentausendabertausendweit.

Süßer Lamasohn auf Moschuspflanzenthron,
Wie lange küßt dein Mund den meinen wohl
Und Wang die Wange buntgeknüpfte Zeiten schon?

Informationen

1. Else Lasker Schüler (1876–1945), eine Jüdin aus Elberfeld (Wuppertal), führte ein ruheloses Leben, kannte fast alle geistig bedeutenden Männer ihrer Zeit und war vielen eine geistige Freundin oder leidenschaftliche Geliebte. 1937 emigrierte sie nach Israel und starb verarmt in Jerusalem.
Die Dichterin gab sich und ihren Freunden phantasievolle, oft orientalische Namen. Sie selbst nannte sich Prinz Jussuf von Theben oder Tino von Bagdad. Mit

Dalai-Lama redete sie Karl Kraus, den Herausgeber der „Fackel" an. Gottfried Benn, mit dem sie eine kurze Liebesbeziehung verband, nannte sie Giselher, Nibelunge oder Barbar.

Das Gedicht „Ein alter Tibetteppich" wurde 1910 in der Berliner Wochenschrift „Sturm" erstmals veröffentlicht und im gleichen Jahr in der „Fackel" abgedruckt.

3. Karl Kraus sagte von diesen Versen: „Das ... Gedicht gehört für mich zu den entzückendsten und ergreifendsten, die ich je gelesen habe, wenige von Goethe abwärts gibt es, in denen so wie in diesem Tibetteppich Sinn und Klang, Wort und Bild, Sprache und Seele verwoben sind".

4. Zu den Interpretationen

Die beiden Interpretationen setzen verschiedenartig an. Die erste analysiert Strophe um Strophe und fügt zum Verständnis Biographisches ein. Die zweite geht vom Zauber der Wortprägungen und den Sinnesreizen des Gedichtes aus und zeigt dessen ganze Poesie.

1. Interpretation

Einiges kurz vorweg zum Aufbau des Gedichts: Die „neunzeilige Kostbarkeit" ist gegliedert in vier Strophen zu dreimal zwei und einmal drei Zeilen; die beiden ersten Strophen haben klingenden Reim, während der Reim bei Strophe drei und vier stumpf ist. Im ganzen Gedicht herrscht – abgesehen vom Beginn der fünften Zeile und der letzten Strophe – der Trochäus vor. Das Gedicht kennt keine metrische Starre, da kunstvoll eingebaute Unregelmäßigkeiten und Nebenbetonungen verhindern, daß beim Vortrag der Rhythmus vom genau erfüllten Metrum aufgesogen würde.

In diesem Liebesgedicht redet das lyrische Ich den Geliebten als *Lamasohn* an. Der *Lamasohn* ist eine reale Person aus der Umgebung der Autorin, für das Gedicht ist der tibetanische Hintergrund nur die Szenerie. [...]

Die Mystifizierung der angeredeten Personen in Else Lasker-Schülers Liebesgedichten ist nicht etwa dazu bestimmt, deren Namen vor der Öffentlichkeit zu verbergen: In ihren Büchern werden im Gegenteil die wirklichen Namen oft zusammen mit den von ihr erfundenen genannt. Vielmehr war es ihre Absicht, der Liebe, die ihrer Meinung nach den wenigen Empfindsamen und Einsamen vorbehalten war, durch poetische Verkleidung der Person ihre alte Würde wiederzugeben. Die Liebe „war ein Luxus, ein verfeinertes System von Gefühlen und Empfindungen, die das vulgus profanum* nie fassen konnte" (Sokel). So kann Else Lasker-Schüler schreiben: „... Ich hasse die Liebe unter den Alltäglichen ...

---

* vulgus profanum (lat.) = die verständnislose Menge.

Lieben dürfen sich Tristan und Isolde, Carmen und Escamillo, Ratcliff und Marie, Sappho und Aphrodite, der Mohr von Venedig und Desdemona ...“

Das von der Maskierung *Lamasohn* abgeleitete Bild von dem tibetanischen Teppich gibt dem ganzen Gedicht seine Form und sein Thema. Die Verknüpfung des Teppichs liefert das Bild für die Verbindung der Seelen der beiden Liebenden. Im Gedicht sind dann die Motive des tibetanischen Teppichs und die Motive der Liebe ineinander verwoben.

Die erste Strophe gibt die Disposition des Gedichts: Das Ineinander der Bilder von Teppich und Liebe, das im folgenden ausgestaltet wird, ist hier zunächst allerdings nur ausgesagt. Die Struktur des Teppichs taucht zuerst in dem Reimwort *Teppichtibet* auf, das als Umkehrung des Wortes *Tibetteppich* eine Bedeutungserweiterung bekommt: *Teppichtibet*: das ist das Land der bunten Teppiche, ein Fabelreich, hier auch das Land, in dem die Seelen der beiden Liebenden miteinander verwirkt sind.

Die zweite Strophe führt die Teppichmetapher weiter aus, wobei auf die syntaktische Gliederung verzichtet wird und die einzelnen Bildelemente parataktisch nebeneinander stehen. Die wechselseitige Übertragung der Motive von Liebe und Teppich wird wieder aufgegriffen, wenn die Farben als verliebt bezeichnet werden. Das strahlende Ineinander der Farben einerseits und die Werbung der Liebenden umeinander andrerseits finden ihre metaphorische Entsprechung in den Sternen, *die sich himmellang umwarben.* [...]

Der Anfang der dritten Strophe unterbricht in *Unsere Füße* das Metrum, ein Wandel (auf den auch der Übergang vom klingenden zum stumpfen Endreim verweist) zeigt sich an: das lyrische Ich wendet sich von der Du-Anrede *(Deine Seele)* zum Wir: *Unsere Füße ruhen auf der Kostbarkeit.* In dieser Strophe findet sich wieder eine eindeutige Aussage: die Füße der Liebenden ruhen auf dem Tibetteppich, *der Kostbarkeit.* Die Eindeutigkeit dieser direkten Aussage wird in der zweiten Zeile der Strophe wieder aufgelöst: Die Füße sind *maschentausendabertausendweit* voneinander entfernt. [...]

Besonders kunstvoll ist die letzte Strophe gebaut, in der der *Lamasohn* angeredet wird: *Süßer Lamasohn auf Moschuspflanzenthron* ... Während in dieser Zeile noch der Trochäus herrscht, wechseln die beiden letzten Zeilen zum Jambus über. In ihnen wird die Eindeutigkeit der Aussage wieder zurückgenommen, die Motive von Teppich und Liebe werden noch einmal miteinander verknüpft und durch die Form der Frage in schwebendem Gleichgewicht gehalten. Die Direktheit der Frage *Wie lange küßt dein Mund den meinen* wird durch das „wohl“ aufgehoben, ein Wort, dessen Assonanz zu *-thron* und *schon* eine lose Verknüpfung mit den beiden anderen Zeilen dieser Strophe gibt.

In diesen Zeilen folgt Else Lasker-Schüler dem von ihr selbst aufgestellten Grundsatz „Ein Wort muß das andere küssen". Mit den Reimwörtern innerhalb der Zeilen ist es ihr gelungen, die vorletzte Zeile, trotz des Wechsels im Metrum und der Assonanz, die in der deutschen Sprache nur geringe bindende Kraft hat, in das Gedicht einzufügen. [...] Warum wählt Else Lasker-Schüler, wie so oft in ihren Dichtungen, für ihre lyrische Aussage eine die Wirklichkeit verschönernde Maskierung, hier die von Tibet und vom Lamasohn? Der Grund dafür ist wohl noch mehr und etwas anderes als nur ein Hineinträumen in verschiedene Rollen. Else Lasker-Schüler hatte sich bewußt eine eigene Scheinwelt aufgebaut, in der sie lebte und in die sie aus äußerer Heimatlosigkeit, materieller Not und innerer Haltlosigkeit flüchtete. Sie hatte sich einen eigenen Mythos geschaffen, in den sie Elemente der verschiedensten Religionen und Kulturen integrierte, eine eigene bunte Welt aus germanischen, griechischen, ägyptischen, jüdischen und christlichen mythologischen Vorstellungen. Ihre Dichtung ist Flucht vor einer Alltags-Realität, mit der sie nicht fertig wurde, die sie verachtete, und deren Vertreter in der Literatur sie dafür „ein unentwirrbares Chaos von Genie und Verrücktheit, von Größenwahn und absichtsvoller Exzentrizität" nannten.

Wallmann: Tibetteppich, S. 64–68

2. Interpretation

Diese Reime hat es nie zuvor gegeben, man soll sie sich vorsprechen, um ihren Zauber zu hören: *liebet – Teppichtibet, Kostbarkeit – Maschentausendabertausendweit, Lamasohn – Moschuspflanzenthron – Zeiten schon.* Das klingt nicht wie „Herz – Schmerz" oder „Liebe – Triebe". Aber da ist auch nichts Preziöses, allenfalls Fernweh und die Lust am Kostbaren, denn auf einer *Kostbarkeit* ruhen und berühren sich wohl die Füße der Liebenden. Auch *himmellang* und *buntgeknüpfte Zeiten* hat man noch nie vernommen. Ganz neu und un-erhört aber ist das Bild für die Verbindung der Liebenden: der Teppich. Goethe hat es im „Divan" nicht gebraucht, Rückert nicht in den „Östlichen Rosen". [...]
Wie es sich für ein Liebeslied schickt, werden die Sinne des Hörers geweckt. Strahlen, Farben, Sterne entzücken das Auge; wenn es einen Teppich zu betrachten gilt, wird das Auge zuerst aufgerufen. Es nimmt auch die Mühe einer *maschentausendabertausendweiten* Verknüpfung wahr (ein Geviertmeter Buchara-Teppich soll bis zu vierhunderttausend Knoten enthalten). Dann ist es der Tastsinn, welcher den Eros weckt. Die auf dem Teppich ruhenden Füße erfühlen in der kostbaren Weichheit die gegenseitige Nähe, so wie die lustvolle Berührung im unendlichen Kuß

und im zärtlichen Wange an Wange das Nahen des Gottes spüren läßt. Und endlich wird der sinnlichste Sinn, der Geruch, geweckt, denn er ruft am nachhaltigsten die Erinnerung an unvergessene Menschen und Situationen wach. Der Moschuspflanze entströmt ein Duft, der zu den verführerischsten Reizen des Orients zählt. Die Knüpferin Liebe schafft im Teppich ein Zeichen des Ineinanderverknüpfens. Ihr Werk ist keine empfindsame, vom Geiste des Pietismus oder des Titanismus genährte Liebe; es ist ein erotisches Spiel wie das sinnlich reizende Ineinander der Teppichfarben und -formen, nicht fern dem süßen Unsinn der Verliebtheit. Der homo ludens, nicht der homo faber* wendet den Tibetteppich zum Märchenlande *Teppichtibet*, bringt das liebliche Wortungeheuer von den tausendfach verknüpften Maschen hervor und genießt den betäubenden Moschusduft, der dem Thron des Priestersohnes entströmt. Mit dem Fabellande, der Fabelpflanze und dem Fabelgeliebten tritt der ferne, literarisch noch nicht erschlossene zentralasiatische Osten in die deutsche Dichtung ein, eigentümlich verwandt und doch ganz verschieden vom früheren deutschen Orientalismus seit Adam Olearius: durchaus unpolitisch, leidenschaftlicher und kunstgewerblicher, exotischer und intimer zugleich, berauschender und bescheidener.

Rüdiger: In orientalischer Verkleidung, S. 140–142.

Gottfried Benn

Nachtcafé

824: Der Frauen Liebe und Leben.
Das Cello trinkt rasch mal. Die Flöte
rülpst tief drei Takte lang: das schöne Abendbrot.
Die Trommel liest den Kriminalroman zu Ende.

Grüne Zähne, Pickel im Gesicht
winkt einer Lidrandentzündung.

Fett im Haar
spricht zu offenem Mund mit Rachenmandel
Glaube Liebe Hoffnung um den Hals.

---

* homo ludens und homo faber (lat.) = der selbstvergessen spielende und der praktisch tätige Mensch.

Junger Kropf ist Sattelnase gut.
Er bezahlt für sie drei Biere.

Bartflechte kauft Nelken,
Doppelkinn zu erweichen.

B-Moll: die 35. Sonate.
Zwei Augen brüllen auf:
Spritzt nicht das Blut von Chopin in den Saal,
damit das Pack drauf rumlatscht!
Schluß! He, Gigi! –

Die Tür fließt hin: Ein Weib.
Wüste ausgedörrt. Kanaanitisch braun.
Keusch. Höhlenreich. Ein Duft kommt mit. Kaum Duft.

Es ist nur eine süße Vorwölbung der Luft
gegen mein Gehirn.

Eine Fettleibigkeit trippelt hinterher.

Informationen

1. Gottfried Benn (1886–1956) war Facharzt für Haut- und Geschlechtskrankheiten in Berlin.
2. Der Berliner Verleger A. R. Meyer stellte in einer Reihe „Lyrische Flugblätter" junge Dichter vor. Das 21. dieser Flugblätter, 1912 erschienen, enthielt „Morgue und andere Gedichte" von Dr. Gottfried Benn, darunter das „Nachtcafé". Die Gedichte geben Eindrücke wieder, die Benn als Student und junger Arzt im Krankenhaus empfangen hat: Leichensektion, Krebsstation, Operation, Entbindungsanstalt.
3. Die zeitgenössische Kritik lehnte die „scheußlichen und Ekel erregenden Phantasieprodukte" und die „Perversität dieser Gedichte" ab oder schrieb lapidar: „Pfui Teufel!"
Benn selbst sagte als alter Mann aus Anlaß einer Neuerscheinung der frühen Gedichte: „Ich gestehe, um die Korrekturen des vorliegenden Bandes lesen zu können, bedurfte es zahlreicher Aperitifs und Cocktails für Gemüt und Magen, dann allerdings erschien mir das Ganze als Wurf und Wahnsinn gut." (Frühe Lyrik und Dramen. Vorbemerkung.)
4. Zu den Interpretationen
Die beiden Interpretationen gehen mit verschiedenen Ansätzen an „Nachtcafé" heran. Max Rychner sieht es im Zusammenhang der Zeit und zeigt, wie die Ästhetik des Häßlichen bei Benn Eingang in die deutsche Lyrik gefunden hat als Reaktion auf die sentimentale Menschheitsverbrüderung des Expressionismus. Marian Szyrocki weist nach, wie die Liebe auf die Triebwelt reduziert ist.

1. Interpretation

Der Mensch ist herabgemindert auf ein Körpermerkmal; Mann und Weib erscheinen als Kropf und Sattelnase. So hat George Grosz die Berliner von damals geschaut: Wulstnacken, verzogene Gestalt, angefressen, marionettenhaft eckig etwas zu repräsentieren bemüht, was sie nicht sind, Herr und Dame etwa. Die Berliner? Das nächtliche Dielenpublikum, Dirnen und ihre Nachläufer, Schieber, kleine Angestellte, die Masse Mensch, die von den Expressionisten entdeckt und zum Teil verhimmelt wurde. Benns Satire muß auch als literarische Reaktion auf die redend wuchernde Menschheits-Sentimentalität jener Zeit verstanden werden. [...]
Man sprach damals von der „O-Mensch-Lyrik", einer Gattung, die mit schwelgender Gefühligkeit eine allgemeine Verbrüderung forderte, zu welcher der einzelne im Einzelfall weder bereit noch fähig war. Dem Öldruckbildchen vom guten Menschen, den abgesunkenen Rousseau-Träumen stellte Benn seinen Totentanz entgegen, angewidert von dem Geschwöge und dem verblasenen Menschenbild, das solche Rhetorik auslöste. Seine frühen Gedichte sind in der Hölle entstanden und sie besingen diese, zuweilen in Hohn ausbrechend: merkt ihr denn nicht, wo ihr seid? (Abgesehen davon, daß ihr nicht merkt, was ihr seid.)

Rychner: Benn, S. 29

2. Interpretation

Nachtcafé, das letzte Gedicht dieser den physiologischen Zerfall und existentiellen Ekel des Menschen reflektierenden Sammlung, gilt der verkrüppelten Liebe. Merkwürdigerweise gingen die Interpreten bislang an diesem Gedicht vorbei. Vielleicht ist die Zahl 824, mit der das Gedicht eröffnet wird, schuld daran. Weder die verfügbaren Ausgaben noch andere Quellen geben über sie Auskunft.
[Szyrocki vermutet, daß es sich um einen Lesefehler des Setzers handeln und] es um den Paragraphen 825, die „Bestimmung zur Beiwohnung", den außerehelichen Beischlaf, gehen dürfte. Dieser Paragraph würde auf die im Nachtcafé sich vollziehende Pervertierung der Liebe hindeuten, zusammengestellt mit der Identität der Titel „Frauen Liebe und Leben" eines damals gerade neuen Walzers von Franz von Blon und von Schumanns berühmtem Zyklus.
Die Stimmungsmacher des Cafés, die Musiker, sind an „hoher Kunst" wenig interessiert. Ihre Auswechselbarkeit macht Benn dadurch sinnfällig, daß er sie nach den Instrumenten bezeichnet, die sie ohne inneres

Beteiligtsein traktieren. Die direkte Umkehrung „hoher Kunst" ist das Rülpsen des Flötenspielers *drei Takte lang*, hervorgerufen durch das *schöne Abendbrot*.

Das Publikum des Nachcafés samt seinem Gebaren wirkt ekelerregend. Abstoßende männliche Kreaturen werben um verkommene Frauen. Benn demonstriert dies an vier Paaren, indem er mit medizinischer Sachlichkeit deren physische Versehrtheit offenbart. Anstelle der Personen nennt der Dichter, pars pro toto, einzig Symptome des Zerfalls oder Namen verunstaltender Krankheiten.

In der auf das Triebhafte reduzierten Atmosphäre des Nachtcafés wirkt jener Anhänger mit Kreuz, Herz und Anker, den Sinnbildern des christlichen Glaubens, der Liebe und Hoffnung, am Hals einer Prostituierten mit *offenem Mund* und *Rachenmandel* wie eine Gotteslästerung. Als eine andere Art von Blasphemie wird das Herunterspielen der Sonate Opus 35 von Chopin an diesem Ort empfunden. Der Protest verbalisiert sich jedoch nicht. Lediglich *Zwei Augen brüllen auf*.

Wurde dem Leser bis hierher das Nachtcafé-Publikum allein durch einzelne Merkmale des Häßlichen und Kranken präsentiert, so tritt jetzt eine Person in den Saal: *Ein Weib*. Mag auch sie allgemeinem Schönheitsideal widersprechen, so wirkt sie doch auf das lyrische Ich, diese *ausgedörrte*, exotische, kanaanitisch braune Frau. Sie scheint ihm keusch und glückversprechend zu sein. Faszinierend durch das, was ihr vorausweht: *Kaum Duft. Es ist nur eine süße Vorwölbung der Luft ...*

Die von der Frau ausgehende Faszination wird jedoch im Nachsatz ironisch gebrochen. Sie kommt nicht allein, eine *Fettleibigkeit trippelt hinterher*.

Das nun assoziierte Bild vom ungleichen Paar, der großen Dürren und dem kleinen Dicken, widerlegt die Vermutung von der Keuschheit jenes *Weibes*, dessen Gunst jetzt gleichfalls käuflich erscheint. Somit finden „der Frauen Liebe und Leben" des Walzers und des romantischen Liederzyklus in Benns Gedicht ihre Widerrufung: Nicht Liebe, sondern Geschlechtstrieb beherrscht die Szene.

Szyrocki: Umkehrung, S. 163–165

Bertolt Brecht

Die Liebenden

Seht jene Kraniche in großen Bogen!
Die Wolken, welche ihnen beigegeben
Zogen mit ihnen schon, als sie entflogen
Aus einem Leben in ein andres Leben.
In gleicher Höhe und mit gleicher Eile
Scheinen sie alle beide nur daneben.
Daß so der Kranich mit der Wolke teile
Den schönen Himmel, den sie kurz befliegen,
Daß also keines länger hier verweile
Und keines andres sehe als das Wiegen
Des andern in dem Wind, den beide spüren
Die jetzt im Fluge beieinander liegen.
So mag der Wind sie in das Nichts entführen:
Wenn sie nur nicht vergehen und sich bleiben
So lange kann sie beide nichts berühren.
So lange kann man sie von jedem Ort vertreiben
Wo Regen drohen oder Schüsse schallen.
So unter Sonn und Monds verschiedenen Scheiben
Fliegen sie hin, einander ganz verfallen.
Wohin, ihr? – Nirgends hin. – Von wem davon? – Von allen.
Ihr fragt, wie lange sind sie schon beisammen?
Seit kurzem. – Und wann werden sie sich trennen? – Bald.
So scheint die Liebe Liebenden ein Halt.

Informationen

1. Bertolt Brecht (1898–1956) schrieb in den zwanziger Jahren mehrere Liebessonette, die sich mit der käuflichen und unpersönlichen Liebe befassen, der Liebe ohne Dauer, ohne Illusion und ohne Bindung.
2. Das Gedicht „Die Liebenden" findet sich zuerst in der Oper „Aufstieg und Fall der Stadt Mahagonny", entstanden 1928/29, von Kurt Weill vertont und am 9. März 1930 in Leipzig uraufgeführt. Es wird in einer Bar als Duett gesungen von dem Freudenmädchen Jenny und dem Holzfäller Paul Ackermann. Da es in einzelne Zeilen aufgeteilt ist, wirkt es abgehackt und wenig romantisch.
Als geschlossenes Gedicht, allerdings ohne die letzten vier Zeilen, hat es Brecht in die „Hundert Gedichte" von 1952 aufgenommen.
3. Das Versmaß des Gedichts sind Terzinen, die durch einen Paarreim abgerundet werden. Dieses Versmaß reicht bis auf Dantes „Göttliche Komödie" zurück, worin auch die Kraniche auftauchen (5. Gesang des Inferno).

Brechts Verwendung der Metaphern Kranich und Wolke ist undurchsichtig; für Pfeiffer sind die Liebenden ein Kranich und eine Wolke – für Politzer zwei Kraniche, die von Wolken begleitet werden.

4. Zu den Interpretationen

Johannes Pfeiffer sieht zunächst nur das Liebesgedicht (ohne die letzten Zeilen) und bewundert die rhythmisch-melodische Versgestalt, die dem Thema zu entsprechen scheint.
Heinz Politzer geht von dem ursprünglichen Zusammenhang in „Mahagonny" aus.

1. Interpretation

In gleichmäßiger, traumhaft gelöster Bewegung zieht der breite Strom dieser fünftaktigen Verse dahin. Dem sanften Wellenschlag entsprechen die weich gerundeten Klangfiguren, zu denen es immer wieder kommt: so das dreifache o im dritten Vers *(zogen mit ihnen schon, als sie entflogen)* oder die Wiederaufnahme des *w* von *verweile* (Vers 9) durch das *Wiegen* und den *Wind* im zehnten und elften Vers oder das doppelte *sch* von *Schüsse schallen*, das wiederkehrt in den *verschiedenen Scheiben* (Vers 17/18). Dem allen gemäß zeigen sämtliche Reime die „weibliche" Art eines gelösten Verklingens; und diese Reime sind nun in der Weise miteinander verspannt, daß sich jeweils ein neu anhebender dreifacher Reim mit einem noch unabgeschlossenen kreuzt (*beigegeben – Leben – daneben* mit *Eile – teile – verweile* usw.): ein terzinenhaftes Ineinander von Sichschließen und Sichöffnen, das zielstrebig auf das Ende des Gedichtes hin angelegt ist, wo der verschlungene Gang mit einem paarenden Reim zum Abschluß kommt.
Die innige Verwobenheit, die in solcher rhythmisch-melodischen Versgestalt erscheint, begegnet nun zugleich im sprachlichen Bedeutungszusammenhang als symbolisch-transparente Anschauung; im Sinnbild des entrückten Dahinschwebens von Kranich und Wolke spiegelt sich das Schicksal der Liebenden, die unerreichbar für alle störenden Bedrohungen im zeitlosen Nirgendwo einer seligen Selbstgenügsamkeit leben.
Was der erste Vers mit seiner hinweisenden Gebärde öffnet, das schließt sich im letzten Vers mit einer doppelten Quintessenz, in der die Wendung *in ein andres Leben* (Vers 4) sowie die Entführung *in das Nichts* (Vers 13) und auf der Gegenseite die verlassene Lebensenge sowie die gleichnishafte Abwehr der Verse 15 bis 17 in steigernder Wiederholung zusammengefaßt sind. [. . .]
Was nun [. . .] den Abschluß des Gedichtes betrifft, so verschiebt sich der Erlebnisakzent des Ganzen im Sinne einer nachträglichen Anzweifelung der darin ausgedrückten Liebesbeseligung, wenn man die folgenden

Zeilen aus dem Wechselsang zwischen Paul und Jenny in der Oper „Aufstieg und Fall der Stadt Mahagonny" noch dazu nimmt.

Pfeiffer: Was haben wir, S. 104–105

2. Interpretation

Jetzt [...] ist das Gedicht vollendet. Paradoxerweise beruht diese Vollendung darauf, daß die räsonierende Schlußzeile der dramatischen Fassung – *So scheint die Liebe Liebenden ein Halt* – fortgefallen ist und das gleitende und ineinander verschränkte Schweben der Terzinen sich nunmehr in das Geheimnis öffnet, aus dem das Gedicht besteht. Nicht mehr zeigt ein zufällig aus dem Gewerbe der Liebe erwachtes Mädchen dem ebenso zufällig von seinem Gefühl überraschten Mann Kraniche, mit denen sich die Liebenden im Augenblick vergleichen. Die Liebenden selbst sind mit den Vögeln identisch, sie sind zu Kranichen geworden, und zwar so vollständig, daß das Hauptwort des Gedichts – *die Liebenden* – ausgespart bleiben kann und lediglich in der Überschrift erscheint. Aber auch ohne diesen Titel wäre das Gedicht verständlich, eben als das Rätsel der Liebe, ohne Lösung, Pointe oder Nutzanwendung. Aus der persönlichen Geste, dem *Sieh!*, mit dem Jenny in der Oper ihr Duett beginnt, hat sich nun die allgemeine und ins allgemeine weisende Mehrzahl befreit, dieses staunende und betroffene *Seht!*, welches das erste Wort der ersten Zeile bildet: *Seht jene Kraniche in großem Bogen!* Staunen und Betroffenheit über die Liebe, dieses „private Weltereignis" (Alfred Polgar), schlagen den Grundton an, in dem sich das Gedicht nun weitersingt.
Die Frage ist von geringem Belang, woher Brecht diese Kraniche zugeflogen sind, ob sie etwa schon aus jener fernöstlichen Dichtung stammen, von der er sich in seinen späteren Jahren gern hat anregen lassen. Ihr Flug ist einmalig, wie die Sprache, in der Brecht ihn nachgezeichnet hat. Da *fliegen sie hin, einander ganz verfallen*, und diese Verfallenheit schließt auch den Fall mit ein, den Sturz auf die Erde, *wo Regen drohn oder Schüsse schallen*. Durch die symmetrische Fügung dieser Zeile wird freilich der Krieg, der diese Schüsse entfesselt hat, als ein Elementarereignis angesprochen, so unerbittlich wie der Regen, der fällt, wo und wann er will. Hier ist, wohl zum ersten und einzigen Mal bei Brecht, der Krieg der Willkür der Menschen entrückt; zugleich aber enthüllen Regen und Schüsse die Erde als das Tal der Tränen und des Todes. Der Himmel darüber jedoch ist schön, der Kraniche wegen, aber auch um der Wolken willen, die den Liebenden *beigegeben* sind, ohne daß wir erführen, wer den freundlichen Akt dieser Beigabe denn vollzogen habe. Im Geheimnis

135

des Wortes *beigegeben* öffnet sich ein zweiter, höherer Himmel über dem Himmel der Kraniche. [...]

Die verschwiegene und dennoch offenbare Einheit der Liebenden ist ebenso Segen wie Fluch. Sie sind nicht nur gefeit, solange sie sich bleiben, sondern man kann sie auch, die einander ganz Verfallenen, von jedem Platze der bewohnten Erde vertreiben. Der lange Satz, der ihren Flug nicht schildert, sondern zu Worte kommen und Sprache werden läßt, dieser Satz beginnt gleich zweimal, setzt erst mit einem *daß so* an und verstärkt diesen Ansatz gleich darauf mit einem *daß also* – aber er endet nicht. [...]

Dieser Satz gibt eine Bedingung, aber nicht die Gewähr, ein Versprechen, aber nicht die Erfüllung. Sein Bogen ist weitgespannt, aber er weist ins Leere, in jenes Nichts, in das der Wind die Kraniche entführen mag, wann immer es ihm beliebt. Und wenn sich das lyrische Wiegen der fliegenden Vögel in der Schlußzeile doch wieder dramatisch in Zuruf und Antwort auflöst – *Wohin, ihr? – Nirgendhin. – Von wem davon? – Von allen. –*, dann umspannt dieser Ausklang alle Tragik, die der Erscheinung der Liebe in einer lieblosen und ungeliebten Welt innewohnt. [...]

Es ist anzunehmen, daß Brecht die lyrische Fassung dieses Gedichts vor der Opernfassung, den Gesang vor seiner Karikatur geschrieben hat. Besteht die Annahme aber zu Recht, dann zeigt dieser Akt der Selbstverfremdung den Zerstörungsdrang, der Brecht zugleich mit seiner ungeheuer wuchernden Phantasie immer schon gegeben war. Der Sturm auf die eigenen Bilder bedurfte, um auszubrechen, Brechts Bekehrung zum Marxismus nicht; der Dichter war nicht nur ein auf seine Art Frühvollendeter, sondern auch ein früh Zerstörter. Der Marxismus hat ihn nur aussprechen lassen, was ihm als unheilvolle Doppelbegabung von Schöpfungsfreude und Vernichtungswut von allem Anfang an beschert worden war.

So zersetzte er mit List und Tücke die Schönheit. [...]

Dem dialogisierten Kranich-Gedicht folgt in der Oper *Mahagonny* ein Männerchor, der das Zeug in sich hat, nicht nur allen altehrwürdigen Männerchören, sondern auch dem Liebeslied von den Kranichen den Garaus zu machen.

Er hat folgenden Wortlaut:

Erstens, vergeßt nicht, kommt das Fressen,
Zweitens kommt der Liebesakt,
Drittens das Boxen nicht vergessen,
Viertens Saufen, laut Kontrakt.
Vor allem aber achtet scharf,
Daß man hier alles dürfen darf.
(Wenn man Geld hat.)

Politzer: Bertolt Brecht, S. 293–297

Ingeborg Bachmann

Erklär mir, Liebe

Dein Hut lüftet sich leis, grüßt, schwebt im Wind,
dein unbedeckter Kopf hat's Wolken angetan,
dein Herz hat anderswo zu tun,
dein Mund verleibt sich neue Sprachen ein,
das Zittergras im Land nimmt überhand,
Sternblumen bläst der Sommer an und aus,
von Flocken blind erhebst du dein Gesicht,
du lachst und weinst und gehst an dir zugrund,
was soll dir noch geschehen –

Erklär mir, Liebe!

Der Pfau, in feierlichem Staunen, schlägt sein Rad,
die Taube stellt den Federkragen hoch,
vom Gurren überfüllt, dehnt sich die Luft,
der Entrich schreit, vom wilden Honig nimmt
das ganze Land, auch im gesetzten Park
hat jedes Beet ein goldner Staub umsäumt.

Der Fisch errötet, überholt den Schwarm
und stürzt durch Grotten ins Korallenbett.
Zur Silbersandmusik tanzt scheu der Skorpion.
Der Käfer riecht die Herrlichste von weit;
hätt ich nur einen Sinn, ich fühlte auch,
daß Flügel unter ihrem Panzer schimmern,
und nähm den Weg zum fernen Erdbeerstrauch!

Erklär mir, Liebe!

Wasser weiß zu reden,
die Welle nimmt die Welle an der Hand,
im Weinberg schwillt die Traube, springt und fällt.
So arglos tritt die Schnecke aus dem Haus!

Ein Stein weiß einen andern zu erweichen!

Erklär mir, Liebe, was ich nicht erklären kann:
sollt ich die kurze schauerliche Zeit

nur mit Gedanken Umgang haben und allein
nichts Liebes kennen und nichts Liebes tun?
Muß einer denken? Wird er nicht vermißt?

Du sagst: es zählt ein andrer Geist auf ihn ...
Erklär mir nichts. Ich seh den Salamander
durch jedes Feuer gehen.
Kein Schauer jagt ihn, und es schmerzt ihn nichts.

Informationen

1. Ingeborg Bachmann (1926–1973) promovierte mit einer Arbeit über den Philosophen Martin Heidegger; 1953 wurde sie von der Gruppe 47 als Lyrikerin entdeckt. Sie verbindet einen ausgeprägten Intellekt mit poetischer Sinnlichkeit. Für sie ist Lyrik „Bewegung aus Leiderfahrung". Ihr Werk dreht sich vorwiegend um die Themen Liebe, Abschied und Tod.
2. Das Gedicht „Erklär mir, Liebe" ist 1956 in ihrem zweiten Gedichtband „Anrufung des großen Bären" erschienen.
3. Zu den Interpretationen
Jörg Hienger interpretiert das Gedicht als die Auseinandersetzung des denkenden Menschen mit seinen Gefühlen. Christa Wolf, selbst Dichterin, fragt in einem fingierten Brief nach den Bezügen in Ingeborg Bachmanns Gedicht und deckt so seine Vieldeutigkeit und Dunkelheit auf.
Karl Krolow, auch Lyriker, denkt über die Beschaffenheit des Gedichts nach. Er meint, daß der Liebende das Private maskiert: So entsteht das Gedicht als Gleichnis, als „Figur".

1. Interpretation

Die Liebe soll erklären, warum sie sich dem Menschen, der sie anruft, versagt. Es ist nicht Jedermann, der hier spricht, aber auch nicht ein Einzelner, der sein zufälliges persönliches Leid am glücklicheren Los von seinesgleichen mißt. Es ist der Mensch, der *denken muß* (V. 34). Im Gedanken überschreitet er die Wirklichkeit, die er mit anderen teilt, und schafft seine eigene, in der er allein ist. Wer denkt, verliert über erdachten Möglichkeiten das Gegenwärtige und Vorhandene, in dem der unbeirrte Instinkt sein Glück findet. Unbeirrt sind nicht die gedankenarmen unter den denkenden Wesen, die den eindeutigen Instinkt verloren haben, ohne die Vielfalt der geistigen Welt zu gewinnen. Unbeirrt sind die Naturwesen, die Pflanzen, Tiere, Elemente. Sie haben stets miteinander Umgang und niemals mit ihren Gedanken (V. 33). Mit ihrer Existenz vergleicht der denkende Mensch seine eigene (v. 11–29).

Er feiert Erscheinungen der Liebe in der Natur in einer Sprache, die Menschliches und Naturhaftes vermengt und auf diese Weise Bilder erzeugt, in denen Zartheit mit leiser Komik, Sympathie mit dem Bewußtsein der Distanz verbunden sind. Die Naturwesen, identisch mit dem, was sie sind und tun, treten stets als Subjekt der über sie gemachten Aussagen auf. Der Mensch dagegen kann sich nicht selbst als Subjekt seiner Sätze gebrauchen. Ein Gruß stiftet Verbindung und durchbricht die Isolation. Aber es heißt nicht: du lüftest den Hut und grüßt. Der Hut lüftet sich selbst (V. 1). Kein Gegenüber antwortet, sondern die Wolke, die ferne, unerreichbare (V. 2). Mit seinen Gefühlen hat der Mensch *anderswo zu tun* (V. 3). Eine sehr vage Ortsbestimmung. Sie läßt Rückschlüsse zu auf die Unbestimmtheit der Gefühle. Der Mund äußert diese nicht. Auch von ihm könnte es heißen, daß er anderswo beschäftigt sei. Er *verleibt sich neue Sprachen ein* (V. 4). Die alte, so scheint es, taugt nicht mehr zur Mitteilung. Eine neue Sprache ist, wie wir mehrfach bei Ingeborg Bachmann lesen können, Voraussetzung einer neuen Welt. Es zeichnet den denkenden Menschen aus, daß er eine künftige Welt im Gedanken zu antizipieren vermag. Die Liebe aber, die er begehrt, existiert nur in der Gegenwart. Eben diese wird versäumt. Der Sommer kommt und geht, ohne Erfüllung zu bringen (V. 6). Der Mensch bekennt sich zu seiner Verworrenheit, und in diesem Bekenntnis kann er nun zum ersten Mal als Subjekt erscheinen, denn mit seiner Verworrenheit allein ist er ganz identisch: *von Flocken blind erhebst du dein Gesicht, / du lachst und weinst und gehst an dir zugrund, / was soll dir noch geschehen –* (V. 7–9).

Der verzweifelten Frage, die den Anfangsteil des Gedichts beendet, korrespondiert die verzweifelte Bitte, die den Schlußteil einleitet. Kaum ist sie ausgesprochen, da wird schon die Antwort abgeschnitten (V. 36) und die Bitte zurückgenommen. Die Erklärung des Leidens ist schon in dessen Beschreibung enthalten. Das denkende Wesen kann nicht die Lust der Kreatur wollen, ohne sich selber aufzugeben. Deshalb setzt auch die Liebe nicht zu einer Erklärung, sondern zu einer Trostrede an. Sie verweist auf die ferne Verwandtschaft zwischen geistiger und leiblicher Berührung (V. 35). Im Austausch der Gedanken finden sich Analogien zu Werbung, Hingabe, Zeugung und Befruchtung im kreatürlichen Leben. Die drei Schlußzeilen des Gedichtes weisen den Trost zurück. Nach alter Überlieferung ist das Feuer ein Geistsymbol, der Salamander ein Wesen, das im Feuer heimisch ist. Der geistige Mensch vermag die Feuerwelt zu bewohnen, die allen anderen Geschöpfen unzugänglich bleibt. In dieser Welt aber gedeiht nicht die Liebe, die an das Leben gebunden ist. Wo ihre Schauer und Schmerzen fehlen, fehlt auch sie selbst. Das Ich, das eine Erklärung seines Leidens gefordert hat, sagt uns, daß es die Möglichkeit einer leidlosen Existenz im geistigen Bereiche sieht (V. 36–38). Aber es sagt nicht, daß es diese Existenz wählen möchte, sondern verstummt. Seine Rede war von solch abgeklärter Unerschütterlichkeit des Geistes weit entfernt. Sie war Klage über die Abwesenheit der Liebe und Verherrlichung der Abwesenden; ein Zeugnis für die Macht der vergeblich Angerufenen, die selbst dort noch überwältigt, wo sie ausbleibt.

Hienger: Bachmann, S. 208–209

2. Interpretation

Erklär mir, Liebe: Wie liest Du das? Wen redet sie an? Die Liebe – personifiziertes Abstraktum – oder eine Frau, die sie *Liebe* nennt? Spricht sie als Frau, spricht sie als Mann? *Du sagst, es zählt ein andrer Geist auf ihn* ... Ist es der Geliebte, mit dessen Gedanken allein das Ich des Gedichts *Umgang haben sollt* – weshalb es *nichts Liebes kennen* kann, *nichts Liebes tun,* ihn, den Denkenden, also vermißt? Ist sie es selbst, die, so denkend, sich vermissen muß und vermißt wird?
Ebenso vieldeutig ist das Du des Gedichts. *Dein Hut lüftet sich leis, grüßt, schwebt im Wind, / dein unbedeckter Kopf hat's Wolken angetan, / dein Herz hat anderswo zu tun, / dein Mund verleibt sich neue Sprachen ein:* Wen redet sie an? Als *Du* sich selbst? Die, die sie später *Liebe* nennt? (Falls es eine *Die* ist ...) Geht es Dir auch so? Je tiefer ich mich in das Gedicht hinablasse, auf seinen Grund, den ich aber nicht unter den Füßen spüre, je stärker nimmt mich selbst die Irritation gefangen, von der es zeugt und die aufzulösen es nicht unternimmt, in einander stützenden, einander höher treibenden und übersteigenden Bildern Liebesspiele in der Natur beschreibend *(Der Pfau, in feierlichem Staunen, schlägt sein Rad),* Wasser, Welle, Stein sogar zu Zeugen rufend *(Die Welle nimmt die Welle an der Hand, ... Ein Stein weiß einen andern zu erweichen!),* um abzusinken auf den eignen Mangel, den eignen unersetzlichen Verlust. *Sollt ich die kurze schauerliche Zeit ...* – Was denkst Du bei dem Worte *schauerlich?* Mißbraucht werden von dem, von denen, die man am meisten liebt. Nicht ich, nicht du sein dürfen, sondern *es:* Objekt fremder Zwecke. Nur mit Gedanken Umgang haben, die zweckgerichtet sind, nicht mit dem, der (an mich nicht) denkt. Du sagst, es zählt ein andrer Geist auf ihn ... Der Geist der Liebe sicher nicht. Der Geist, der zählt und mißt und wertet und nach Verdiensten lohnt und straft.
Erklär mir nichts. Ich seh den Salamander
durch jedes Feuer gehen.
Kein Schauer jagt ihn, und es schmerzt ihn nichts.

Dies, scheint mir, will das Ich und das Du des Gedichts, die ich mir gern zusammen denke, als Preis für Unversehrbarkeit nicht zahlen: fühllos sein.

Wolf: Voraussetzungen einer Erzählung, S. 128–129

3. Interpretation

In unserem Zusammenhang kommt es mir darauf an, darzutun, wie das Gedicht Ingeborg Bachmanns auf andere Weise, als dies sonst heute praktiziert wird in der Lyrik, Liebe als überpersönliche Kraft ausspricht. Das geschieht in Form eines „Tableaus". Die Wunder der Liebe werden aufgezählt: eine Lob- und Prunkrede also, wie sie seit langem in der Dichtung angewendet worden war. Das beginnt mit einem wie leichthin gesprochenen, graziösen Eindringen in die erotische Landschaft und endet mit der Klage, dem Kummer, der mit sich allein ist, einem durchaus überpersönlich gefühlten und artikulierten Schmerz, dieses *soll ich die kurze schauerliche Zeit nur mit Gedanken Umgang haben und allein nichts Liebes kennen und nichts Liebes tun?*. Zeilen, die wie alles in diesem schönen, entrückten, zeitlosen Gedicht – einem Glücksfall in unserer augenblicklichen Literatur! – von jener vollkommenen Diskretion getragen werden, die ich eine der Voraussetzungen nannte, die das absurde Terrain des Liebesgedichts heute als zulässig empfinden lassen.
Heil und Unheil der Liebe, Verhängnis und Preis des Eros: eine sich von der Person unabhängig machende dichterische Kraft ist am Werk und gibt Gleichnis, Figur, Parabel an Stelle einzelner Sentiments, in leisem Widerstand zu dem, was sonst im heutigen Liebesgedicht geschieht. Diese „entzückte", parabolische Form ist nahezu nie mehr in diesen Jahren gelungen, weil sie – in einem tiefen Sinne – nicht mehr zur Sprache gebracht werden kann, weil das Vermögen zu einer Sublimierung, die hierbei offenkundig wird, geschwunden ist, weil nicht „Erhöhung", „Entrückung", sondern Entfernung, Sprachlosigkeit, auch Unwille an jeglicher Äußerung der Individualität im Gedicht Ausdruck für das sind, was aus diesem Gedicht und mit denen, die es schreiben, geworden ist.

Krolow: Aspekte, S. 60

Ralf Thenior

Die Fastfrau

Wenn sie
um die Ecke kommt
mit ihren 14 Jahren
und dem rosa Pullover
etwas schmuddelig
an den Brüsten
hat schon 'ne Handvoll
sagen die Jungs
wenn sie
um die Ecke kommt
mit der Kaugummiblase
vor dem Mund
PLOPP

Informationen

1. Ralf Thenior ist 1945 in Bad Kodowa (Schlesien) geboren und lebt in Hamburg.
Nach Lehre, Dolmetscherschule, Begabtenabitur studierte er Germanistik.
2. Das Gedicht „Die Fastfrau" ist erschienen in dem Sammelband moderner Lyrik:
„Aber besoffen bin ich von dir. Liebesgedichte", hrsg. von Jan Hans. Reinbek bei
Hamburg 1979.

Interpretation

Dieses Gedicht ist ein Liebesgedicht: es ist abgedruckt in einem Band,
der, wie der Untertitel vermerkt, „Liebesgedichte" vereinigt. Dieses Gedicht ist ein modernes Liebesgedicht: im Hinblick auf den Autor (er ist
32 Jahre alt zum Zeitpunkt der ersten Veröffentlichung; der Band, in dem
sein Gedicht abgedruckt ist, versammelt ausschließlich Gedichte von
Gegenwartsautoren, im Hinblick auch auf den Leser – der Band ist
erschienen in der Taschenbuchreihe ‚die mit dem panther', die sich, wie
das Gedicht, an „junge Leute zwischen den Generationen" richtet, „Fast-
erwachsene" sozusagen, wenn wir auf den Titel des Gedichts blicken.
Dort wird uns eine „sie" vorgestellt, nicht mehr junges Mädchen, noch
nicht junge Frau, die *Fastfrau*, 14 Jahre alt; in 14 Zeilen wird ein Gedicht
auf sie gemacht.
Das Gedicht macht uns neugierig, hält den Leser in Erwartung. Es

besteht nur aus einem einzigen Nebensatz [...], der nach einem Einschub wörtlich wieder aufgenommen wird. Dieser Nebensatz läßt einen Spannungsbogen entstehen, eine aufsteigene Bewegung, die vom plötzlichen Auftauchen [...] ihren Ausgang nimmt. Reizwörter mit (erotischer) Signalwirkung steigern nach und nach die Erwartung: die Jugendlichkeit, die rosa Farbe des Pullovers, der *etwas schmuddelig* ist *an den Brüsten*, die, in der Mitte des Gedichts, den Blick auf sich ziehen, anziehend im Ausweis durch Dritte, dem Urteil der *Jungs*, das auf handgreiflichen Kontakt sich zurückführen will, womit wiederum auch das *schmuddelig* eine plausible Erklärung findet. Eine erotische Aufladung der Spannung von Zeile zu Zeile also, durch die Wiederholung des *wenn* nur noch bekräftigt, ein Nebensatz, unentschieden zwischen zeitlichem und konditionalem (Bedingungs-)Gefüge.

Aber das Ziel, auf das hin sich alles ausrichtet? Der Hauptsatz fehlt. Die mit Neugier und Spannung erwartete Folge (*wenn ...*, was ist dann?) tritt nicht ein, statt dessen steht ein bloßer Laut: *PLOPP*. Die aufgebaute Erwartung wird enttäuscht, die angezielte Begegnung zwischen der *Fastfrau* und dem Betrachtenden wird ausgespart, Wünsche bleiben unerfüllt; die Spannung entlädt sich plötzlich-unerwartet gewaltsam, eine Illusion zerplatzt, einem Luftballon gleich, wie die Kaugummiblase.

Und doch liegt offenbar ein Reiz in dem unerfüllten, abrupten Schluß, in diesem Laut, der keinen Sinn übermittelt, sondern, als Abschluß einer Reihe optischer Reize, ein akustisches Signal setzt. Hinter dem − so scheint es − zufällig-beliebig, wie beiläufig mitgeteilten Stück Wirklichkeit [...] verbirgt sich ein gestalterischer Effekt, das Gedicht als „ein winziger Augenblick festgehaltenen Lebens" verrät artifizielle Handhabung. In einer „mitbedeutenden" Umgebung verwandelt sich ein der Realität abgesehener, authentischer Gestus *(mit der Kaugummiblase / vor dem Mund)* zu einer Konstellation mit neuer sinnlicher Qualität, eigenem ästhetischen Reiz, sein Ende zu einem Zeichen, das, einzig im Gedicht ganz in Großbuchstaben geschrieben, auf sich selbst aufmerksam macht: es erinnert an Werke der Popart in der Bildenden Kunst, Roy Lichtensteins etwa, erscheint wie eine überdimensionierte „Pop-Blase", die („Wegwerflyrik"!) sich nur für den Augenblick fixiert.

Guntermann: Die Fastfrau, S. 241–244

Ursula Krechel

Liebe am Horizont

Der Mann hatte eine schreckliche
Unordnung in ihr Leben gebracht. Plötzlich
waren die Aschenbecher voller Asche
die Laken zweifach benutzt, verschwitzt
und alle Uhren gingen anders,
einige Wochen lang schwebte sie
Über den Wolken und küßte den Mond.
Erst im Tageslicht wurde ihre Liebe
kleiner und kleiner. Achtlos
warf er das Handtuch, blaukariert
mit dem kreuzgestichelten Monogramm
(wenn die Mutter das wüßte)
über die Schreibmaschine. Bald
konnte sie ihre Liebe schon
in einer Schublade verschließen.
Eingesperrt zwischen Plunder
geriet sie in Vergessenheit.
Später, als der Mann sie rief
wünschte sie, stumm zu sein.
Als er wieder rief, war sie schon taub.

Informationen

1. Ursula Krechel (geb. 1947 in Trier) studierte Germanistik, Theaterwissenschaften und Kunstgeschichte, arbeitete zeitweise als Dramaturgin, lebt seit 1972 als freie Schriftstellerin. Sie gehört zu den engagierten 1968ern, schloß sich der Frauenbewegung an und setzte sich auch in ihren literarischen Veröffentlichungen mit den Problemen der Frau auseinander.
2. Ursula Krechels erster Lyrikband „Nach Mainz" von 1977 ist stark von feministischen Aspekten geprägt. Die Texte gehen meist von Alltagssituationen aus und sind von eignen Erfahrungen durchsetzt. Das Gedicht „Liebe am Horizont" spricht vom Ende einer Liebe und dessen Ursache.

Interpretation

Doppeldeutig erscheinen die ersten Zeilen über die *schreckliche Unordnung*, die der Mann in das Leben der Frau gebracht hat; die verschwitzten Laken, die vollen Aschenbecher – sie verletzen keinen Ordnungssinn, sind Hinweis auf das glückliche Dolce far niente der Liebenden, die über den Widrigkeiten des Alltags schweben. Doch daß die Schwerkraft des Alltags den Höhenflug der Liebe bremst, Liebe sich nicht erdabgehoben über den Wolken verwirklicht, sondern auf der Erde ihre Probe zu bestehen hat, macht die veränderte Sehweise deutlich: die schreckliche Unordnung, die eine schöne war, wird nur noch als ärgerlich empfunden, als Ausdruck von liebloser Achtlosigkeit des Mannes, der weder Verantwortung für den gemeinsamen Alltag übernahm noch den Eigenbereich der Frau respektiert. Das achtlos über die Schreibmaschine geworfene Handtuch – eigentlich eine harmlose Schlamperei – erhält Signalwert, verletzt die Empfindlichkeit der Frau, die sich in die alte Unterwürfigkeitsrolle der still Hinterherräumenden gedrängt fühlt. Gerade indem das Gedicht nicht den großen Eklat ausstellt, eine offensichtliche Gemeinheit des Mannes, sondern diese unreflektierte Laxheit, verdeutlicht es, wie dünnhäutig, verletzlich die Frau durch den Bewußtseinsprozeß ihrer Unterdrückungsgeschichte geworden ist. Doch anders als ihre Mutter fügt sie sich nicht stumm, sondern wird taub für den Ruf des anderen.

Gnüg: Schlechte Zeit für Liebe, S. 33

IV. Natur

Die Natur ist Gegenstand der Lyrik gewesen, solange es Lyrik gibt. Obwohl sie mit ihren Erscheinungsformen unveränderlich, zeitlos ist, wandelt sich im Laufe der Geschichte das Verhältnis des Menschen zu ihr. Je nach Weltanschauung und Gottesbegriff ist die Natur zentrales Thema eines Gedichts, ein Motiv unter anderen oder reines Bildmaterial; sie kann bloße äußere Erscheinung oder gleichzeitig Spiegel des Gemüts sein; sie kann als naturwissenschaftlich faßbare Realität oder als Ausdruck transzendenter, mystischer Wahrheiten aufgefaßt werden.

Das eigentliche Naturgedicht behandelt immer wiederkehrende Naturerscheinungen (z. B. Tages- und Jahreszeiten), Landschaften (Wald, Fluß, Meer, Wüste), das Landleben (Pflanzen, Tiere, die Arbeits- und Erlebniswelt des Landmanns).

Im Mittelalter gab es Naturmotive und ihre metaphorische Verwendung; sie waren anderen Themen zugeordnet wie der Liebeslyrik, der religiösen oder politischen Lyrik. Sie dienten nicht dazu, die Schönheit der Welt aufzuzeigen, sondern Gottes Allmacht und Herrlichkeit in seiner Schöpfung zu preisen.

Als Entdeckung der Landschaft durch den Dichter, als erstes Genießen der Natur um ihrer selbst willen, gilt eine Tat des italienischen Dichters Francesco Petrarca: Er bestieg 1327 den Mont Ventoux bei Avignon. Es dauerte jedoch noch Jahrhunderte, bis diese Haltung zur Natur Allgemeingut wurde und im Naturgedicht ihren Niederschlag fand.

Den Poeten des 17. Jahrhunderts lieferten die Naturerscheinungen Bilder für rhetorische Schmuckformen; in Allegorien und Emblemata aus der Natur ließ sich die Stellung des Menschen in der gottgegebenen Weltordnung aufzeigen.

Im frühen 18. Jahrhundert vollzieht sich die Wende vom Barock zur Aufklärung. Bartold Heinrich Brockes gewinnt einen neuen Blickwinkel zur Natur; er beobachtet, betrachtet und beschreibt sie, er verwendet sie nicht als Ornament. Die religiöse Grundhaltung bleibt jedoch bestehen: Die Natur ist Gottes Schöpfung und Zeichen seines gütigen Wirkens. Dem forschenden Verstand gelingt es, immer neue, bisher noch unbemerkte Wunder zu entdecken. Naturdichtung ist Gotteslob, sie ist lehrhaft und erbaulich. Noch herrscht die barocke Stiltradition vor, aber zunehmend führen Betrachtung und Überlegung zu einfacheren, klareren Aussagen.

Ein völlig neues Naturverständnis kommt mit Herder, Goethe, Hölderlin auf. Das Thema Natur erlangt zentrale Bedeutung, und es entsteht zum erstenmal das, was wir eigentlich unter Naturgedicht verstehen und was bis weit in das 19. Jahrhundert fast unverändert erhalten bleibt. Grundlage ist die pantheistische Naturphilosophie. Natur ist nicht Schöpfung Gottes, sondern das Göttliche selbst, eine unbegreifliche Macht, in deren Kreislauf wir hineingezogen werden: Sie schenkt uns das Leben, umgibt uns im Diesseits und nimmt uns nach dem Tode wieder auf. Die Natur ist so ein geordnetes Ganzes, das den Menschen mit einschließt und zu einer inneren Harmonie zwischen Welt und Ich, Natur und Geist führt. Das ist der Grund, warum die Natur als Spiegel der Seele des Betrachters dienen kann.

Auch der Romantiker glaubt sich eins mit der Natur. Mit seelischem Einfühlungsvermögen lassen sich die geheimnisvollen Beziehungen aller Naturerscheinungen erahnen, auch die rauheren Seiten, die Abgründe, das Archaische. Es kann Verderben bringen, hinter die schöne Außenseite zu schauen und die zweite Realität hinter den Dingen zu entdecken. Eichendorffs Lyrik ist ein Beispiel für „Naturmagie", den Zusammenhang zwischen Natur und Metaphysik. Zauber, Stimmung, Klang, Phantasie bestimmen die Naturbilder.

Zur Zeit des Biedermeier und des poetischen Realismus bleibt die kosmische Bedeutung der Natur erhalten, sie wird zusätzlich zu einer Art Schutzwall vor den Unruhen der Zeit, sie bietet eine seelische Zufluchtsstätte vor den Forderungen der Gesellschaft. Gleichzeitig führen die Beobachtungen der sich ausweitenden Naturwissenschaften zu einem neuen Empirismus, zu genauer Wahrnehmung und zur Aufzeichnung selbst der feinsten Nuancen des Naturgeschehens.

Der Naturalismus, obwohl er die Natur in seinem Namen trägt, ist eine vorwiegend sozialkritische Epoche, die Natur weniger in der Außenwelt sucht als im Menschen selbst und dessen sozialen Bezügen. Der impressionistische Naturalist Arno Holz holt seine Landschaftsbilder meist aus der Großstadt und zeichnet Naturidyllen im Hinterhof. Auch hier werden die feinsten Stimmungsnuancen kultiviert.

Der Ästhetizismus der Symbolisten macht aus der Natur künstliche Paradiese, die Natur wird von der Kunst dominiert. Natur-Motive werden stilisiert und zu Symbolen eines esoterisch-mystischen Sinns gesteigert. Garten und Park sind Innenräume der Kontemplation.

Der Expressionismus ist dagegen von der Großstadt geprägt, entsprechend herrschen soziale und kosmopolitische Tendenzen vor. Das „O-Mensch-Pathos" entfernt sich weit von der Natur.

Die neue Sachlichkeit der zwanziger und frühen dreißiger Jahre bedeutet eine Rückkehr zu den Fakten: das vorherrschende Thema bleibt die Großstadt. Brecht lehnt das Naturgedicht ab. Sein bekannter Ausspruch von 1939, daß ein Gespräch über Bäume fast ein Verbrechen sei, weil es das Schweigen über politische Untat einschließe, diskriminiert das Naturgedicht.

Eine Reaktion auf die Verstädterung und Politisierung ist das naturmagische Gedicht von Loerke, Lehmann und dem frühen Eich, das die Landschaft als magische Welt wiederentdeckt. Der Dichter ist der Magier, der Vergessenes rettet und beschwört. Im Gegensatz zu den Symbolisten findet Lehmann die Magie im Realen, im Unterschied zu den Naturgedichten des 19. Jahrhunderts benutzt er vielfältigere Bildelemente, zahlreiche Einzelheiten. Die naturmagische Schule verstand sich als Gegensatz sowohl zum subjektiven Erlebnisgedicht als auch zur Abstraktion und Wirklichkeitsauflösung, sie will das Totalerlebnis.

Das Naturgedicht verschwand in der Lyrik der Bundesrepublik für ungefähr zwei Jahrzehnte; in der DDR hingegen blieb es erhalten, denn im sozialistischen Staat ist nach dessen Selbstverständnis die Harmonie von Natur und Mensch erreicht.

In jüngster Zeit haben die ökologische Krise und das erwachte Umweltbewußtsein sehr schnell die Einstellung zur Natur verändert. Heute erscheint es als ein Verbrechen, das »Gespräch über Bäume« nicht zu führen. Träume vom natürlichen Leben erwachen wieder, aber die Natur ist durch die Technik und die Folgen des Fortschrittsglaubens verstümmelt; sie ist zum Fall für den Umweltschutz geworden.

Barthold Heinrich Brockes

Kirschblüte bei der Nacht

Ich sahe mit betrachtendem Gemüte
Jüngst einen Kirschbaum, welcher blühte,
In kühler Nacht beim Mondenschein;
Ich glaubt, es könne nichts von größrer Weiße sein.
Es schien, als wär ein Schnee gefallen:
Ein jeder, auch der kleinste Ast,
Trug gleichsam eine rechte Last
Von zierlich weißen runden Ballen.
Es ist kein Schwan so weiß, da nämlich jedes Blatt
– Indem daselbst des Mondes sanftes Licht
Selbst durch die zarten Blätter bricht –
Sogar den Schatten weiß und sonder Schwärze hat.
Unmöglich, dacht ich, kann auf Erden
Was Weißres aufgefunden werden.

Indem ich nun bald hin, bald her
Im Schatten dieses Baumes gehe,
Sah ich von ungefähr
Durch alle Blumen in die Höhe
Und ward noch einen weißern Schein,
Der tausendmal so weiß, der tausendmal so klar,
Fast halb darob erstaunt, gewahr.
Der Blüte Schnee schien schwarz zu sein
Bei diesem weißen Glanz. Es fiel mir ins Gesicht
Von einem hellen Stern ein weißes Licht,
Das mir recht in die Seele strahlte.
Wie sehr ich mich an Gott im Irdischen ergetze,
Dacht ich, hat Er dennoch weit größre Schätze.
Die größte Schönheit dieser Erden
Kann mit der himmlischen doch nicht verglichen werden.

Informationen

1. Barthold Heinrich Brockes (1680–1747), ein Hamburger Patrizier, wirtschaftlich unabhängig, gebildet und weit gereist, war ein tief religiöser Mensch. Er hat durch seine Gedichte auf die Natur als Thema hingewiesen.
2. Das Gedicht „Kirschblüte bei Nacht" stammt aus dem neun Bände umfassenden „Irdischen Vergnügen in Gott". Der 1. Band erschien 1721, sieben weitere zwischen 1727–1746, der letzte 1748 aus dem Nachlaß.
3. Die Wirkung der Gedichte war groß; sie regten die zeitgenössischen Dichter (Bodmer, Haller, E. v. Kleist, Geßler) zu genauer Beobachtung und Beschreibung der Natur im Gedicht an, erbauten aber auch ein bürgerliches Publikum.
4. Zur Interpretation
F. J. Schneider interpretiert nicht das vorliegende Gedicht, sondern analysiert das „Irdische Vergnügen in Gott" allgemein. Es lassen sich jedoch zahlreiche Charakteristika unmittelbar auf die »Kirschblüte bei der Nacht« übertragen.

Interpretation

Die natürliche Offenbarung [...] bildet das eigentliche Problem von Brockes' Gedichtsammlung „Irdisches Vergnügen in Gott". [...] Der ihr zugrundeliegende Gottesbegriff ist bald, im Einklang mit der Bibel, außerweltlich, bald, von ihr abweichend, immanent-pantheistisch; [...] Hier wirkt [...], wie auch im Sprachgebrauch vieler dieser Gedichte, noch das alte Erbe der barocken Mystik nach. Aber Brockes' religiöses Gemüt zeigt sich auch von den damals Mode gewordenen stoisch-epikurischen Lehren berührt. Er verwirklicht die Selbstgenügsamkeit der Stoiker und die Seelenruhe der Epikureer in seiner auf irdischer Basis fest ruhenden konfliktslosen Gottesbetrachtung. Er verlegt den Garten Epikurs in die weite, ja, man kann sagen, kosmische Natur; denn er zieht auch den gestirnten Himmel als *ein unendlich Grab der forschenden Gedanken* in seine Betrachtung mit ein. Aus dem gewaltigen Buch des Universums, worin er mit Shaftesbury überall höchste Zweckmäßigkeit und Harmonie findet, erschließt sich ihm die Allmacht, Weisheit, aber auch der Künstlergeist des Allerhalters. Und aus dem intellektuell-religiösen Genuß aller Herrlichkeiten der Schöpfung erwächst ihm erlesenste Lust. Er erringt sich seine Gotteserkenntnis ja nicht auf dem den Rationalisten geläufigen Wege der Vernunft, sondern wie Epikur auf dem der sinnlichen Wahrnehmung. Mit allen Sinnen will er die Wunder der Natur auffangen, sie nicht nur hören und sehen, auch riechen, fühlen, schmecken. Seine Hingabe an die Natur bleibt aber trotz dieser sensualistischen Seligkeit ebenso wie die der Mystiker des Barocks [...] stets noch religiös gebunden. [...] jede Beobachtung wird von ihm immer irgendwie dem physikotheologischen Gottesbeweis nutzbar gemacht. Darum deutet er den Kornhalm als aufgereckten Finger, der zum Schöpfer weist, das duftige Kraut als Rauchfaß, die Glockenblume als Betglocke. Aber die Abschwächung, die das religiöse Empfinden bei all diesem frommen Eifer seit dem Barock erlitten hat, zeigt sich auch hier, wenn der Dichter seine dankbare Huldigung dem Schöpfer im Grunde doch nur deshalb erweist, weil dieser mit den Wundern der Natur alle, selbst die geringfügigsten alltäglichen Bedürfnisse des Menschen befriedigen kann. Und diesem philiströsen, von der Rücksicht auf das eigene Wohlbefinden eingeschränkten Sinngehalt seines dichterischen Gottesdienstes entspricht auch der genügsam-kleinliche Zug in der Weltschau des behäbigen Patriziers. Denn nicht in der Stärke und Geschlossenheit eines Gefühlseindruckes offenbart sich ihm Gottes Allmacht und Größe, sondern in der Fülle und Mannigfaltigkeit der Einzelwahrnehmungen. Die Worte, die er einmal dem Leser zuruft: *Nimm ein Vergrößerungs-Glas und siehe, Was die Natur hervorgebracht,* könnte als Motto den Naturbeschreibungen seines *Irdischen Vergnügens* voranstehen. [...]

Das Neue seiner Lyrik liegt eben weit mehr in der Intensivierung und Differenzierung der sinnlichen Wahrnehmung als in den künstlerischen Mitteln, diesen sensualistischen Reichtum mitzuteilen. In dieser Hinsicht bleibt Brockes sogar noch oft auf der Stufe des literarischen Barocks stehen. [...] Brockes leert, wenn er das Grün des jungen Grases und die Farbenpracht der Blumen schildert, wie ein Lyriker des Hochbarocks noch immer einen Kasten buntfarbiger Edelsteine vor uns aus oder greift nach barocker Tradition zum Vergleich mit einem Kunstprodukt, um uns die Schönheit und Vollkommenheit eines reinen Naturproduktes zu veranschaulichen. [...]

Aber trotz all seiner Unzulänglichkeiten wirkte das *Irdische Vergnügen* doch erfrischend und befruchtend auf die damalige Lyrik ein, die durch Festlegung auf überkommene Schemata und beständiges Zurückgreifen auf abgenutzte Motive schon ganz leer an neuen Erfindungen und aus grundsätzlicher Opposition gegen den Barockstil auch schon arm, ja geradezu prosaisch-nüchtern im sprachlichen Ausdruck geworden war. Das Werk gab nicht nur der Entwicklung des Natur- und Landschaftsgefühls einen kräftigen Antrieb, sondern erzog die Deutschen auch zur Kunst des Sehens und weckte in ihnen noch einmal die mit dem Barock erlöschende Farbenfreude, kurz, es leitete zu einer sinnlichen Erfassung des Weltbildes an, wie erst nach Jahrzehnten wieder Herder und der Sturm und Drang.

Schneider: Aufklärungszeit, S. 70–73

Johann Wolfgang von Goethe

Auf dem See

Auf dem See

Ich saug an meiner Nabelschnur	Und frische Nahrung, neues Blut
Nun Nahrung aus der Welt.	Saug' ich aus freier Welt;
Und herrlich rings ist die Natur	Wie ist Natur so hold und gut
Die mich am Busen hält.	Die mich am Busen hält!
Die Welle wieget unsern Kahn	Die Welle wieget unsern Kahn
Im Rudertackt hinauf	Im Rudertakt hinauf,
Und Berge Wolcken angethan	Und Berge, wolkig himmelan,
Entgegnen unserm Lauf.	Begegnen unserm Lauf.
Aug mein Aug was sinckst du	Aug', mein Aug', was sinkst du
nieder	nieder?
Goldne Träume kommt ihr wieder	Goldne Träume, kommt ihr wieder?
Weg du Traum so Gold du bist	Weg, du Traum, so gold du bist:
Hier auch Lieb und Leben ist.	Hier auch Lieb und Leben ist.
Auf der Welle blincken	Auf der Welle blinken
Tausend schwebende Sterne	Tausend schwebende Sterne,
Liebe Nebel trincken	Weiche Nebel trinken
Rings die türmende Ferne	Rings die türmende Ferne;
Morgendwind umflügelt	Morgenwind umflügelt
Die beschattete Bucht	Die beschattete Bucht,
Und im See bespiegelt	Und im See bespiegelt
Sich die reifende Frucht	Sich die reifende Frucht.
(1. Fassung, Rechtschreibung des Originals)	(2. Fassung, in der Rechtschreibung modernisiert)

151

Informationen

1. Nachdem Goethe seine Verlobung mit Lili Schönemann gelöst hatte, begab er sich am 14. Mai 1775 mit den beiden Grafen Stolberg und dem Grafen Haugwitz auf eine sogenannte „Geniereise" durch die Schweiz. Dort unternahm er am 15. Juni mit weiteren Freunden eine Fahrt auf dem Züricher See. Goethe führte über diese Reise vom 15.–21. Juni Tagebuch und schilderte sie später in „Dichtung und Wahrheit" noch einmal aus der Erinnerung.

2. Es gibt zwei Fassungen des Gedichts: die erste entstand unmittelbar nach der beschriebenen Kahnfahrt und steht ohne Titel im Tagebuch; die zweite erschien erstmals 1789 unter dem bekannten Titel „Auf dem See" im 8. Band der „Schriften" Goethes bei Göschen. Diese Fassung übernahm Goethe auch in „Dichtung und Wahrheit".

3. Zu den Interpretationen

„Auf dem See" wird manchmal als Liebesgedicht auf Lili Schönemann aufgefaßt, aber diese Interpretation ist zu oberflächlich und faßt den Kern nicht. Dazu äußert sich Oskar Walzel.

Joachim Dyck begreift das Gedicht nicht nur als Darstellung eines Gefühls der Verbundenheit von Ich und Natur, sondern sieht darin die Wiedergabe eines Entwicklungsprozesses, der mit der Vergangenheit abschließt und eine neue Stufe erreicht hat auf dem Weg des Autors zu sich selbst: weg vom Sturm und Drang. Dyck geht von der ersten Fassung aus, weil sie das ursprüngliche Erlebnis wiedergibt und nicht vom „klassischen" Goethe bearbeitet ist. Seine Arbeit ist nur in Auszügen wiedergegeben. Bernhard Blume schließlich untersucht Takt und Rhythmus und entwickelt daraus seine Interpretation.

1. Interpretation

Mehrfach schon versuchte ich, dem Lied gerecht zu werden. [...] Auch ohne die Anleitungen, die ich gab, sieht jeder, daß Goethe nicht den bloßen Kampf zwischen Liebe und Natureindruck zeichnet, sondern Naturgenuß durch jähe Erinnerung an das Beseligende einer Liebe von einst unterbrechen, dann aber durch entschlossene Selbstbefreiung um so tiefer und echter sich durchsetzen läßt. Das eigentlich menschlich Ergreifende und Befreiende des Gedichts geht verloren, wenn es nur hingenommen wird wie ein Zeugnis für die Stärke der Bande, die noch auf der Schweizer Reise Goethe an Lili fesselten. Und da tatsächlich der lebensgeschichtliche Zusammenhang zwischen dem Gedicht und Lili immer nur die wahre Erfassung des Gedichts hindert, da er nicht bloß die künstlerische Gestalt des Gedichts, seinen Aufbau und das Nacheinander der erweckten Seelenlagen, auch überhaupt den allgemeinmenschlichen Gehalt verdeckt, möchte beinah der Wunsch sich einstellen, Goethe hätte niemals verraten, wie das Lied mit seinem Leben zusammenhängt. Denn nachgerade ist es für die meisten aus einem der echtesten und reinsten Muster reinlyrischen und echtlyrischen Sangs ein bloßes Zeugnis von Goethes Lebensgeschichte geworden.

Walzel: Gehalt und Gestalt, S. 55

2. Interpretation

Die erste Strophe ist bestimmt durch das Verhältnis von Ich und Natur, wobei die Natur in einer traditionsreichen Metaphorik gefaßt wird: Sie erscheint als Mutter oder Amme. Wir dürfen dieses Bild genauso nehmen, wie es gemeint ist, nämlich als Ausdruck eines naiven Verhältnisses zwischen Kind und Nährerin. Geborgenheit, so wie sie dem lyrischen Ich durch das ruhige Eingeschlossensein des *rings* vermittelt wird, ist das Signum für sein Lebensgefühl. Das gilt auch für die Beziehung zu anderen Individuen, befindet sich das Ich doch in einer Gesellschaft *(unsern Kahn)*, die ebenso in der mütterlichen Bewegung des Wiegens aufgeht wie es selbst. Die spannungslose Einheit von Ich, Natur und menschlicher Gemeinschaft steht im Zeichen einer ruhenden Bewegung: Passivität und Aktivität lassen sich nicht unterscheiden, die Tätigkeit des Ruderns verschmilzt mit dem Hingegebensein an die rhythmische Bewegung des Wassers.

Der Eingang des Gedichts offenbart jedoch noch eine weitere, ebenso entscheidende Bindung des Ich: Die Metapher vom saugenden Embryo setzt es in Beziehung zur Welt. Sie ist das eigentlich lebensspendende Element. Welt als Mutter und Natur als Amme: Zwei Prinzipien also, die in ihrer Funktion durchaus unterschieden sind, sichern ein Stadium des Lebens, dessen Ungebrochenheit durch nichts gestört wird. Innige Vereinigung mit Welt, Natur und menschlicher Umgebung charakterisiert das lyrische Ich: Es genießt die Übereinstimmung mit sich und seiner Gegenwart.

Diese Paraphrase der ersten Strophe griffe jedoch zu kurz, wenn sie nicht den Hinweis auf die Zeitstruktur des Gedichtes einschlösse, der in dem unscheinbaren Wörtchen *nun* liegt. *Nun Nahrung aus der Welt:* Diese Feststellung hat eine doppelte Implikation, die logisch kaum zu trennen ist. Zum einen zeigt sie das sprechende Ich im Bewußtsein seines jetzigen Zustandes, der als gegenwärtig nur im Gegensatz zur Vergangenheit begriffen wird. Zum andern ist damit auf eine frühere Existenzstufe verwiesen, an deren Stelle in der unmittelbaren Gegenwart die Aufnahme von Welt und die Verbindung mit der Natur tritt. Die Geschichte des lyrischen Ich wird also nicht ab ovo dargestellt, sondern sie beginnt in einem neuen Stadium seiner Entwicklung: Es hat die Quelle seiner Kraft getauscht, oder, so könnte man sagen, seine Ernähererin gewechselt. [. . .]

Die zweite Strophe setzt diesem Zustand des lyrischen Ich jedoch schon in der ersten Zeile ein schnelles Ende, denn sie offenbart, daß eine nicht näher bezeichnete Störung einen inneren Vorgang auslöst, dem die Bewegung des Auges korrespondiert: *Aug mein Aug was sinckst du nieder.* Dieser Wechsel von der offenen Haltung gegenüber den Eindrük-ken der sichtbaren Außenwelt (Strophe I) zu einer sich anbahnenden Versenkung des Ich in den Innenraum seiner selbst kommt jedoch nicht unvermittelt. Er wird ausgelöst durch die Erscheinung der Berge *(Und Berge Wolcken angethan Entgegnen unserm Lauf).* Das lyrische Ich unterliegt der Suggestion einer gegenläufigen Bewegung der Berge zu der des Kahns, wie sie sich leicht als optische Täuschung einstellen kann, wenn sich dem Auge kein Bezugspunkt bietet, durch den es einen Irrtum verifizieren kann. Die scheinbare Gegenbewegung der als unbeweglich gewußten Berge löst eine *innere* Gegenbewegung aus, die das Ich aus dem Zustand ungebrochenen Gegenwartsbezuges in den einer fragen-den Erinnerung überführt: Die Erfahrung der Diskrepanz von Sehen und Wissen hat eine momentane Unsicherheit, einen geheimen Zweifel zur Folge, der sich auf das sichere Bewußtsein von einer freudig erfüllten Gegenwart überträgt, es erschüttert, und das Ich nach einem festen Bezugspunkt suchen läßt, mit dessen Hilfe es sich seines jetzigen Zustan-des wieder versichern kann. Ein solcher Bezugspunkt kann nur die Vergangenheit sein, da erst von ihr aus eine Bestimmung und damit Versicherung der Gegenwart möglich ist. Daß diese Vergangenheit war, ist uns nicht neu, denn dem *wieder (Goldne Träume kommt ihr wieder)* entspricht das *nun* der Strophe I: Neu ist ihr Einfluß, den sie auf die Gegenwart zu nehmen sich anschickt.

Bedenken wir die Entsprechung von *wieder* und *nun,* dann vermag Strophe II Aufschluß zu geben über den Inhalt der Vergangenheit. Sie kann die Frage beantworten, welches lebensspendende Element früher die Existenz des lyrischen Ichs ermöglichte: Es ist die personale Liebe, die von der Erinnerung evoziert wird. Die innige Verbindung mit dem Du wurde aufgegeben zugunsten einer Verbindung mit Welt und Natur, die beide in geheimem Oppositionsverhältnis zur Liebe stehen, deren Be-stand durch den plötzlichen Anspruch, den die Vergangenheit anmeldet, gefährdet erscheint. Das lyrische Ich reagiert mit einer imperativischen Abweisung *(Weg du Traum so Gold du bist)* und einer Behauptung, die offenbar eine neue Selbstversicherung darstellt: *Hier auch Lieb und Leben ist.* Der unerwartete Übergriff der Vergangenheit ist damit zwar zurückgewiesen, jedoch konnte die Abwehr dem lyrischen Ich nur gelin-gen, weil eine andere Bewußtseinsstufe es befähigte, durch Reflexion die Gegenwart und damit seine neue Existenz zu bewahren. [...]

Niemandem sei es benommen, von der letzten Strophe zu sagen, „sie male in Lichtern und Lasuren wahrhaftig ein Seestück". Einige Elemente des Naturbildes von Strophe I treten auch hier wieder in Erscheinung: Welle, Berge und Wolken (Nebel). Und dennoch kehrt das Gedicht nicht einfach in einer Kreisbewegung zu seinem Ausgangspunkt zurück, denn

Strophe III hat einen grundsätzlich anderen Charakter. Sie ist die Strophe des wieder geöffneten Auges, das bedeutend mehr an Wahrnehmung faßt und vor dem sich die Natur in eigenständiger Weise entfaltet: Für das Verhältnis Ich und Natur haben sich die Maßstäbe geändert. Sah nämlich das lyrische Ich der Strophe I die Bedeutung der Natur wesentlich in ihrer bergenden Funktion *(die mich am Busen hält)* und in bezug auf sich selbst, so ermöglicht ihm das gesteigerte Bewußtsein nun die Abstraktion von der eigenen Person und damit eine neue Perspektive. Das lyrische Ich bringt seine Erkenntnis zur Darstellung, daß die Natur selbst einem Gestaltungsprinzip unterliegt: Dem der genuinen Zuordnung. Denn es werden jeweils zwei Elemente aufeinander bezogen: Welle und Lichtreflex, Nebel und Berge, Morgenwind und Bucht. Oben und Unten werden als Polaritäten bewußt, das eigentlich Entfernte vereinigt sich. Ein Teil der Landschaft ordnet sich dem andern durch eine erotische Bewegung (trinken, umflügeln) zu: Im Verhältnis der aufeinander bezogenen Naturelemente erscheint das Verhältnis der Liebe. [...]
Die letzten zwei Zeilen des Gedichts habe ich bisher ausgeklammert, weil sie seinen Abschluß und Höhepunkt bilden. See und Frucht sind einander nicht in erotisch-sinnlicher Bewegung zugeordnet. [...] Im Symbol der reifenden Frucht läuft der Sinngehalt des Gedichtes zusammen. Es stellt den Reifeprozeß des lyrischen Ich dar, das Liebe und Leben als gegenwärtig erkannt hat und das doch gleichzeitig an beidem teilnimmt, insofern es selber Natur ist. Das Ich ist sich dieses Zusammenhanges auch bewußt und hat damit eine Reflexionsstufe erreicht, von der aus das Verhältnis zu Welt und Natur in der Freiheit des Selbstbewußtseins neu bestimmt werden kann. In diesem Sinne ist *Auf dem See* das Gedicht einer Ich-Erfahrung, aber es ist nicht allein eine Beschreibung dieses Erlebnisses, sondern auch das Erlebnis selbst.

Dyck: Die Physiognomie, S. 77–82

3. Interpretation

In einem [...] hinreißenden Bekenntnis zur Freundschaft gipfelt Goethes *Auf dem See* nicht. Zwar wie Klopstocks Gedicht ist auch das Goethesche aus dem Erlebnis einer Bootsfahrt mit Freunden herausgewachsen, 25 Jahre nach Klopstock auf demselben See unternommen, an einem strahlenden Junimorgen des Jahres 1775. Die Freundesgruppe wird bei Goethe freilich fast wie selbstverständlich vorausgesetzt; sie läßt sich gerade noch erschließen: aus dem *unser* der fünften und achten Zeile *(unser Kahn, unser Lauf).* Ausdrücklicher eingebettet und einbezogen ist der Dichter dieser Fahrt in das Ganze der Natur, und zwar auf eine ganz unreflektierte, fast animalisch unbekümmerte Art. Schon das kühne *Und* der ersten Zeile ist ein Wort, das verbindet, das hier mit allem verbindet, mit dem Ungenannten, Unbekannten, Vorausliegenden. Drastisch sagt es die erste, später revidierte Fassung des Anfangs: *Ich saug an meiner Nabelschnur / Nun Nahrung aus der Welt;* doch stammen aus der gleichen Sphäre die weiteren Bilder, der mütterliche Busen, der ihn an sich hält, auch das Wort *wiegen;* all dies bezeichnet einen Zustand wohliger Daseinsgeborgenheit, der freilich, um ein Lieblingswort des jungen Goethe zu gebrauchen, noch ganz im Bereich des *Dumpfen* ist. Daß er nicht im Dumpfen bleibt, gibt dem Gedicht die innere Bewegung. Denn schon im ersten Teil tauchen die Worte auf, die wie das *hinauf* der sechsten und das *himmelan* der siebenten Zeile jene Richtung nach oben und nach vorwärts andeuten, die die Lebensrichtung Goethes werden sollte. Und daß es sich durchaus nicht nur um einen genießerischen Zustand wohligen Behagens handelt, daß es vorwärts geht, das suggeriert der Rudertakt, in dem sich dieser Teil bewegt. Doch dann hält das Gedicht an: *Aug', mein Aug', was sinkst du nieder?*

Wenig wird uns hier der biographische Zusammenhang sagen, – mag immerhin mit den *goldnen Träumen* die Erinnerung an Lilly Schönemann gemeint sein, wir sind geneigt, zu wünschen, wie Walzel es tut, daß Goethe niemals verraten hätte, wie das Lied mit seinem Leben zusammenhängt. Im Gedicht jedenfalls wird uns nicht gesagt, was der Gegenstand der goldenen Träume ist; worauf es ankommt, ist, daß es Erinnerungen sind. Vergangenes darf aber keine Macht haben, hier, wo es nur um gegenwärtiges Leben geht und um die Zukunft. Und so wird mit einem energischen Ruck – *weg, du Traum* – die Hemmung des Nicht-Gegenwärtigen beiseite geschoben.

Dieselbe Haltung drückt sich übrigens auch im Rhythmus dieser Strophe aus. Zunächst scheint es, daß das Anhalten der Bewegung sich verdeutlicht im Wechsel vom Jambus der ersten zum Trochäus der zweiten Strophe. Mit dem schweren Taktteil, mit dem die zweite Strophe beginnt, scheint eine Verlangsamung einzutreten. Doch scheint es nur so. Denn man erkennt sofort, daß die Trochäen der zweiten Strophe sich nur mit Mühe, und nur zum Teil, als Trochäen behaupten, daß in Wahrheit ein jambischer Rhythmus dem trochäischen Metrum entgegenläuft. [...] Die Schlußzeile endlich würde durch eine metrische – trochäische – Lesung völlig um Sinn und Wirkung gebracht werden. Die rhythmische Gegenstimmigkeit dieses Teils ist sehr sinnvoll: unter der Oberfläche, unterhalb dessen, was das Bewußtsein im Augenblick erfüllt, setzt sich die eigentliche, die energisch vorwärtsdrängende Richtung des Gedichts durch.

Was Goethe im gleichen Jahr 1775 an Gustchen Stolberg geschrieben hatte: daß er seine Gefühle sich zu Fähigkeiten, kämpfend und spielend, entwickeln lassen wolle, das ist im engen Raume dieses Gedichts geleistet. Das frische und doch ein bißchen ungefähre Behagen, das in der ersten Strophe vorwaltet, verwandelt sich in der dritten Strophe in die Klarheit der Leistung. Statt der genossenen Natur finden wir jetzt geformte Natur; ein Gebilde entsteht, das mit jeder Silbe Zeugnis ablegt vom Willen zur Gliederung, Genauigkeit und geistigen Beherrschung: dicht gedrängt, reich bewegt, ganz gegenständlich ist dies ein Naturbild von der Art, für die später der Name „Dinggedicht" in der deutschen Dichtung aufkommt. Tief bezeichnend, wie so oft bei Goethe, ist, was an den Schluß gestellt und damit ganz besonders betont wird: daß der Blick vom Wasser sich hebt, in die Ferne sich richtet, daß im Bild der Bucht die Vorstellung der Ankunft sich andeutet, daß unter den vielen Gegenständen, denen zu begegnen möglich wäre, es gerade das Bild der reifenden Frucht ist, das uns zuletzt gezeigt wird, all das ist kein Zufall: es ist der Ausdruck des großen Zieles, auf das sich der junge Goethe zubewegt, Ausdruck des glühenden Wunsches, selber Frucht zu bringen.

Blume: Die Kahnfahrt, S. 379–381

Joseph von Eichendorff

Mondnacht

Es war, als hätt der Himmel
Die Erde still geküßt,
Daß sie im Blütenschimmer
Von ihm nun träumen müßt.

Die Luft ging durch die Felder,
Die Ähren wogten sacht,
Es rauschten leis die Wälder,
So sternklar war die Nacht.

Und meine Seele spannte
Weit ihre Flügel aus,
Flog durch die stillen Lande,
Als flöge sie nach Haus.

Informationen

1. Joseph Freiherr von Eichendorff (1788–1857) wurde geboren auf Schloß Lubowitz in Oberschlesien, einem waldreichen Hügelland, das seine Naturliebe schon in früher Jugend weckte.
2. Die „Mondnacht" entstand vermutlich 1835 und wurde 1837 in „Gedichte von Jos. Freiherr von Eichendorff" veröffentlicht. Robert Schumann hat das Gedicht vollendet vertont.
3. Zu den Interpretationen
Die Interpretation von Gaudenz Ruf zeigt, wie Lyrisches und Symbolisches verschmelzen. Der Weg führt vom Traum zur Naturhingabe und schließlich zum Jenseitigen. Hermann Kunisch klärt den Begriff des Nach-Hause-Kommens bei Eichendorff. Oskar Seidlin bezweifelt, daß Eichendorff im Sinne des Pantheismus die Verschmelzung von Himmlischem und Irdischem darstellen will, und nimmt an, daß seine Landschaftsbilder nur Chiffren sind, die auf das Jenseits verweisen.

1. Interpretation

Die erste Strophe leistet die Erschaffung des lyrischen Raums. Mit der verschlüsselten Konditionalperiode – die Kompliziertheit der Syntax wird ob des Inhalts leicht übersehen –, die von ferne an die Märchenformel „Es war einmal" erinnert, hebt Eichendorff vom Wirklichen ab und setzt ins Traumhaft-Phantastische über. *Es war, als hätt* besagt deutlich, daß der Dichter nicht Wirklichkeit vorgibt, sondern eine Fiktion erschafft, um sich in ein Traumreich zu versetzen – die nämliche Absicht, oder auch die Folge, kommt ja in der vierten Zeile zum Ausdruck: *Das sie... träumen müßt.* – In der zweiten Strophe ist die Traumsphäre erreicht. Der Dichter gibt sich ohne mythische Vorstellung einfach an die Natur hin, deren Seele – aus dem Banne geweckt – sich regt und mitteilt. Das Gefühl gerät in sachtes Wogen und schwingt ein. Einzig in der letzten Zeile überkommt Eichendorff die Scheu von allzu freier Hingabe. Das *so* und mit ihm der kausale Nebensatz deuten bereits auf einen versteckten geistigen Bezug. Der Dichter löst sich vom Lyrischen, besinnt sich auf sein Ziel und wendet sich ganz dem jenseitigen Halt zu. In der dritten Strophe tritt er denn selbst ins Bild, ein Zeichen der Fassung. Zugleich verläßt er den Boden der unmittelbar natürlichen Anschauung und greift zum rein symbolisch-übertragenen Ausdruck. Das unfaßbare Pneuma* scheint sich zu verkörperlichen, oder aber die Flügel entstofflichen sich und bedeuten nicht mehr Körperteile, sondern abstrakte Medien des Fliegens, sind Sinnbild des Weitoffenen. Die Schlußzeile spricht den Gleich-

---

* Pneuma (griech.) = der Atem. Die Griechen sahen im Atem den spürbaren Ausdruck der Seele.

nischarakter aus: *Als flöge sie nach Haus.* Das *nach Haus* ist gänzlich der wörtlich-sachlichen Bedeutung überhoben.

Ruf: Spätromantik, S. 50

2. Interpretation

Da die Landschaft nie nur räumlich ist und nie eindeutig, weckt sie im Menschen Sehnsucht, sich ihrer Ferne hinzugeben. Das aber in der doppelten Weise des Hinüberverlangens in die Heimat oder in den zerstörerischen, bannenden nächtlichen Grund. In dem Gedicht *Mondnacht* ist jene Sehnsucht zur reinen Gestalt geworden. Nach Hause kommen, fliegen, zu Hause sein ist die Formel, in der sich die Vieldeutigkeit der menschlichen Bewegung ins eindeutig Gute befreit. Auf sie bezogen ist das Wort Heimat, in dem sich nun wieder eine Fülle von Beziehungen sammelt. Eichendorff hat seine landschaftliche Heimat, Wälder und Gründe um Lubowitz in Schlesien innig, zärtlich und kräftig erfahren; er hat sie geliebt und gepriesen und war in der Ferne von Heimweh nach ihr bewegt. Aber Heimat meint bei ihm nur zuerst Schlesien; in der Tiefe meint es einen geistigen und religiösen Wert, der nicht immer mit der Geburtsheimat verbunden war, und den es darüber hinaus auch anderswo gibt. Heimat ist das, was macht und bewirkt, daß Herz, Natur und Zeit Frieden und Bestand haben, meint also zuletzt und endgültig Gott.

Kunisch: Kleine Schriften, S. 253

3. Interpretation

Man hat oft bemerkt, daß Eichendorffs Garten, eines seiner liebsten szenischen Bilder, einen ausgesprochenen Rokoko-Charakter trägt. Aber es ist doch fraglich, ob die übliche Erklärung zureicht, daß Form und Umriß seiner Gärten ausschließlich von dem Park von Lubowitz, dem Landsitz, wo er geboren und aufgewachsen ist, bestimmt waren. Er brauchte den Rokoko-Garten, weil seine klare Anordnung, seine durchsichtige Gliederung auf einen Gärtner verweisen, der über dem Ganzen waltet, einen Schöpfer, [...] der dieses Stück Land abgesteckt, bepflanzt und durchformt hat, wobei freilich als Korrektur gleich darauf hingewiesen werden muß, daß der Rokoko-Garten, als Bild der Überformtheit und Starre, ebenso sehr eine negative und bange Reaktion in dem Dichter auslösen kann. Selten aber nur erlaubt Eichendorff der Trennungslinie zwischen Himmel und Erde im Ungewissen zu verschwimmen. Freilich, in seinem allerschönsten Gedicht, „Mondnacht", einem der — sagen wir —

zehn vollendeten Wunder deutscher Sprache, finden sich Himmel und Erde in Kuß und Umarmung. Aber es scheint mir hochbedeutsam, daß diese Vereinigung von Oben und Unten sprachlich als ein Irrealis, nur als ein Bild, erscheint

Es war, als hätt' der Himmel
Die Erde still geküßt...

und daß die zweite Strophe mit ihren scharfen Linienkonturen, ihrer beinah unheimlich säuberlichen Abfolge landschaftlicher Bilder, jedes Ineinanderfließen und -verschmelzen ausschließt, das für die mystische Erlebnisweise so charakteristisch ist. Eichendorffs bevorzugte Sicht von hoch oben schafft Distanz zwischen Hier und Dort, sie verwirft den pantheistischen Monismus von phänomenalem und absolutem Bereich, von Erscheinung und Substanz, von Leben und Lebensspender. Seine Natur und Landschaften verkörpern nicht den Sinn, sondern sie verweisen auf ihn, sie haben die Funktion einer Chiffre, die das eigentliche Wahre, die reine Transzendenz ahnen läßt.

Seidlin: Versuch über Eichendorff, S. 46–47

Eduard Mörike

Um Mitternacht

Gelassen stieg die Nacht ans Land,
Lehnt träumend an der Berge Wand,
Ihr Auge sieht die goldne Waage nun
Der Zeit in gleichen Schalen stille ruhn;
   Und kecker rauschen die Quellen hervor,
   Sie singen der Mutter, der Nacht, ins Ohr
     Vom Tage,
Vom heute gewesenen Tage.

Das uralt alte Schlummerlied,
Sie achtet's nicht, sie ist es müd';
Ihr klingt des Himmels Bläue süßer noch,
Der flücht'gen Stunden gleichgeschwung'nes Joch,
   Doch immer behalten die Quellen das Wort,
   Es singen die Wassen im Schlaf noch fort
     Vom Tage
Vom heute gewesenen Tage.

Informationen

1. Eduard Mörike (1804–1875), Pfarrer und Dichter aus dem Schwäbischen, ist ein verspäteter Romantiker.
2. „Um Mitternacht" ist im Oktober 1827 entstanden und später von Hugo Wolf vertont worden. In dem Gedicht wird die Allegorie durchgehalten und führt zur Mythologisierung. Das trennt es vom Realismus, der Allegorie und Mythos ablehnt.
3. Um Mitternacht „besteht aus zwei Strophen, von denen jede wiederum aus zwei ganz verschieden gebauten Halbstrophen zusammengesetzt ist, die erste jambisch, die zweite grundsätzlich daktylisch phrasiert, mit einer verkürzten, auf nur eine Hebung konzentrierten Zeile (einer sogenannten Amphibrachys) an dritter Stelle." (Holthusen: Mörike, S. 56)
4. Zu den Interpretationen
Heinz Politzer interpretiert das Gedicht aus der archaisch mütterlichen Geste heraus. Renate von Heydebrand geht der Frage nach, ob die Natur selbst Gegenstand des Gedichts ist oder ob sie nur dem lyrischen Ich zum Ausdruck seiner Gefühle verhilft.

1. Interpretation

Das erste Wort dieses Gedichtes ist ein Goethe-Wort. Mit gelassener Hand sät der uralte heilige Vater segnende Blitze über die Erde („Grenzen der Menschheit"). [...]
Goethes Verse sind väterlich, Mörikes Gedicht ist mütterlich gesinnt. Ganz ausdrücklich wird die Nacht als Mutter der Quellen apostrophiert, der kecken Quellen, und damit der Existenz überhaupt. [...] Die Gelassenheit seiner Nacht ist eine matriarchalische Gebärde, die wiegende und wägende Geste einer Mutter, die ihr Kind an die Brust nimmt. So urtümlich ist die Geste dieser Gelassenheit gefaßt, so weltweit das ganze Gedicht gespannt, als hätte der junge Vikar die erzromantische Lehre Johann Jakob Bachofens vom Mutterrecht gekannt. Die aber ist leider erst 1861 erschienen.
Archaisch ist auch die Bewegung der Strophen, eine Bewegung, die von der Ruhe handelt und, aber nur scheinbar, in die Stille mündet. Ein Riesenweib, steigt die Nacht aus dem Meer, Unendlichkeit aus Unendlichkeit, und verweilt bei den Kindern der großen Mutter Erde, den Bergen.
Sie träumt. Ausgelöscht ist vor diesem Wort das Ich des Dichters. Das Gedicht ist keineswegs objektiv, daran hindert es schon die schwermütige Leichtfüßigkeit seines Ganges, aber es ist menschenleer, obwohl doch auch wieder die Stunde, nach der es genannt ist, eine Zahl, das Maß des Menschen, verrät. Es ist das Auge der Nacht und nicht das des Dichters, das die Waage der Zeit sieht, deren Schalen für einen Augen-

blick ins Gleichgewicht geraten sind. Nur mehr im Wechsel der Tempora von *stieg* zu *sieht* deutet sich der Fluß der Zeit an. Nun aber sieht sie in voller verbaler Gegenwart *der flücht'gen Stunden gleichgeschwung'nes Joch*. Dieser Vers, in dem der Gegensatz zwischen Flucht und Ruhe der Zeit aufgehoben wird, ist vollkommen. Aussage, Bild und Tonfall ist ein und dasselbe: ausgewogen. Der Atem der gebundenen Rede vergeht im Wehen der mütterlichen Nacht. Hugo Wolf ist es dann geglückt, die Melodie dieses Verses noch einmal in Töne zu setzen. Musik aus Musik; Metamusik, sozusagen.

Noch aber rauschen Quellen; die Nacht, ihre Mutter und die Mutter des Seins, ist, was sie macht: müde. Wie das Wort *müde* hier steht, reicht es weit über das Quellenlied hinaus, auf das es bezogen ist. Die Welt schläft ein. In kosmischer Synästhesie* lauscht die Nacht dem Blau des Firmaments, womit die Elemente der Luft, des Wassers und der Erde, der die Quellen entsprangen, vereinigt sind. Auch Mörikes Verse bilden ein Lebenslied, ein Lied vom Leben der Welt.

Politzer: Mutter Nacht, S. 62–64

2. Interpretation

In [dem Gedicht] scheint freilich nichts anderes mehr als die Nacht Thema zu sein. Das Ich ist hinter das Dargestellte zurückgetreten, so daß man das Gedicht der äußeren Form nach fast zu den erzählten rechnen müßte. Wird hier also endlich Nacht in ihrer konkreten „objektiven" Realität zur Sprache gebracht? [. . .]

Verräterisch ist die Überschrift: sie läßt erwarten, daß nun ein lyrisches Ich die Stimmungen und Gedanken, die diese Tageszeit in ihm hervorruft, ausspricht. Zunächst scheint das nicht zu geschehen. Scheinbar verfolgt ein außenstehender Beobachter unbeteiligt die Bewegungen der personifizierten Nacht: er hat sie *ans Land* steigen sehen und beschreibt nun ihre neue Lage *an der Berge Wand*. Freilich ist das eine sehr poetische Weise, das Fortschreiten der Dunkelheit aus der Ebene, vom Meer her, zu den Bergen hin anschaulich zu machen. So wird auch schon mit der dritten Zeile dieser Beobachterstandpunkt ganz aufgegeben, denn der Sprecher zeigt sich mit den Gedanken der Nacht und der Rede der Quellen vertraut. Was hier die Nacht angeblich fühlt und denkt, und was die Quellen *singen,* sind Gefühle und Gedanken, die in einem Ich *um*

---

* Synästhesie (griech.) = Vermischen verschiedenartiger Sinneswahrnehmungen. Hier hört die Nacht Farben.

Mitternacht entstehen, sich zu Bildern formen und so im Zustand vorrationaler Einheit verharren. Für dieses Ich ist der Gesang der Quellen ein *Schlummerlied,* mehr als für die *Nacht,* die ja um diese Zeit ihr eigentliches „Leben" lebt, und in seinem *Schlafe* hört es die Wasser fortsprechen. Das heißt also: das Bewußtsein des Ich ist es, das sich in den Naturgestalten vergegenständlicht und dennoch es selbst bleibt. [. . .] Doch verdankt das Gedicht seine Einprägsamkeit . . . der dichten Fügung seiner Bilder. Ihr Gesetz ist der Kontrast der beiden Strophenhälften, deren erste jeweils der *Mutter* Nacht, die zweite den *vom Tage* singenden Quellen gewidmet ist. In der Strenge dieses Aufbaus, in diesem Kontrastmotiv verbirgt sich die Perspektive des Ich, das die Mitternacht unter diesem Gegensatz erfährt. Hier ist das eigentliche Thema des Gedichts zu suchen. [. . .] Die Nacht scheint zunächst einzig der stillstehenden Zeit der Mitternachtsstunde zugewandt: gelassen, träumend, in Meditation vertieft, das Lied der Quellen nicht achtend, feiert sie in zeichenhaften Visionen das Gleichgewicht des erfüllten Augenblicks. Die Quellen dagegen reden und singen – im Medium der verrinnenden Zeit! – vom jüngst vergangenen Tage und bringen gegenüber den stehenden Bildern der *Mutter* die Vergänglichkeit zur Geltung. [. . .] Aber obgleich sie den Quellen ihr Ohr verweigert, dringen doch schon Vorstellungen *vom Tage* in sie hinein. So jedenfalls ließe sich die Zeile motivieren, die sonst problematisch wirkt: *Ihr klingt des Himmels Bläue süßer noch:* der Ausdruck *des Himmels Bläue* muß hier ja den Nachthimmel meinen [27], trägt aber doch den Klang *vom Tage. Noch* klingt ihr dieser Himmel *süßer:* nur noch solange, wie sich die flüchtigen Stunden im *gleichgeschwungenen Joch* der Mitternacht bannen lassen. Auch diese große Metapher ist nicht mehr ganz so eindeutig und prägnant wie das Bild der Waage, erschüttert schon vom Eindringen der Vorstellung des „Flüchtigen". [. . .] Was die Quellen dagegensetzen, ist jedoch nicht, wie eigentlich zu erwarten, der lebendig-bewegliche, ziel- und zukunftgerichtete Fortschritt. Die Zeitdimension, die sie so nachdrücklich berufen, ist die Vergangenheit. Vielleicht war sie herrlich; aber indem die Quellen ihr Thema ständig wiederholen – der weitgehende Gleichklang ihrer Strophen verstärkt den Eindruck [28] –, entsteht ein monotoner Singsang, der solche Vergangenheit nicht als eigentümlich gefüllte Zeit, sondern als eine andere Form der Zeitaufhebung, als ewige Wiederkehr des Gleichen erscheinen läßt. Darum kann ihr Gesang vielleicht sogar auch auf die Nacht als *uralt altes Schlummerlied* wirken, dessen sie überdrüssig ist. Die Quellen verbildlichen die fließende Zeit. Aber auch sie suchen eine Form der Dauer: sie halten Verflossenes im Singen und Reden der Erinnerung fest. Nur durch das Gegenbild des stehenden Jetzt, das die

Nacht in entzückter Vision imaginiert, wird die Art und Weise der Quellen, der Vergänglichkeit zu widerstehen, leise abgewertet. Aber sie sind es, die *das Wort* behalten; selbst im Schlafe, im Zustand erstorbenen Bewußtseins, machen sie ihre Stimme geltend. [29] Das Gedicht bleibt bis zum Ende zweistimmig: die kontemplative Feier der Mitternachtsstunde erscheint in gesteigerter Schönheit gerade auf dem Hintergrund der alltäglichen Form von Zeiterfahrung und Zeitbewältigung. [...] Nach dem vorgelegten Interpretationsversuch besteht der Gehalt des Gedichts in der Gegenüberstellung zweier Formen von Zeitaufhebung: der erfüllte Augenblick kontrastiert der Erinnerung, die als eintöniges Mahnen an immer Gleiches auftritt. Grunderfahrungen Mörikes mögen sich darin abbilden, aktualisiert in einem Erlebnismoment.

Heydebrand: Mörikes Gedichtwerk, S. 26–30

Friedrich Hebbel

Herbstbild

Dies ist ein Herbsttag, wie ich keinen sah!
  Die Luft ist still, als atmete man kaum,
Und dennoch fallen raschelnd, fern und nah,
  Die schönsten Früchte ab von jedem Baum.

O stört sie nicht, die Feier der Natur!
  Dies ist die Lese, die sie selber hält,
Denn heute löst sich von den Zweigen nur,
  Was vor dem milden Strahl der Sonne fällt.

Informationen

1. Friedrich Hebbel (1813-63) stammt aus einer armen Familie in Holstein und erwarb sich seine Universitätsbildung unter schwersten Bedingungen. Nach seiner Heirat mit einer Hofburgschauspielerin in Wien 1846 erlebte er eine besonders schöpferische Periode, in der auch unser Gedicht entstand. Hebbel, der in erster Linie Dramatiker ist, neigt zu einer gedanklichen Lyrik; seine Gedichte sind gestaltete „Gedanken-Gefühle", wie er sie selbst interpretiert.
2. Das Gedicht „Herbstbild" entstand im Oktober 1852 in Wien, wurde 1857 in der Gesamtausgabe der Gedichte veröffentlicht und von Hans Pfitzner vertont.
3. Zu den Interpretationen
Beide Interpretationen gehen auf Inhalt und Form ein, die erste ist schulmäßig genau, die zweite mit Schwung und Hintergrundwissen geschrieben.

1. Interpretation

Der in der herbstlichen Natur beobachtete Wechsel vom Leben zum Tod wird als sanfter Übergang und harmonisches Ausklingen erfahren. Der Tod ist nicht vorzeitiges Ende, sondern Vollendung eines Reifeprozesses. Den als unvergleichlich erlebten Herbsttag *(wie ich keinen sah)* preist das Gedicht als *Feier der Natur* (V. 5).

Der Titel kündigt ein „Herbstbild" an. Indes wird kein Naturbild gestaltet, sondern ein Naturvorgang ausgedeutet. Selbst dort, wo die Sprache Zuständliches nennt, gibt sie dem allgemeinen Begriff den Vorzug vor dem konkreten. Nicht von einem anschaulich dargestellten Stück Natur (z. B. einem Garten, Tal, Feld) ist die Rede, sondern von einem „Herbsttag" (V. 1). Das Kollektivum *Früchte* (V. 4) sowie die eine unbestimmte Vielzahl meinenden Wendungen *von jedem Baum* (V. 4) und *von den Zweigen* (V. 7) bezeichnen ein Allgemeines. Sie verweisen, wie auch die Ortsadverbien *fern und nah* (V. 3), auf den überquellenden Reichtum der herbstlichen Natur. Wie diese Wendungen vergegenwärtigen die Formulierungen *Die Luft ist still* (V. 2) und *vor dem milden Strahl der Sonne* (V. 8) weniger konkret faßbare Bilder als eine herbstlich-sanfte Stimmung, die durch den Gegensatz von Leben und Tod nicht getrübt wird.

Der ausdeutenden Betrachtungsweise entspricht der sparsame Gebrauch beschreibender Attribute, vor allem aber die gedankliche Gliederung des Gedichtes, die in seiner strengen syntaktischen Struktur zum Ausdruck kommt. Die Verse 1/2 und 5/6 sind zweiteilig gebaut, und zwar folgt in den Versen 1, 2 und 6 dem Hauptsatz der ersten Zeilenhälfte jeweils ein modifizierender Nebensatz in der zweiten. In der fünften Verszeile ergibt sich die Zweiteilung durch die dem Akkusativobjekt *sie* nachgestellte Apposition *die Feier der Natur.* Die in der verdeutlichenden Wiederholung liegende Intensivierung und die einleitende Interjektion „O" verleihen dem Ausruf Gewicht: *O stört sie nicht, die Feier der Natur!* Zweiteilig wie die beiden ersten Verse einer jeden Strophe sind auch die Strophen selbst. Während jeweils im ersten Verspaar Vers- und Satzeinheit identisch sind, umspannt in der zweiten Strophenhälfte ein Satz jeweils zwei Zeilen.

Die formale Zweigliedrigkeit kehrt im Inhalt wieder. Leben und Tod sind die Pole des Gedichtes. In der Vorstellung von der *Lese* (= Ernte) sind beide vereint. Wie die syntaktisch voneinander abgesetzten Strophenhälften durch den Kreuzreim verschränkt werden, verschmelzen auch Leben und Tod zur Einheit. Sie sind nur die beiden Aspekte des zur Vollendung gekommenen Reifens.

Knauf: Hebbel, S. 121–122

2. Interpretation

Dies ist ein hochberühmtes Herbstgedicht unserer Literatur. Vielleicht ist es das berühmteste. Der erste Vers darf geradezu beanspruchen, sprichwörtlich oder geflügelt zu sein, was nun im Bereich der absoluten Lyrik durchaus zu den Ausnahmen rechnet.

Es fällt auf, beim Lesen oder Wiederlesen, wie dieses Gedicht für seinen Ruhm eher bescheidene denn auffällige Voraussetzungen mitbringt: ganze zwei Strophen zu jeweils vier Versen, Kreuzreim, keine prunkenden Metaphern und keine ausufernd dargetane Schicksalhaftigkeit, die sich zu Zitaten plündern läßt. Beschrieben ist auch nicht die Totalität der vorgegebenen Jahreszeit. Beschrieben ist ein einziger und winziger Augenblick.

Es ist jener eines Umschlags. Gezeigt werden soll der zeitliche Schnittpunkt zwischen dem Ende des Wachstums und dem Anfang der Vergänglichkeit. Gezeigt werden soll er an einem Vorgang, mit welchem jeder vertraut ist, der schon einmal in einem herbstlichen Obstgarten gestanden hat. Ein paar Früchte brechen unvermutet aus den Zweigen. Sie fahren geräuschvoll durchs Laub und schlagen auf. Die Sonne streut jene letzte und melancholische Wärme aus, die dem Einbruch von Nebel und November vorangeht.

Der Vorgang ist derart einfach, daß er fast banal anmuten könnte. Die Einfachheit der Form scheint dem auch zu entsprechen, aber jedenfalls dieser Eindruck ist falsch. Denn die, auf den ersten Blick, Lied-Gestalt der zwei vierzeiligen Strophen wird deutlich unterlaufen. Herkömmlich gemacht, will sagen im Geschmack der auslaufenden Eichendorff-Romantik, hätten die Verse nämlich bloß jeweils vier Hebungen, und bei den Reimen würden weibliche und männliche Kadenzen miteinander wechseln.

Es ist aber hier der Vers der fünffüßige Jambus, und das ist der seit Shakespeare und den Weimarer Klassikern geheiligte Vers der großen szenischen Bedeutsamkeit. Die Reime sind durchweg männliche, was eine eingeübte Erwartungshaltung in Sachen Rhythmik irritieren muß. Dafür stellt sich ein beinahe priesterlicher Ton ein. Mit einem Wort wie „Feier", mit den beiden gebieterischen Mitteilungen, jeweils eine am Anfang einer Strophe, wird er auch bedient.

Das Gedicht steckt voller kleiner, feiner Bezüglichkeiten. In der ersten Strophe ist dem Eindruck, es werde nicht geatmet, mit dem Geräusch des Raschelns widersprochen; raschelnder Atem ist fast schon röchelnder Atem, er ist jedenfalls kein gesundes Geräusch und in einem Zeitalter, da die Lungenschwindsucht eine Volksseuche war, auch kein ungewohntes Geräusch.

Die zweite Strophe spielt dann mit den Worten „lesen" und „lösen" so eindringlich, daß man an deren klanglicher Ähnlichkeit (die auf sprachgeschichtlicher Verwandtschaft beruht) schwerlich vorbeikommt. Ernten, wofür hier Lese steht, ist Ablösen und Fortnehmen. Es ist eine Handlung, zielgerichtet auf Entblößen und Verlust. Auch das Wort Verlust gehört in den Zirkel der Worte „lesen" und „lösen" und klingt in ihnen heimlich mit.

Wir wissen, wann und wo das Gedicht geschrieben wurde: Oktober 1852 in Wien. Der Verfasser stand damals im neununddreißigsten Jahr; er war nicht mehr jung, wie er noch nicht alt war. Der Schauplatz Wien aber lieferte nicht nur die äußerliche Topographie, jene der in Überfülle schwelgenden Gärten und Weinhänge. Sie stellte auch eine zweihundertjährige Einübung auf das barocke Thema der Vergänglichkeit, mit unübersehbaren und mühelos zitierbaren Zeugnissen.

Der vom Dichter beschriebene Augenblick ist der des österreichischen Barock. Es gibt keinen anderen. Das Gedicht hält ihn fest mit einer Gebärde aus gänzlich barockem Geist: heitere Festlichkeit, die bloß inszenierter Vorwand ist für Fatalität und Trauer.

Schneider: Wachstum und Vergänglichkeit, S. 110–112

Stefan George

Komm in den totgesagten park und schau:
Der schimmer ferner lächelnder gestade,
Der reinen wolken unverhofftes blau
Erhellt die weiher und die bunten pfade.

Dort nimm das tiefe gelb, das weiche grau
Von birken und von buchs, der wind ist lau,
Die späten rosen welkten noch nicht ganz,
Erlese küsse sie und flicht den kranz.

Vergiß auch diese letzten astern nicht,
Den purpur um die ranken wilder reben,
Und auch was übrig blieb von grünem leben
Verwinde leicht im herbstlichen gesicht.

Informationen

1. Stefan George (1868–1933), Sohn eines rheinhessischen Weinbauern, wuchs auf dem Dorf und in der Kleinstadt auf. Später hatte er keinen festen Wohnsitz, lebte aber meistens in Städten. Da er wirtschaftlich unabhängig war, konnte er sich ganz der Dichtung widmen. Seine Kunstauffassung, der Symbolismus, ist aus der radikalen Ablehnung des Naturalismus erwachsen, der das Alltägliche, Häßliche, die Opfer der Gesellschaft suchte. Nach Auffassung Georges muß die Kunst frei sein von den Einflüssen des Staates und der Gesellschaft; sie ist eine geistige Leistung, die um ihrer selbst willen und nur für eine Elite von Eingeweihten erbracht wird. L'art pour l'art nannten es die Franzosen.

2. Das Gedicht leitet den Band „Das Jahr der Seele" ein, der 1897 zunächst im Selbstverlag, 1899 dann als Verlagsausgabe erschien. George hat mit diesem Buch den Symbolismus, eine gesamteuropäische Erscheinung, in Deutschland eingeführt.

3. Zu den Interpretationen
Beide Auseinandersetzungen mit dem Gedicht sind Strukturanalysen. Sie setzen voraus, daß der Leser das Gedicht in seiner Grundaussage bereits erfaßt hat.

1. Interpretation

Das Spezifische einer epochalen Welterfahrung manifestiert sich weder an den Formen noch an den Inhalten, sondern an einem dritten Moment des literarischen Werkes. Daß es ein solches Drittes gibt, hat die neuere Gattungsforschung zu sehen gelehrt. Der Gattungsstil des Lyrischen, Epischen, Dramatischen, wie er vor allem durch Emil Staiger sichtbar gemacht wurde, ist, gleich allem Stilhaften, ein das Formale und Inhaltliche umfassendes Merkmal struktureller Art. Wie eine Gattung, so manifestiert sich auch eine epochale Welterfahrung an einem Stil, nämlich am Epochenstil. Dieser läßt sich nur an Strukturmerkmalen erkennen. Wie dies möglich ist, sei an einem Beispiel kurz verdeutlicht. Dieses werde derart gewählt, daß bei der Explikation des Verfahrens auch schon die Grundzüge jener Welt in den Blick kommen können, die der expressionistischen vorausging, also der impressionistischen. Für den doppelten Zweck geeignet erscheint ein berühmtes Gedicht Stefan Georges aus den neunziger Jahren [...]

Durch das ganze Gedicht hin war die Gegenwart einer Antriebskraft spürbar, welche den geistigen Prozeß der Dichtung in Bewegung brachte und hielt. Sie äußerte sich hauptsächlich in einer Reihe von Imperativen: *komm, schau, nimm, erlese, küsse, flicht, vergiß nicht, verwinde.* Diese Befehlsformen verweisen auf den Geist und Willen des Dichters, der seinen Leser mit einem herbstlichen Park konfrontiert. Im Park manifestiert sich die Endlichkeit des naturhaften Lebens; die Schönheit ist bereits in Verfall geraten. Der Dichtergeist jedoch gibt sich mit dem in der

Natur erscheinenden Tod nicht zufrieden. Er empfindet ihn als Gegensatz zu sich selbst, der überwunden werden sollte. Und die Imperative rufen denn auch alle zu einer Transzendierung der naturhaften Endlichkeit auf. Überdies zeigen sie an, wie diese zu vollbringen sei. Auch im totgesagten Park gibt es noch Schönes. Man kann es aus seinem naturhaften Zusammenhang herauslösen, indem man etwa bei den Birken und dem Buchs vom spezifisch Pflanzlichen absieht und sie in erster Linie als Träger von Farben betrachtet, eines tiefen Gelb, eines weichen Grau. Das dadurch gewonnene abstrakte Schöne kann man sodann zu einem neuen Ganzen fügen, zu einem *kranz,* der nicht aus naturhaften Blüten, sondern aus den abstrakten Farben eines *gesichts,* einer Vision besteht. Er ist rein geistiger Art und ist darum der Natur und ihrer Vergänglichkeit enthoben.

In Georges Gedicht vollzieht sich ein aus drei Komponenten bestehendes Geschehen. Die Komponenten sind die Antriebskraft, die Widerstandskraft und das aus der Begegnung dieser zwei Kräfte als Resultat hervorgehende Geschehensziel. Dieser Sachverhalt ist keineswegs ungewöhnlich. Ein jeder Text ist aus eben diesen drei Komponenten aufgebaut. Spezifisch an Georges Gedicht ist nur die Qualität der Komponenten: daß der Antrieb in einem imperatorischen Willen besteht, der Widerstand in der Todesverfallenheit der herbstlichen Natur, das Ziel in einem aus naturhaftem Material hervorgebrachten transnaturalen Kranz. Allerdings sind diese Qualitäten derart beschaffen, daß man die Komponenten des George-Gedichts mit denen anderer Dichtungen jener Zeit vergleichen kann.

Falk: Impressionismus und Expressionismus, S. 70–72

2. Interpretation

Es handelt sich um ein Herbstgedicht, das erste in der Reihe ‚*Nach der Lese*‘, aber weder um eine reine, sich selbst genügende Naturschilderung, noch um ein bloß allegorisches ‚Andichten‘ des Herbstes, vielmehr um eine ganz im Geist des Symbolismus konzipierte und komponierte Seelenlandschaft. [...] Die bereits im Buchtitel fast programmatisch formulierte ‚Correspondance‘ zwischen Jahreszeit und Landschaft einerseits, Gefühl und Gedanke andererseits, beruht hier auf dem Parallelmotiv der sich dem Sterben zuneigenden, doch in einer letzten Entfaltung der Schönheit noch einmal aufleuchtenden Natur – dem *totgesagten,* in Wirklichkeit aber noch von intensivstem Leben erfüllten Park –, und dem resigniert-melancholischen Glück des Wanderers, des von einem sich im Imperativ ausdrückenden Ich zu den unerwarteten Kostbarkeiten des

Herbstes geführten Du. Obwohl – oder gerade weil – Ich und Du zusammen mit ihnen die Natur letztlich eine psychische Einheit bilden, kann man in dieser imperativischen, gleichsam anleitenden Ausdrucksweise bereits eine wenn auch noch diskrete, lehrhafte Gebärde sehen (jene Gebärde, die in den späteren Werken Georges so deutlich und überdeutlich wird): das Ich tritt dem Du nicht dialogisch gegenüber, sondern substituiert sich ihm, macht es sich untertan.

Wie wenig realistisch im übrigen das Bild der Natur ist und sein will, wird an einer (bereits von Hofmannsthal hervorgehobenen) Einzelheit wie *der reinen wolken unverhofftes blau* deutlich, da ja selbstverständlich nicht die Wolken, sondern die Stücke des Himmels zwischen den Wolken blau sind. Man könnte die Anschauung der blauen Wolken als künstlich, man könnte sie als geradezu dekorativ bezeichnen. Und mit dem Stichwort der Künstlichkeit ist vermutlich ein wesentlicher Zug dieser Natur überhaupt angedeutet. Wir befinden uns nicht irgendwo, sondern in einem Park, das heißt in einem Bezirk vom Menschen gestalteter und gegenüber der Außenwelt abgeschlossener Natur. [...] Das Motiv verweist auf den exklusiven, elitären Charakter dieser Vorstellung, und da ja die Landschaft Seele, die Seele Landschaft ist, bezieht sich die Vorstellung auch auf das Psychische – extrem formuliert: die Gefühle sind (in der Epoche politischer und ökonomischer Expansion und latenter sozialer Spannungen des späteren 19. Jahrhunderts) genau so sehr Luxusgefühle, wie der umschlossene Park ein Stück ‚Luxusnatur' darstellt. Auf das Motiv wird zurückzukommen sein. Sehen wir aber zunächst, wie George im Gedicht die Synthese von Außenwelt und Innenwelt zu vollziehen versucht (eine Synthese, die ein zentrales Postulat bereits der romantischen Poetik bildet).

In der dichterischen Imagination Georges, das heißt in der Abfolge und Verbindung der Bilder, lassen sich bei genauem Zusehen nicht nur zwei (Bild und ‚Bedeutung'), sondern drei Strukturebenen unterscheiden: diejenige der konkreten Landschaft, diejenige des – immer noch konkreten, aber zugleich schon abstrahierend-allegorischen – Herbstkranzes, der aus dem bunten Laub und den späten Blumen geflochten werden soll, schließlich die abstrakt-psychische Sphäre. Die – relativ – ‚große' Welt des Parks spiegelt sich im Mikrokosmos des Kranzes, und beide ruhen gleichzeitig im Psychischen, das sie verdinglichen, konkretisieren. [...]

Daß George eine derartige sinnlich-seelische Totalität anstrebt, ist unverkennbar, doch ist, glaube ich, die Symbolik seines Gedichts in Wahrheit zu bedeutenden Teilen eine – wenn auch äußerst sensible und originelle – Allegorik. [...] Den drei Ebenen oder Sphären entsprechen im Gedicht die drei Strophen. Die Schilderung scheint sich vorerst, idealisierend zwar, doch keineswegs wirklichkeitsfeindlich, ausschließlich auf die Anschauung von Park und Himmel zu beziehen. In der zweiten Strophe verbindet sich diese Landschaftsvedute* mit dem Bild des Herbstkranzes: das *tiefe gelb* und *weiche grau* des Laubes und die *späten rosen* gehören beiden an: eine klug kalkulierte Mehrdeutigkeit der konstituierenden Bildelemente. Die dritte Strophe fügt diesen Elementen zunächst noch weitere bei *(astern, reben).* Dann erfolgt die Wendung zum Persönlich-Seelischen, die nun in der Rückwirkung alles bisher Gesagte in einem neuen Licht erscheinen läßt, sozusagen in ein komplizierteres Bezugssystem bringt. Das Schlüsselwort ist das *grüne leben,* das sowohl als metaphorische Bezeichnung der noch grünen Zweige als auch in unmittelbarer Bedeutung als der noch „lebendige", der noch von Hoffnung und Lebenswille erfüllte Teil des spätzeitlich-resignierten Bewußtseins zu verstehen ist. Das *herbstliche gesicht,* die Naturvision, meint Äußeres und Innerliches zugleich.

Der in nur zwölf Versen entwickelte Parallelismus wirkt maßvoll und ungezwungen, in keiner Weise rhetorisch forciert, bezeugt sich jedoch für den Leser als ein artistisch angelegter und durchgeführter, nicht als ein selbstverständlich und unbewußt zugefallener. Aus diesem Grund kann man bei aller Achtung vor der künstlerischen Leistung von unverkennbar artifiziell-literarischen Zügen dieser Seelenlandschaft, von einer mehr mit Absicht symbolistischen als unbewußt symbolischen Ausdrucksweise sprechen. Und dieser Kunstcharakter steht nicht in Gegensatz, sondern in einer genauen Entsprechung zu dem, was das Gedicht und mit dem Gedicht zugleich die Georgesche Poetik des *Art pour l'Art* meint: Schönheit als Réduit**, als ‚Garten' einer gegen eine nicht mehr zu meisternde Außenwelt gesetzten und deshalb unsicheren, im Tiefsten fragwürdigen und von Trauer und Melancholie bedrohten Innerlichkeit.

Gsteiger: Anspruch und Resignation, S. 430–432

---

* Landschaftsvedute (ital.) = Darstellung einer Ideallandschaft.
** Réduit (franz.) = Zufluchtsort.

Wilhelm Lehmann

Oberon

Durch den warmen Lehm geschnitten
Zieht der Weg. Inmitten
Wachsen Lolch und Bibernell.
Oberon ist ihn geritten,
Heuschreckenschnell.

Oberon ist längst die Sagenzeit hinabgeglitten.
Nur ein Klirren
Wie von goldnen Reitgeschirren
Bleibt,
Wenn der Wind die Haferkörner reibt.

Information

1. Wilhelm Lehmann (1882–1968), der seinen Lebensunterhalt als Philologe verdiente, trieb umfangreiche natur- und sprachwissenschaftliche Studien. Seine Gedichte spiegeln diese seine Welt aus Natur und Sprache wider: die Dinge werden beschworen und machen nicht eine Stimmung sichtbar, sondern ihr eigenes Wesen. Der Dichter ist ein Magier, der mit Hilfe der Sprache die alte Einheit aller Wesen wiederherstellen kann.
Lehmanns magische Naturdichtung, in den zwanziger Jahren als provinziell abgelehnt, wurde nach 1945 zum Vorbild für viele deutsche Lyriker. „Bewußt oder unbewußt sind auf diese Weise sehr viele Dichter der jungen lyrischen Generation von ihm beeinflußt worden, ohne doch irgendwo den flimmernden Glanz seiner Sprache, die entrückte, fast visionäre Schärfe seiner Naturbeobachtung und den zarten, erregbaren Zauber seiner mythischen Assoziationen auch nur annähernd erreicht zu haben." Elisabeth Langgässer in dem Aufsatz: Lyrik in der Krise (1947)
2. Das Gedicht „Oberon" ist am 18. Juli 1934 niedergeschrieben und 1935 in dem Band „Antwort des Schweigens" erstmals gedruckt worden.
3. Der märchenhafte Zwergenkönig Oberon (aus altfranzösisch: Auberon), Gemahl der Feenkönigin Titania, ist ein Freund und Helfer der Menschen. Er erscheint in Volksbüchern, in Shakespeares „Sommernachtstraum", in Wielands Märchenepos „Oberon" und der gleichnamigen Oper von Carl Maria von Weber.
4. Zu den Interpretationen
Für Siegfried Lenz ist das Gedicht ein Musterbeispiel für die magische Naturlyrik. Hans Dieter Schäfer will zeigen, wie Lehmann den Reim als magische Figur benutzt, die Nahes und Fernes zusammenrückt. Clemens Heselhaus betont die akustische Seite des Reimschemas und sieht die magische Figur in der Nähe der paradoxen Figurentechnik Georg Trakls.

1. Interpretation

Der Naturlyriker Lehmann hatte seinen eigenen Natur-, er hatte seinen eigenen Zeitbegriff. Er war überzeugt davon, daß sich das Ganze auch dann noch geheimnisvoll verschleiert, wenn das Einzelne wissenschaftlich-objektiv festgelegt ist. Bei aller Bewunderung für die „Kraft des Begriffs", der Natur erkennbar und vorübergehend dingfest macht, zog er es vor, sie „geschöpflich" zu erfahren, als sinnliche Macht von seltsamster Anschaulichkeit. Natur, so sagte er mir einmal, könnte er nur in „mesmerischem Bann"* erfahren, in ekstatischen Augenblicken, im Eifer des Seins. Es sind Überfälle durch die Sinne, die es unwillkürlich mit sich bringen, daß Zeit aufgehoben wird; – Zeit, und das heißt: Vergänglichkeit. Es sind magische Schrecksekunden, in denen alles noch einmal gegenwärtig wird, um sich, so ließe sich annehmen, gegenseitig auszulegen.

Dies Gedicht erscheint als nahezu programmhaftes Beispiel für solch einen erkenntnisbereiten Augenblick von mesmerischer Gebanntheit. Oberon: er gibt lediglich den Namen für eine gesteigerte Wahrnehmung, für einen Zustand, der durch sich allein nicht erklärt werden kann. Dem Weg, durch warmen Lehm geschnitten, könnte man noch trauen, auch wenn über ihm der Flimmer der Hitze liegt, doch Lolch und Bibernell, die da wachsen, machen das Bild ungewiß. Sie geben zu erkennen, daß hier kein reiner Verlaß ist auf das Angeschaute.

Der Dichter, der sich zeitlebens mit Geheimnis und „sinnvoller" Organisation der Pflanzen beschäftigt hat, wußte selbstverständlich, daß es Lolch und Bibernell in sich haben: während die eine durch ihre narkotisch wirkende Substanz eine Trübung des Sehvermögens hervorrufen kann, wirkt die andere mit ihrem ätherischen Öl auf die Schleimhäute des Mundes, löst also gewissermaßen die Sprache. Die ohne Zweifel absichtsvoll genannten Pflanzen möchten die Sinne überreden, die Anerkennung dieser Wirklichkeit hinauszuzögern. Es ist, wie so oft bei Lehmann, die siedende, pulsende, flimmernde Wirklichkeit, die nur in ihrem Widerspruch begriffen werden kann.

Daß Oberon diesen Weg geritten ist: hier ist es nicht allein Feststellung, sondern auch Erklärung für die Schreckstarre, in die man selbst geraten ist. Der zauberische Augenblick muß einen Verantwortlichen haben – ihn natürlich, der die Zeit anhält und die Bilder mischt, den Ausgelassenen, der sein Vergnügen an der Sinnestäuschung hat. Schon aber wehrt sich der Betroffene gegen die naheliegende Empfindung, will das magische

---

* Der deutsche Arzt Franz Mesmer begründete die Lehre vom animalischen Magnetismus und wendete ihn zu Heilzwecken an; heute wird seine Lehre als Beginn der Hypnosetherapie angesehen.

Angebot zur Seite schieben: Oberon ist längst die Sagenzeit hinabgeglitten. Die Überfallartigkeit dichterischen Erkennens – in diesem mesmerischen Schreckprotokoll wird sie offenbar und läßt zugleich etwas von dem Geheimnis ahnen, das Wilhelm Lehmann immer bemüht war, in sein Recht zu setzen.

Lenz: Überredung der Sinne, S. 120–122

2. Interpretation

Die Strophenform ist zwar durch die gleiche Anzahl von Versen erhalten, der Reim besitzt jedoch keine feste Stellung mehr. Der dreifache Klang, der durch die erste Strophe zieht, springt in die zweite Versgruppe über. Der Ton stirbt nicht abrupt, sondern erhält bis in die Assonanz des Paarreims *klirren – Reitgeschirren* seine Gegenwart. Die vorletzte Zeile wird von einem einzigen Wort, einem Reimwort gebildet. Die reimende Kraft begrenzt dabei nicht den Ton, sondern erzeugt einen Augenblick der Stille, in dem sich der Klang der vorangegangenen Verse im Geiste wiederholt. Der Reim als Wiederkehr von Taktgruppen hat in diesem Gedicht eine magische Funktion: Er versinnbildlicht Traum und Wirklichkeit, den Feenritt Oberons und das Rascheln der Haferkörner im Wind. Nicht nur die gehäuften weiblichen i-Reime, sondern das Reimwort *bleibt* in seiner überraschenden Isolation macht am Schluß die Ahnung von Oberons Existenz frei:

Nur ein Klirren
Wie von goldnen Reitgeschirren
Bleibt,
Wenn der Wind die Haferkörner reibt.

Schäfer: Wilhelm Lehmann, S. 211

3. Interpretation

Dies Gedicht bleibt der traditionellen Gedichtform nah. Die Strophe ist zumindest als gleiche Anzahl von Versen erhalten. Der Reim ist geblieben, wenn auch die Reime keine festen Stellen in den Strophen mehr haben. Indem der dreifache Reim der ersten Strophe auch noch einmal im ersten Vers der zweiten Strophe wiederkehrt, ist eine Verbindung zwischen den Strophen geschaffen. Das Gedicht wird zur Figur, die auch akustisch vernehmbar ist. Die Häufung weiblicher i-Reime hat zudem einen lautsymbolischen Sinn. Die vorletzte Zeile wird von einem einzigen

Wort, dem Reimwort, gebildet. Die beiden Strophen stehen aber paradox zueinander. Zunächst gipfelt die panische Situation in der Erinnerung an den Feenkönig Oberon, dann aber wird die Illusion aufgehoben, und es bleibt von der alten Sagenwelt nur noch das Reiben der Haferkörner im Wind wie ein Klirren von Reitgeschirr. Solches Spiel von Illusion und halber Desillusion, solche Verschränkung von Natursymbolik und Naturnachbildung rückt die magische Figur des Gedichts schon in die Nähe der paradoxen Figurentechnik. Magische Figur und paradoxe Struktur sind aber noch durch eine feine Linie getrennt.

Heselhaus: Lyrik der Moderne, S. 417

Peter Huchel

Sommer

O Nüstern des Staubs!
Feuerschlund August,
Teiche schlürfend!

Die schartige Sense
des Winds
glüht im Rohr.

Im knisternden Schatten
brütender Garben
hockt der Sommer,
den nackten Fuß
von Stoppeln rissig.

Dich will ich rühmen,
Erde,
noch unter dem Stein,
dem Schweigen der Welt
ohne Schlaf und Dauer.

Informationen

1. Peter Huchel (1903–1981), Sohn eines Berliner Ministerialbeamten, verbrachte seine Kindheit auf dem Hof seines Großvaters in der Mark Brandenburg, wo er die entscheidenden Eindrücke aus der Natur empfing. Nach dem Studium der Literatur und Philosophie und einigen Reisejahren arbeitete er beim Funk. 1949–1962 war er Chefredakteur der Ostberliner Zeitschrift „Sinn und Form". Er mußte politischem Druck weichen, weil die Zeitung zwar ein hohes literarisches Niveau wahrte, aber zu wenig sozialistisch ausgerichtet war. Huchel stand unter Hausarrest, bis er 1971 in den Westen ausreiste. Ab 1972 lebte er in der Bundesrepublik.
2. Das Gedicht „Sommer" ist vor 1945 entstanden, aber erst 1967 in dem Band „Sternenreuse" veröffentlicht worden. Es weist schon die Kennzeichen der späten Lyrik Huchels auf.

Interpretation

Huchels Verse haben das Idyllische, Sentimentale, das dem älteren deutschen Naturgedicht oft – und auch dem neueren gelegentlich – anhaftet, abgestreift. Sie geben dem Preis des Sommers einen harten, leidenden Unterton, der dem Leidenszug der Erde in ihrem janushaften, dem Leben wie dem Tod zugewandten Antlitz vollkommen entspricht. Die Modernität des Gedichts liegt nicht nur in der Behandlung des Themas, in dem unverkennbaren Willen zur Wahrheit gegen den idyllischen Betrug. Sie drückt sich vor allem in der eminenten Sachlichkeit aus, mit der die Dinge beim Namen genannt werden. [...] Wir sehen darin ein Merkmal der zeitgenössischen Lyrik, wie übrigens auch darin, daß der dichterische Ausdruck eine prosaische, weder durch Reim noch Rhythmus gehobene Form sucht. Daß er nicht trocken, nicht unpoetisch wird, verlangt mehr Kunst als die Beherrschung der traditionellen Rhythmen, deren Tragfähigkeit seit Jahrhunderten berechnet und erprobt ist. Der moderne Dichter kann sich da nur auf seine Intuition, seine Erfahrung, sein Genie verlassen.

Charakteristisch ist die lakonische Kürze von Huchels Redeweise. Sie kommt dadurch zustande, daß ausgedehnte Sachverhalte auf eine knappe Bildformel gebracht werden, in der dieser Sachverhalt wie in einer Chiffre enthalten ist. Eine solche Chiffre ist die ganze zweite Strophe. Die unterste Bildschicht ist hier die Vorstellung eines Seeufers mit Schilf, das von einem harten Wind gekämmt wird. Diese Bildschicht wird nun aber überlagert von einer anderen und mit ihr kombinatorisch verbunden: es ist die Bildschicht, die die Vorstellung Sommer evoziert. Sie stützt sich in der Strophe auf *schartige Sense* (V 4) und *glüht* (V 6). Die Kombination beider Schichten geschieht auf metaphorische Weise, indem der harte Wind, der durch das Schilf des Seeufers streicht, mit einer Sense verglichen wird, also dem Werkzeug des Schnitters. Das ist ein Gegenstand der sommerlichen Dingwelt. Er wird in der Ernte gebraucht. Der Vergleich muß vom Leser vollzogen werden, wenn die Strophe leben soll. Die gleiche Technik erzeugt den Eingangsvers:

O Nüstern des Staubs!

Mit evokativer Kraft ruft er den unvergeßlichen Eindruck des Sommers mit seiner Hitze, seinem Licht, seinen Erntewagen auf staubigen Feldern hervor. Und so dann, die Anklänge verstärkend, die dritte Strophe. [...] Verstärkung der Anklänge heißt hier Steigerung und Verdichtung zur Mythe eines landstreicherhaften Sommergottes, eines neuen und anderen Pan, der seine Mittagsstunde verdöst. Huchel liebt diese Steigerungen. [...Seine] Härte kennt kein Ausweichen vor den Daseinstatsachen. Seine Gedichte decken die tragische Todesverfallenheit des Lebens auf, zeigen aber auch den Glanz, den dieses selbe Leben für eine Zeit, für einen von Vergänglichkeit umspülten Augenblick trägt.

Schulz: Lyrik nach 1945, S. 199–200

Jürgen Becker

Natur-Gedicht

in der Nähe des Hauses,
der Kahlschlag, Kieshügel, Krater
erinnern mich daran –
nichts Neues; kaputte Natur,
aber ich vergesse das gern,
solange ein Strauch steht

Informationen

1. Jürgen Becker, geb. 1932 in Köln, arbeitete nach abgebrochenem Studium bei Rundfunk und Verlagen. Seit 1968 lebt er als freier Schriftsteller im Raum Köln.
2. Das „Natur-Gedicht" wurde 1974 in dem Gedichtband „Das Ende der Landschaftsmalerei" veröffentlicht. Dieser Titel drückt aus, daß Natur als Landschaft nicht mehr existiert; Stadt und Land habe sich angeglichen und zur Stadtlandschaft geführt. Die kurze, fast aphoristische Form erinnert an Brechts Buckower Elegien.
3. Zu den Interpretationen
Die erste Interpretation geht auf das Natur-Gedicht ein, die zweite beschäftigt sich allgemein mit Jürgen Becker als Lyriker und seiner Beziehung zur Natur.

1. Interpretation

Der Titel ist gleichermaßen ironisch wie kritisch-elegisch zu verstehen. Was an Natur sichtbar ist, will nicht in die durch ihn evozierten Vorstellungen passen. *Kahlschlag, Kieshügel, Krater* treten an die Stelle von Feld, Wald, Wiesen. Der parodistische Einschlag einer solchen Substitution wird um so sinnfälliger, als Becker die Landschaftselemente alliterierend addiert und damit zu einem Mittel greift, mit dem poetologisch die Vorstellung eines ganzheitlichen Systems immanenter Beziehungen hervorgerufen wird. Die Form assoziiert schöne Ordnung der Natur; der stoffliche Inhalt läuft dieser Assoziation zuwider und läßt das *Natur-Gedicht* zum schwachen und verzerrten Abglanz dessen geraten, was sich mit dem Begriff verbindet.

Ein Strauch steht hier repräsentativ für die verschwindenden Reste von Natur, die in Beckers Gedichten zu Mahnmalen eines an den Rand der Realität gedrängten Bedürfnisses werden.

Volckmann: Zeit der Kirschen? S. 58

2. Interpretation

Becker hat immer nur seine Umgebungen beschrieben, die Nähe, das ihm Vertraute – das macht wohl auch die Präzision seiner Beobachtungen aus. Auch hier in den Gedichten ist es nicht anders, ja, hier darf er auf extreme Weise subjektivistisch sein. Vom „Lyrischen Ich" ausgehend (und topographisch von einem Kölner Vorort oder einer Berliner Villa) kreist er Zeit und Geschichte ein, Landschaft und Erinnerung, Bewußtsein und Utopie. Und damit sind auch schon die Themen genannt, die ständig wiederkehren. Natur und Landschaft sind so häufig in Beckers Texten, daß man ihn schon beinahe als Naturlyriker apostrophieren könnte – wenn sie nicht ein Vorwand wären, ein Vorwand für Erinnerung, für herbeizitierte Geschichte, für ihre Reproduktion. [...] Natur also nicht mehr als direktes Erlebnis, eher als erinnerte, reproduzierte, gemalte Landschaft. [...]

Am Anfang ist alles Wirklichkeit, aber sie hat nicht getragen – am Ende ist es dann doch nur mehr ein Abbild. (Wird Natur für uns Heutige überhaupt nicht immer mehr umgesetztes Bild? Nicht bei Manets ,Frühstück im Grünen' denken wir an eine Wiese, aber bei einer saftiggrünen Wiese denken wir an Manets suggestives Bild.) Wird nicht auch die Wirklichkeit zur Erfahrung aus der Reproduktion, aus dem, was sich schon in unsere Sinne gesetzt hat, bevor wir das Wirkliche sehen? Nicht zufällig, daß hier so häufig das Fernsehen ins Gedicht eingebracht wird, als ein Objekt unserer Umwelt und auch als ein Instrument, das uns diese Umwelt, also auch die Natur, reproduziert und – verstellt.

Und da gibt es einen utopischen Zug in seinen Gedichten, das ist der Wind und das sind die Pappeln; zählte man die Wörter zusammen, die am häufigsten vorkommen, sie gehörten wohl dazu. Pappeln war ein Lieblingswort von Eich, und in Jürgen Beckers Widmungsgedicht an Eich läßt er die Pappeln sprechen, von der Leopoldstraße in München setzen sie ihre Geräusche fort von Baum zu Baum, bis hin zu den Pappeln der Rheinischen Bucht, in der er zu Haus ist. Und es ist der Wind „im Wechsel der Metaphern", aber Wind nicht allein als lyrische Vokabel, Wind auch als ein Stück Geschichte, als eine Hoffnung, als eine verändernde Kraft. Der Wind, die Pappeln und die „Küsten des Lichts" (nach Perse*) sind es, in denen sich Beckers Gedichte befreien.

Bienek: Jürgen Becker als Lyriker, S. 510–511

---

* Perse = Saint-John Perse (Pseudonym), französischer Lyriker (1887–1975).

V. Stadt

Das Thema Stadt ist eng verbunden mit dem Thema Natur, denn es lebt aus der Polarität Stadt – Land, die ihrerseits für die Gegensätze Kultur – Natur oder Technik – Natur steht. Die Lyrik der Stadt ist die der technischen, mobilisierten Existenz im Gegensatz zum natürlichen, ruhenden Leben auf dem Land. Noch heute zieht es den Landbewohner in die Stadt, denn sie lockt mit Abenteuern; dagegen weiß der Städter die Schönheit der Natur zu schätzen, für die der Bauer oft keinen Blick hat, weil sie ihm alltäglich ist.

Das Motiv Stadt hat zwei Aspekte: den ihrer Schönheit und ihrer Möglichkeiten und den ihrer Fragwürdigkeit und ihrer Verworfenheit.

In der Renaissance pries man die Städte und war stolz auf deren möglichst prachtvolle Anlage; im 17. Jahrhundert entstanden dann erste Zweifel an der städtischen Lebensweise. Diese richteten sich jedoch in erster Linie gegen den Fürstenhof, der damals eins war mit der Residenzstadt. Für manchen Adeligen war schon in dieser Zeit das Leben auf dem Landgut dem in der Residenz vorzuziehen (Friedrich von Logau). Die Stadt wurde zum Inbegriff der Sittenlosigkeit, zum Sündenbabel erklärt; als ihre verruchteste Vertreterin galt Paris. Unter dem Einfluß Rousseaus verstärkte sich die Stadtkritik im 18. Jahrhundert.

Im frühen 19. Jahrhundert galt die Stadt als Bestandteil der Landschaft. So schilderte Hölderlin die Harmonie von Natur und Stadt in der Ode „Heidelberg"; die Kulturstätte ergänzte die Landschaft. Man besang auch die kleine Stadt mit ländlich idyllischem Charakter, und mit Ausnahme Berlins waren im Grunde alle deutschen Städte klein (Weimar etwa hatte 6000 Einwohner).

Mit den sogenannten „Gründerjahren" nach 1870/71 nahmen Industrialisierung, Technisierung und Proletarisierung rapide zu; die Städte wuchsen zu Großstädten. Die Einwohnerzahl von Berlin verdoppelte sich zwischen 1870–1910 von einer auf zwei Millionen. Die veränderten gesellschaftlichen Verhältnisse führten zur Absage an die stille Kleinstadt und zum Lob der modernen Großstadt.

Arno Holz sah in der Großstadtlyrik den hervorstechenden Zug des Naturalismus; damit war ein neues lyrisches Thema angeschlagen. Noch allerdings unterschied sich die Behandlung des neuen Themas wenig von der vorausgegangenen Stadtlyrik. Das Stadtviertel wurde gesehen wie die Kleinstadt, als jener Teil der Großstadt, in dem die Originale leben und wo es Frühling wird. Der Mut zum Häßlichen nahm dann zu und mit ihm die Genauigkeit der Beschreibung und das Problembewußtsein. Um die Wende vom 19. zum 20. Jahrhundert entstand die eigentliche Großstadtlyrik.

Ein Blick auf die Statistik zeigt die Geschwindigkeit der Entwicklung. In Städten mit über 5000 Einwohnern lebten zu Beginn des 19. Jahrhunderts nur ein Achtel aller Deutschen, zu Beginn des 20. Jahrhunderts waren es bereits fast die Hälfte. Dieses Wachstum führte zu menschlichen und sozialen Problemen. Die Zuzügler mußten die Großstadt psychisch verkraften: Häßlichkeit, Lärm, Gestank, Mietskasernen. Hoffnungen auf Arbeit und Auskommen blieben oft unerfüllt, und das soziale Elend (Kinderarbeit, Arbeitslosigkeit, Krankheit, Alkoholismus) ließ sich in der Großstadt noch schwerer ertragen als auf dem Land. Das Problem Großstadt wurde zum Problem des proletarisierten Menschen und erhielt von Anfang an einen sozialen Aspekt.

Der Symbolismus verdammte diese Städte als Anhäufung von Häßlichem, Vulgärem, Formlosem, Beängstigendem. Der Expressionismus wurde dann zur Blütezeit der Großstadtlyrik. Man schilderte nicht mehr die Wirklichkeit der Städte, sondern ihre Vision. Chaos und Elend sind bei Heym mythisch erhöht, seine Monstren sind Allegoresen der destruktiven Kräfte, die die Großstädte vernichten. So wurde einerseits der Untergang vieler Städte im Zweiten Weltkrieg in der Dichtung vorweggenommen, andererseits gibt es auch preisende Verse, wie zum Beispiel bei Oskar Loerke.

In den zwanziger Jahren schilderten Arbeiterdichter der „Neuen Sachlichkeit" wie Paul Zech selbsterlebte Wirklichkeit ohne die Distanz des Naturalismus. In der Nazizeit fehlte die Großstadtlyrik, denn sie galt als jüdisch und undeutsch. Wie die berühmten Gemälde aus dem Großstadtmilieu zählte sie zur „entarteten Kunst".

Nach dem Zweiten Weltkrieg folgte die Klage über die Zerstörung der Städte, die Kultur und Zivilisation gehütet hatten und Zeugen der historischen Vergangenheit waren. Der Wiederaufbau und das Wirtschaftswunder verwandelten das Stadtmotiv: Die Stadt hatte ihre Dämonie verloren, den notleidenden Proletarier gibt es nicht mehr, der Unterschied zwischen Stadt und Land ist eingeebnet worden, die Technik hat auch das Land erobert. Man hat sich mit der Stadt abgefunden, sie erregt keine positiven oder negativen Gefühle mehr. Noch einmal gibt Berlin Stoff für eine Idylle her: die der Penner und Saufbrüder bei G. B. Fuchs. Aber es handelt sich hier um eine Sondererscheinung, nicht um einen allgemeinen Trend der Zeit.

Friedrich Hölderlin

Heidelberg

Lange lieb ich dich schon, möchte dich, mir zur Lust,
 Mutter nennen und dir schenken ein kunstlos Lied,
  Du, der Vaterlandsstädte
   Ländlichschönste, so viel ich sah.

Wie der Vogel des Walds über die Gipfel fliegt,
 Schwingt sich über den Strom, wo er vorbei dir glänzt,
  Leicht und kräftig die Brücke,
   Die von Wagen und Menschen tönt.

Wie von Göttern gesandt, fesselt' ein Zauber einst
 Auf der Brücke mich an, da ich vorüber ging,
  Und herein in die Berge
   Mir die reizende Ferne schien,

Und der Jüngling, der Strom, fort in die Ebne zog,
 Traurigfroh, wie das Herz, wenn es, sich selbst zu schön,
  Liebend unterzugehen,
   In die Fluten der Zeit sich wirft.

Quellen hattest du ihm, hattest dem Flüchtigen
 Kühle Schatten geschenkt, und die Gestade sahn
  All ihm nach, und es bebte
   Aus den Wellen ihr lieblich Bild.

Aber schwer in das Tal hing die gigantische,
 Schicksalskundige Burg, nieder bis auf den Grund
  Von den Wettern zerrissen
   Doch die ewige Sonne goß

Ihr verjüngendes Licht über das alternde
 Riesenbild, und umher grünet lebendiger
  Efeu; freundliche Wälder
   Rauschten über die Burg herab.

Sträuche blühten herab, bis wo im heitern Tal,
 An den Hügel gelehnt oder dem Ufer hold,
  Deine fröhlichen Gassen
   Unter duftenden Gärten ruhn.

Informationen

1. Friedrich Hölderlin (1770–1843), in Lauffen am Neckar geboren, war am 3. 6. 1788 zum erstenmal in Heidelberg, als er von Maulbronn an den Rhein fuhr. Er berichtet davon seiner Mutter in einem Brief: „Die Stadt gefiel mir außerordentlich wohl. Die Lage ist so schön, als man sich je eine denken kann. Auf beiden Seiten und am Rücken der Stadt steigen waldichte Berge empor, und auf diesen steht das alte, ehrwürdige Schloß... Merkwürdig ist auch die neue Brücke daselbst." Spätere Besuche in Heidelberg sind nicht bezeugt, aber auf der Durchreise müßte Hölderlin noch mehrmals durch die Stadt gekommen sein.
2. Das Gedicht ist 1799 geschrieben in dem klassischen Versmaß der asklepiadeischen Strophe. (Siehe S. 110)
3. Zu den Interpretationen
Für Werner Kohlschmidt ist das Gedicht ein Inbegriff der Harmonie von Natur und Kultur, Romantik und Klassik. Emil Staigers Interpretation von Hölderlins Ode „Heidelberg" umfaßt zehn Druckseiten; daraus sind längere Teile zitiert. Der vollständige Text ist in einem Taschenbuch zugänglich.

1. Interpretation

Beides, Naturgefühl und Ordnungsbewußtsein, Romantik wie Klassik, ist in dem herrlichen Gedicht. Es ist n i c h t die Heimatstadt. Hölderlin war ja Schwabe. Dennoch wird sie *Mutter* genannt. So kann wenn nicht das Kind der Stadt nur ihr Mythenbildner sagen, dem es [...] um *der Vaterlands Städte ländlich schönste* geht. *Heidelberg* ist auch kein klassischer Typus, sondern ein Superlativ subjektiven Schauens. Es ist die überwältigend schöne Stadt der Landschaft. Aber nicht die oder *jene* Stadt wie in Schillers „Spaziergang". Es ist der Bogen der berühmten Brücke, der *von Wagen und Menschen tönt,* Symbol für die Vitalität der Stadt. Es ist der Strom, der sein eigenes Gesetz und seinen eigenen Mythos hat, der Neckar. Es ist das Schloß, die *schicksalskundige Burg,* Krönung der Stadt und doch dem Element nahe, das sie niedergerissen. (Das mythische Bild würde jede historische Anspielung verbieten.) Es ist schließlich die Stadt des heiteren Tals und der Gärten, deren letzter Akzent die Fröhlichkeit ist. Daß das Wort *Gassen* damit verbunden ist, spürt man fast nicht mehr. Das Städtische ist nahezu sublimiert ins Natürliche. Einklang von Kultur und Natur ist der Grundton. Gewiß, es ist Heidelberg. Aber es ist zugleich mehr als das: eine von Göttern gehaltene, fast paradiesische Schöpfung, in der die alte Stadtfeindschaft des Idylls jede Berechtigung verloren hat.

Kohlschmidt: Konturen und Übergänge, S. 198–199

2. Interpretation

Lange schon liebt der Dichter die Stadt; und da die Sprache ihm gegeben ist, zu danken und zu rühmen, sucht er Worte, welche die gefühlte Schönheit offenbaren. Das Lied wird ihr geschenkt, als Liebesgabe. Wie in einem Spiegel sieht der Liebende in ihrem Bild die Innigkeit, die er im eigenen Herzen fühlt, an die er als den Grund des Lebens glaubt. Keine Härte, keine Schwere, nichts, was Widerstand entgegensetzt, begegnet seinem Blick. Die Gärten duften, der Neckar glänzt. Jedes Ding scheint sich in einer holden Flüchtigkeit zu halten. Die Gestade sind gesehen, wie sie beben in den Wellen. Sogar die Brücke ist *beschwingt*. [...]

Aus der rheinischen Ebene scheint die Ferne in die Berge herein; und die Ferne ist *reizend;* sie reizt, sie lockt zu sich, was hier aufblüht. [...] Eins ist mit dem andern durch den zartesten Liebesbezug verknüpft. Und daß ja gar nichts einsam, nur für sich allein, zu leben scheine, daß überall Transition sei, sind den intransitiven Verben, oft mit großer Kühnheit richtungweisende Wörter beigefügt: Der Strom *glänzt dir vorbei,* die Ferne *scheint herein,* lebendiger Efeu *grünt umher,* Wälder *rauschen herab,* und Sträucher *blühen herab.* Alle Teile sehnen sich, einander zu berühren oder ineinander überzugehn. Und so wird Heidelberg in seiner Landschaft zum vollkommenen Bild [...] der liebetrunkenen Einheit des gesamten Lebens [...] wie die unvergeßliche heilige Festlichkeit der hellenischen Welt, wie in unsern Tagen, wo das Reine meist verborgen bleibt, Hölderlins Bund mit Diotima.

Indes, so innig auch die Teile aufeinander bezogen sind, so groß auch ihre Neigung ist, sie werden dennoch nicht vereint und bleiben als einzelne bestehen. [...] Ein Zauber fesselt *an.* Auch hier versäumt der Dichter nicht, das richtungweisende Wort hinzuzufügen. Er ist gefesselt an den Strom, den Jüngling, der in die Ebene zieht, ins Meer, ins Grenzenlose, ins All. [...] Hier, in der Ode *Heidelberg,* wird der Lauf des Stromes nicht weiter verfolgt. Aber der Blick, der ihn entzückt begleitet hat, fällt auf die Burg, die *schicksalskundige,* weil er das Schicksal, das auch seiner harrt, voraussieht, weil er weiß, daß keinem *ins All zurück die kürzeste Bahn* vergönnt ist.

Die Burg ist *von den Wettern zerrissen,* nicht von den Wettern, die in der Luft hinwandeln, sondern von den grimmigeren, die sich entladen zwischen den Völkern. Menschenhände haben diese Wunde in die Landschaft geschlagen. Und eine Klage über die Frechen, eine Frage nach dem Sinn, schwebt hier wohl an den Dichter heran und möchte ausgesprochen werden. Aber er geht darüber hinweg, der Heiterkeit des Ganzen zulieb. Nicht einmal eine vollständige Strophe wird dem Grausamen eingeräumt. Mit der letzten Zeile *Doch die ewige Sonne goß* setzen bereits die heilenden Kräfte der Natur ein, welche *der Menschen Tun vergißt* und gütig ihr Geschäft, die Liebe darzustellen, weiterführt. [...] So endet das Gedicht im Frieden, in einem Frieden freilich, der die Frage nach dem Schicksal ohne rechte Antwort stehen läßt.

Staiger: Meisterwerke, S. 12–18

Rainer Maria Rilke

Denn, Herr, die großen Städte sind
verlorene und aufgelöste;
wie Flucht vor Flammen ist die größte, –
und ist kein Trost, daß er sie tröste,
und ihre kleine Zeit verrinnt.

Da leben Menschen, leben schlecht und schwer,
in tiefen Zimmern, bange von Gebärde,
geängstigter denn eine Erstlingsherde;
und draußen wacht und atmet deine Erde,
sie aber sind und wissen es nicht mehr.

Da wachsen Kinder auf an Fensterstufen,
die immer in demselben Schatten sind,
und wissen nicht, daß draußen Blumen rufen
zu einem Tag voll Weite, Glück und Wind, –
und müssen Kind sein und sind traurig Kind.

Da blühen Jungfraun auf zum Unbekannten
und sehnen sich nach ihrer Kindheit Ruh;
das aber ist nicht da, wofür sie brannten,
und zitternd schließen sie sich wieder zu.
Und haben in verhüllten Hinterzimmern
die Tage der enttäuschten Mutterschaft,
der langen Nächte willenloses Wimmern
und kalte Jahre ohne Kampf und Kraft.
Und ganz im Dunkel stehn die Sterbebetten,
und langsam sehnen sie sich dazu hin;
und sterben lange, sterben wie in Ketten
und gehen aus wie eine Bettlerin.

Informationen

1. Rainer Maria Rilke (1875–1926) ist in Prag geboren und hat vorübergehend in München, Berlin und Paris gewohnt. Die Großstadt erweckte in ihm Abneigung und Angst, so daß er sie immer wieder floh, seine Aufenthaltsorte ständig wechselte und oft als Gast in den Schlössern und Parks des Adels lebte. Sein Verhältnis zur Großstadt wurde geprägt von der Weltstadt Paris, die ein herausragendes Zentrum der Kultur war, aber gleichzeitig eine Anhäufung von sozial vernachlässigten Massen. Das Erlebnis Großstadt hat in drei bedeutenden Dichtungen seinen Niederschlag gefunden: dem 3. Buch des „Stundenbuchs", dem Roman „Aufzeichnungen des Malte Laurids Brigge" und der 10. „Duineser Elegie".
2. Das Gedicht stammt aus dem 3. Buch des Stundenbuchs, das überschrieben ist: „Das Buch von der Armut und vom Tode." Rilke hat es im Frühjahr 1903 innerhalb einer Woche in Viareggio geschrieben, wohin er sich ans Meer geflüchtet hatte, um sieben Monate Paris zu verarbeiten.
3. Stundenbücher entstanden im Hochmittelalter als Gebetbücher von Laien für Laien. Sie enthielten Gebete für alle Tageszeiten und dienten der mystischen Privatandacht. In Rilkes Stundenbuch hält ein fiktiver Mönch in seiner Zelle Zwiesprache mit Gott.
4. „Das Gedicht ist ein Beispiel für das komplexe Ineinander literarischer, psychologischer und biographischer Aspekte der Rilkeschen Lyrik. Rilke verarbeitet hier nicht nur die als Heimsuchung empfundenen eigenen, kurz zurückliegenden Pariserlebnisse, sondern auch zugleich literarische Vorbilder wie etwa die „Tableaux Parisiens" Baudelaires und auch Lektüreerinnerungen an Sigbjörn Obstfelder. Darüber hinaus aber ist das Thema der großen Städte auch ein Zentralthema der Kulturkritik des ausgehenden 19. Jhs. und der Jahrhundertwende. Die Urbanisierung wurde ein Inbegriff der sozialen Probleme ebenso wie der Auswirkungen der Industrialisierung, Technifizierung und Verwissenschaftlichung." (Stahl: Rilke-Kommentar, S. 191)

Interpretation

Rilke, der die entscheidenden Jahre seines Lebens in europäischen Hauptstädten zugebracht hat, haßt und verflucht die Städte, und doch ist er als Mensch seiner Zeit dem großstädtischen Leben so sehr verhaftet, daß er sich ihm nie ganz entziehen kann. Daher gestaltet er ihre Fragwürdigkeit nicht aus der sicheren Geborgenheit völliger Naturnähe heraus, sondern als Mensch, der in die großen Städte hineingestellt ist, „bis ans Kinn" und aus der „Angst der übergroßen Städte" in unendlicher Sehnsucht der verlorenen Natur entgegenstrebt. Was Rilke an der Großstadt auszusetzen hat, sagt er auch hier wieder in immer wiederholten Kreisen um das Grundthema seiner Anklage: die Natur- und Gottentfremdung. [...]
Je weiter sich die Menschen von den natürlichen Geleisen entfernen, um so mehr verstricken sie sich in künstliche Seinsordnungen, sie „dienen in Kulturen", in denen als Entwicklungsprinzip nicht mehr das ruhige

Gleichmaß organischer Entfaltung herrscht, sondern die Fortschrittsidee, d. h. letzten Endes der Wille zu einer möglichst großen künstlichen und mechanischen Ausweitung der naturgesetzten Möglichkeiten. Aber mit allen auf diesem Wege erzielten Erfolgen, die sich im Blick auf das Ewige bloß wie „Schneckenspuren" ausnehmen, ist der Mensch nur „an der Oberfläche des Lebens geblieben". Das ganze zivilisatorische Bestreben bleibt nach Rilke im Äußeren haften und verhindert mit seiner Konzentration auf das Extensive jegliche intensive Vertiefung. [...] Neben dieses Bild des Großstadtmenschen, in dem vor allem die vorwärtsdrängende Aktivität des homo faber festgehalten wird, stellt Rilke schließlich noch die andere Seite des modernen Großstadtlebens in Bildern, die wie soziale Elendsmalerei anmuten. Wenn er jedoch von Menschen spricht, die *schlecht und schwer* leben in *tiefen Zimmern,* von Kindern, *die immer in demselben Schatten sind, und wissen nicht, daß draußen Blumen rufen* und wenn er derer gedenkt, die umhergehen *entwürdigt durch die Müh, sinnlosen Dingen ohne Mut zu dienen,* so gipfelt dabei seine Absicht keineswegs in dem üblichen sozialen Appell, der Mitleid mit dem Proletariat erwecken will. Auch diese Gedichte sind in die gleiche Beleuchtung zu rücken, die Rilke dem [...] Wesenszug der Großstadt und ihren Menschen zuteil werden läßt. Denn auch da will Rilke nur den Fluch sichtbar machen, der sich in der Entwicklung der Städte auswirkt und ihres Wesens Wahn und Abersinn bezeugt. Ebenso wie er davon überzeugt ist, daß die technische Eroberungerhaltung überhaupt, die die Natur künstlich umzugestalten sucht, einem Fluch unterliegt, der sie ins Verderben hineintreiben läßt, so sieht er auch das Verhängnis über den großen Städten schweben, die das hervorragende Beispiel eines künstlichen, naturentwurzelten Gebildes sind. [...] Rilkes ganze Kritik entzündet sich an dem Gefühl des Gegensatzes, den der romantisch-religiöse Mensch einer materialistisch und mechanistisch denkenden Zeit gegenüber empfindet, und hieraus erklärt sich auch die überaus große Strenge seines Kontrastideals, das nicht den geringsten Kompromiß mit den neuen Kräften der Zeit aufweist. Dieses Ideal vereinigt alle Eigenschaften, die Rilke bisher schon als vorbildlich hervorgehoben hatte, zu einem Ganzen. Sein entscheidender Wesenszug ist die Armut. Damit will Rilke keinen sozialen oder wirtschaftlichen Zustand des Menschen kennzeichnen – denn nicht um die „Nicht-Reichen" handelt es sich – er faßt den Begriff vielmehr, vergleichbar der geistigen Armut in der Bergpredigt, als die reinste Ausprägung der Innerlichkeit. Armut ist ihm „ein großer Glanz aus Innen". Im Unterschied zu den rationalen, wollenden und aktiven Menschen der Zeit sind die Armen im Sinne Rilkes von kindhaftem Gemüt, gänzlich unrational und „voller Einfalt"; sie „wollen nichts". [...] Der Drang zur Eroberung der

Natur liegt ihnen völlig fern, denn „sie brauchen ja nur eine kleine Stelle, auf der sie alles haben wie ein Baum." [...] Dies bedingt auch ein ganz anderes Verhältnis zu den Dingen als es dem Menschen der Zeit eignet. Während der moderne Mensch diese wie selbstverständlich als das ihm zur Verfügung gestellte Schaffensmaterial ansieht und „mein" zu den Dingen sagt, sich ihnen gegenüber also auf den Besitzstandpunkt stellt, ist dem Armen dieser Standpunkt fremd, denn er erkennt wie Franziskus in allen Dingen Geschwister, welche von den gleichen göttlichen Kräften durchwirkt sind, die auch in ihm pulsieren.

Doch damit verkündet Rilke keinen vollkommen passiven Quietismus, der alles Schaffen und Wirken ablehnt. In erster Linie wendet er sich hier gegen das prometheische Wollen des modernen Menschen, das immer weiter über die naturgesetzten Schranken hinausstrebt. Er ist davon überzeugt, daß sich die Bestimmung des Menschen nur in einer Tätigkeit, die innerhalb dieser Bahnen bleibt und die Beschränkung als gottgesetzt bejaht, erfüllen kann. Entgegen der rastlosen Geschäftigkeit der Zeit, die in ihrer Arbeitsbesessenheit ständig zu Neuem vorzudringen sucht und der das Prädikat der Neuheit schon ein auszeichnendes Merkmal ihrer Leistung bedeutet, betont Rilke das in allem Wechsel beharrende „Ewige und Alte" in der menschlichen Tätigkeit. Er stellt der Zeit eine Tätigkeit als Ideal vor Augen, die sub specie aeternitatis geschieht und bei der „schon aus dem Ringen der Geräte" Frömmigkeit hervorleuchtet. Ein solches Tun, in dem die Arbeit buchstäblich wieder Gottesdienst geworden ist, kann jedoch nicht in der Zeit, „der armen Stadt", vor sich gehen. Es muß sich ganz von der lärmenden Betriebsamkeit des modernen Werkeifers abkehren und sich in der Stille auswirken, denn es kann die Hände nur an „Leises" legen.

Jost: Mechanisierung des Lebens, S. 57–59

Georg Heym

Der Gott der Stadt

Auf einem Häuserblocke sitzt er breit,
Die Winde lagern schwarz um seine Stirn.
Er schaut voll Wut, wo fern in Einsamkeit
Die letzten Häuser in das Land verirrn.

Vom Abend glänzt der rote Bauch dem Baal,
Die großen Städte knien um ihn her.
Der Kirchenglocken ungeheure Zahl
Wogt auf zu ihm wie schwarzer Türme Meer.

Wie Korybanten-Tanz dröhnt die Musik
Der Millionen durch die Straßen laut.
Der Schlote Rauch, die Wolken der Fabrik
Ziehn auf zu ihm wie Duft von Weihrauch blaut.

Das Wetter schwält in seinen Augenbrauen.
Der dunkle Abend wird in Nacht betäubt.
Die Stürme flattern, die wie Geier schauen
Von seinem Haupthaar, das im Zorne sträubt.

Er streckt ins Dunkel seine Fleischerfaust.
Er schüttelt sie. Ein Meer von Feuer jagt
Durch eine Straße. Und der Glutqualm braust
Und frißt sie auf, bis spät der Morgen tagt.

Worterklärungen:
Baal ist ein Gott der Kanaaniter und Phönikier; er wurde in einem stark sinnlichen
Kult ekstatisch und orgiastisch verehrt.
Korybanten sind Priester der phrygischen Kybele, einer kleinasiatischen Erdmut-
ter-Göttin, deren Kult mit tosendem Lärm verbunden war.

Informationen

1. Georg Heym (1887–1912) wuchs in Berlin auf und studierte dort Jura. Er war ein
vitaler Mensch, der gegen Elternhaus, Studium, Staat und Konventionen rebel-
lierte und das Großstadtleben sowohl liebte als auch verfluchte. Er ertrank beim
Schlittschuhlaufen auf der Havel, als er einen Freund vor dem Ertrinken retten
wollte.

2. Sein einziger Gedichtband zu Lebzeiten erschien 1911 unter dem Titel „Der ewige Tag". Viele seiner Gedichte beschäftigen sich mit dem Thema Großstadt. Die frühen Gedichte „Berlin I" und „II" sind noch reine Schilderungen. Das Wesen der Stadt, wie es Heym empfand, wird erst im „Gott der Stadt" dargestellt.
3. Ein Zeitgenosse Heyms, Ernst Stadler, schrieb über ihn: „Heym ist ein Priester des Schreckens. Ein Visionär des Grauenerregenden und Grotesken."
4. Zu den Interpretationen
Johst und Schneider sind affirmativ beschreibend, wobei Johst von dem Gott Baal, Schneider von der Großstadt ausgeht. Heselhaus ist kritisch und charakterisiert das poetische Verfahren.

1. Interpretation

Als ein Baal, dem der Mensch in Verblendung dient, erscheint dem Dichter der Geist der modernen Großstadt, und er führt diesen Gottes-dienst des Großstadtmenschen in einer Reihe von Bildern vor Augen. Kniend huldigen ihm die großen Städte als dem Inbegriff ihres Wesens, das Geläut der Kirchenglocken wogt wie zum Lobpreis ihm entgegen, im Straßenlärm der Millionen kommt die Musik der Korybanten zum Aus-druck und, Weihrauchwolken vergleichbar, steigt der Rauch der Schlote zu dem Gott der Städte empor. In blinder Verehrung ist die Großstadt einem Geist ergeben, der sie, wie sie glaubt, zu den Höhen kultureller Vollkommenheit führen wird. Doch gerade diesen Glauben zerstört Heym, indem er der in ihrem zivilisatorischen Wahn befangenen Mensch-heit zeigt, daß sie sich nicht einem Gott, sondern einem Abgott, einem Baal verschrieben hat, in dessen Dienst sie nur das Verderben erwartet. So hebt er allein die unheilverheißende Dämonie dieses Abgotts hervor: schwarz lagern die Winde um seine Stirn, er blickt mit Augen voller Wut, und von seinem im Zorn sich sträubenden Haar flattern die Stürme herab. Und am Ende auch dieses Gedichts naht das Unheil als Feuersbrunst, die vom Stadtdämon gesandt, vernichtend in die Stadt einbricht.

Johst: Mechanisierung des Lebens, S. 100

2. Interpretation

Die Stadt, über der diese finstere Gottheit drohend thront, ist ein überdi-mensioniertes Gebilde, das sich aus mehreren Städten zusammensetzt. Hier handelt es sich also nicht mehr um eine konkret gesehene Groß-stadt, sondern um eine dämonisierende Verbildlichung des Begriffes „Weltstadt". Dementsprechend wird auch das Getriebe der Großstadt umgedeutet zur Kulthandlung für einen Götzen. Heym greift auf Bilder primitiven kultischen Erlebens zurück, um das Dasein der Massen in der Großstadt als eine Art dämonischer Besessenheit erscheinen zu lassen. Der Bewegungsrhythmus und Lärm der Stadt wird zum Beispiel bildlich mit dem Tanz von Korybanten gleichgesetzt, die in rasender Begeisterung der Göttermutter Kybele mit Musik und Waffenlärm huldigten. Der Stadtgott selbst wird Baal genannt. Er ist mit seinem zorngesträubten Haar und seiner Fleischerfaust ein Sinnbild unberechenbarer Vernichtungsgewalt. Die Verwandlung der Großstadt in ein wahres Pandämonium* beruht aber nicht nur auf der Erfindung von Stadtdämonen, sondern auch darauf, daß innerhalb der Stadtszenerie die toten Dinge zu einem gespenstischen Eigenleben erwachen. Die Laternen kichern, Tore öffnen sich wie zahnlose Munde, Häuser schwanken, Fenster blinzeln, Straßen krümmen sich, und in ihrem Aderwerk werden die Menschen durch die Stadt geschwemmt.

Schneider: Themen und Tendenzen, S. 261

3. Interpretation

Auf den ersten Blick scheint es ein einheitliches Bild zu sein; freilich nur auf den ersten Blick. Der flüchtige Blick täuscht sich bei Heym überhaupt. Man hat von seiner Einhaltung der strengen Versform gesprochen. Bei näherem Zusehen entdeckt man aber Verstöße gegen Reim, Metrum und Sprache. Dies Genial-Unbekümmerte gehört zu der hyperbolischen** Redeweise dieser Halluzinationsrhetorik. Es findet sich ebenso im Metrum (beschwerte Auftakte, Unterbrechung des Jambenschrittes). Es sind ausdrucksstarke Unterbrechungen der Regel. Im Hintergrund scheint tatsächlich mehr die Zeile als letzte Einheit zu stehen denn die metrische Gleichmäßigkeit der Verse.

Das Schreckensbild des Stadtgottes ist aus Einzelbildern zusammengefügt. Nach dem mythologisierenden Verfahren, das Heym in den Naturgedichten vielfach verwendet, darf man annehmen, daß es sich auch hier nicht um eine mythische Figur handelt, sondern um „poetische" Darstellung von atmosphärischen Erscheinungen über der Stadt. Zumindest legen das die Phänomene der Winde, des Abends, des Rauchs, der Schlote, der Stürme nahe. Möglicherweise hängen also die wechselnden Bilder mit atmosphärischen Veränderungen zusammen, so daß etwa Momentbilder vom Tag bis zur Nacht und zum späten Morgen zusammengefaßt sind. So jedenfalls ist der Weg des Tages und des Mondes in

---

* Pandämonium (griech.) = Aufenthaltsort aller Dämonen.
** hyperbolisch (griech.) = im Ausdruck übertreibend.

anderen Gedichten dargestellt. Die Simultaneität der Bilder unter der Figur „Gott der Stadt" ist eine einfache Reihung von Szenen. Die Dämonen-Phantasie hat auch die Realität der Anschauung ins Grotesk-Fürchterliche gesteigert. Die Mythisierung, die manche annehmen, ist nichts anderes als eine hyperbolische Metapher, erfunden, um das Verhängnis, das über modernen Städten schwebt, in einer Illustration sichtbar zu machen. Das wird aus der Umdeutung der Großstadtphänomene ins Kultische deutlich, die ja nicht ganz zum Baalsbilde stimmen will (die Kirchenglocken, der Korybanten-Tanz, der Duft von Weihrauch). Das sind rhetorische Steigerungen, unbekümmert um die religionsgeschichtliche oder zeitgeschichtliche Stimmigkeit. Das Merkwürdige bleibt, daß solche Nachweise dem dräuenden Bilde nichts von seiner halluzinatorischen Eindringlichkeit nehmen. Wenn die Kirchenglocken in den Baalsdienst gestellt werden, obwohl Heym andernorts die „Fronleichnamsprozession", die „Messe" und andere kultische Momente in seine Bilderwelt aufnimmt, kann man daraus schließen, daß es sich wieder um reine Dichter-Phantasien handelt.

Heselhaus: Deutsche Lyrik, S. 184–185

Oskar Loerke

Blauer Abend in Berlin

Der Himmel fließt in steinernen Kanälen;
Denn zu Kanälen steilrecht ausgehauen
Sind alle Straßen, voll vom Himmelblauen.
Und Kuppeln gleichen Bojen, Schlote Pfählen.

Im Wasser. Schwarze Essendämpfe schwelen
Und sind wie Wasserpflanzen anzuschauen.
Die Leben, die sich ganz am Grunde stauen,
Beginnen sacht vom Himmel zu erzählen.

Gemengt, entwirrt nach blauen Melodien.
Wie eines Wassers Bodensatz und Tand
Regt sie des Wassers Wille und Verstand

Im Dünen, Kommen, Gehen, Gleiten, Ziehen.
Die Menschen sind wie grober bunter Sand
Im linden Spiel der großen Wellenhand.

Informationen

1. Oskar Loerke (1884–1941), Sohn eines Hofbesitzers an der Weichsel, studierte Philosophie, Germanistik, Geschichte und Musik in Berlin. Dort lebte er auch von 1914 an bis zu seinem Tod.
In der Wochenzeitschrift „Zeit im Bild" veröffentlichte er 1912 einen Aufsatz „Von der modernen Lyrik". Dort postuliert er: „Wir wollen die Großstädte, die Weltstädte dichten, die beinahe so jung wie wir sind. Wir wollen die Sinfonien des Stahls, des Eisens und aller schnellen Kräfte hören, die fast noch jünger sind als wir..."
Die Themen Natur und Großstadt nehmen in den ersten drei Bänden seiner Lyrik einen breiten Raum ein. Das Konträre der beiden Lebensräume hat Loerke später als Zusammenspiel gesehen. 1926 schreibt er in einem Brief: „So nenne ich Ihnen denn eines meiner entscheidendsten Erlebnisse: ,Ich habe die moderne Großstadt erlebt als ein Stück Natur.'"
2. „Blauer Abend in Berlin" ist 1916 in den „Gedichten von 1916" erstmals veröffentlicht; die zweite Auflage 1929 erhielt dann den Titel „Pansmusik".
3. Zu den Interpretationen
Für Lehmann will das Gedicht die Deutung des menschlichen Daseins als Teil des Kosmischen darstellen. Kügler geht von der Form aus und sieht den Sinn des Gedichts in der Darstellung der bewegten Großstadt am Abend.

1. Interpretation

Das Bild der Kanäle mit ihren Wänden aus steilrecht ausgehauenen Straßen beschwört eine Zivilisationslandschaft, die in ihrer steinernen Unfruchtbarkeit aller natürlichen Reize entbehrt – bis auf das Blau, das von oben hineinleuchtet. [...]
Kuppeln und Schlote als Attribute des modernen technischen Lebens werden herangezogen und zur Rundung des Gesamtbildes in Bestandteile der Wasserlandschaft umgedeutet. In den dunkel schwelenden Essendämpfen wird schließlich pflanzliches Leben sichtbar. Der Mensch aber ist noch verlorener in diesen Schächten, als es z. B. Masereel in seinen expressiven Schnitten darstellt, ja kaum sichtbar. Erst am Ende der zweiten Strophe bekommt er in der ungeschiedenen und kollektivierenden Sächlichkeit des Ausdruckes „die Leben" eine Funktion in dem Ganzen. So sehr haben sich die Wertmaßstäbe, die Stellung und das Verhältnis des Menschen zu den von ihm geschaffenen und ihn umgebenden Dingen gewandelt.
Und doch ist es nicht die nackte Infragestellung des Menschen, die uns aus modernen Gedichten später viel gellender entgegenschreit. In unserem Sonett steht im Übergang der Vierzeiler in die Dreizeiler – also an bedeutsamer Stelle! – der gewichtige Satz [...]: *Die Leben... / beginnen sacht vom Himmel zu erzählen, / gemengt, entwirrt nach blauen Melodien.*

193

Nichts von der erwarteten Klage oder Anklage! Der harte Lebenskampf, das Ringen des modernen Menschen um Raum und Licht, um Möglichkeiten zum Dasein ist in den Relativsatz gedrängt, beiseitegeschoben – so wie der zu Ende gehende Tag mit seiner Arbeit und seinem Gedränge, und der Abend beginnt für die Menschen mit sachtem Erzählen vom Himmel. Gehört das zum Feierabend, zur Feier des Abends? Oder ist es ein besonderer Abend, der blau, also wolkenlos, über der Großstadt liegt? Der Titel des Gedichtes meint das wohl. Und wovon erzählen die da unten, wenn sie *vom Himmel* sprechen? [...]

Aber dieses Tun der Lebewesen läßt doch aufhorchen, und so kreist die zweite Hälfte des Gedichtes ganz um sie, indem der Dichter nun eine Deutung ihres Daseins und Soseins gibt. Wie das Enjambement zwischen Strophe 1 und 2 das Weiterwogen der Himmelswasser fühlbar macht, so fließt auch jetzt, vermittelt durch dieselbe Fügung, das konkret-gegenständliche Ausmalen und Aufzeigen sachte hinüber in ein sinnvoll-gedankliches Meinen. In feiner metaphorischer Form, [...] wird der konkrete Bildbestandteil *Himmel* nun mit *blauen Melodien* umschrieben. Damit tut sich für unser dichterisches Bild eine neue Dimension auf, das Wort des Dichters stößt in das „irreal-irrational Hintergründige der kosmischen Natur" vor. [...]

Der erste der beiden folgenden Vergleiche macht das noch deutlicher. Daß die auf dem Boden Lebenden nur *Bodensatz und Tand* sind, Strandgut, also abgesunken, weggeworfen von irgendwoher, könnte erschrecken lassen; aber ihr Aufgehobensein im willentlichen und verstandesmäßigen Lenken des Wassers (= Himmel) widerspricht dem Gedanken des Verloren-, Aufgegeben- oder Verdammtseins. Es läßt vielmehr nur den Maßstab solchen Abwägens zwischen der rein menschlichen und kosmischen Sphäre erkennen und weiß mit solcher „Degradierung" oder demütigen Bescheidung zu versöhnen, weil sie in dem Offenbarwerden der Verbindung gleichzeitig auch die Möglichkeit eines Empor! im Geistigen bedeutet. [...]

Noch stärker bricht dieses panische Erleben des Alls („Pansmusik" heißt bezeichnenderweise der spätere Titel der Sammlung von 1929, in der sich unser Gedicht findet!) in dem Schlußvergleich auf: *Die Menschen sind wie grober bunter Sand / im linden Spiel der großen Wellenhand.* [...]

Eines jedenfalls wird aus der Darstellung als Absicht des Dichters klar: Es geht ihm nicht um ein beklagenswertes Verlorensein des Menschen, um ein sinnloses Geworfensein ins Nichts, von dem der Existentialismus ausgeht, sondern um die Erkenntnis, besser: das Gefühl des Eingebettetseins im Universum, im Göttlichen, das freilich nicht als persönliches Wesen, sondern in zufriedener Allvermählung erlebt wird. [...]

Bei aller schwingenden Musikalität der breit ausladenden Loerke-Verse bringt aber das Gedicht kein unverbindliches Sich-Auflösen in kosmische Weiten, sondern läßt durch Inhalt und Gestaltung der Verse (straffe Baugesetze des Sonetts!) ein Wehen jenes „Ewigkeitsaroms" verspüren, um das sich das Schaffen unseres Dichters immer wieder bemüht.

Lehmann: Blauer Abend in Berlin S. 77–80

2. Interpretation

Im Gegensatz zu den bekannten Großstadtgedichten des Expressionismus erscheint der städtische Lebensbereich nicht in dämonisch verzerrter Un-natur, sondern als transformiertes, d. h. wieder in Natur zurückverwandeltes Dasein. Das Gedicht überwindet daher – durch eine noch zu erläuternde Gestaltungsweise – die mit jeder Großstadtdarstellung lange Zeit verbundene negative Qualität der Entmenschlichung und erhält von hier aus seine Bedeutung. Auf die Rückverwandlung der Stadt zur Natur verweist schon der Titel: „Blauer Abend" ist hier eine Chiffre für den über Berlin hereinsinkenden Abend, der das vielfältige Mit- und Gegeneinandersein von Mensch und Bewegung in der Großstadt öffnet, *entwirrt* (vgl. 9. Zeile) und schließlich entspannt. Dieser Dreischritt von Öffnen, Entwirren und Entspannen des tagsüber verhärteten Großstadtdaseins bildet den eigentlichen lyrischen Prozeß dieses Gedichts. In der strengen Form des Sonetts gestaltet, kann dieser Prozeß an drei Grundbildern abgelesen werden:
1. Das erste Quartett setzt mit dem Bild des Himmels ein, der am Abend in den *steinernen Kanälen,* den Straßenfluchten, zu *fließen* beginnt. Fließender Himmel ist hier eine Chiffre für die erwachende Strömung, die Öffnung des Lebens am Abend in der Großstadt. Alles Leben wird in dieser Strömung ergriffen und von ihr verwandelt. Dies zeigt
2. das Grundbild am Ende des zweiten Quartetts:

Die Leben, die sich ganz am Grunde stauen,
beginnen sacht vom Himmel zu erzählen,
gemengt, entwirrt nach blauen Melodien . . .

Die Verben *erzählen, entwirren,* bezeichnen hier die fortschreitende Öffnung des tagsüber *gestauten,* d. h. verhärteten Lebens auf dem Grunde der Stadt. Das Oben, der fließende Himmel, rührt das Unten, den *Bodensatz* (vgl. 1. Terzett), und bringt ihn in strömende gleitende Bewegung.
3. Von hier aus ist auch der innere Zusammenhang mit dem Schlußbild des letzten Terzetts deutlich. Die Strömung des Himmels ist Wasser und

Welle vergleichbar, die das angespannte Tagesbewußtsein bewegen und entspannen:

Die Menschen sind wie grober bunter Sand
im linden Spiel der großen Wellenhand.

Der schöne Vergleich der letzten Zeile macht durch die Personifizierung *(Wellenhand)* nochmals den ganzen lyrischen Prozeß deutlich: Blauer Abend bedeutet jetzt Linderung, Spiel, Entspannung, d. h. wörtlich die vorübergehende Woge der Zärtlichkeit, die in der beseelten Gleichsetzung von Welle und Hand verdichtet ist. Der Mensch der Großstadt bleibt hier zwar Objekt *(wie grober, bunter Sand),* aber die Bewegung, die ihn zum Objekt macht, geht jetzt nicht mehr von der Stadt, sondern vom *Himmel,* d. h. der Natur aus.

Zur Komposition: das Gedicht gestaltet, im Gegensatz zur traditionellen Lyrik, kein Einzelerlebnis (Ich und Natur), sondern eine Kollektiverfahrung. Von hier aus erklärt sich die Notwendigkeit der Technik der Verfremdung, die an diesem Gedicht besonders deutlich beobachtet werden kann:

1. Die Perspektive des Autors bleibt — wie die des Erzählers — auf das Ganze gerichtet. Die Großstadt Berlin ist hier gleichsam ein Modell für alle anderen Städte, in denen sich derselbe Prozeß auf die gleiche Weise ereignen kann. Daher werden nur die typischen Merkmale des städtischen Lebensbereichs genannt (Kanäle, Straßenfluchten, Schlote usw.). Alle Bewegungen in diesem Bereich werden abstrahiert: *Kommen, Gleiten, Gehen, Ziehn.* (Vgl. dazu dieselbe Darstellung Musils in „Ein Verkehrsunfall": „Wie alle großen Städte bestand sie aus Unregelmäßigkeit, Wechsel, Vorübergleiten, Nichtschritthalten ... aus einem großen rhythmischen Schlag.")

2. Die Technik der Verfremdung zeigt sich hier in der permanenten Übersetzung von konkreten Bildern in die Metapher: der Himmel wird zum Strom, Straßenfluchten zu Kanälen, die Kuppeln der Kirchen zu Bojen, die Menschen zu Sand usw. Das Ergebnis dieser Verfremdung: das Stadtbild verwandelt sich in eine einzige submarine Landschaft, die, wie in einem riesigen Aquarium eingebettet, vor unseren Augen aufleuchtet.

Kügler: Blauer Abend in Berlin, S. 105–106

Paul Zech

Fabrikstraße tags

Nichts als Mauern. Ohne Gras und Glas
Zieht die Straße den gescheckten Gurt
Der Fassaden. Keine Bahnspur surrt.
Immer glänzt das Pflaster wassernaß.

Streift ein Mensch dich, trifft sein Blick dich kalt
Bis ins Mark; die harten Schritte haun
Feuer aus dem turmhoch steilen Zaun,
Noch sein kurzes Atmen wolkt geballt.

Keine Zuchthauszelle klemmt
So ins Nichts das Denken wie dies Gehn
Zwischen Mauern, die nur sich besehn.

Trägst du Purpur oder Büßerhemd –:
Immer drückt mit riesigem Gewicht
Gottes Bannfluch: uhrenlose Schicht.

Informationen

1. Paul Zech (1881–1948) wuchs im ländlichen Westfalen auf. Er studierte Literatur und Kunst und arbeitete anschließend zwei Jahre im Bergwerk und in der Metallindustrie, bevor er als Literat, Bibliothekar, Dramaturg, Redakteur und Schriftsteller tätig wurde. Wegen seines Bekenntnisses zu einem vom Christentum geprägten Sozialismus mußte er 1933 emigrieren. Er gehört zu den Dichtern, die an der Heimatlosigkeit zugrunde gingen.
2. Fabrikstraße tags ist 1911 erschienen. Es ist ein Sonett, und zwar in einer gelockerten Form: Die beiden Quartette haben nicht den gleichen Reim; die Terzette haben die Reimbindung e-f-f-e-g-g. Auffällig sind die vielen verbindenden Enjambements bei durchweg abschließendem männlichem Reim, so daß sich die beiden formalen Prinzipien widersprechen. Das ist besonders in Zeile 9 deutlich, die, um einen Versfuß verkürzt, einen so endgültigen Tonfall hat, daß man beim Lesen überrascht ist, wenn der Satz weitergeht.

Interpretation

Hier tritt die Industriestadt in unbedingter Härte vor Augen. Der Autor beschreibt im ersten Quartett die Stadtlandschaft als etwas Abweisendes und Unmenschliches. Das zweite stellt in diese Umgebung den Menschen, der durch sie ebenfalls kalt, abweisend und kontaktscheu geworden ist. Im ersten Terzett wird dargestellt, wie die Verödung der Landschaft auf das Denken einwirkt, es engstirnig und ziellos macht; und das wird in den drei letzten Zeilen auf das gesamte Leben in der Industriegesellschaft übertragen.

Paul Zech sieht die Industrielandschaft des Ruhrgebiets vor sich, zu der das ursprüngliche Bauernland in der zweiten Hälfte des neunzehnten Jahrhunderts gemacht worden war. Die Bevölkerungszahl war in diesem Ballungsgebiet um ein Vielfaches angestiegen. In einer Woge von wirtschaftlichem Optimismus und nationalem Selbstvertrauen trachtete man ausschließlich danach, die scheinbar grenzenlosen Möglichkeiten der Industrialisierung zu nützen. Es war das ganze Bestreben der Unternehmer, immer noch mehr Fabriken zu errichten und in erreichbarer Nähe davon Mietskasernen für die Arbeiterfamilien. Angelockt von den Arbeitsmöglichkeiten strömte sie oft von weither in die großen Industriestädte. Hunderttausende kamen aus Westpolen.

An Stadtentwicklung und an die Gestaltung der Umwelt dachte im Rausch der Gründerzeit niemand.

Paul Zech erkennt als einer der ersten die Schattenseiten dieser gigantischen Umwälzung, deren Folgen uns heute noch belasten; sicher ist sein Gespür dafür verfeinert durch die doppelte Voraussetzung eines Menschen, der im ländlichen Bereich aufgewachsen ist und sich bewußt der Industriewelt gestellt hat.

Die Wirksamkeit des Gedichts beruht vorwiegend auf dem Grundeinfall: der Wahl einer öden, menschenleeren Straße als Allegorie für die Industrielandschaft – die sich jeder als angefüllt mit Lärm, Gestank und Betriebsamkeit vorstellt. In der Bildwahl und im Stil finden sich allerdings einige weniger gelungene Partien. Zech ist bekannt dafür, daß er eine Vorliebe für *steile* Ausdrücke hat. Sie sind Kennzeichen des Expressionismus; wenn hier das expressionistische Lieblingswort *steil* wörtlich vorkommt, und zwar in einem Zusammenhang, in dem es nicht einen übermächtigen pathetischen Sinn hat, sondern nur zu dem Zwecke verwendet wird, die Höhe der Begrenzungsmauern zu kennzeichnen, dann erscheint der Wortgebrauch weit hergeholt und eher modisch als sinnvoll. Auch daß Schritte aus dem steil aufragenden Zaun Feuer haun, ist eine der Metaphern, die nicht nachvollziehbar sind. Ähnlich ist es mit der antithetischen Paarung Purpur und Büßerkleid. Wenn sie, wie ich vermute, reich und arm bedeuten soll, dann ist sie einfach falsch gewählt. Die Koppelung der beiden Begriffe ruft Assoziationen wie Schuld und Gnade wach, nicht Reichtum und Lohndruck oder dergleichen.

Liest man das Gedicht nach diesen Überlegungen noch einmal durch, dann bleibt immer noch der Gesamteindruck bestimmend, und das besonders deshalb, weil der Abschluß mit „Gottes Bannfluch: uhrenlose Schicht" die Aussage eindrucksvoll abrundet: er spiegelt die Ausweglosigkeit und öde Motorik des Fabrikarbeiterdaseins.

Jürgen Becker

Der März in der Luft des Hochhauses

Von oben gesehen, der Stand der gelben Ereignisse,
Forsythien in den Gärten. Jetzt sind es
die Geräusche der Kinder; zwischen den Wohnblocks,
auf den Flächen der Tiefgarage, so etwas wie
Leben; das ist jetzt neu. Und es ist hell;
wir kommen aus den Büros und sehen
die Sonne noch über den Hügeln, dem Rauch,
den Raffinerien. Glitzernd der Berufsverkehr
auf der Ebene zwischen den Dörfern; kurz rauscht,
wie eine eingeblendete Brandung,
die Köln-Bonner-Eisenbahn auf; ich dachte,
dieser Winter geht weiter; nasse Halden,
Nebel-Plantagen. Der Krieg zwischen uns. Aber
mit den Amseln ist jetzt zu rechnen, und
wie die Äcker grün werden, das ist, mit dem
Wiederentdecken der Farbe, über Reste ein Blick.

Informationen

1. Jürgen Becker ist 1932 in Köln geboren, wo er auch lebt. Er begann in den frühen sechziger Jahren zu schreiben.
2. „März in der Luft des Hochhauses" ist in dem Gedichtband „Erzähl mir nichts vom Krieg" 1977 erschienen.

Interpretation

Der Blick des Autors von seinem Hochhausappartement auf die Stadt im Berufsverkehr: Restnatur und industrielle Arbeitswelt, großflächige Wahrnehmungen, überbelichtete, kontrastreiche Bilder und Technik für einen Moment als schönes Naturspiel, ja das Gedicht selbst erscheint als

Momentaufnahme, den winzigen Augenblick veränderten Sehens festhaltend. [...Becker sucht] seine individuelle Wahrnehmung, seine Erfahrung festzuhalten, lenkt immer wieder von der Wahrnehmung zurück auf den Wahrnehmenden. Die Sprache folgt den Bewußtseinsabläufen des Ich, das zunächst – aus seiner Vogelperspektive – nur den „Stand der gelben Ereignisse" notiert, dann genauer Forsythien erkennt, sogleich die *Geräusche der Kinder* wahrnimmt, dann wieder vom akustischen zum optischen Eindruck wechselt; *zwischen den Wohnblocks, / auf den Flächen der Tiefgarage, so etwas wie / Leben* – die positive Entdeckung der Forsythien, der Lebendigkeit verbreitenden Kinder verweist zugleich zurück auf die melancholische Grundstimmung des Ich, das unter dem Wintergrau, der monotonen tristen Wohnblock-architektur, dem „Beziehungskrieg" leidet.

Doch auch hier artikuliert sich nicht das Leiden des Ich, teilt es sich nicht in seiner inneren Vorstellungswelt mit, sondern im Wechsel seiner Wahrnehmungsmomente und seiner Reaktionen auf diese Wahrnehmungsmomente. [...] *Wie die Äcker grün werden, das ist, mit dem / Wiederentdecken der Farbe, über Reste ein Blick* – symptomatisch die Formulierung, Sehbild und Blick werden identisch gesetzt, d. h., das Ich erfährt sich, macht Erfahrungen, indem es sich den Impulsen seiner Umgebung überläßt. Die Sprache scheint – ungefiltert durch ästhetische Reflexion – den unmittelbar einfallenden Sinnes- und Verstandesreizen zu folgen. Wie in den Prosatexten „Felder, Ränder, Umgebungen" sucht Becker auch in der Lyrik die Kluft zwischen Erfahrung und sprachlicher Umsetzung von Erfahrung klein zu halten. Seiner Ablehnung der Fiktion in der Prosa entspricht in der Lyrik die Identität vom empirischen und lyrischen Ich, einem Ich, das sich in den Facetten seiner Wahrnehmungen und Vorstellungen materialisiert. Wahrnehmungsproblematik und Identitätsproblematik hängen miteinander zusammen. Gerade da das Ich als vielstimmiges „Dividuum" erscheint, einerseits geprägt durch die Atomisierung der Wahrnehmung in optische, haptische, akustische Partikel, andererseits durch die Auslöschung des Details beim großlinigen Sehen, zeigt sich Wirklichkeit nicht als *eine* stabile Ansicht, sondern ihrerseits auch gebrochen in vielen Facetten.

Eines läßt sich aus diesem Konzept ableiten: einem eindeutigen politischen Engagement, einer durchgehaltenen Parteilichkeit widersetzt es sich. Auch wenn der politisch engagierte Autor nicht sein Parteibuch veröffentlicht, er keine schlechte Tendenzdichtung produziert, so bestimmt der politische Standpunkt doch seinen Blick auf Realität, die Selektion der Wahrnehmungen, das Urteil über den *Mitteilungswert* der einzelnen Erfahrung. [...]

Gnüg: Lyrische Subjektivität, S. 263–264

Günter Bruno Fuchs

Lied des Mannes im Wasserwagen

Guten Tag, Straße!
Deine Stimme ist heiser und trocken.
Deine Worte sind müdegehetzt,
   guten Tag!

Von beiden Seiten meines Wagens
geb ich dir frisches Wasser zu trinken
   Fontänen wie Vogelschwingen
für die kleinen Randsteine
   die haben Durst und sagen Dankeschön
für die Platten des Gehsteigs
   die haben Durst und rütteln sich wach
für die buckligen Pflastersteine
   die haben Durst
und wünschen dem Wasserwagen
viel Glück und ein langes Leben.

Informationen

1. Günter Bruno Fuchs (1928–1977) ist in Berlin geboren, wo er nach dem Kriegs-einsatz auch Graphik und Hochbau studierte. Er wohnte vorübergehend im Ruhr-gebiet und in Reutlingen, kehrte aber schließlich nach Berlin zurück. Er nahm verschiedenartige Gelegenheitsarbeiten an und lieferte graphische und literari-sche Beiträge für Verlage und Funk. Er lebte als Außenseiter ein Kneipendasein und war ein Kenner der Hinterhof- und Pennerwelt in der Großstadt.
2. Das „Lied des Mannes im Wasserwagen" ist erschienen im Sammelband „Pen-nergesang" 1967.

Interpretation

Günter Bruno Fuchs [...] hat, könnte man sagen, durch Berlin das Schreiben erlernt. Sein Schreibtisch stand unter dem offenen Himmel von Kreuzberg und Rixdorf. Hier und anderswo in seiner Geburtsstadt hat er sich Leute, Zeitgenossen angesehen und hat sie bei der Arbeit und beim Nichtstun beschrieben. Er ging auf die Straßen und um die Ecken, in die Kneipen, um zu träumen und zu trinken. Er kannte die Penner. Er liebte die Stadtbeschäftigungen und war unbekümmert jemand unter denen, die anderes taten, als Gedichte oder Prosa zu schreiben.

Seine Gedichte und Chansons, diese „Blätter eines Hofpoeten", dieser lange „Pennergesang", wirken wie Auszüge aus seinem Traum vom feuchten Leben im Hinterhof und in der Destille, unter Spreebrücken und in Galerien, in Malerateliers. „Herrn Eules Kreuzberger Kneipentraum" war sein eigener. Er war ein dicker Akrobat, der mit Worten hantelte und das „Brevier eines Degenschluckers" verfaßte, ein poetisches, ungebundenes, schnoddrig-zärtliches Lehrbuch. Kerr, Klabund und Tucholsky sahen ihm zuweilen über die Schulter.

Der Poet aus Berlin, Günter Bruno Fuchs, Maler und Drucker, skurriler Graphiker, melancholisch verschmitzter, clownesker Schreiber und Zeichner, war ein stets aufmerksamer Beobachter.

Sein *Lied des Mannes im Straßenwagen* ist ein Straßenlied, ein Berliner Lied, direkt, solidarisch und ganz einfach mit Vergnügen beim Vorgang dabei. Es ist ein Sommerlied von der großen Stadt, in der das Straßenpflaster Durst hat, und vom Mann im Straßenwagen. Dieser Mann steht wie der Poet mit der Straße, dem Sommerdurst, den heißen Gehsteigen, den Steinen am Straßenrand sozusagen auf du und du. Er kennt sich aus. Er braucht die Steine nicht mehr zu zählen. An jedem heißen und trockenen Tag wird es so ähnlich sein: „Guten Tag, Straße!" kann er im Wiedererkennen sagen. Die Feuchtigkeit, das frische Wasser, bringt Glück, und die buckligen Pflasterstraßen wünschen dem Mann bei seinem Tun Glück und langes Leben.

Das Tränken der Steine geschieht selbstverständlich, und der Wasserstrahl kommt wie *Fontänen,* es sind *Vogelschwingen / für die kleinen Randsteine,* für die toten Steine, die man mit Schuhen und Füßen streift, für die übersehenen Steine am Straßenrand, die ihr Wasser wie auf Vogelschwingen leicht bekommen. Günter Bruno Fuchs, der dicke und feuchte Poet, der selige Trinker und Schreiber aus Berlin, mochte das Leichte, das, was ihn nach oben zog und gesellig machte und sich mit Leuten allen Kalibers verständigen ließ. Wer trinkt, liebt die leichte Zunge. Er besaß sie, trinkend und dichtend, spottend und voller Zärtlichkeit, solidarisch mit Kneipengängern und Tierstimmenimitatoren, mit Schnee- und Feldhasen, mit Eulenspiegel-Naturen. »Guten Tag, Straße«, mochte er sagen, wenn er sie auf der Straße traf, sie umarmte und mit ihnen einig und eins wurde.

Er sagte Dankeschön für ein Dasein, das so verlief. Er wußte, daß Glück schwer zu bekommen war. Aus diesem Grunde war er heiter und dichtete für Sperlinge und andere Vögel, für die Kreatur in der Stadt und Vorstadt, in den Randbezirken, in denen es menschlich zuging. Er suchte „Villons Herberge" auf und war ein klein wenig Villon und Ringelnatz. Er erzählte poetische Geschichten ohne Anfang und Ende. Er wollte nicht enden, weil er weiterdichten wollte. Und das Berlin, das er kannte und dichtete, wünschte ihm wie Fuchs seinem *Mann im Straßenwagen* Glück und langes Leben. Sein Leben war intensiv, eine Liturgie im Hinterhof und ein Zauberkunststück, eine melancholische Beichte und ein Spatzenschilpen, das in Lerchenlied übergehen konnte.

Deine Worte sind müdegehetzt, sagte er zur Straße. Seine Wörter, die er zu Wort kommen ließ, nahmen sich die Freiheit, aufmerksam und ungebunden zu sein. Sie liebten das gar nicht heitere Leben.

Krolow: Sommerlied, S. 206–208

VI. Politische Lyrik

Als politische Lyrik sind hier Texte zusammengestellt, die sich mit der praktischen Politik oder mit gesellschaftlich-ideologischen Grundfragen auseinandersetzen. Es wurden Beispiele aus den Gruppen Kampflied, Parodie, Panegyrik (Herrscherlob) und Gesellschafts- und Ideologiekritik gewählt.

Jedes politische Gedicht dieser Art ist einseitig, nämlich auf eine bestimmte Parteiung fixiert, und sein Verfasser macht keinen Hehl aus seinem Standort im Spektrum der Ideologien. Dabei trägt er oft ein erhebliches persönliches Risiko.

Die Beispiele sind aus dem zwanzigsten Jahrhundert genommen, weil es charakteristisch für die politische Lyrik ist, daß sie ihren Anlaß in der jeweiligen Zeitgeschichte findet, in ihrer Aussage zu Gegenwartsfragen Stellung nimmt und künstlerisches Überdauern nicht in Betracht zieht.

In der historischen Entwicklung gibt es Schwerpunkte in Walther von der Vogelweides Propagandaliedern um 1200, im lutherischen Kampflied nach 1517, in der Panegyrik der Barockzeit und in der breiten liberalen und nationalen politischen Lyrik des Vormärz, also der Jahre vor der mißlungenen deutschen Revolution von 1848. Zu ihrer vollen Wirkung gelangt die politische Lyrik im zwanzigsten Jahrhundert, und zwar durch die Polarisierung des öffentlichen Lebens in den Massenbewegungen des Kommunismus und des Nationalsozialismus. Überragende Gestalt in der Politisierung der Literatur gegen Ende der Weimarer Republik war Bert Brecht.

In der Vorstellung unserer Tage ist der Höhepunkt der politischen Lyrik mit den Begriffen Studentenrevolte, APO und 68er Revolution verbunden. Um 1960 begannen sozialistisch und marxistisch gesinnte Kreise gegen die restaurativen Tendenzen der Adenauer-Ära anzugehen. Die Wiederbewaffnung, die Notstandsgesetze und schließlich der Krieg in Vietnam waren für sie Beweise für eine Restauration von konservativen Werten, die je nach Standort als „etabliert" oder gar „faschistisch" abgelehnt wurden. Da diese Restauration in den etablierten Parteien keinen Widerstand erfuhr, entstand die von Studenten getragene „Außerparlamentarische Opposition" (APO). In den Jahren bis 1968 steigerte sich die Bewegung bis zur Revolte, so daß man in der Regel von den „Achtundsechzigern" redet, wenn man von der Studentenbewegung spricht. Sie hat zahllose Produkte politischer Lyrik hervorgebracht, und die Beteiligten betrachten fast alle diese Zeit als ihr Schlüsselerlebnis.

Die Achtundsechziger-Revolution ist aus zwei Gründen schnell zusammengebrochen: erstens, weil im selben Jahr 1968 der Versuch der Tschechoslowakei, einen liberalen Weg des Marxismus zu erproben, durch den Einmarsch von Truppen der Warschauer-Pakt-Staaten abgeschnitten wurde und, zweitens, weil die Ziele der Studentenrevolte durch terroristische Gewaltakte, die in ihrem Namen durchgeführt wurden, ihre Glaubwürdigkeit verloren.

Die Folge war eine Ernüchterung seit Anfang der siebziger Jahre. Politische Lyrik ist aber weiterhin wirksam, da die Anlässe für ihre Entstehung nicht verschwunden sind. Sie ist in der Bundesrepublik Deutschland in der Regel literarischer Ausdruck von linksgerichtetem, sozialistischem und marxistischem Engagement. Konservative politische Lyrik oder gar Herrscherlob gibt es in deutscher Sprache zur Zeit höchstens in der DDR.

Für die Diskussion der Gegenwartslyrik sind Sätze von Theodor W. Adorno, Bertolt Brecht und Walter Benjamin grundlegend geworden. Adorno sagte (etwa 1960), nach Auschwitz noch Lyrik zu schreiben, sei barbarisch; in Brechts Gedicht „An die Nachgeborenen" (1934–1938) steht der Satz: „Was sind das für Zeiten, wo ein Gespräch über Bäume fast ein Verbrechen ist, weil es ein Schweigen über so viele Untaten einschließt!"; und Walter Benjamin schrieb 1934: „Ein Werk, das die richtige Tendenz aufweist, muß notwendig jede sonstige Qualität aufweisen."

Die beiden ersten Sätze befassen sich mit dem unauflöslichen Widerspruch zwischen ethischen und ästhetischen Prinzipien der Literatur, also mit der Auseinandersetzung zwischen poesie engagée und poesie pure, engagierter Literatur und dem Dichter im Elfenbeinturm, wie die Schlagworte heißen. In der Tat kann man sich die Frage stellen, ob bei der unglaublichen Verrohung der zwischenmenschlichen Beziehungen eine Dichtung noch denkbar ist, die sich nicht mit der Bekämpfung dieser Verrohung befaßt und nicht mit dem Versuch, menschenwürdigere, ethisch weniger anfechtbare Verhältnisse zu schaffen. Doch Adorno hat selbst in einer nachträglichen Erläuterung seines Ausspruchs („Engagement", 1962) darauf hingewiesen, daß auch der höchste moralische Zweck nicht davon entbindet, ein ästhetisches Gebilde zu schaffen, wenn man Lyrik produziert. „Selbst Brecht, der nicht frei war von asketischen Zügen [. . .] hat zwar, mit Grund, das kulinarische Kunstwerk angeprangert, war aber viel zu gescheit, um nicht zu wissen, daß bei Wirkungszusammenhängen vom Moment des Genusses gar nicht ganz abgesehen werden kann, sogar im Angesicht der unerbittlichen Gebilde." (Adorno: Noten zur Literatur III, S. 132).

Mit den „unerbittlichen Gebilden" meint Adorno Texte, die „sich selbst alle edlen Werte zu(rechnen), um mit ihnen umzuspringen"; also solche engagierter, von sich selbst überzeugter Ideologen. Diese jedoch haben sich zumindest zeitweise die These Walter Benjamins zu eigen gemacht, der als einer der Begründer der marxistischen Literaturtheorie die Auffassung vertrat, daß Kunstwerke, die im richtigen gesellschaftlichen Bewußtseinsstand entstehen, sich geradezu von selbst auch der diesem Bewußtseinsstand angemessene künstlerischen Mittel bedienen. Daraus wurde Gleichgültigkeit gegenüber der Form überhaupt.

Das hier Gesagte löst den Widerspruch zwischen engagierter und „reiner" Poesie nicht auf. Die Aporie (die Unmöglichkeit, einen Lösungsweg zu finden) bleibt bestehen.

Die Sprache der modernen politischen Lyrik knüpft an Ausdrucksformen des Expressionismus an. Dieser hatte die Sätze aufgelöst und die sinntragenden Wörter isoliert, um das Wesentliche der Aussage hervortreten zu lassen. In den zwanziger Jahren wurde es Mode, einfache, ja primitive Wörter mit Bedeutung „aufzuladen". Aus dieser Bedeutsamkeit des Einfachen entwickelte Brecht die für ihn typische und bis heute in der politischen Lyrik angewandte Methode, Wörter wörtlich zu nehmen und damit zu zeigen, daß diese Wörter im Sprachgebrauch ihre eigentliche Bedeutung verloren haben, daß sie mit anderen Bedeutungen gefüllt sind. Damit wird der aus der Dramentheorie bekannte „Verfremdungseffekt" auf die Lyrik angewandt. Etwas Bekanntes, sagt Brecht, soll unbekannt werden, damit der Leser merkt: hier stimmt etwas nicht, und durch Nachdenken auf die Aussageabsicht des Autors stößt.

Solche Verfremdungen sollen Schockwirkungen erreichen. Sie sind keine Erfindung Brechts. Bereits Benns „Nachcafé" erzielt solche Wirkungen durch den Widerspruch zwischen der Erwartung, ein Gedicht zu lesen, das vor Erotik knistert, und der Tatsächlichkeit eines Katalogs körperlicher Gebrechen.

Verfremdungen haben vielfältige Aspekte. So ist zum Beispiel das gezielte Zitat geeignet, zum Nachdenken anzuregen. Es ist eine Berichtigung alter und überholter Ansichten, weil der Leser erkennen soll, daß das Gesagte zwar vielleicht zur Zeit der Formulierung richtig war, aber zum Zeitpunkt des Zitierens falsch ist. Eine ganze Kette von parodierenden und berichtigenden Zitaten hat sich etwa aus Goethes „Über allen Gipfeln ist Ruh" entwickelt, und auch Brechts „Gespräch über Bäume" hat zahlreiche lyrische Antworten und Kommentare veranlaßt, unter anderem von Eich, Celan, Erich Fried und Günter Kunert.

Eine vergleichbare Funktion hat die Anspielung. Während man aber zitiert, was jeder kennt, ist die Anspielung vielfach „hermetisch", also nur für Eingeweihte zu fassen.

Ein Beispiel ist Reiner Kunzes „Gebildete Nation" (1971).

Gebildete Nation
Peter Huchel verließ die Deutsche Demokratische Republik
(Nachricht aus Frankreich)
Er ging
Die zeitungen meldeten
keinen verlust

Die Überschrift ist ein Zitat, ein Schlagwort der Kulturpolitik der DDR: diese befand sich „auf dem Wege zur gebildeten Nation". Das Gedicht spielt darauf an, daß man darunter nur eine unkritische, ideologiekonforme Bildung verstand, weshalb man vom „verlust" Peter Huchels zwar im fernen Frankreich, nicht aber in der DDR Kenntnis nimmt.

Herbert Böhme

Der Führer

Eine Trommel geht in Deutschland um,
Und der sie schlägt, der führt,
Und die ihm folgen, folgen stumm,
Sie sind von ihm gekürt.

Sie schwören ihm den Fahnenschwur,
Gefolgschaft und Gericht,
Er wirbelt ihres Schicksals Spur
Mit ehernem Gesicht.

Er schreitet hart der Sonne zu
Mit angespannter Kraft.
Seine Trommel, Deutschland, das bist du!
Volk, werde Leidenschaft.

Information

1. Der Verfasser, Herbert Böhme (1907–1971) war SA-Mitglied und nahm Führungspositionen in der NSDAP ein.
2. Das Gedicht „Der Führer" erschien in Böhmes „Des Blutes Gesänge". Es ist ein SA-Kampflied.
3. Hitler bezeichnete sich in der Frühzeit der NSDAP selbst als „Trommler" im Bewußtsein seiner demagogischen rhetorischen Fähigkeiten.

4. Zu den Interpretationen

Günter Betz interpretiert nicht so sehr das eine Gedicht als vielmehr „Die heroischen Gedichte" der SA und der Hitlerjugend allgemein. Die Abschnitte seiner Interpretation wurden umgestellt, um sie auf Böhme auszurichten. Eine besondere Art der Interpretation ist die Parodie. Brecht hat in seinem „Kälbermarsch" das nazistische Kampflied aufs Korn genommen und dabei vielleicht auch an Böhme gedacht; denn Böhmes Gedicht ist unfreiwillig komisch – grausig-komisch, wenn man an das denkt, was folgte. Die Gefolgschaft Hitlers war jedoch offensichtlich für die verräterischen Fehlleistungen des Autors nicht empfänglich. Sie wird betrommelt, statt geführt, sie schaltet den Verstand freiwillig aus, um dümmlich hinterherzulaufen. Der Trommler drückt schon in seiner Miene seine Menschenverachtung aus, und sein Marsch in die Sonne ist grotesk pathetisch und gestelzt. Solche unbeabsichtigten Untertöne hat Brecht als charakteristisch für die SA-Kampflieder parodiert.

Interpretation

Wer schon einmal eine gut organisierte Parade erlebt hat, weiß, welche Faszination davon auf den Marschierenden und auf den Zuschauenden ausgehen kann. In dem ‚Wir' des marschierenden Verbandes geht der einzelne unter. Er verliert die Kontrolle über sein bewußtes Handeln und ist zu keiner selbstverantwortlichen Entscheidung mehr fähig. Der Mensch wird damit unmündig gemacht. Er wird zum bloßen Befehlsempfänger degradiert, zum Herdentier erniedrigt. Das Denken wird ihm dabei abgewöhnt, und er wird, ohne es zu merken, seiner menschlichen Würde beraubt.

Der gemeinsame Rhythmus der Marschierenden, deren motorische Suggestion nicht den Intellekt anspricht, überwältigt und reißt mit. Die unablässige Aufforderung zum Marschieren und die Teilnahmepflicht für die Massenveranstaltungen ist ein Symptom für die Bemühungen des Regimes, aus Mitbürgern Mitläufer zu machen. Im drohenden Trommelschlag, stampfenden Rhythmus der Marschkolonnen, im Aufbruchsrausch des gleichgestimmten Kollektivs verliert sich die Frage nach dem Ziel, hört das Denken auf. [...]

„Die Aufgabe unserer Zeit sehen wir darin, eine heroische Kunst zu schaffen, die der heroischen Weltauffassung und Lebenshaltung der deutschen Bewegung entspricht", verlangt 1935 Gerhard Schumann. Und in der Tat, die ganze Zeit war heroisch geworden, nach dem Vorbild ihres Führers. Heroisch waren die Leitartikel in der Zeitung, heroisch waren die Kommentare im Rundfunk, heroisch die Berichte der Wochenschauen, heroisch war der Blick der durch die Straßen ziehenden braunen Kolonnen, heroisch die Gedichte und Lieder.

Als Kennzeichen dieser Gruppe können wir nennen: die germanisieren-

den Worte und Wendungen, die beliebte Verwendung bestimmter Symbole wie Fahne, Trommel, Feuer, Vaterland, Blut usw.
Um möglichst deutlich an die ‚germanische' Tradition, der Wurzel des Volkes anzuschließen, fanden Begriffe wie Herzog, Ahne, Ostmark, Gau, uraltes Sonnentum, Gefolgschaft, erküren usw. bevorzugt Verwendung. [...]
Auch pseudogermanische Begriffe dürfen in diesen Gedichten nicht fehlen. Im Bild der Trommel haben sie ihre besondere Ausbildung erfahren und waren sehr verbreitet und beliebt. Das bekannteste davon war das von Herbert Böhme. Es gab kaum eine Zeitung oder Zeitschrift im Reich, die dieses Gedicht nicht abgedruckt hätte.

Betz: Politische Gedichte, S. 46, 38–39

Bertolt Brecht

Kälbermarsch

Hinter der Trommel her
Trotten die Kälber
Das Fell für die Trommel
Liefern sie selber.

Der Metzger ruft. Die Augen fest geschlossen
Das Kalb marschiert mit ruhig festem Tritt.
Die Kälber, deren Blut im Schlachthof schon geflossen
Sie ziehn im Geist in seinen Reihen mit.

Sie heben die Hände hoch
Sie zeigen sie her
Sie sind schon blutbefleckt
Und sind noch leer.

Der Metzger ruft. Die Augen fest geschlossen
Das Kalb marschiert mit ruhig festem Tritt.
Die Kälber, deren Blut im Schlachthof schon geflossen
Sie ziehn im Geist in seinen Reihen mit.

Sie tragen ein Kreuz voran
Auf blutroten Flaggen

Das hat für den armen Mann
Einen großen Haken.

Der Metzger ruft. Die Augen fest geschlossen
Das Kalb marschiert mit ruhig festem Tritt.
Die Kälber, deren Blut im Schlachthof schon geflossen
Sie ziehn im Geist in seinen Reihen mit.

Information

1. Im New Yorker Exil verfaßte Brecht 1943 das satirische Drama „Schweyk im Zweiten Weltkrieg". Dem „braven Soldaten Schweyk", der sich durch seinen scheinbar dümmlichen, in Wirklichkeit aber entwaffnenden Gehorsam aus allen schwierigen Lagen rettet, hat er den „Kälbermarsch" in den Mund gelegt.
2. Der „Kälbermarsch" ist eine Parodie (von griech. parodia = Gegengesang). Eine Parodie deckt formale oder inhaltliche Schwächen einer Vorlage auf, indem sie diese durch Übertreibung ab absurdum führt beziehungsweise ins Lächerliche zieht.
Der Refrain verspottet das „Horst-Wessel-Lied", die Parteihymne der Nazis, deren erste Strophe lautet:

„Die Fahne hoch! Die Reihen dicht geschlossen!
SA marschiert mit mutig, festem Schritt,
Kameraden, die Rotfront und Reaktion erschossen,
marschiern im Geist in unsern Reihen mit."

3. Vor dem „Kälbermarsch" hatte Brecht (1933) in seinen „Hitler-Chorälen" protestantische Kirchenlieder im Tonfall nachgeahmt, um Hitlers Panegyriker und seine angebliche charismatische Ausstrahlung ins Lächerliche zu ziehen. Daran knüpft die folgende Interpretation an.

Interpretation

Der Aufmarsch der Kälber unterscheidet sich von den „Hitler-Chorälen" vor allem in der künstlerischen Anlage. Brecht verzichtet auf die lange achtzeilige Kirchenliedstrophe. Er greift auf die bewährte Volksliedstrophe zurück und verdichtet das poetische Material. Das Gedicht gewinnt damit die für den politischen Tageskampf erforderlichen Qualitäten: Knappheit, Pointierung und Wirksamkeit.
Die Strophen dienen der Beschreibung des Kälberaufzugs und der Kommentierung. Dadurch erhält jede Strophe eine eigenartige Doppelfunktion: die beiden ersten Zeilen geben bildhafte Ausschnitte eines Vorganges, die beiden Folgezeilen enthüllen, welches Los der Metzger den

Kälbern zugedacht hat. Den drei Aufzugsbeschreibungen folgen jeweils die enthüllenden Kommentare.

Die Kommentarverse schließen jeweils unmittelbar an die Beschreibung an und beziehen sich stets auf das beschriebene Bild: das Trommelfell auf die Trommel, die blutbefleckten auf die erhobenen Hände, der Haken auf das Kreuz. Solche Pointen gelingen, weil Brecht im ersten Strophenteil besonders charakteristische Erscheinungen eines faschistischen Aufmarsches festhält: die Hakenkreuzfahnen, die zum Hitlergruß erhobenen Arme (Hände) und die Trommeln an der Spitze des Zuges. Der Lyriker nützt für seine Enthüllungstechnik den bereits vorgegebenen Bildbereich. Das Hakenkreuz, dem die Kälber nachlaufen, hat für den armen Mann nicht nur im übertragenen Sinne einen Haken. Brecht führt mit dieser Bildkommentierung einen bereits angelegten Bildsinn zu Ende. Wenn es in den Kommentarversen der 1. Strophe heißt:

Das Fell für die Trommel
Liefern sie selber,

braucht in der Schlußstrophe nicht mehr daran gezweifelt zu werden, daß der Haken des armen Mannes im Schlachthaus zu finden sein wird, wo der Metzger das Kalb aufhängt und ihm das Fell vom Leib zieht. Brechts Kommentierung ist darauf gerichtet, die Betrüger kenntlich zu machen und die Betrogenen zur Einsicht zu drängen. Das ist vor allem in der 2. Strophe sichtbar. Die Versprechen des Führers sind noch nicht erfüllt worden, aber die Hände seiner zum blinden Werkzeug gewordenen Anhänger aus ärmeren Schichten sind schon vom Blut ihrer Klassenbrüder besudelt:

Sie sind schon *blutbefleckt*
Und sind noch *leer.*

Die Kälber erliegen dem Lockruf des Trommlers. Das soll der Refrain des *Kälbermarschs* in mehrfacher Beziehung unterstreichen. Sein Text bezieht sich nicht ohne Grund auf das Lied eines faschistischen Barden, der sich als „politischer Zuhälter" besonders verdient gemacht hat und zum „Helden" der Bewegung gekürt wurde. Das „Horst-Wessel-Lied" ist die Verführungshymne vieler Naziaufmärsche, „so, daß man, an ihn denkend, sogleich an die Bewegung, und an die Bewegung denkend, sogleich an ihn denkt". Diesen Bardengesang und den Mythos vom ermordeten Helden der Bewegung gilt es zu zerstören. Für Brecht beginnt die politische Aufklärung dort, wo die faschistische Legendenbildung einsetzte.

Um die Inhalte des Naziliedes der Lüge überführen zu können, wendet Brecht das bereits bekannte Umkehrverfahren an. Er schafft zwei Aussageebenen. Er übernimmt zeilenweise den Text der Vorlage, tauscht aber das sinntragende grammatikalische Subjekt aus. Dadurch entsteht eine völlig entgegengesetzte Aussage:

‚Wessel-Lied': Die Reihen fest geschlossen
‚Kälbermarsch': Die Augen fest geschlossen

An die Stelle der Entschlossenheit tritt Blindheit. Der „ruhig feste Tritt" ist nicht mehr der Marschtritt der SA-Formationen, sondern das täppisch-nichtsahnende Trampeln der verführten Kälber. Wo Wessel von den „Kameraden, die Rotfront und Reaktion erschossen" berichtete, spricht Brecht von den Kälbern, die der Metzger im Schlachthaus bereits abgestochen hat, die aber nun im Geiste mit den neuen Opfern mitmarschieren. Indem Brecht jeder Strophe den desillusionierenden Refrain nachstellt, muß der Leser hinter der faschistischen Kraftentfaltung und dem Entschlossenheitsfanatismus Wesselscher Prägung die gähnende Tiefe des Abgrunds erkennen. Der Metzger, die Endstation des Aufmarsches, erscheint schließlich auch im Refrain als Vollstrecker.

Schuhmann: Der Lyriker Brecht, S. 364–366

Johannes R. Becher

Als es geschah an jenem zweiten März,
Daß leiser, immer ferner schlug sein Herz,
Da war ein Schweigen wieder und ein Weinen,
Um Stalins Leben bangten all die Seinen.

Und als verhaucht sein letzter Atemzug,
Da hielt die Taube ein auf ihrem Flug
Und legte einen gold'nen Ölzweig nieder.
Die Völker sangen alle stille Lieder.

Den Namen Stalin trägt die neue Zeit.
Lenin, Stalin sind Glücksunendlichkeit.
Begleitet Stalin vor die Rote Mauer!
Erhebt Euch in der Größe Eurer Trauer!

Seht! Über Stalins Grab die Taube kreist,
Denn Stalin: Freiheit, Stalin: Frieden heißt.
Und aller Ruhm der Welt wird Stalin heißen.
Laßt uns den Ewig-Lebenden lobpreisen.

Information

1. Johannes R. Becher (1891–1958) war, als er dieses Gedicht abfaßte, Präsident der Ostberliner Deutschen Akademie der Künste und wurde 1954 der erste Kulturminister der DDR. In den letzten Jahren seines kämpferischen Lebens knüpfte er an die klassische Lyriktradition an und vermied Anklänge an seine expressionistische Frühphase.

2. Das Gedicht auf Stalins Tod dürfte 1953 verfaßt worden sein; es steht in der Wochenzeitschrift „Die Zeit" vom 9. 2. 1962, eine Überschrift fehlt dort; es wurde nicht in die Gesamtausgabe der Werke Bechers übernommen.

3. Das Gedicht gehört zur Gattung der Panegyrik (griech.; ursprünglich Festrede, dann meistens Lob eines Herrschers), die sich durch die Jahrtausende verfolgen läßt. Die europäische Panegyrik baut auf der hellenistischen und römischen Rhetorik auf, in der z. B. die Mittel und die Techniken der Leichenrede schulmäßig abgehandelt wurden (etwa die vorgebliche Anteilnahme der Tierwelt oder die Leistungs- und Todessymbole). Panegyrik, also Herrscherlob, war besonders stark in der römischen Kaiserzeit und im Barock vertreten; sie lebte im Personenkult der linken und rechten Ideologien wieder auf.

4. Zur Interpretation

Enzensbergers Interpretation des Gedichts ist einem Aufsatz „Poesie und Politik" entnommen, in dem der Autor sich mit der europäischen Panegyrik auseinandersetzt. Er wählt absichtlich kein nazistisches, sondern ein auf Stalin angestimmtes Herrscherlob, um die allgemeine Gültigkeit seiner These zu untermauern, daß die Panegyrik mit dem Absolutismus zu Ende gegangen sei und daß alle neueren Versuche die „katastrophale Unmöglichkeit" modernen Herrscherlobs bewiesen. „Vor ihnen versagt jede Ironie; sie sind entsetzlich nicht nur, weil sie ihre Urheber als geistige Personen gleichsam auslöschen." Aus ebendiesem Grunde „verkleinert" Enzensberger den Autor, indem er ihn nur beiläufig mit dem Nachnamen erwähnt, als wenn er nicht wüßte, wer er war. Er macht Becher damit zur Unperson.

Interpretation

Dieser Text wird nicht um des Ekels willen zitiert, den er erregen mag; nicht einmal sein Verfasser, ein Mann namens Becher, ist für unser Vorhaben von Belang. Der Text interessiert nur als Symptom. [...]

Die Klischees, aus denen er montiert ist, sind samt und sonders in zweitausendjähriger Übung vernutzt worden. Ölzweig, Taube, ewiges Leben, *die Völker alle:* „Eine... Wertsteigerung der zu preisenden Person wird (seit dem frühen Mittelalter) dadurch erreicht, daß man mitteilt, alle nähmen teil an der Bewunderung, Freude, Trauer.... Man wagt die Behauptung: ,alle Völker, Länder, Zeiten besingen den N. N.'... Das Schema ,der ganze Erdkreis besingt ihn' wurde fester Topos. Häufig wenden ihn die karolingischen Dichter auf Karl an."* Die kopistenhafte

---

* Ernst Robert Curtius: Europäische Literatur und lateinisches Mittelalter. Bern 8 1973, S. 169–170.

Sorgfalt, mit der Becher, vermutlich ohne es zu ahnen, drittrangige Hagiographen* und Grammatiker des lateinischen Mittelalters ausgeschrieben hat, ist verblüffend. Den Skandal, der darin liegt, daß Bechers Produkt überhaupt existiert, vermag sie nicht zu erklären. Er ist keine Frage des Handwerks. Der Text wäre auch durch keinen Kunstgriff zu retten, nicht durch den Verzicht auf die dümmlichen Vergleiche, die lügenhaft aufgeblasenen Metaphern, nicht durch syntaktische Nachhilfe. Widerwärtig sind nicht die Schnitzer, widerwärtig ist das Dasein jener Zeilen.

Warum? Dieser Frage wollen wir auf den Grund gehen; denn sie ist fundamental. [...] Der Grund des Skandals liegt nämlich nicht dort, wo man ihn gewöhnlich vermutet: er liegt weder in der Person des Lobenden noch in der des Gelobten.

Der Rekurs auf die Gesinnungen und Beweggründe des Autors, der sich in den letzten Jahrzehnten überall eingebürgert hat, wo vom Verhältnis der Poesie zur Politik die Rede ist, kann eine Erscheinung wie das Ende des Herrscherlobs nicht aufklären. Er ist selber der Aufklärung bedürftig. [...]

Nicht Stalins Verbrechen disqualifizieren Bechers Text; es genügt, daß er sich überhaupt an einen Herrschenden richtet. [...] Das Gedicht kann sich an keinen Staatsmann mehr wenden, ganz gleichgültig, wie wir ihn beurteilen. Poesie, die sich an Adenauer wendet, ist ebenso unvorstellbar, sie widerlegt sich ebenso selbst, als besänge sie Hitler, Kennedy oder de Gaulle. Es handelt sich um eine Erscheinung, die mit ideologischen oder moralischen Begriffen nicht zu fassen ist. Dafür spricht nicht nur die Tatsache, daß kein Autor von einiger Bedeutung einen solchen Versuch aus freien Stücken unternommen hat. Der Beweis läßt sich *ex contrario*** führen: mit der Möglichkeit des poetischen Herrscherlobs ist auch die Möglichkeit der Schmähungen geschwunden. Diese Erfahrung hat schon Heine gemacht***. Es gibt kein poetisch legitimes Werk, das Hitlers Namen aufbewahrt. An dem Versuch, ihn im Gedicht zu schmähen, ist sogar Brecht gescheitert, ebenso wie an dem Gedicht „Die Erziehung der Hirse", in dem der Name Stalin fällt, und an einer „Kantate zu Lenins Todestag".

Dieses Scheitern ist durch und durch politischer Natur. Das Gedicht sträubt sich gegen Herrscherlob und Herrscherschmähung nicht etwa

---

* Hagiograph (griech.) = Verfasser von Lebensbeschreibungen der Heiligen; hier wird Stalin zum Heiligen hochstilisiert.

** ex contrario (lat.) = aus dem Gegenargument.

*** Etwa in den ironischen *Lobgesängen auf König Ludwig* (1941); der Vers verkommt zu mittelmäßigem Kabarett, ja zum Bierulk, sobald der Name eines Herrschers fällt. (Anm. Enzensbergers)

aus einem allgemeinen Zwang zur Abstraktion. Nicht daß sie konkret, beim Namen, genannt werden, zerstört alle Gedichte auf Hitler oder Stalin: nicht Personennamen schlechthin verwirft die Poesie, nur die der Herrschenden. Auf jeden andern einzelnen sind Gedichte möglich wie eh und je: auf eine Frau, auf einen Freund, auf einen Taxi-Chauffeur, auf einen Gemüsehändler. Nicht wenige Grundtexte der modernen Poesie richten sich an Personen: Lorca hat den Stierkämpfer Ignacio Sanchez Mejías in einem Oratorium beklagt, Supervielle hat eine Ode an Lautréamont und Auden ein Memorial für William Butler Yeats geschrieben, und keinem dieser Namen verweigert sich die dichterische Sprache, sie gehen alle in den Text ein, ohne ihn zu sprengen.

Enzensberger: Poesie und Politik, S. 342–345

Bertolt Brecht

Der Radwechsel

Ich sitze am Straßenrand.
Der Fahrer wechselt das Rad.
Ich bin nicht gern, wo ich herkomme.
Ich bin nicht gern, wo ich hinfahre.
Warum sehe ich den Radwechsel
Mit Ungeduld?

Informationen

1. Bertolt Brecht (1898–1956) mußte 1933 als Kommunist und erklärter Feind der Nationalsozialisten emigrieren. Er lebte erst in Dänemark, dann ging er über Schweden nach Finnland und von dort in die Vereinigten Staaten (Santa Monica in Kalifornien). 1948 kehrte er nach Deutschland zurück, wurde Generalintendant des Deutschen Theaters in Ostberlin und gründete 1949 das Berliner Ensemble. 1953 bekam er Schwierigkeiten mit der politischen Führung. Kennzeichnend dafür ist der Brief an Ulbricht vom 19. 6. 1953, in dem er nach dem Arbeiteraufstand vorsichtige Kritik an der SED-Führung übte. Von diesem Brief wurde nur der letzte Satz veröffentlicht, so daß er als Ergebenheitsadresse erschien.
2. Brecht hatte 1952 ein Landhaus bei Buckow in der Märkischen Schweiz gekauft. Dort entstanden die „Buckower Elegien", die meisten davon 1953.
3. Elegien haben eine wehmütige Stimmungslage; sie verbinden sanfte Heiterkeit mit Schwermut. Die meisten Elegien der deutschen Literatur sind lang und wortreich, so etwa Brechts „An die Nachgeborenen". Aufgrund von Brechts Beschäftigung mit der fernöstlichen Dichtung entwickelte er in den Buckower

Elegien eine Kurzform, die sich an japanische Fünfzeiler und an das Haiku anlehnt. Das Haiku ist eine dreizeilige reimlose Gedichtform mit genau 17 Silben: 5–7–5. Es geht vom Alltäglichen aus und sucht das Unwandelbare aufzuzeigen; es gebraucht einfachste Worte, in denen sich jedoch metaphysische Tiefe andeutet. Die strenge Form kann man im Deutschen nicht wiederholen, weil unsere Sprache erst durch Verben und verbindende Wörter verständlich wird, die im Japanischen fehlen. Japanischer Dichtweise kommt Brechts „Der Rauch" am nächsten:

Das kleine Haus unter Bäumen am See.
Vom Dach steigt Rauch.
Fehlte er
Wie trostlos dann wären
Haus, Bäume und See.

Hier sind alltägliche Worte gebraucht; die „metaphysische Tiefe" erreicht Brecht durch die Nachahmung japanischen Stils: durch Auslassen aller Bindewörter in der letzten Zeile deutet er auch stilistisch an, wie beziehungslos die Welt ohne den menschlichen Zusammenhalt wäre.
4. Zu den Interpretationen
Die Interpretationen suchen die politischen Implikationen des „Radwechsels" auf, und zwar bezogen auf die Position Brechts in der DDR, die Emigration in Kalifornien und die Rückkehr nach Deutschland nach 1945. Die letzte „Interpretation" mißachtet die Metaebene des Gedichts, also das eigentlich Gemeinte, und befaßt sich in der Art der pragmatischen Literatursoziologie mit dem reinen Sachbestand. Karsunke ist ein Achtundsechziger. Er unterstellt, daß Brecht in der DDR zu den Privilegierten zählte und argumentiert aus dem Gedankengang, daß es allenthalben Herren und Knechte gibt und daß sich Brecht, der Verfasser des sozialkritischen Dramas „Herr Puntila und sein Knecht Matti", in dem Gedicht „Der Radwechsel" unbewußt und ungewollt als zur Herrenschicht gehörig entlarvt. Karsunke geht davon aus, daß der Anlaß zu diesem Gedicht in der jüngsten Vergangenheit zu suchen ist und nicht, wie Weinrich annimmt, in der Emigration.

1. Interpretation

Daß der Dichter immer noch keine zufriedenstellende „poetische Distanz" zu der gesellschaftlichen Realität der DDR gefunden hatte, lag nicht an ihm, sondern an der Wirklichkeit, von der er sich nicht abkehren wollte. Gemessen an der Zahl der im Exil entstandenen Werke, blieb der dichterische Ertrag der DDR-Jahre relativ schmal: ein Stück, einige Bearbeitungen, Lieder für Kinder und Jugendliche und die großartigen „Buckower Elegien". [...]
Die „Mühen der Ebenen" machten Brecht zu schaffen. Er war zufrieden, daß er gebraucht wurde, aber unglücklich über vertane Zeit. Da er jetzt von morgens bis abends mit Problemen seines Theaters und der Kulturpolitik konfrontiert war und sich täglich im Kampf mit Besuchern und Terminen befand, verspürte er doch ein großes Bedürfnis nach Ruhe. So

zog er sich von 1953 an, so oft es ging, nach Buckow in der Märkischen Schweiz zurück. [...] In Buckow entstanden die nachdenklichsten und formal ausgefeiltesten seiner Gedichte, in denen er „Trauerarbeit" leistete. Hier zog Brecht Bilanz, wies auf die große Misere seines Landes hin und plädierte für die produktive Ungeduld.

Brecht sehnte sich im Alter nicht in die Zeit seiner Kindheit nach Augsburg zurück. Das war eine abgeschlossene Periode. Allenfalls gelegentlich eine zarte, elegische Rückerinnerung. Die bürgerliche Herkunft verleugnete er nicht, aber er versuchte sie aufzugeben und ein anderes gesellschaftliches Verhalten einzuüben. Die Zukunft interessierte ihn nur als Perspektive, nicht als Endresultat. Die Gegenwart war wichtig, die Arbeit für die Geschichte. Den *Radwechsel* von der Vergangenheit in die Zukunft in der DDR verfolgte Brecht mit Ungeduld, weil er so lustlos und perspektivelos vonstatten ging. Der neue Staat wurde nicht für die Geschichte und damit für die Menschen, sondern für die Statistik errichtet. Die große Gelegenheit, eingreifende Veränderungen zu schaffen, wurde nur unzulänglich genutzt: „Was sind schon Städte, gebaut/ Ohne die Weisheit des Volkes?"

Völker: Brecht, S. 412–413

2. Interpretation

Wir können uns die Straße, an der dieser Wagen zu Bruch gegangen ist, in Dänemark, Finnland oder am besten in Kalifornien vorstellen, in einem Land jedenfalls, das für Bertolt Brecht in den Jahren der Hitler-Diktatur Exil war. Wir können uns etwa denken, daß Brecht unterwegs war von seinem kleinen Haus in Santa Monica, wo er eine wenig geliebte Bleibe gefunden hatte, in die unweit gelegene Filmstadt Hollywood, die er zutiefst haßte, im Gepäck den Entwurf zum Drehbuch für einen Film, den zu verwirklichen er für überflüssig hielt. Es sind aber auch viele andere Möglichkeiten denkbar, wie ein Leser dieses lakonische Gedicht, das von der Situation des Radwechsels nur das Nötigste sagt, mit Lebens- und Erlebnisstoff anreichern kann, es mag Brechts Leben oder auch sein eigenes sein. Es sollte aber immer, wenn dieses Gedicht nach seinen eigenen Gesetzen weitergedacht werden soll, eine Situation des Exils sein. Das verlangen insbesondere der dritte und der vierte Vers. Man kann diese Verse nämlich, wenn man sie aus dem Gedicht herauslöst, als Rätsel lesen, das etwa lautet: *Ich bin nicht gern, wo ich herkomme; ich bin nicht gern, wo ich hinfahre* – was ist das? Ich kann mir wenige Lösungen dieses Rätsels denken, die überzeugender wären als die Antwort: das Exil. Denn ein Exil, darauf hat Brecht mehrfach mit Nachdruck bestanden, ist keine Emigration. Man wandert als Exilierter nicht aus in ein Land, dem man den Vorzug gibt gegenüber dem Land, das man verläßt. Man ist vielmehr Verbannter, und alle Orte dieser Verbannung, so reizvoll sie vielleicht dem Bewohner oder dem touristischen Besucher erscheinen mögen, sind für den Verbannten Zeichen der Unfreiheit und des Unglücks.

Es gibt also keinen eigentlichen Grund für den Reisenden, bei diesem Radwechsel ungeduldig zu sein. Die Ungeduld, die er dennoch zeigt und an sich bemerkt, muß einen tieferen Grund in jenem endlosen Warten haben, das die Zeit des Exils zu einer quälenden Geduldsprüfung macht. Wir können annehmen, daß der Reisende, der da am Straßenrand sitzt, mit seinen Gedanken gar nicht bei diesem Radwechsel ist, sondern bei einem ganz anderen Vorgang, der nach den Bewegungsgesetzen der Weltgeschichte, also viel zu langsam für den einzelnen, vor seinem inneren Auge abläuft. So nimmt er auch an dem Geschehen, das sich unmittelbar vor seinen Augen abspielt und seine Reise verzögert, nur spärlichen Anteil. Wir erfahren beispielsweise nicht, daß er etwa mit dem Fahrer ein Wort wechselt, ihn – wenn auch mit ungeschickten Worten – vielleicht berät oder ihm sogar zur Hand geht. Das paßt eigentlich gar nicht zu Brecht, der ja sonst zwischen den Denkenden und den Arbeitenden eine enge Solidarität herzustellen wünscht. Dieser Denkende ist hier mit seinen Gedanken nicht bei der Sache, die der Titel als Thema des Gedichtes nennt. Er ist statt dessen mit allen seinen Sinnen bei einer anderen Sache, die ihm – und uns – mehr bedeutet. Man hat unser Gedicht deshalb ein emblematisches Epigramm genannt (Heselhaus), Epigramm deshalb, weil es, ähnlich wie wir es von Lessing her kennen, einen Vorgang mit knappen Strichen so vereinfacht, daß dieser „transitorische Moment des Radwechsels" (Joachim Müller) archetypischen Charakter annimmt. Emblematisch deshalb, weil die Straße und der Wagen und das Rad und der Radwechsel für diesen Reisenden – und für uns – Zeichencharakter haben. Dem ist sicher zuzustimmen, und diese, sagen wir kalifornische Straße ist gewiß ein Emblem des ‚Lebensweges' (Curriculum vitae), dieser Reisende ist sicher auch der Mensch als Wandernder (Homo viator), und in diesem gebrochenen Rad dürfen wir zweifellos auch das Rad der Fortuna wiedererkennen. Denn der Straßenrand, der Fahrer, das Rad, der Radwechsel – alle diese Sprachzeichen sind in unserem Gedicht mit dem bestimmten Artikel eingeführt und werden dem Leser auf diese Weise als bekannt vorgestellt. Auch das Verb *sehen* in der zweitletzten Zeile (es heißt dort ja nicht etwa „zusehen"!) paßt recht gut in diesen Zusammenhang. Denn dieses Gedicht vom Radwechsel, das in seinen Bedeutungsstrukturen so deutlich auf die Bedingungen des Exils verweist, ist nicht im Exil selber geschrieben, sondern viele

Jahre später, im Rückblick, vielleicht im Tag- oder Nachttraum, aus dem Brecht in jenen Jahren gerne die Bilder seiner Gedichte schöpft und sie dann auch gerne durch eben dieses Verb *sehen* kennzeichnet (vgl. das Gedicht „Eisen"). Wir wollen aber die Emblematik des Allgemein-Menschlichen, die wir eben angedeutet haben, nur als Horizont dieses Gedichtes verstehen. In seiner eigentlichen Substanz ist es ein geschichtliches Gedicht.

Weinrich: Brecht in Buckow, S. 30–33

3. Interpretation

Das Gedicht reflektiert im poetischen Gleichnis des Radwechsels die Übergangssituation von der Kriegs- zur Nachkriegszeit, in der Brecht aus dem amerikanischen Exil nach Ostberlin zurückkehrte. Daß Krieg und Exil vom Dichter nur ungern erinnert werden, leuchtet ohne weiteres ein; daß auch das Ziel ohne Freude antizipiert wird, mag daran liegen, daß die Rückkehr in das zerstörte Nachkriegsdeutschland geschieht. – Allerdings muß einschränkend darauf hingewiesen werden, daß die Rückkehr- und Aufbauthematik in der späten Lyrik Brechts mit dem Jahr 1950 bereits abgeschlossen war. Wenn er sie zu diesem Zeitpunkt – 1953 – noch einmal aufnimmt, so sicher nicht, ohne den gesellschaftlichen Aufbau in Ostdeutschland mit zu bedenken und ihn an der Gesellschaftsform des amerikanischen Exils zu messen. Erst unter diesem Aspekt erhält die Zeitstruktur des Gedichts ihre volle Aussagebreite: Daß Brecht der Aufenthalt im amerikanischen Exil nicht nur aus privaten Gründen zuwider war, sondern weil er das von ihm bekämpfte kapitalistische System in den Vereinigten Staaten am stärksten ausgeprägt fand, ist durch seine theoretischen Schriften und durch die Amerikakritik seiner Gedichte aus diesem Zeitraum hinreichend belegt. Eine ähnlich pauschale Verwerfung des gesellschaftlichen Systems der Ostblockländer und der DDR läßt sich dagegen nicht belegen, obwohl die Parallelität der Verse: *Ich bin nicht gern, wo ich herkomme./ Ich bin nicht gern, wo ich hinfahre;* dies zunächst zu suggerieren scheint. Nach allem was wir aus den „Buckower Elegien" und den theoretischen Schriften aus diesem Zeitraum wissen, kann es sich hier aber nur um kritische Vorbehalte gegen die erst im Ansatz verwirklichte Ausprägung des Sozialismus in der DDR handeln, dessen volle Entfaltung durch eine bürokratische Parteiführung und eine rückständige Bevölkerung gehindert worden war. – Daß damit die Zukunftsperspektive eines humanen Sozialismus von Brecht keineswegs aufgegeben, sondern erst recht herausgestellt wird, verdeutlicht die überraschende Schlußfrage des Gedichts *Warum sehe ich den Radwechsel/ Mit Ungeduld?*, die der konkreten Situation des Radwechsels eine paradoxe gesellschaftliche Pointe abgewinnt: Denn obwohl sich die gesellschaftlichen Ziele des sozialistischen Systems noch keineswegs realisiert haben, Resignation also zu erwarten wäre, wird der in Ostdeutschland vollzogene Wechsel vom kapitalistischen zum sozialistischen Gesellschaftssystem von Brecht dennoch derart positiv gewertet, daß er ihn (aus der fiktiven Rückkehrperspektive des Gedichts) *mit Ungeduld* herbeiwünscht.

Schwarz: Brecht, S. 121–122

4. Interpretation

Matti wechselt das Rad

während ich den reifen abmontiere
haut sich der chef auf die wiese, sieht dauernd rüber.
als fahrer verwartest du stunden, warum
wird er nervös wenn er einmal
auf mich warten muß? wenn die panne
ihn zuviel zeit kostet: er
kann mir ja helfen.

Karsunke: reden & ausreden, S. 26

Hans Magnus Enzensberger

verteidigung der wölfe gegen die lämmer

soll der geier vergißmeinnicht
fressen?
was verlangt ihr vom schakal,
daß er sich häute, vom wolf? soll
er sich selber ziehen die zähne?
was gefällt euch nicht
an politruks und an päpsten,
was guckt ihr blöd aus der wäsche
auf den verlogenen bildschirm?

wer näht denn dem general
den blutstreif an seine hose? wer
zerlegt vor dem wucherer den
kapaun?
wer hängt sich stolz das blechkreuz
vor den knurrenden nabel? wer
nimmt das trinkgeld, den silberling,
den schweigepfennig? es gibt
viel bestohlene, wenig diebe; wer
applaudiert ihnen denn, wer
steckt die abzeichen an, wer
lechzt nach der lüge?

seht in den spiegel: feig,
scheuend die mühsal der
wahrheit,
dem lernen abgeneigt, das
denken
überantwortend den wölfen,
der nasenring euer teuerster
schmuck,
keine täuschung zu dumm, kein
trost
zu billig, jede erpressung
ist für euch noch zu milde.

ihr lämmer, schwestern sind,
mit euch verglichen, die krähen:
ihr blendet einer den andern.
brüderlichkeit herrscht
unter den wölfen:
sie gehn in rudeln.

gelobt sein die räuber: ihr,
einladend zur vergewaltigung,
werft euch aufs faule bett
des gehorsams. winselnd noch
lügt ihr. zerrissen
wollt ihr werden. ihr
ändert die welt nicht.

Informationen

1. Hans Magnus Enzensberger, geboren 1929 in Kaufbeuren/Allgäu, wurde durch seine scharf gesellschaftskritischen Gedichte bekannt. Er ist bis heute ein engagierter Schriftsteller, jetzt vorwiegend als Essayist und als Herausgeber der Zeitschrift „Kursbuch".
2. „verteidigung der wölfe" ist der Titel von Enzensbergers erstem Gedichtband, erschienen 1957. Mit ihm leitete er die Welle der zeit- und gesellschaftskritischen Lyrik ein, die ihren Höhepunkt in der Studentenrevolte von 1968 erreichte.
3. „E.s sprachliches Instrumentarium ist äußerst vielfältig: schneidende Satire,

unterkühltes Pathos, höhnender Zorn bedienen sich scheinbar spielerischer Mittel; kunstvolle Konstruktivität, Montagetechnik, provokante Paradoxien und Wortspiele, das bewußt entstellende Zitat und die entlarvende Indienstnahme des Trivialen, umgangs- und geschäftssprachliches Vokabular, aber auch Kinderreime und Spielverse bilden die augenfälligsten Elemente der diffizilen und hochvirtuosen Stilform dieser unnachsichtig desillusionierenden ‚Gebrauchslyrik'." (Autorenlexikon, Hrsg. M. Brauneck, S. 150)

4. Zu den Interpretationen
Die erste Interpretation enthält eine Kritik an der Bildebene und stößt sich an den verfremdeten Fabeltypen. An ihr ist noch der Schock erkennbar, den Enzensberger mit seiner zeitnahen Poesie auslöste. Die zweite untersucht vorwiegend die Form.

1. Interpretation

Enzensberger will mit seinen Versen sozial und moralisch provozieren und zur Umgestaltung auffordern. Nach Art der alten Parabeln und Lehrgedichte werden die Menschen in zwei gegensätzliche Typen eingeteilt: in Wölfe und Lämmer, in Bösewichte und Fromme, freilich nicht ohne Ironie.

Die Raubtiere werden zunächst verteidigt, weil sie sich ihrer Natur nach wölfisch verhalten müssen und sich demnach nicht ändern können und wollen. Mit ihnen verglichen werden in überraschender Reihung die menschlichen Wolfsnaturen: Politruks und Päpste, Generäle und Wucherer. Und wer stimmt ihnen zu und unterwirft sich ihnen? Es sind die Diener, die Trinkgeldempfänger, die Fügsam-Frommen, die Bestochenen. Es sind die Lämmer: feig, die Wahrheit scheuend, denkfaul, träg und einfältig. Die Schlußstrophe lobt provozierend und ironisch die räuberischen Wölfe. Denn die Lämmer sind passiv, laden zu ihrer Vergewaltigung ein, gefallen sich in ihrer Demut, sind uneins und unbrüderlich untereinander. Sie sind an ihrer Unterdrückung mitschuld. Die politischen Verse Enzensbergers wirken jedoch nur scheinbar überzeugend; naturwissenschaftlich betrachtet sind sie fragwürdig, wenn nicht unsinnig. Die Wölfe und die Lämmer sind biologisch so beschaffen, wie sie sich verhalten, sie können ihre Natur nicht ändern und daher auch nicht moralisch beurteilt werden. Unterscheidet man in gleicher Weise im menschlichen Bereich zwischen Wolfsnaturen und Lammnaturen, dann ist auch ihr Wesen anerschaffen und biologisch bedingt. Das heißt, sie können wegen ihrer Naturbeschaffenheit nicht angeklagt, beschuldigt, verdammt und verspottet werden. Sieht man die Menschheit in einem solchen animalisch-naturhaften Gegensatz aufgeteilt und getrennt, dann kann man auch nicht an eine Überwindung, an Versöhnung und friedliche Zukunft glauben. Der Vergleich der Menschen mit Tieren, mit Wölfen und Lämmern, läßt ihre moralische Beurteilung gar nicht zu und verweist den Glauben an Gleichheit und Brüderlichkeit ins Reich der Phantasie und Utopie. Es ist logisch nicht möglich, vom naturgegebenen und damit unveränderlichen Gegensatz zwischen Wölfen und Lämmern zu reden und zugleich von den Lämmern oder Schafen Klugheit und Einsicht, sozialen Zusammenhalt und Kampf gegen die Wölfe zu fordern. Zu diesem Widerspruch kommt noch die primitive Vereinfachung und Verallgemeinerung zwischen Bösewichtern und Lammfrommen, als ob es nicht unter ihnen selbst mannigfache Unterschiede gäbe und der einzelne Mensch nicht selber auch widerspruchsvoll und komplex veranlagt sei. Politische Lyrik in dieser Form kann nur unwissende und unkritische Leser beeinflussen.

Büttner: Von Benn zu Enzensberger, S. 164–165

2. Interpretation

Die Wölfe sind hier die Mächtigen oder Bösen, aber von ihnen spricht das Gedicht nur wenig, sie tauchen in vielerlei Gestalt auf, ändern sich aber im Grunde kaum: *soll der geier vergißmeinnicht fressen?*, lautet die erste Zeile. Eher angeredet sind die Opfer dieser Geier, die Kleinen, Wehrlosen, Apathischen. Sie werden nicht etwa mitleidig bedauert, sondern verflucht und beschimpft, weil sie nichts tun, außer sich zu ducken, zu dienen, wertlose Auszeichnungen oder Schmiergelder zu empfangen, und dadurch die Geier erst richtig zum Niederstoßen auffordern. Die fünf ungleichen Strophen zeigen Ausdrucksmittel, die bei dem frühen Enzensberger immer wieder zu finden sind: Er bombardiert den Leser in der ersten Hälfte mit rhetorischen Fragen, denen er in der zweiten Anklagen folgen läßt. Entscheidend sind dabei die bereits bei der Theorie erwähnten Kontraste, die nicht ausgeglichen werden. Die wütenden Beschuldigungen klingen spontan und direkt, sind aber durch wiederkehrende Fragepronomen sorgfältig gebündelt (*was* in der ersten, *wer* in der zweiten Strophe); ferner bemerkt man kunstvolle Daktylen, die ebenfalls kaum spontan wirken. Die herausgeschleuderten Anschuldigungen enthalten ferner Präsenspartizipien *(scheuend, überantwortend, einladend, winselnd),* die man eher in einer Ode des 18. Jahrhunderts erwartet hätte, die aber auch hier die Aussage auf eine gehobene, prophetisch klingende Ebene bringen. Sorgfältige Arbeit an dem Gedicht zeigen auch die Alliterationen *(soll/ er sich selber ziehen die zähne?)* und Assonanzen *(– der nasenring euer teuerster schmuck,/ keine täuschung zu dumm).* Der gleiche Gegensatz von erregter Unmittelbarkeit der Beschimpfung und sorgfältiger sprachlicher Arbeit zeigt sich auch bei den Bildern.

Umgangssprachlichen Ausdrücken, wie *was guckt ihr blöd aus der wä-sche,* stehen anspruchsvollere gegenüber, wie der Blutstreif an der Generalhose oder das Blechkreuz vor dem Nabel. Immer wieder trifft man auch auf das Zeugma, eine Stilfigur, bei der eigentlich nicht zusammengehörende Bestandteile äußerlich zusammengeschweißt werden, wie hier durch das P: *politruks und päpste.* Häufig verwendet Enzensberger auch eine kompliziertere Stilfigur: *was verlangt ihr vom schakal,/ daß er sich häute, vom wolf?* lautet der zweite Satz des Gedichts; dies sieht auf den ersten Blick wie ein Satzbruch aus, ist aber bei näherem Hinsehen mehr als das, nämlich die sorgfältig geplante Konstruktion des Apokoinou: Der Teil *daß er sich häute* hat eine doppelte syntaktische Funktion; er weist gleichzeitig zurück auf *was verlangt ihr vom schakal* und vorwärts auf *vom wolf.* Die *verteidigung der wölfe gegen die lämmer* zeigt bereits zwei für den jungen Enzensberger typische Merkmale, einmal das Thema des Angriffs gegen die sogenannte Wohlstandsgesellschaft und zweitens den Ausdruck der Gefühle der Verachtung, der Angst, selbst des Hasses durch souverän beherrschte und stark hervortretende Sprachtechniken. Dieses Gedicht ist das letzte in einer Gruppe von achtzehn, die den Untertitel „böse gedichte" trägt. Das Thema des ironischen Lobes der Lämmer taucht hier in vielen Variationen auf und macht die Gedichte böse.

Falkenstein: Enzensberger, S. 26–28

Reiner Kunze

Zimmerlautstärke

Dann die
zwölf jahre
durfte ich nicht publizieren sagt
der mann im radio

Ich denke an X
und beginne zu zählen

Information

1. Reiner Kunze, geboren 1933 in Thüringen, galt ursprünglich als ein Autor der neuen Gesellschaft der DDR. Dann bekam er Schwierigkeiten mit der dortigen Obrigkeit: Er durfte nicht mehr alles veröffentlichen, was er schrieb. 1969 wurde er auf dem 6. Kongreß des Schriftstellerverbandes scharf angegriffen und 1976 ausgeschlossen. Ursache war seine zunehmend kritische Haltung gegenüber dem „real existierenden Sozialismus". 1977 übersiedelte er nach Bayern.

2. „Zimmerlautstärke" ist das Titelgedicht des 1972 – nur im Westen – erschienenen Lyrikbandes; es ist 1968 entstanden.

3. Zu den Interpretationen

Von den drei in der ersten Interpretation genannten Autoren war Wolf Biermann Kunzes Freund und Huchel sein literarisches Vorbild. Alle hatten vergleichbare Schicksale. Der Liedermacher Biermann durfte trotz bekennerhaft kommunistischer Gesinnung zehn Jahre lang weder auftreten noch veröffentlichen; Huchel und Stefan Heym bekamen ebenfalls keine Publikationserlaubnis mehr, Heym allerdings erst 1976. Biermann und Heym leben jetzt, wie Kunze, im Westen; Huchel starb 1981 in Staufen (Baden).

1. Interpretation

Das Kurzgedicht hat nur 21 Wörter. Die erste Strophe enthält eine typische Beobachtung aus dem Alltag der DDR: ein Schriftsteller spricht im Radio. Wie viele war er Antifaschist und hatte ab 1933 Publikationsverbot. Die Tradition des Antifaschismus ist ein entscheidender Bestandteil des Selbstverständnisses der DDR. Was dieser Schriftsteller (oder Wissenschaftler) nicht bedenkt, geht in die Pointe ein, die Reflexion des Radiohörers: „Ich denke an „X", nämlich Biermann, Stefan Heym, Kunze oder Huchel – aber er sagt „X", um die Allgemeinheit des Arguments zu erhalten – „und beginne zu zählen". Publikationsverbot ist eine faschistische Methode, es macht die DDR „faschistoid". Die klare, harte, aber doch eher andeutende Pointe verdeutlicht, wie wenig die DDR ihrer eigenen Tradition treu ist, wie wenig Phrasen auf ihren eigentlichen Inhalt geprüft werden. Die Verkündigung der Freiheit macht es unmöglich, Unfreiheit zu praktizieren. Noch fehlt eine wesentliche Dimension des Gedichts: die Überschrift. „Zimmerlautstärke" bezieht sich auf das Radio und den Ton des Gedichts (und des ganzen Gedichtbandes); doch was das „Ich" denkt, denkt es ebenfalls in Zimmerlautstärke und nicht direkt öffentlich. Hier wird Freiheit der Meinung und des Denkens gedrosselt und abgeschnitten. Auch nimmt der Titel dem Protest den letzten Schein der Wehleidigkeit; hier wird sachlich argumentiert. Es ist offensichtlich, daß diese reimlose Form, die sich auf Brecht stützt, mit ihren unerwarteten Betonungen, Enjambements *(sagt)* und diskreten Alliterationen *(d)* auch insofern Zimmerlautstärke praktiziert, indem sie die Musik aus dem Vers nimmt. Die erste Strophe gibt vorwiegend ein prosaisches Zitat wieder, eine klischeeartige Formel, die die Verseinteilung durchsichtig und problematisch macht. Der Sinn des Gedichts ist auf die Pointe gerichtet, die Mitteilung, den Denkanstoß für den Leser. Die Tradition der Spruchdichtung wirkt insofern, als nach der Bedeutung eines allgemein gebrauchten Satzes oder Spruches gefragt wird; der Spruch steht am Anfang, nicht am Ende; am Ende steht eine Frage, eine Aufforderung. Der Leser ist eingeladen, an dem Anfang des hier geschilderten Denkprozesses teilzunehmen und ihn weiterzuverfolgen.

Koepke: Kunze, S. 374–375

2. Interpretation

Der Band „Zimmerlautstärke" (1972) nimmt den Ton um weitere Nuancen zurück, aber in der Verknappung wird die Kritik an den Zuständen schärfer. Der Titel weckt ein Bündel vielgestaltiger Assoziationen. In der guten alten Zeit, als man noch wußte, was Lärm war, erinnerte die freundliche Stimme des Radioansagers die lieben Hörer noch öfters daran, aus Rücksicht auf mithörunwillige Nachbarn möge man sein Gerät auf einen angemessenen Pegel einstellen. Als es im Krieg „Feindsender" gab, deren Abhören bei Todesstrafe verboten war, mußte der informationshungrige Hörer die Zimmerlautstärke auf „Ohrenlautstärke" bei enger Berührung mit der Membrane drosseln. Die Zimmerlautstärke kam in der DDR zu neuen Ehren, solange sich die Bevölkerung durch die moralische Verdammung des Westhörens und Westfernsehens einschüchtern ließ. Alle diese Beschränkungen von Kommunikation gehen in Kunzes Metapher ein. Das Titelgedicht setzt vergangenes und gegenwärtiges Mundtotmachen miteinander sarkastisch in Beziehung, wobei ausgerechnet eine Rundfunksendung Anlaß für das Gedicht ist: *Dann die / zwölf jahre / durfte ich nicht publizieren sagt / der mann im radio / Ich denke an X / und beginne zu zählen.*
In dem Wort „Zimmerlautstärke" schwingt aber auch mit, daß Dichtung nicht laut sein müsse, wenn sie sich Gehör schaffen will; daß sie inmitten des Lärms paradoxerweise intensiver wirkt und klarer vernommen wird, wenn sie weder schreit noch auftrumpft („Die Bringer Beethovens" und „Einladung zu einer Tasse Jasmintee" sind in den früheren Bänden bereits Beispiele für diese Haltung gewesen). Der Einfluß des späten Brecht hat sicher viel dazu beigetragen, daß Emotionalität und Metaphorik vor dem Verfließen bewahrt werden. So gewinnt Kunze eine poetische

Mitte, gleich weit entfernt von Austrocknung wie von Überschwemmung. Die Sicherheit in der epigrammatischen Zuspitzung, die unaufdringliche ironische Andeutung und der verläßliche Gestus ruhiger Beobachtung lassen an die „Buckower Elegien" denken.

Jäger: Kunze, S. 5–6

Yaak Karsunke

taxi zum vietnam-kongreß

:berlin, 17. II. 1968

zur technischen uni? na komm wir
da überhaupt hin?
da tagt doch der pöbel!

ein mann fährt ein taxi, gibt auskunft
wenn keiner gefragt hat, sieht rot
wenn er rot sieht an ampeln, gibt gas
wenn er gas gibt, sagt sowas
& damals da gab es das nicht
damals da gabs doch noch ordnung
wenigstens ordnung & heute
na sagen Sie selber
er fährt der vergangenheit nach
gibt gas wenn er rot sieht
gibt antwort wenn keiner gefragt hat
gibt kleingeld heraus, nimmt das trinkgeld
gibt gas & fährt weiter
mit abgeriebenem profil
ein mann
in einem taxi

Informationen

1. Yaak Karsunke, geboren 1934, ist Marxist und Literat. Er wandte sich früh gegen die sogenannte Adenauerdemokratie, nahm an den seit 1960 durchgeführten Ostermärschen gegen die atomare Rüstung in der Welt teil, schloß sich der

Außerparlamentarischen Opposition (APO) an und trat in Demonstrationen und mit Agitprop-Lyrik (das sind Gedichte, deren Zweck Agitation und Propaganda für eine Ideologie ist) gegen den Vietnamkrieg auf.
2. „taxi zum vietnam-kongreß" erschien 1969 in dem Band „reden & ausreden".
3. Zur Interpretation
Die Interpretation Kleins geht auf ein zentrales Diskussionsthema der 68er Literatur ein, nämlich auf die Frage, ob ein politisches Gedicht ästhetischen Ansprüchen genügen muß oder ob formale Könnerschaft dem Zweck eines politischen Gedichts entgegensteht. Der Begriff „Bildverlust" bezieht sich darauf, daß das Hauptmittel moderner Lyrik, die Metapher, in der 68er Literatur weithin verachtet wird, weil sie von der konkreten Aussage ablenkt.

Interpretation

Bildelemente und Bilder, die den lyrischen Text so ‚offen' machen, daß er etwa auf mehrere Sinnebenen beziehbar wäre, sind kaum noch zu erkennen (wenn man davon absieht, daß bestimmte Redensarten auch ‚übertragen' verstanden werden können: *Gas geben* hier = an allen Problemen vorbeifahren). Der Text liegt vielmehr genau fest: das Datum wird angegeben. Die ersten Zeilen eröffnen mit einem möglichen Gespräch zwischen Fahrgast und Taxenfahrer, wobei – nicht etwa zwischen den Zeilen – sondern direkt deutlich wird, daß der Taxenfahrer ein „repressives" Bewußtsein hat *(da tagt doch der pöbel!)*. In den nächsten Zeilen schaltet sich der Sprecher des „lyrischen" Textes ein. In einfachsten Feststellungen *(ein mann fährt ein taxi)* wird noch einmal die negativ bewertete konservative und restaurative Einstellung des Taxenfahrers deutlich. Dem Leser bleibt dabei wenig Spielraum, weil er die Deutung vom Autor „serviert" bekommt. Damit ist nicht gesagt, daß dieser Text keine ästhetisch-formalen Elemente verwendet: Wiederholungen, holzschnittartige Eindringlichkeit, Parallelitäten im Satzbau *(sieht rot..., gibt gas...)* belegen das Gegenteil. Bildelemente und Bilder allerdings treten zurück zugunsten aufgenommener Jargon-Gesprächsfetzen, zugunsten protokollarischer Feststellungen. Der Weg des Bildverlustes – konsequent zu Ende gedacht – führt indes auch von einem solchen Situationsprotokoll, wie Karsunke es hier entwirft, weg; dann nämlich, wenn man sich die Vorstellungen solcher engagierter Theoretiker zu eigen machte, die in der Ästhetik nur „Verschleierungen" sehen. Dann nämlich enthielte selbst dieser Text zu viel ästhetische Elemente. [...]
Es mag vielleicht überraschend sein zu sehen, wie wenig dieser Weg der bloß plakativen Agitation beschritten worden ist und wird, obwohl die theoretischen Aussagen der Propagandisten anders vermuten lassen. Offenbar kommt die Ästhetik der Form, von Puristen vorn herausgewor-

fen, schneller durch die Hintertür wieder herein, als es manchem lieb sein mag. Zwar weniger die bildlichen Elemente der Traditionalisten oder die Bilderflut der Symbolisten, Surrealisten und Hermetiker, das scheint vorbei zu sein, denn Bildaufschwellung und Agitation sind wohl unvereinbar. Aber andere ästhetische „Mittel" springen wieder ein, von denen man sich offenbar doch nicht lösen kann, obwohl sie spielerische Gepräge tragen. Eindringlichkeit läßt sich nämlich nur mit rhetorischen und „poetischen" Mitteln erzielen, als da sind: Anaphern, Parallelismen, rhetorische Fragen, Pointen u. a. m.

Klein: Lyrik nach 1945, S. 171–172

VII. Krieg

Der Krieg ist ein immer wiederkehrendes Geschehen in der Geschichte der Menschen. Man versucht von jeher, diesem Geschehen einen Sinn zu geben. In der Antike galt er als sakrales Ereignis; in fast allen Kulturen wurde ihm ein spezieller Gott zugeordnet. In dem Bemühen um eine Sinngebung wurde der Krieg zum Kampf fürs Vaterland, für den Glauben, für eine Idee, zur Verteidigung der Heimat. Man erklärte ihn zur politischen Notwendigkeit oder als politischen Irrtum.

Er griff in das Leben des einzelnen ein und brachte ihm ein individuelles Erlebnis: Kameradschaft, Treue, Bewährung, Heldentum, Opferbereitschaft, Schicksal, aber auch Klage, Angst, Schmerz, Grauen, Entsetzen, Verzweiflung und Tod.

Die Barockzeit steht unter dem Eindruck des Dreißigjährigen Krieges, des in seinen Auswirkungen grausamsten mit Ausnahme des Zweiten Weltkriegs. Das Kriegserlebnis bedingt die Erkenntnis von der Vergänglichkeit alles Irdischen und formt das barocke Lebensgefühl. Gryphius beklagt die Zerstörungen und Leiden des Krieges, aber er bezweifelt nicht das Recht der Fürsten, Kriege zu führen, kritisiert also nicht die barocke Weltordnung.

In den Freiheitskriegen formt sich im gemeinsamen Kampf gegen die napoleonische Fremdherrschaft ein deutsches Nationalgefühl; es gewinnt seinen Impetus aus einer Art Kreuzzugsidee, aus der Sehnsucht nach der Wiederherstellung des mittelalterlichen „Heiligen Römischen Reiches Deutscher Nation".

Die Dichter des Expressionismus sahen den Ersten Weltkrieg mehr als geistiges, weniger als politisches Ereignis. Sie wünschten die Zerstörung der bestehenden Verhältnisse. Die einen erhofften eine Menschheitsverbrüderung mit Hilfe der Technik, die anderen die Überwindung der materialistischen Zivilisation des 19. Jahrhunderts. So konnte es dazu kommen, daß der Krieg in ganz Europa mit Enthusiasmus begrüßt wurde. Die Expressionisten zogen begeistert in den Krieg; Proteste begannen – bis auf wenige Ausnahmen – erst 1916. Zu Beginn des Krieges erschienen Lyrikanthologien mit Titeln wie „Der heilige Krieg", „Menschliche Gedichte im Krieg".

Trotz der grauenvollen Materialschlachten des Ersten Weltkrieges hat die romantische Vorstellung vom Heldentum überdauert, zumindest im Bewußtsein der meisten, und die nationalsozialistische Zensur und Kriegspropaganda verhinderte bis zum Ende des Zweiten Weltkrieges, daß sich eine neue Haltung literarisch artikulieren konnte. Mit dem Bombenkrieg gegen die Zivilbevölkerung seit der Schlacht um England (1940) und den grauenhaften Verbrechen in den Ostgebieten verlor der Krieg die letzten Züge von Romantik und Ritterlichkeit, die ihm auch noch nach Verdun angehaftet haben mochten, und mit dem Abwurf der Atombombe wurde jede Vorstellung von Heldentum im Krieg absurd. Es konzentrierte sich der Blick auf die Leiden des Krieges, wie ihn schon Gryphius aus religiösen Gründen entwickelt hatte. Positive, affirmative Kriegsgesänge sind seitdem bei denkenden Menschen unserer Erfahrungswelt ausgeschlossen.

Andreas Gryphius

Threnen des Vatterlandes / Anno 1636.
Wir sindt doch nuhmer gantz / ja mehr den gantz verheret!
Der frechen völcker schaar / die rasende posaun
Das vom blutt fette schwerdt / die donnernde Carthaun
Hatt aller schweis / vnd fleis / vnd vorrath auff gezehret.
Die türme stehn in glutt / die Kirch ist vmbgekehret.
Das Rahthaus ligt im graus / die starcken sind zerhawn.
Die Jungfrawn sindt geschändt / vnd wo wir hin nur schawn
Ist fewer / pest / vnd todt der hertz vndt geist durchfehret.
Hier durch die schantz vnd Stadt / rint alzeit frisches blutt.
Dreymall sindt schon sechs jahr als vnser ströme flutt
Von so viel leichen schwer / sich langsam fortgedrungen.
Doch schweig ich noch von dem was ärger als der todt.
Was grimmer den die pest / vndt glutt vndt hungers noth
Das nun der Selen schatz / so vielen abgezwungen.

Tränen des Vaterlandes

Wir sind doch nunmehr ganz, ja mehr denn ganz verheeret!
Der frechen Völker Schar, die rasende Posaun,
Das vom Blut fette Schwert, die donnernde Karthaun
Hat aller Schweiß und Fleiß und Vorrat aufgezehret.

Die Türme stehn in Glut, die Kirch ist umgekehret,
Das Rathaus liegt im Graus, die Starken sind zerhaun,
Die Jungfraun sind geschänd't, und wo wir hin nur schaun,
Ist Feuer, Pest und Tod, der Herz und Geist durchfähret.

Hier durch die Schanz und Stadt rinnt allzeit frisches Blut;
Dreimal sind's schon sechs Jahr, als unsrer Ströme Flut,
Von Leichen fast verstopft, sich langsam fortgedrungen;

Doch schweig ich noch von dem, was ärger als der Tod,
Was grimmer denn die Pest und Glut und Hungersnot:
Daß auch der Seelen Schatz so vielen abgezwungen.

Information

1. Andreas Gryphius (1616–1664) war beim Ausbruch des Dreißigjährigen Krieges zwei Jahre alt und hat den größten Teil seines Lebens in Kriegszeiten verbracht. Als Halbwüchsiger erlebte er den Brand seiner Heimatstadt Glogau.
2. „Threnen des Vatterlandes / Anno 1636" ist zum erstenmal abgedruckt in den „Lissaer Sonetten" von 1637 unter dem Titel „Trawrklage des verwüsteten Deutschlands". Es wurde mehrmals umgeschrieben.
3. Zu den Interpretationen
Die erste Interpretation vertritt die Auffassung, daß das Gedicht die Vernichtung aller geistiger und materieller Werte als Folge des Krieges beklagt. Der Autor der zweiten Interpretation sieht die Kernidee nicht in den Kriegsfolgen, sondern im Glaubensverlust.

1. Interpretation

Die Ohnmacht des Menschen gegenüber dem Verhängnis des Krieges in seiner scheinbaren Unbegrenztheit gibt die Steigerung des Anfangsverses wieder: *Wir sind doch nunmehr gantz, ja mehr alß gantz vertorben.*
Die Bezeichnung *vertorben* betrifft nicht nur das Materielle, sondern auch das Geistige. Gryphius erlebt den Untergang seines Vaterlandes mit, was in dem *wir* ausgedrückt wird. Im schneller werdenden Rhythmus der Verse läßt der Dichter apokalyptische Bilder der Kriegsdrangsale vor unseren Augen vorüberziehen. Die Bilanz ist traurig: Eigentumsverlust, Sittenverfall, Kirchenzerstörung, Untergang weltlicher Macht, Jungfrauenschändung. Überall herrschen *Fewr, Pest, Mord vnd Todt.* Das ununterbrochene Rasen der apokalyptischen Reiter wird anschaulich gemacht durch das *rint allzeit frisches Blutt.*
Nach diesem Vers, mitten im ersten Terzett, folgt der Sonetteinschnitt. Der zweite Teil beginnt mit der ausdrucksstarken Bestimmung der Kriegsdauer: *Dreymal sind schon sechs Jahr als vnser Ströme Flutt / Von so viel Leichen schwer / sich langsam fortgedrungen.*
Durch die Zerlegung in kleinere Zahlen, die schon jede für sich einen langen Zeitabschnitt bedeuten, wird die Anschaulichkeit der Zeitbestim-

mung gesteigert, die dann in Verbindung mit dem schaurig realistischen Bild noch an Stärke gewinnt, denn im Unglück dehnt sich die Zeit ins Unermeßliche.

Es scheint, daß mit der Feststellung des totalen Unterganges alle Möglichkeiten des Sonetts ausgeschöpft wurden. Nun aber erreicht der Dichter durch die Gegenüberstellung des Geistigen und des Materiellen eine eindrucksstarke Endpointe. Denn schlimmer als all die Kriegsnot ist der Verlust des *Seelenschatzes,* der sowohl durch Gewaltanwendung als auch durch die Verderbnis der Zeit *gar vielen abgezwungen* wurde. Der erst zwanzigjährige Dichter übt, wie schon vorher im Vanitassonett, auch hier eine scharfe Kritik an den Zeitverhältnissen. Seine erschütternde Trauerklage über den Trümmern seines Vaterlandes wird zu einer tragischen Anklage. Der starke Rhythmus, die Dynamik, der Wechsel von apokalyptischen Visionen und extremen realistischen Bildern, die Kraft des sprachlichen Ausdrucks und die tiefe Wahrhaftigkeit des innersten Erlebnisses zwingen uns zum äußersten Ernstnehmen des Verhängnisses, das der Krieg über Deutschland gebracht hat. Als Klage und Mahnung hat das Gedicht einen zeitlosen Wert.

Szyrocki: Gruphius S. 60–61

2. Interpretation

In dem Sonett *Threnen des Vatterlandes / Anno 1636* wendet sich Gryphius unmittelbar dem historischen Zeitgeschehen zu, d. h. die Kriegswirren und Schlachtgreuel des Dreißigjährigen Krieges bestimmen die Bildlichkeit dieses Gedichtes. Und doch, so grausam die Kriegswirklichkeit für das einzelne Individuum auch gewesen sein mag – und der junge Gryphius kannte sie aus eigener Anschauung –, dient sie dem Dichter doch nur als bildliches Gestaltungsmaterial für einen übergeordneten Zweck. Die Bilder spiegeln nicht, wie man aus heutiger Sicht vermuten könnte, das aufwühlende und tief nachwirkende Kriegserlebnis des Dichters wider, sondern sie werden gleichsam exemplarisch zur Vergegenwärtigung der Kernidee dieses Gedichtes verwendet. Diese Idee hat jedoch nicht den Krieg an sich zum Inhalt, aber sie repräsentiert wiederum ein Hauptmotiv des Gryphschen Werkes, nämlich den Glaubensverlust. Es ist ein weiteres Charakteristikum der Gryphschen Lyrik, daß das Thema im Mittelpunkt des Dichtungsvorgangs steht, und nicht das persönliche Erlebnis des Dichters. Dieses ist nur insofern von Bedeutung, als es bei der poetischen Gestaltung eines Themas einen sprachlichen Erfahrungskomplex bildet, der wiederum in thematisch zweckdienliche Bilder umgesetzt werden kann.

Wie schon in dem vorangegangenen Vanitas-Sonett wird auch hier das Gedicht durch die korrespondierende erste und letzte Zeile in seinem eigentlichen Bedeutungszusammenhang gerückt. Die Eingangsfeststellung, daß totale physische Zerstörung herrsche und daß der Mensch darüberhinaus noch mehr als nur physisch zerstört sei, wird erst durch den in der Schlußzeile erwähnten gewaltsamen Glaubensverlust verständlich. Gryphius scheint sich hier gegen die Folgen des mit den lutherischen Reichsständen abgeschlossenen „Augsburger Religionsfriedens" von 1555 zu wenden, dessen Grundsatz „cuius regio, eius religio" das Prinzip der Glaubenseinheit in ganz Deutschland aufhob. Aber gerade in der Möglichkeit des erzwungenen Religionswechsels sieht Gryphius eine echte Glaubensbedrohung, die das Seelenheil des Individuums gefährdet. Diese Grundidee wird nun wiederum mit typisch barocken Stilmitteln poetisiert. Mit Ausnahme des letzten Terzetts wird erneut die Vergänglichkeit der menschlichen Existenz vor Augen geführt. Wie schon gezeigt, wird auch in diesem Sonett die Mittelzäsur des Alexandriners dazu benutzt, die Bilder einer Zeile als Kontrast, wenn auch nicht antithetisch, zu gestalten. So werden in der zweiten und dritten Zeile visuelle und akustische Metaphern gegenübergestellt, während in der fünften bis zur achten Zeile einem jeweils konkreten Bild dessen gedankliche Abstrahierung folgt. Insgesamt verdichten sich die Einzelmetaphern zu einem gewaltigen Bild totaler Kriegsverwüstung, dessen nachhaltige Wirkung hauptsächlich auf die kompromißlose, harte, fast schockierende sprachliche Gestaltung zurückgeht. Gryphius bevorzugt einen prägnanten Nominalstil, bei dem Eleganz und Zierlichkeit der Sprache oft zugunsten einer eindeutigen Aussage zweitrangig werden. [...]
Ein weiteres typisches barockes Stilmittel, das in diesem Gedicht zum Tragen kommt, ist die Anwendung des emblematischen Prinzips von ‚imago' und ‚significatio', das einer Reihe von bekannten Gryphschen Gedichten zugrunde liegt. In diesem Falle umfaßt die ‚imago' die beiden Quartette und das erste Terzett, d. h. in ihnen wird ein begrenzter Sinngehalt bildlich dargestellt, der dann in den letzten drei Zeilen als moralische Aussage seine eigentliche Bedeutung erhält. Die Verbindung zwischen ‚imago' und ‚significatio' wird hier kunstvoll durch das barocke Summationsschema hergestellt, das es dem Dichter erlaubt, am Schluß noch einmal die vorangegangenen Bilder verkürzt und möglichst in der gleichen Reihenfolge aneinanderzureihen (Zeile 13). Das führt zu einer bewußt angestauten Metaphernhäufung, deren Spannung nur durch die Aussage der letzten Zeile gelöst werden kann. Und damit verlieren alle Bilder in der ‚significatio' ihren Eigenwert, indem sie nur noch auf die entscheidende Schlußaussage, den erzwungenen Glaubensverlust, bezo-

gen werden. Hier erhält das Thema endgültig die absolute Priorität über die Mittel der Darstellung.

Kenkel: Was liefert dir die Welt, S. 90–91

Theodor Körner

Gebet während der Schlacht

    Vater, ich rufe dich!
Brüllend umwölkt mich der Dampf der Geschütze,
Sprühend umzucken mich rasselnde Blitze.
  Lenker der Schlachten, ich rufe dich!
    Vater du, führe mich!

    Vater du, führe mich!
Führ mich zum Siege, führ mich zum Tode:
Herr, ich erkenne deine Gebote;
  Herr, wie du willst, so führe mich
    Gott, ich erkenne dich!

    Gott, ich erkenne dich!
So im herbstlichen Rauschen der Blätter,
Als im Schlachtendonnerwetter,
  Urquell der Gnade, erkenn' ich dich,
    Vater, du, segne mich!

    Vater du, segne mich!
In deine Hand befehl' ich mein Leben,
Du kannst es nehmen, du hast es gegeben;
  Zum Leben, zum Sterben segne mich!
    Vater, ich preise dich!

    Vater, ich preise dich!
's ist ja kein Kampf für die Güter der Erde;
Das Heiligste schützen wir mit dem Schwerte:
  Drum, fallend, und siegend, preis' ich dich,
    Gott, dir ergeb ich mich!

Gott, dir ergeb ich mich!
Wenn mich die Donner des Todes begrüßen,
Wenn meine Adern geöffnet fließen:
Dir, mein Gott, dir ergeb' ich mich!
Vater, ich rufe dich!

Informationen

Theodor Körner (1791–1813), in dessen Elternhaus Schiller, Goethe, Mozart und viele angesehene Männer der Zeit verkehrten, war bereits ein erfolgreicher Bühnenautor und festangestellter Hoftheaterdichter in Wien, als er im März 1813 in das Lützowsche Freikorps als Freiwilliger eintrat, um sich „ein Vaterland zu erkämpfen" (Brief an den Vater vom 10.3.1813). Im August des gleichen Jahres fiel er, noch nicht 22 Jahre alt. Seine Lieder waren im ganzen Heer bekannt und wurden begeistert gesungen. Körners Vater veröffentlichte sie posthum unter dem Titel „Leier und Schwert". Seine Werke wurden in allen Erdteilen verbreitet, er galt als Liebling der Götter und ewig junger Held.

Interpretation

Solche Gedichte konnten natürlich nicht vorgetragen werden, ohne daß gleich alles mitmachte und mitsprach. Das war seit der Reformationszeit nicht vorgekommen. [...]
Aber nicht nur der Rhythmus bestimmt diese Gedichte, sondern oft auch der Widerhall der Schlacht in den herausgehobenen Vokalen. Frömmigkeit und Todesangst mischen sich. Kanonendonner und Prasseln der Schlacht werden in sprachlichen Ausdruck umgesetzt. Außerdem braucht Körner einen Kunstgriff: Die Endzeile einer Strophe ist die Anfangszeile der nächsten; dadurch verstärkt sich der Eindruck. [...]
Man darf die Wirkung dieser Lyrik nicht unterschätzen. Wie die Persönlichkeit ihres Dichters, so hat auch sie an der Vorstellung vom leuchtenden Heldentod mitgewirkt, die dem Wesen des modernen Krieges widerspricht und Opfermut – und blutige Opfer bewirkt hat, bis hin zur Schlacht von Langemarck 1914. Gerade dieser leuchtende Heldentod ist an Körner das Romantische, die Übernahme eines Rittertums in die erbarmungslose Welt der Massenschlacht.

Klein: Geschichte der Lyrik, S. 453

Ludwig Uhland

Der gute Kamerad

Ich hatt einen Kameraden,
Einen bessern findst du nit.
Die Trommel schlug zum Streite,
Er ging an meiner Seite
In gleichem Schritt und Tritt.

Eine Kugel kam geflogen;
Gilt's mir oder gilt es dir?
Ihn hat es weggerissen,
Er liegt mir vor den Füßen,
Als wär's ein Stück von mir.

Will mir die Hand noch reichen,
Derweil ich eben lad:
„Kann dir die Hand nicht geben,
Bleib du im ew'gen Leben
Mein guter Kamerad!"

Informationen

1. Ludwig Uhland (1787–1862), studierter Jurist, widmete sich der Erforschung der altdeutschen Sprache und Dichtung. Er wurde Professor für deutsche Sprache und Literatur in Tübingen und arbeitete später als Privatgelehrter. Vor allem in seiner Jugend schrieb Uhland selbst Gedichte, mit denen er Volkstümlichkeit anstrebte. Er erreichte sein Ziel und war populär wie kein anderer Romantiker. Viele seiner Gedichte wurden zu Volksliedern, so „Der gute Kamerad".
2. 1815 erschienen erstmals Uhlands Gedichte bei Cotta. Sie sind schlicht, einfach und betreffen allgemein Menschliches, nicht das Auffallende.
„Der gute Kamerad" gehörte – wie auch andere Lieder Uhlands – zum Liedbestand der Schulen bis zum Zweiten Weltkrieg.
Als Gattung nimmt das Gedicht eine Zwischenstellung zwischen Lied und Ballade ein; Uhland selbst hat es unter die Balladen und Romanzen gestellt.
3. Zur Interpretation
H. A. Korff kennt das Lied aus eigener Erfahrung, geht seiner Popularität nach und stellt fest, daß es ein Sinnbild für den Volksidealismus der Hochromantik ist.

... wir alle wären in tödlicher Verlegenheit, wenn wir sagen sollten, was Uhland mit diesem Gedichte eigentlich sagen oder verkünden will, worin eigentlich die tiefere Idee dieses Gedichtes besteht, das wir alle unzählige Male gesungen, und mit Ergriffenheit gesungen haben und über dessen „Sinn" nachzudenken wir trotzdem niemals in Versuchung gekommen sind. Denn dieser Sinn ist in der Tat so tief darin beschlossen, daß er nicht einmal als irgendein noch so leises Fragezeichen spürbar wird. Es ist vielmehr ein so vollkommen „fragloses" Gedicht, so gar nicht über sich hinausweisend – so „umromantisch", daß wir erst dann stutzig werden, wenn wir nach einer Erklärung suchen für seine ungeheure Popularität. Erst dann kommen wir auf den Gedanken: es muß doch etwas Tieferes dahinterstecken. Das ganz einfache, vor die Phantasie gestellte Geschehen dieses Gedichtes, das so gar nichts Außergewöhnliches enthält, im Gegenteil nur das ganz gewöhnliche Soldatenlos, von dem auch in dem Gedichte gar kein Aufhebens gemacht, sondern das durchaus als etwas Selbstverständliches hingenommen wird – das kann doch unmöglich die Phantasie des Dichters beflügelt haben. Und vielleicht kommen wir auf diesem Wege bereits zu der Frage: Sollte auch das ganz Gewöhnliche seine Romantik haben? Ja das ganz Gewöhnliche eine zwar versteckte, aber vielleicht auch allertiefste? Und das in der Tat wird die Lösung dieses Rätsels sein. Das Gedicht erzählt in drei kurzen Strophen mit schlichtesten Worten, ja in einer Form, die jeder pathetischen Aufhöhung aus dem Wege geht – man denke im Gegensatz dazu an die schmetternden Kriegslieder von Theodor Körner –, einen schlichten Soldaten –, keinen „Heldentod", das Schicksal, mit dem jeder Mann rechnet, den die Trommel nach dem Gesetz der Stunde zum Streite ruft. Es erzählt das der Überlebende zum treuen Gedenken an seinen guten Kameraden, von dem doch im Grunde genommen nichts irgendwie Besonderes erzählt wird, was nicht von tausend anderen auch erzählt werden könnte. Das Urteil: *einen bessern findst du nit* wird nicht sinnfällig. Aber wir glauben es dem Sprecher des Gedichtes aufs Wort. Im übrigen ist die gute Kameradschaft, von der das Gedicht ja nicht etwa ein romantisches Beispiel gibt, wie es Schiller in der Bürgschaft von der Freundschaft tut, auch keineswegs das eigentliche Motiv des Gedichtes. Trotz der Überschrift, die wir von seinem tiefen Sinn aus vielmehr als irreführend bezeichnen müßten. Aber was ist das eigentliche und tiefste Motiv oder besser gesagt, die wahre, aber vollkommen unbewußte Idee des Gedichtes?

Und die ist nun nicht mehr aus dem *Vorgang* des Gedichtes abzuleiten, sondern wesentlich aus dem *Ton,* in dem das Gedicht von diesem

Vorgang spricht, und der darin zum Ausdruck kommenden Gefühlsauffassung des ganzen Kriegsgeschehens. In welchem Tone nämlich spricht das Gedicht von diesem Soldatentode? In dem Ton einer zwar keineswegs gefühllosen, aber doch *fraglosen* Selbstverständlichkeit. Es wird kein Aufhebens gemacht von diesem Soldatentode. Er wird weder heroisiert noch mehr als jeder Tod beklagt. Er ist nicht nur einfach ein Natürliches, sondern darüber hinaus auch etwas, was vollkommen in der Ordnung ist. Und in dieser Auffassung liegt das Große, aber jenes ganz besondere Große, dessen äußere Gestalt die Schlichtheit ist.

Aber mit alledem sind wir noch nicht zu dem Kern der Sache vorgedrungen. Warum, müßten wir also fragen, wird der Tod, der durch den ganz zufälligen Lauf einer Kugel herbeigeführt wird, so daß es im Gedichte heißt: *gilt's mir oder gilt es dir?* – warum wird dieser Tod, der doch ein hoffnungsvolles Leben so in einem Augenblick vernichtet, nicht als eine persönliche Tragödie beklagt, sondern als ein überpersönliches Schicksal aufgefaßt, vor dem das Persönliche seine Bedeutung verliert? Darum, weil der Mann, der hier fällt, sich gar nicht mehr als ein für sich seiendes Individuum, sondern als Glied seines Volkes fühlt, weil ein überindividuelles, aber „unbewußtes Bewußtsein" in ihm die Oberhand gewonnen und ihn zur Zelle eines überindividuellen Organismus gemacht hat, für dessen ewigen Bestand er mit derselben Selbstverständlichkeit sein individuelles Leben opfert, wie es die Tiermutter für ihr Junges tut. Kurz und gut: dieser Soldatentod ist nichts anderes als das ebenso schlichte wie großartige Sinnbild für den Volksidealismus, der die zentrale Idee der Hochromantik ist.

Korff: Geist der Goethezeit IV, S. 225–226

Georg Heym

Der Krieg

Aufgestanden ist er, welcher lange schlief,
Aufgestanden unten aus Gewölben tief.
In der Dämmrung steht er, groß und unbekannt,
Und den Mond zerdrückt er in der schwarzen Hand.

In den Abendlärm der Städte fällt es weit,
Frost und Schatten einer fremden Dunkelheit.
Und der Märkte runder Wirbel stockt zu Eis.
Es wird still. Sie sehn sich um. Und keiner weiß.

In den Gassen faßt es ihre Schultern leicht.
Eine Frage. Keine Antwort. Ein Gesicht erbleicht.
In der Ferne zittert ein Geläute dünn,
Und die Bärte zittern um ihr spitzes Kinn.

Auf den Bergen hebt er schon zu tanzen an,
Und er schreit: „Ihr Krieger alle, auf und an!"
Und es schallet, wenn das schwarze Haupt er schwenkt,
Drum von tausend Schädeln laute Kette hängt.

Einem Turm gleich tritt er aus die letzte Glut,
Wo der Tag flieht, sind die Ströme schon voll Blut.
Zahllos sind die Leichen schon im Schilf gestreckt,
Von des Todes starken Vögeln weiß bedeckt.

In die Nacht er jagt das Feuer querfeldein,
Einen roten Hund mit wilder Mäuler Schrein.
Aus dem Dunkel springt der Nächte schwarze Welt,
Von Vulkanen furchtbar ist ihr Rand erhellt.

Und mit tausend hohen Zipfelmützen weit
Sind die finstren Ebnen flackend überstreut,
Und was unten auf den Straßen wimmelnd flieht,
Stößt er in die Feuerwälder, wo die Flamme brausend zieht.

Und die Flammen fressen brennend Wald um Wald,
Gelbe Fledermäuse, zackig in das Laub gekrallt,
Seine Stange haut er wie ein Köhlerknecht
In die Bäume, daß das Feuer brause recht.

Eine große Stadt versank in gelbem Rauch,
Warf sich lautlos in des Abgrunds Bauch.
Aber riesig über glühnden Trümmern steht,
Der in wilde Himmel dreimal seine Fackel dreht

Über sturmzerfetzter Wolken Widerschein,
In des toten Dunkels kalten Wüstenein,
Daß er mit dem Brande weit die Nacht verdorr,
Pech und Feuer träufelt unten auf Gomorrh.

Informationen

1. Georg Heym (1887–1912), der als Vierundzwanzigjähriger zwei Jahre vor Beginn des Ersten Weltkriegs in der Havel ertrunken ist, gilt als „Seher des Krieges" oder „Dichter des Grauens". Er ist ein typischer Vertreter der jungen Generation seiner Zeit, die sich gegen den Materialismus, die Übersättigung und Engstirnigkeit des Bürgertums auflehnt, die nach Taten drängt und einen neuen Menschen fordert. Die Stimmung dieser Generation gibt eine Stelle aus Heyms Tagebuch wieder: „Ach, es ist furchtbar. Schlimmer kann es auch 1820 nicht gewesen sein. Es ist immer das gleiche, so langweilig, langweilig. Es geschieht nichts, nichts, nichts. Wenn doch einmal etwas geschehen wollte, was nicht diesen faden Geschmack von Alltäglichkeit hinterläßt... Geschähe doch einmal etwas. Würden einmal wieder Barrikaden gebaut. Ich wäre der erste, der sich darauf stellte, ich wollte noch mit der Kugel im Herzen den Rausch der Begeisterung spüren. Sei es nur, daß man einen Krieg begänne, er kann ungerecht sein, dieser Frieden ist so faul, ölig und schmierig wie eine Leimpolitur auf alten Möbeln."
2. Das Gedicht „Der Krieg" erschien 1912 in dem Nachlaßband „Umbra vitae" (Schatten des Lebens).
3. Zu den Interpretationen
Ausschnitte aus einer ungemein gründlichen, mehr als zwanzig Seiten umfassenden Arbeit bilden die erste Interpretation; die zweite beleuchtet das Gedicht kritisch und deckt seine Schwächen auf.

Interpretation

Heyms Gedicht [...] hebt das Phänomen Krieg aus dem Bereich des nur Geschichtlichen und des nur Menschlichen heraus. Was er in ihm zeichnet, ist gerade das Außermenschliche in der Form des Übermenschlichen, ein Ausbruch des Dämonisch-Elementaren, der sich hoch über allem Menschlichen vollzieht, gleichgültig gegenüber seinen Gefühlen, seinen Zielen, und der bis in das Kosmische ausgreift, so daß er auch die gesamte Natur verwandelt. Dieses Gedicht enthält zugleich eine äußerste Konzentration auf das Phänomen Krieg schlechthin und eine in das

Unbegrenzbare weisende Weite der Vision. Das Thema dieses Gedichts ist der Krieg an sich, als verabsolutiertes Sein, ortlos, zeitlos, von allen Sinnbindungen abgelöst. Der Krieg erscheint als das radikal Dämonische, das aus unbekannten Tiefen ausbricht, alle Fesseln sprengt, sich wie ein Turm in eine schwindelnde Höhe aufreckt – ein unableitbares und unzähmbares Wesen. [...]
Eine klare Gliederung begegnet uns. Die erste Strophe bringt mit starkem Pathos die Ankündigung, die zweite und dritte Strophe bringen die noch unerkannte, nur gefühlte, geahnte Vergegenwärtigung des Unbekannten in der menschlichen Welt der Städte. Von der vierten bis zur achten Strophe entfesselt sich in mächtigen Steigerungen seine zerstörerische Allmacht, die den ganzen kosmischen Raum füllt, Weltschicksal, Weltuntergang schlechthin wird. Die beiden letzten Strophen kehren zu dem räumlichen Ausgangspunkt der Stadt zurück, weiten aber ihr Schicksal der Vernichtung in die Vision einer urweltlichen, mythischen Zerstörungslandschaft, in der nichts bleibt als das tote Dunkel kalter Wüsteneien. Der Krieg wird zur mythischen Figur – wenn man unter dem Mythos die menschliche Weise versteht, von einer Wirklichkeit des Göttlichen zu sprechen. Es geht in diesem Gedicht um die Ekstatik einer Vision; Ekstase verstanden als die Entrückung der inneren Schau aus der Zeit, Raum, Personalität, Wirklichkeit, – Vision verstanden als die Verwandlung des Gefühls in das Pathos transrationaler Bilder.
Heym faßt, wie es in seinem lyrischen Stil die Regel ist, das Unbegrenzte in der gigantischen Personifikation; ein Unendliches verdichtet sich in höchster Steigerung. [...] Der Krieg identifiziert sich ihm mit dem Triumphator Tod, und der Gott wird in einer urtümlichen Archaik zum Dämon der Vernichtungen. Dieser Gott steigt auf aus der Unterwelt, aus dem untersten Grunde des Seins, „unten aus Gewölben tief", er sprengt den Kerker, reckt sich empor, wächst in das übermächtige Große, von unten auf bis in „wilde Himmel". Nicht von oben, aus einer Transzendenz des Heils steigt das Göttliche herab –, sondern aus den Tiefen, aus dem Nächtigen stößt das Dämonische nach oben, „einem Turm gleich", „riesig", bis es auch den Himmel mit dem Siegesfanal seiner alles zerfressenden Fackel füllt: Ausdruck einer gnadenlosen Entgötterung des Daseins bis in den Kosmos hinein.
Heym schließt an dieses Gedicht keine politischen oder moralischen Folgerungen an; sie waren im Raum des Visionären nicht möglich. Das große gemeinsame Thema der expressionistischen Dichtung, der Ruf nach der Wandlung und Erneuerung des Menschen, wird bei ihm so wenig wie bei Georg Trakl aufgenommen, aber es ist verschwiegen in der Thematik dieses Gedichts enthalten.

Martini: Heym, S. 431–433, 441

2. Interpretation

Um mit dem Rhythmus zu beginnen: Die breit gespannten trochäischen Sechstakter haben unverkennbar etwas Aufgepumptes und bedürfen daher immer neuer gewaltsamer Füllsel, um eingehalten und durchgehalten zu werden. So gleich im zweiten Vers das *unten*, das vom anschaulichen Sinn her pleonastisch wirkt. Oder im dritten Vers der zweiten Strophe das Adjektiv *runder*, das im Rahmen der hier zu vermittelnden Vorstellung ungemäß ist. Oder im letzten Vers der vierten Strophe das abermals pleonastische Beiwort *laute*, pleonastisch von der dahinterstehenden Gesamtanschauung her. Oder in Vers drei und vier der sechsten Strophe zunächst das im Zusammenhang mit *Dunkel* und *Nächte* so völlig sterile *schwarze*, dann das kraftlose *furchtbar*. Oder zu Beginn der achten Strophe die leere Doppelung, die sich durch das eingeflickte Adverb *brennend* ergibt. Oder am Schluß der vorletzten Strophe das willkürliche Füllwort *dreimal* und in der letzten Strophe die Streckung durch das Beiwort *toten* im zweiten sowie durch das Umstandswort *unten* im vierten Vers.

Alle diese auf die gewaltsame Dehnung des Versmaßes abzielenden Bemerkungen treffen immer schon den sinnbildlichen Ausdruck mit. Zunächst jedoch ist hier nun aber dessen stilbestimmende Intention rein in sich und als solche zu kennzeichnen: die Tendenz nämlich zum Plakathaft-Grellen in Farbe und Umriß. Als Farben heben sich heraus das Schwarz in den Wendungen von der *schwarzen Hand*, dem *schwarzen Haupt* und der *schwarzen Welt;* das Weiß in Verbindung mit den die Leichen bedeckenden Todesvögeln; das Rot, mittelbar in der Glut und dem Blut, unmittelbar im Beiwort zu Hund; das Gelb in den Wendungen von den *gelben Fledermäusen* und dem *gelben Rauch*. Solcher grellen Farbigkeit entspricht im Ganzen der bildhaften Vorstellung der gleichsam steil herausgetriebene Umriß: so wenn die Figur des Krieges groß und unbekannt in der Dämmerung steht; oder wenn der Schatten einer fremden Macht weit in den Abendlärm der Städte fällt; oder wenn die wirbelnde Geschäftigkeit zu Eis erstarrt; oder wenn dem dünn zitternden Geläute das Zittern der Bärte um das spitze Kinn der Bürger entspricht; oder wenn die angestrebte Gestalt des Krieges auf den Bergen zu tanzen beginnt; oder wen er einem Turm gleich die letzte Glut austritt.

Wie aber steht es nun um die anschauliche Überzeugungskraft und um die metaphorische Verwandlungskraft aller dieser sinnbildlichen Vorstellungen? Schließen sich die stoßweise markierten Einzelzüge zur gestalthaften Einheit einer bewegten Gesamtanschauung, oder handelt es sich nicht vielmehr um künstlich zusammengefügte Bruchstücke, die vor dem redlich realisierenden Blick zerbröckeln? Entgleist nicht gleich am

Schluß der ersten Strophe die auf Monumentalität hinarbeitende Metapher ins Gezwungene und Ausgedachte, wenn hier der unbestimmt personifizierte Krieg mit prahlerisch kompakter Gebärde den Mond in der schwarzen Hand zerdrückt? Oder bleibt es nicht völlig blaß und beliebig, wenn im zweiten Vers der zweiten Strophe *Frost und Schatten* abhängen von dem Abstraktum *Dunkelheit?* Vollends der Tanz in der vierten Strophe ist nicht geschaut und gestaltet, sondern erdacht und gestückelt: Was sich dem Anspruch gemäß zu einer quasi-menschlichen Figur zusammenschließen soll, zersplittert in ein Nebeneinander und Gegeneinander von Attributen, die sich wechselseitig aufheben. Im Fortgang von der fünften zur sechsten Strophe stört die ungewollte und unbewältigte Assoziation, die sich zwischen dem Austreten der letzten Glut und dem Querfeldeinjagen des Feuers in die Nacht ergibt; und was die Metapher im letzten Vers der fünften Strophe betrifft, so strahlt sie zwar für sich genommen einen eigentümlichen Zauber aus, was wohl auf der kühnen Verschmelzung des zugrundeliegenden Bildes vom weißen Todeslaken mit dem Sinnbild der den Tod als gieriges Gefolge begleitenden schwarzen Raubvögel beruht: nur daß der Stimmungsklang, der so entsteht, in seiner inselhaften Isoliertheit eben doch willkürlich wirkt. Vers drei und vier der sechsten Strophe drehen sich dann abermals bis zu matter Verkrampfung im Kreise. Die nächste Strophe leidet besonders unter dem Bild der Zipfelmützen, dessen allzu behagliche Tönung dem Grundzug — der kosmischen Größe — dessen, was hier vorschwebt, widerstreitet. In der achten Strophe stimmt die statische Fixiertheit der zackig in das Laub gekrallten Fledermäuse nicht zu dem dynamischen Sichvorwärtsfressen der Flammen, während das anschließende Bild an der Spannung zerbricht, die zwischen dem besteht, was man sich von der Sache her unter einem Köhlerknecht vorstellen muß, und dem, was der herausgeschleuderte Vergleich vermitteln will.

In der vorletzten Strophe zerfallen die ersten beiden Verse: Sichwerfen verträgt sich weder mit Versinken noch mit Lautlosigkeit noch mit Bauch, abgesehen davon, daß der Bauch den Abgrund aufhebt. In der letzten Strophe schließlich drängt sich ein dreifacher Bruch auf: Wenn sich totes Dunkel zu kalten Wüstenein ergänzt, dann ist das eine beliebige Häufung, innerhalb derer alles mit allem vertauschbar ist; die überbietende Fortführung im nächsten Vers mutet hohl an, weil das zu erzielende Verdorren durch den Inhalt des vorhergehenden Verses bereits vorweggenommen ist; und die als krönende Besiegelung des Ganzen aufgebotene Vorstellung *Gomorrha* wirkt wie an den Haaren herbeigezogen: nicht nur durch die Gequältheit des Reimes *verdorr / Gomorrh,* sondern darüber hinaus und vor allem deshalb, weil nirgends vorher Wesenszüge sichtbar sind, die auf das Sinnbild von Sodom und Gomorrha vordeuten oder gar mit zwingender Notwendigkeit hindrängen. Denn weit entfernt davon, unter dem Zeichen von Sünde und Heimsuchung zu begegnen, erscheint der Krieg vielmehr als Einbruch einer kosmischen Urmacht in die vom Sekuritätswahn beherrschte Welt der städtischen Zivilisation; und der hier spricht, berauscht sich eher in dionysischer Gestimmtheit an einem Schauspiel von elementarer Gewalt, als daß er Unheil und Verwerfung ahnte.

Damit hat sich denn der Ring dieser Erläuterung geschlossen: Was visionär scheint, enthüllt sich bei unbefangener Prüfung als rhetorisches Flickwerk; und was wie mythische Beseelung aussieht, das gleitet immer wieder ab in ein allegorisches Personifizieren von abrupter Willkür. Ein Beispiel also für das Mißverhältnis zwischen dem, was erlebnismäßig vorschwebt, und dem, was gestalthaft da-ist, zwischen dem weit ausgreifenden Entwurf der Phantasie und seiner sprachlichen Verwirklichung.

Pfeiffer: Heym: Der Krieg, S. 349–353

Georg Trakl

Grodek

Am Abend tönen die herbstlichen Wälder
Von tödlichen Waffen, die goldnen Ebenen
Und blauen Seen, darüber die Sonne
Düstrer hinrollt; umfängt die Nacht
Sterbende Krieger, die wilde Klage
Ihrer zerbrochenen Münder.
Doch stille sammelt im Weidengrund
Rotes Gewölk, darin ein zürnender Gott wohnt,
Das vergossne Blut sich, mondne Kühle;
Alle Straßen münden in schwarze Verwesung.
Unter goldnem Gezweig der Nacht und Sternen
Es schwankt der Schwester Schatten durch den schweigenden Hain,
Zu grüßen die Geister der Helden, die blutenden Häupter;
Und leise tönen im Rohr die dunklen Flöten des Herbstes.
O stolzere Trauer! ihr ehernen Altäre,
Die heiße Flamme des Geistes nährt heute ein gewaltiger Schmerz,
Die ungebornen Enkel.

Informationen

1. Georg Trakl (1887–1914), gelernter Apotheker, rauschgiftsüchtig, zu keiner geregelten Arbeit mehr fähig, wurde 1914 mit einer Sanitätskolonne in den Krieg nach Galizien geschickt. Nach der Schlacht von Grodek sollte er in einer Scheune – ohne Arzt und Medikamente – 90 Schwerverwundete versorgen. Dieser Situation war er nicht gewachsen. Nach einem Selbstmordversuch brachte man ihn in die psychiatrische Abteilung des Garnisonsspitals Krakau. Hier entstand „Grodek" Ende Oktober. Am 3. November starb Trakl an einer Überdosis Kokain.
2. „Grodek" ist Trakls letztes Gedicht. Es gibt zwei Fassungen, kurz hintereinander geschrieben; die endgültige stammt vom 27. Oktober. Die erste Fassung, die einen breiter angelegten Schluß hat, las Trakl seinem Freund Ludwig von Ficker, dem Herausgeber des „Brenner", vor, als dieser ihn in Krakau besuchte.
3. Grodek ist ein polnischer Ort bei Lemberg im früheren Ost-Galizien, das heute zur Sowjetunion gehört. Im August 1914 fanden dort schwere Kämpfe zwischen österreichischen und russischen Truppen statt.

1. Interpretation

Der Krieg ist das einzige Geschehen in Trakls Leben, das ihn im Innersten betroffen hat. Nichts von dem, was in der Zeit seines Lebens sich um ihn ereignete, nichts Öffentliches ist in sein Gedicht eingedrungen. Über das Öffentliche des Geschehens hat er geschwiegen. Sagen läßt sich, daß er in der Gegenwart auf mythische Weise lebte, sein und des Menschen saturnisches Geschick* bedenkend, den grauen Marmor der Ahnen betrachtend, nicht von der Vorsehung behütet, sondern dem Geschick ausgesetzt.

Indem er im *Abendland,* das für ihn ein Land des Abends ist, den Frieden des Vergangenen bedenkt, wendet er sich von ihm unvermittelt dem Kommenden zu. Über den großen Städten, die keine Heimat mehr bieten, zieht *schaurige Röte im Sturmgewölk* herauf. Sie zieht auf über den *sterbenden Völkern. [. . .]*

Die Gesichte gehen dem Kommenden voraus. Der Krieg vollendet den Untergang und zieht auch den Dichter in ihn hinein. Jetzt tönen nur noch die Waffen des Todes und auf der sommerlichen Ebene die wilde Klage der Sterbenden.

Alle Straßen münden in schwarze Verwesung.

Es ist kein Weg mehr da, der nicht in sie mündet, also auch keiner, auf dem sie umgangen werden könnte. Es endet in der Verwesung auch das

---

* Saturnisches Geschick = der zunehmende Verfall des menschlichen Zusammenlebens seit dem „Goldenen Zeitalter".

Wesen. *Grodek* zeigt die Wirklichkeit des Schlachtfeldes mit seinen toten und sterbenden Soldaten. Ausweglose Vernichtung bricht über den Menschen herein. In ihr aber, in seinem letzten Gedicht, wendet sich der Dichter von den Bildern des Unterganges ab und schließt mit den Versen, nach denen er für immer verstummt:

O stolzere Trauer! ihr ehernen Altäre,
Die heiße Flamme des Geistes nährt heute ein gewaltiger Schmerz,
Die ungeborenen Enkel.

Wenn alle Straßen in schwarze Verwesung münden, in Tod und Untergang, wie ist dann der Schluß des Gedichtes zu deuten? Es beginnt mit dem Lärm der Schlacht, der am Abend die Weite erfüllt, mit der Klage der sterbenden Krieger. In der Stille und Kühle der Nacht verstummt das Tosen der Schlacht. Still sammelt sich nun alles vergossene Blut; es sammelt sich als rotes Gewölk im Weidengrund. In diesem Gewölk wohnt *ein zürnender Gott.* Der Gott wird mit Namen nicht genannt, doch kann er, da er in der Mitte des Geschehens, im vergossenen Blut wohnt, nur ein Gott des Krieges sein. [...]
Im Vollzug des Untergangs, der das gesammelte Unheil weithin sichtbar macht, werden nicht Sieg und Niederlage bedacht, sondern das Wesen des Krieges. Es ist kein Erfolg da; der Gedanke an Gewinn oder Verlust liegt fern, und es wäre abwegig, an dergleichen zu denken. Es ist auch nicht die Frage nach dem Recht, nach einem Rechtsgrund des Krieges. Das Gedicht macht keinen Unterschied zwischen Freund und Feind; es trennt sie nicht, sondern eint sie. Ihr Handeln vereint sie in dem gemeinsamen Geschehen der Schlacht. Das Sterben ist ein gemeinsames.
Offenbar wird, daß das Geschehen ein Opfer ist. Es ist ein Opfer des Lebens, das auf ehernen Altären gebracht wird, ein Menschenopfer. Das Nährende des Opfers ist sein gewaltiger Schmerz. Der Schmerz ist der Nährer des Geistes; er nährt die Ungeborenen. Er ist gewaltig, weil er das Zukünftige schon enthält, es vorwegnimmt und bestimmt. Nicht die Söhne werden genannt, sondern die Enkel. Die Söhne sind schon geboren. Die ungeborenen Enkel sind nicht die Enkel, die nicht geboren werden, weil sie nicht mehr gezeugt werden können. Sie sind Enkel, die geboren werden, denn sie werden schon genährt. Trauer und Stolz des Opfers gilt den Ungeborenen. Spender der Nahrung sind die Untergehenden.

Jünger: Trakls Gedichte, S. 11–12

2. Interpretation

In dieser Elegie lebt das Erbe Friedrich Hölderlins, Trakls Bruder im Geiste. Die Verse strömen über das Zeilenende hinweg und gliedern sich in vier Abschnitte, die nicht als Strophen abgeteilt sind: Zeile 1 bis 6, 7 bis 10, 11 bis 14, 15 bis 17. Der erste Abschnitt spiegelt das Bild der Kämpfe, die bei Grodek in Galizien im Herbst 1914 stattfanden. Trakl erlebte sie als Sanitäter inmitten der grausam verstümmelten Verwundeten. Dieser unheimliche Druck, der einen Selbstmordversuch des Dichters und seinen späteren Freitod auslöst, kommt dann im zweiten Abschnitt unmittelbar zum Ausdruck und gipfelt in der zehnten Zeile: *Alle Straßen münden in schwarze Verwesung,* die die Mittelachse des Gedichtes bildet. Der dritte Abschnitt enthält die Vision vom Schatten der Schwester, für Trakl der Inbegriff des Reinen und des Unverletzlichen, der in seinen Gedichten zu einem Symbol des Rückhalts und der Zuflucht geworden ist. Der letzte Abschnitt setzt wirkungsvoll mit dem Komparativ *O stolzere Trauer!* ohne Vergleichsgrundlage ein, dem sich der Vokativ *ihr ehernen Altäre* anschließt. Mit diesen Bildern distanziert sich der Dichter von der Schlacht, bevor seinen Geist der Schmerz von neuem überwältigt und er nach Anrufung der ungeborenen Enkel endgültig verstummt. Dieser Anruf meint ganz bewußt ein Zweifaches: er beklagt einmal die Enkel, die nach diesem unerträglich grausamen Blutvergießen nicht mehr geboren werden, weil die Väter getötet worden sind. Er beschwört auf der anderen Seite die Verantwortung für Schuld und Sühne, die dieses Blutvergießen auf die Schultern der noch Ungeborenen lädt.

Trakl bedient sich [...] weitgehend des Stabreims. Der Rhythmus fällt und steigt abwechselnd. Die ersten drei Zeilen sind im steigenden Rhythmus gedichtet und bestehen aus Jamben und Anapästen. In den nächsten drei Zeilen fällt der Rhythmus und besteht aus Trochäen und Daktylen. Diese Struktur bestimmt auch den äußerst melodischen und abwechslungsreichen Rhythmus der übrigen Verszeilen und dient dazu, das grausame Geschehen künstlich zu adeln.

Duwe: Ausdrucksformen, S. 133–134

Peter Huchel

Chausseen

Erwürgte Abendröte
Stürzender Zeit!
Chausseen. Chausseen.
Kreuzwege der Flucht.
Wagenspuren über den Acker,
Der mit den Augen
Erschlagener Pferde
Den brennenden Himmel sah.

Nächte mit Lungen voll Rauch,
Mit hartem Atem der Fliehenden,
Wenn Schüsse
Auf die Dämmerung schlugen.
Aus zerbrochenem Tor
Trat lautlos Asche und Wind,
Ein Feuer,
Das mürrisch das Dunkel kaute.

Tote,
Über die Gleise geschleudert,
Den erstickten Schrei
Wie einen Stein am Gaumen.
Ein schwarzes
Summendes Tuch aus Fliegen
Schloß ihre Wunden.

Informationen

1. Peter Huchel (1903–1981) war 1940–45 Soldat und am Kriegsende in russischer Gefangenschaft. Er hat die Unmenschlichkeit des Krieges erlebt, empfunden und dargestellt.
2. Das Gedicht „Chausseen" ist 1963 in dem Band „Chausseen, Chausseen" veröffentlicht, der sich mit Krieg, Zerstörung, Soldatenschicksal, Flucht befaßt.

Interpretation

Via calciata hieß der mit Kalkstein gepflasterte Weg der Römer. Die Meilensteine dieser Straße waren Meilensteine ihrer wachsenden Macht, Gallien ihre letzte Provinz. Die Erben bildeten in ihrer Sprache das Wort Chaussee.

Und mit dem Bau der ersten gepflasterten Straße in Deutschland, 1753, dringt das Wort in unsere Sprache ein.

Das Wortbild erhält sich seitdem unverändert durch die Zeit, der Wortklang wird geläufig. Das Bild tritt hinzu: aus Orten führen die gebahnten Wege ins Land, fest, sicher, breit; auf Dämmen, in Durchbrüchen, begleitet von Baumreihen.

Aus Pflasterstraßen werden in unserem Jahrhundert Asphaltbahnen. Die begleitenden Alleen der Bäume bleiben: Apfelbäume, Ahornbäume, Linden, Ulmen. Kahl, begrünt, herbstflammend durchqueren sie mit den Straßen das offene Land. Chausseen gehören zur Topographie unserer Landschaften, der Ebenen und der hügeligen Länder. Sie sind topoi des Verbindenden!

Wer aber die Straßen der Kriege sah, die Straßen des letzten Krieges, Chausseen als „Kreuz-Wege der Flucht", wird den einfachen Bestimmungen mißtrauen. Im Wortklang von Chausseen schwingen die schrillen Töne des Entsetzens und die dumpfen von Tod und Untergang. Kassandras Schatten schwebte über den Bahnen. Spürten wir den Hauch, lernen wir seine Sprache? Eine Reihe von Gedichten im lyrischen Werk Peter Huchels sprechen von den Verwüstungen des zweiten Weltkrieges. Knapp, genau werden Einzelbilder gegeben. Aber die Aussagen rücken über bloße Beschreibungen hinaus, nehmen visionäre Züge an. Manchmal erinnern sie an Gedichte Georg Trakls im Ton und in der Melancholie der Bilder.

Erwürgte Abendröte
stürzender Zeit.

Abendröte ist ein Signum vergehenden Tags, offen für ein hoffnungsvolles Morgen. *Abendröte stürzender Zeit* deutet auf den Untergang eines Zeitalters, einer menschlichen Ordnung. *Erwürgte Abendröte stürzender Zeit,* das ist blutig gefärbte Vision. Der Ausdruck des Strangulierens beschwört die Art des Unheils.

In *Chausseen, Chausseen* bricht ein Klageruf auf, der diese Zeit und ihre Erinnerung durchdringt. *Wege der Flucht* wäre eine Hoffnung, *Kreuz-Wege der Flucht* vernichtet sie.

Diese ersten vier Zeilen sind eine vorangestellte Summe. Die folgenden Bilder geben Belege. Heillos verwirrt, verfilzt von Menschen, Fahrzeugen, Vieh das Labyrinth der Flucht. Die Suche nach Auswegen: *Wagenspuren über den Acker.* Aber der Acker wird nicht zum Weg, er ist nicht mehr der geduldige Acker von Saat und Ernte, sondern das Feld der berstenden Granaten. Neues, unheimliches Wesen eignet er sich an, *der mit den Augen erschlagener Pferde den brennenden Himmel sah;* die erschlagenen Pferde, sie zogen die Fluchtwagen.

Eigentümlich hart stehen die Aussageformeln am Schluß der Passagen: sah, schlug, kaute. Das ist das Registrieren von Fakten, ein Benennen ohne Erbarmen, ohne Urteil – wie das Geschehen selbst. Diesen Belegformeln in abhängigen Sätzen gehen jene anderen voraus, die auf zeitliche Fixierung oder auf Aussagewörter verzichten, die dauernde Gegenwart beschwören. Aufs äußerste zusammengedrängt ist diese knappe Diktion im Memento der Klage und des Entsetzens: *Chausseen, Chausseen.*

Der Vision Abend folgen (zweite Strophe) die Nächte, *Nächte mit Lungen voll Rauch.* Rauch der brennenden Orte; Rauch, der die Landstriche verhängt und in die Lungen der Gejagten dringt.

Die milde Dämmerung, ein sinkendes, weich verhülltes Tuch? Jetzt ist sie metallisch verhärtet. Die aufprallenden Schüsse jagen die Fliehenden aus den Schlupflöchern in die Nacht, vorbei an zerstörten Höfen (fast ausgebrannt: das Verderben schwelt noch!). Lautlos wird schon ihre Asche zerstreut!

Die dritte Strophe zieht die Verhüllungen ab, die Abend und Nacht gewährten. Vom Menschen ist noch die Rede, von den Toten im Tageslicht. Entsetzen hat sie und ihren Tod gezeichnet.

Der dreizeilige Schlußsatz ist nicht mehr untergliedert. Er benennt noch wie die Passagen zuvor, registriert noch eine letzte, schreckliche Wirklichkeit. Aber ein dunkles continuo tönt nun mit: das Summen der Verwesung, der Auflösung.

In drei schmalen Strophen beschwört Huchel Vergangenheit, Vergangenheit, die nicht aufhört Gegenwart zu sein. Sie ist Gegenwart im Gedächtnis derer, die das Unheil sahen und die es betraf; und sie wird Gegenwart im Gedächtnis der Sprache, deren Worte der Dichter mit seinen Bildern belädt: Chausseen, Chausseen.

Matthies: Chausseen, S. 69–71

Marie Luise Kaschnitz

Hiroshima

Der den Tod auf Hiroshima warf
Ging ins Kloster, läutet die Glocken.
Der den Tod auf Hiroshima warf
Sprang vom Stuhl in die Schlinge, erwürgte sich.
Der den Tod auf Hiroshima warf
Fiel in Wahnsinn, wehrt Gespenster ab
Hunderttausend, die ihn angehen nächtlich
Auferstandene aus Staub für ihn.

Nichts von alledem ist wahr.
Erst vor kurzem sah ich ihn
Im Garten seines Hauses vor der Stadt.
Die Hecken waren noch jung und die Rosenbüsche zierlich.
Das wächst so schnell, daß sich einer verbergen könnte
Im Wald des Vergessens. Gut zu sehen war
Das nackte Vorstadthaus, die junge Frau
Die neben ihm stand im Blumenkleid
Das kleine Mädchen an ihrer Hand
Der Knabe, der auf seinem Rücken saß
Und über seinem Kopf die Peitsche schwang.
Sehr gut erkennbar war er selbst
Vierbeinig auf dem Grasplatz, das Gesicht
Verzerrt von Lachen, weil der Photograph
Hinter der Hecke stand, das Auge der Welt.

Informationen

1. Marie Luise Kaschnitz (1901–1974), in Karlsruhe geboren, wurde Buchhändlerin und heiratete den österreichischen Archäologen Guido Kaschnitz von Weinberg, den sie auf ausgedehnten Studienreisen begleitete. Seit Ende der zwanziger Jahre schrieb sie Gedichte, Romane, Erzählungen, Hörspiele, literarische Tagebücher, Essays.
Sie verfolgte aufmerksam das Zeitgeschehen und äußerte sich dazu, schrieb aber keine politische Lyrik, denn es lag ihr fern, die Weltordnung verändern zu wollen. Nach dem zweiten Weltkrieg erlangte ihre Dichtung Bedeutung. Sie beschäftigte sich ausgiebig mit dem Thema der zerstörten Welt – man hat dafür den Begriff „Trümmerdichtung" geprägt. Ihre „Trümmerdichtung" war nicht ohne Glauben an die Zukunft, aber schon früh kam ihr die Erkenntnis, daß die Zerstörung der Welt durch die Technik fortgesetzt wird. In dieser Stimmungslage entstanden 1957 die „Neuen Gedichte", in denen „Hiroshima" veröffentlicht ist.

2. Der Titel bezieht sich auf die Stadt in Japan, die am 6.8.1945 Opfer des ersten Atombombenabwurfs wurde. Die Bombe tötete fast hunderttausend Menschen und zerstörte die Stadt zu sechzig Prozent.

3. Über Jahre hat die Presse verschiedene einander widersprechende Berichte über das spätere Schicksal des Bomberpiloten verbreitet: er habe Selbstmord begangen, sei in ein Kloster eingetreten, sei in ein Irrenhaus eingewiesen worden. Am 7.7.78 brachte die Süddeutsche Zeitung folgende Meldung: „Houston: Der amerikanische Pilot Claude Robert Eatherly, der im August 1945 die Atombombe über Hiroshima abgeworfen hatte, ist in Houston an Krebs gestorben. Die von dem damals 24 Jahre alten Eatherley ausgelöste Katastrophe beschäftigte den US-Offizier Zeit seines Lebens. 1947 wurde er aus der Armee entlassen, nachdem bei ihm Psychiater ,tiefliegende Neurosen und Schuldkomplexe' festgestellt haben."

4. Zu den Interpretationen
Die erste Interpretation geht der Frage der Schuld nach, die zweite untersucht die sprachliche Form des Gedichts und deckt drei Schichten der Aussage auf: die der Vermutungen, die reale und die hintergründige.

1. Interpretation

Dieser lyrische Text aus den ,Neuen Gedichten' (1957) entwirft kein grauenvolles Bild der Zerstörung durch die erste Atombombe, macht aber das Schaurige sichtbar, indem es den Blick auf den Piloten lenkt, der die Bombe geworfen hat. Von ihm wird gerüchteweise berichtet, er sei ins Kloster gegangen, er habe sich erwürgt, er sei in Wahnsinn gefallen, verfolgt von den Gespenstern der hunderttausend Toten. In knappen Sätzen werden diese Aussagen vorgetragen, die glaubwürdig und authentisch wirken. Aber die Dichterin zerreißt überraschend derartige Meldungen und nennt sie unwahr und falsch. [...] Entgegen allen Gerüchten lebt der Pilot als friedlicher, biederer Bürger in vorstädtischer Idylle. Sein häusliches Verhalten steht in vollem Widerspruch zu seiner ungeheuerlichen Tat der Vernichtung. Allerdings bemerkt die Dichterin auch, daß sein Sohn, der auf seinem Rücken reitet, gebieterisch die Peitsche über ihn schwingt, und der Photograph hinter der Hecke ein verzerrtes Lachen bei ihm hervorruft. Symbolhaft drückt sich in der Haltung des Piloten aus, daß er ein Gezeichneter bleibt, auch wenn er ins rechtschaffene und ehrbare Alltagsleben zurückgekehrt ist und seine Schuldgefühle zu verdrängen sucht. Gewiß ist er unfreiwillig und zufällig in die Maschinerie der Massenvernichtung geraten, doch hat er Anteil an dem, was geschehen ist. Die eigentliche und alleinige Verantwortung kann ihm bestimmt nicht auferlegt werden, aber es trifft ihn eine Mitschuld. War es jedoch richtig, daß wir die Gerüchte über seinen Selbstmord oder seinen Wahnsinn so rasch und selbstverständlich für wahr hielten? Was hätten wir an seiner Stelle und in seiner Situation getan?

Mit dieser Frage werden wir alle indirekt angeklagt. Wir dürfen nicht schnell und gedankenlos den Stein der Verdammung auf andere werfen, weil wir selbst in ähnlicher Lage allzu leicht in Schuld fallen. Hiroshima betrifft nicht nur den Piloten, sondern uns alle; es ist nicht ein einmaliges geschichtliches Ereignis, trotz seiner Furchtbarkeit, sondern ein Zeichen menschlicher Gewalttätigkeit und Grausamkeit überhaupt, typisch für die Menschheitsgeschichte. Die Dichterin erinnert uns an die menschliche Anlage und Möglichkeit zum Schlechten und Bösen, zum Vernichten und Töten und an unsere Neigung, die Schuld und Verantwortung auf andere oder auf den Zwang der Umstände abzuwälzen. Sie will die Stimme unseres Gewissens wachrufen, die wir nur allzu gern beschwichtigen und unterdrücken. Sie tut dies aber nicht im Predigerton oder in pathetischen Phrasen, sondern in schmuckloser, nüchterner Rede und ohne Reim und rhythmischen Klang.

Büttner: Von Benn zu Enzensberger, S. 60

2. Interpretation

Wie kann der Pilot, der die todbringende Bombe auf Hiroshima warf, nach dieser Tat überhaupt weiterleben? Diese Frage stellte sich der Lyrikerin.

Dreimal der beschwörende Relativsatz, dreimal gefolgt von parallel-gebauten Hauptsätzen, die am Versanfang das Verb in die Tonstufe stellen (ging – sprang – fiel). Die klar gegliederte, fest-konturierte Strophe findet im letzten, abweichenden Relativsatz, der die Vorstellung *Gespenster* präzisiert und erläutert, eine Schlußbeschwerung. Erst bei genauerem Zusehen zeigt sich, daß die in sich abgeschlossene Form der Strophe, die etwas Endgültiges, Akzeptiertes darzustellen scheint, von einem frag-würdigen Gehalt selbst in Frage gestellt wird, denn die Sprache fixiert keinen Sachverhalt, sondern bietet Entwürfe, Vermutungen, vorgestellte Möglichkeiten, von denen die eine die andere ausschließt. Die innere Gegenläufigkeit der 1. Strophe weist hin auf etwas Nur-Gedachtes, das sich mit der Wirklichkeit nicht deckt, und mit der 1. Zeile des folgenden Versabschnitts wird dem Hypothetischen, Uneigentlichen die Realität gegenübergestellt: *Nichts von alledem ist wahr / Erst vor kurzem sah ich ihn / Im Garten seines Hauses vor der Stadt.* Auch hier zeigt sich, wie durch die „doppelte Optik" der Ironie das Eigentliche hinter dem Uneigentlichen sichtbar wird. Die gutbürgerliche Existenz, die der Pilot als braver Familienvater führt, hat ebenso wie die Sprache, in der sie dargestellt wird, einen doppelten Boden.

Die Hecken waren noch jung und die Rosenbüsche zierlich.
Das wächst nicht so schnell, daß sich einer verbergen könnte...
Die zentrale Zeile heißt: *Sehr gut erkennbar war er selbst.* Die Versuche, sich zu verstecken, müssen scheitern, auch das Haus, in dem er wohnt, ist für ihn kein Schutz, es wird *das nackte Vorstadthaus,* genannt, der Photograph, *das Auge der Welt,* blickt auf ihn, und der Pilot verrät sein innerstes Wesen. Er hat sich ausgeschlossen aus der Gemeinschaft der Menschen:

Sehr gut erkennbar war er selbst
Vierbeinig auf dem Grasplatz, das Gesicht
Verzerrt vom Lachen...

Hier sind Wörter verwendet, die beim Leser ganz bestimmte Assoziationen hervorrufen, durch die Zusammenstellung der Wörter *vierbeinig, auf dem Grasplatz, verzerrt* wird eine deutliche Verbindung zum Animalischen hergestellt. Die menschliche Lebensform wird durch den ironischen Bezug auf eine tiefer stehende Existenzweise relativiert. Wenn es weiter über den Piloten heißt:

Der Knabe, der auf seinem Rücken saß
Und über seinem Kopf die Peitsche schwang.

so verstärkt sich dieser Eindruck. Die Ebene der menschlichen Existenz wird unterboten durch ein gleichsam in die Sprache „einmontiertes" Tierbild. Das Gedicht *Hiroshima* weist also eine Tiefendimension auf, die aus drei Schichten besteht. Auf Erwägungen und Vermutungen, die durch das Mittel der Sprachkontrastierung als „uneigentlich" gekennzeichnet werden, folgt ein Bericht über die „reale" Situation. Mit Hilfe von gelenkten Assoziationen gelingt es aber, auch diese realen Gegebenheiten als scheinhaft zu entlarven und die korrumpierte menschliche Natur zu enthüllen.

Müller: Formen, S. 127–129

Ingeborg Bachmann

Alle Tage

Der Krieg wird nicht mehr erklärt,
sondern fortgesetzt. Das Unerhörte
ist alltäglich geworden. Der Held
bleibt den Kämpfen fern. Der Schwache
ist in die Feuerzonen gerückt.
Die Uniform des Tages ist die Geduld,
die Auszeichnung der armselige Stern
der Hoffnung über dem Herzen.

Er wird verliehen,
wenn nichts mehr geschieht,
wenn das Trommelfeuer verstummt,
wenn der Feind unsichbar geworden ist
und der Schatten ewiger Rüstung
den Himmel bedeckt.

Er wird verliehen
für die Flucht vor den Fahnen,
für die Tapferkeit vor dem Freund,
für den Verrat unwürdiger Geheimnisse
und die Nichtachtung
jeglichen Befehls.

Informationen

1. Die Österreicherin Ingeborg Bachmann (1926–1973) verbrachte die Kriegsjahre
bis 1944 als Gymnasiastin in Klagenfurt und studierte anschließend Philosophie,
Germanistik und Psychologie in Innsbruck. Sie bezeichnet in der Erzählung
„Jugend in einer österreichischen Stadt" (1961) den Ausbruch des Krieges als das
Ende ihrer Kindheit und das Erleben der „ersten Todesangst". In ihrem ersten
Gedichtband „Die gestundete Zeit" setzt sich die Dichterin damit auseinander, wie
der Mensch sich selbst und seine Welt beschädigt und zerstört.
2. Das Gedicht „Alle Tage" stammt aus „Die gestundete Zeit", erschienen 1953.
3. Zu den Interpretationen
Die erste Interpretation deutet das Gedicht aus der Biographie Ingeborg Bachmanns, die zweite aus der politischen Situation der Gegenwart.

1. Interpretation

Die untrügliche Erkenntnis, daß die Vergangenheit nicht vergangen ist, im Gegenteil „die Henker von gestern" äußerst aktiv die Gegenwart gestalten, ist die grausame Wahrheit, die in der scheinbaren Einfachheit liegt. Folgerichtig heißt es in dem Gedicht *Alle Tage:*

Der Krieg wird nicht mehr erklärt,
sondern fortgesetzt. Das Unerhörte
ist alltäglich geworden.

Mit unseren heutigen Augen gelesen sind diese Zeilen nur zu wahr und haben den Charakter einer beschworenen Realität. Das Allgemeine kann man nicht genauer sagen. Der Rückgriff auf die Metaphern ist nicht nur als Zitat zu verstehen, in dem eine ungelöste Fremdheit bestehen bleibt. Er ist auch ein Tribut an die Geschichte, die Anstrengung, an eine durch den Nationalsozialismus verdrehte, getötete, verhöhnte Kultur, Literatur, Sprache anzuknüpfen. In dieser Vorgehensweise liegt ein großer ästhetischer Ernst. Ingeborg Bachmann, der die Abstinenz von Politik und Zeitgeschichte gern nachgesagt wurde, ist nicht zufällig 1958 dem „Komitee gegen die Atomrüstung" beigetreten und hat 1965 zusammen mit anderen Persönlichkeiten die „Erklärung gegen den Vietnamkrieg" unterzeichnet. Sie hat sich auch erfolgreich beim Piper-Verlag dagegen gewehrt, daß der Nazidichter Hans Baumann (bekannt durch das HJ-Lied: „Es zittern die morschen Knochen") Gedichte von Anna Achmatova übersetzen und publizieren konnte. Ebenfalls 1965 tritt sie für eine Verlängerungsfrist für Naziverbrecher ein. Uwe Johnson zitiert in seinem Buch „Eine Reise nach Klagenfurt" Ingeborg Bachmann:
Es hat einen bestimmten Moment gegeben, der hat meine Kindheit zertrümmert. Der Einmarsch von Hitlers Truppen in Klagenfurt. Es war so etwas Entsetzliches, daß mit diesem Tag meine Erinnerung anfängt: durch einen zu frühen Schmerz, wie ich ihn in dieser Stärke später überhaupt nicht mehr hatte. Natürlich habe ich das alles nicht verstanden in dem Sinne, in dem es ein Erwachsener verstehen würde. Aber diese ungeheure Brutalität, die spürbar war, dieses Brüllen, Singen und Marschieren – das Aufkommen meiner ersten Todesangst.

Endres: Die Wahrheit, S. 78–79

2. Interpretation

Nach biblischer Lehre werden in der Endzeit die gewohnten irdischen Verhältnisse verdreht sein. Das Unterste wird sich zuoberst kehren. Ingeborg Bachmanns Gedicht charakterisiert die gegenwärtige als eine verkehrte Welt. Zeitgeschichtliches klingt an: der politische Zustand, der weder Krieg noch Frieden ist, die Gewöhnung des Jahrhunderts an das Gräßliche als an etwas Selbstverständliches. Die lakonischen, paradox pointierten Formulierungen meinen jedoch nicht einzelne Verkehrtheiten, von denen sich vorstellen ließe, daß sie wieder zurechtgerückt werden könnten, sondern die heillose Verfassung des Ganzen.

Wenn die Welt verkehrt ist, wird eine Revision alter Wertvorstellungen nötig, die von der Voraussetzung ausgegangen sind, daß es sinnvoll sei, im Dienst von Mächten dieser Welt zu kämpfen und in den Augen dieser Mächte Anerkennung zu finden. Heldentum bewährt sich nicht mehr im Kampf, sondern in der Geduld, d. h. im Standhalten gegen den Lauf der Welt und im Warten auf Gericht und Wende. Soldaten werden mit Orden ausgezeichnet, die oft in ihrer Form einem Stern ähneln. Der Held der Gegenwart trägt als Auszeichnung nicht den Ordensstern am Kleid, sondern den Stern der Hoffnung in seinem Innern. Jener wird von den Mächtigen der Welt verliehen, dieser erinnert an den Stern von Bethlehem, der eine Weltwende markiert. Er erinnert an ihn, ist jedoch nicht mit ihm identisch, denn er ist nicht über uns am Himmel, sondern *über dem Herzen,* nicht strahlend, sondern *armselig.* Hinter der Hoffnung steht keine göttliche Verheißung. [...]

In einer solchen Situation braucht man die Tugenden, für die der Stern der Hoffnung verliehen wird: den Verzicht auf Gewalt; den Mut, Außenseiter zu sein, auch wenn es die Freunde kostet, die nur mit dem umgehen wollen, der sich wie jedermann verhält; die moralische Unbestechlichkeit, die sich nicht aus falsch verstandener Loyalität zum Komplizen des Bösen machen läßt; die Weigerung, den Mächtigen der Welt zu dienen. Zur Beschreibung der neuen Tugenden dienen Formeln aus dem Vokabular der alten Moral. Fahnenflucht, Geheimnisverrat und Befehlsverweigerung sind militärische und strafrechtliche Begriffe. Sie bezeichnen Taten, die als schimpfliche Verbrechen gelten. „Tapferkeit vor dem Feind" ist eine militärische Redewendung, mit der die Verleihung von Auszeichnungen begründet wird. Die provozierende Umwertung der drei ersten Formeln und die verwirrende Abänderung der dritten erwecken, isoliert genommen, den Eindruck, als solle die Welt auf den Kopf gestellt werden. Wenn aber das Gedicht recht hat und unsere Welt selber verkehrt ist, so geht es in Wahrheit darum, sie wieder auf die Beine zu stellen.

Hienger: Bachmann, S. 200–201

VIII. Wort und Phänomen

Ein zentrales Problem der Lyrik ist das Verhältnis zwischen dem Sinn, den ein Gedicht haben soll, und dem Mittel, diesen Sinn auszudrücken: dem Wort.

Worte bezeichnen ursprünglich konkrete Dinge, Gegenständliches, ehe sie in einem übertragenen Sinn gebraucht werden.

Es ist beispielsweise nicht vorstellbar, daß das Wort „Feuer" zuerst für das Feuer der Leidenschaft und dann für die „äußere, sichtbare Begleiterscheinung einer Verbrennung" (Brockhaus) verwendet worden wäre.

Wörter für konkrete Dinge sind im Verlauf der Sprachentwicklung vielfach zu Bezeichnungen für abstrakte Begriffe geworden. Oft dominiert sogar die übertragene gegenüber der dinglichen Bedeutung bzw. gerät die letztere ganz in Vergessenheit. Wer denkt etwa bei dem Wort „Zweck" an den Holzpflock in der Mitte der Zielscheibe? Bei der Suche nach Bezeichnungen für Abstraktes greift man nach Dingbezeichnungen, weil sie schon vorhanden sind. Man wählt ein Wort, das in der Vorstellung etwas mit dem Abstraktum, das man auszudrücken wünscht, gemeinsam hat.

Dichtung, insbesondere Lyrik, spielt bei dem Prozeß der Verwandlung von Dingbezeichnungen in abstrakte Begriffe eine spezifische Rolle: Sie greift Wörter auf, die im allgemeinen Bewußtsein bestimmte, klar definierte Bedeutungen haben, und gibt ihnen einen zusätzlichen Sinn. Mit dem gegenständlichen Begriff „Posthorn" zum Beispiel benennen die Romantiker Fernweh und Wanderlust; sie müssen diese Gefühle nicht erst assoziativ mit dem Wort verbinden. Ähnlich bedeutet „Kleinod" im Symbolismus „ästhetischer Erfahrungswert".

Der Lyriker fügt dem Bedeutungsvorrat der Sprache auf diese Weise stets wieder ein neues Element hinzu. Doch in dem Maße, in dem sein Werk ins öffentliche Bewußtsein dringt, verliert seine semantische Neuschöpfung ihre Originalität, und die Kraft des spezifischen lyrischen Wortes verblaßt.

Dieser Grundablauf im lyrischen Sprachschaffen wird stets neu reflektiert. In der Romantik ist er noch vereinfacht auf das Gegensatzpaar Alltagswort – romantisches Zauberwort (Novalis, Eichendorff); am Anfang des 20. Jahrhunderts, das auch ein Jahrhundert der Sprachphilosophie geworden ist, sieht sich der Lyriker vor einem vermeintlich ausgeschöpften Brunnen: Es erscheint ihm schlechterdings unmöglich, über die Fülle der schon geprägten Bedeutungen hinaus neue, originelle, nicht schon dagewesene zu schaffen.

Zur selben Zeit entwickelte sich die philosophische Richtung der Phänomenologie. Die Phänomenologen versuchten, die Dinge der Welt genauer zu erkennen, als es deren äußere Erscheinung erlaubt; sie wollten
den Dingen auf den Grund gehen, deren eigentliches, unter der Oberfläche verborgenes Wesen erfassen. Erst dann, in der „Wesensschau"
(Edmund Husserl, 1859–1938), wurde das Ding zum „Phänomen".
Die Phänomenologie betrieb die Wesensschau auf kognitive Weise, also
in Denkprozessen; doch nach popularisierten Vorstellungen gewinnt
man sie durch gefühlsmäßiges, gar ekstatisches, intuitiv-unmittelbares
Erfassen des „Wesens der Dinge". Diese Vorstellung kommt dem Lyrikverständnis nicht nur der Zeitgenossen Husserls entgegen; sie ist vielmehr ein Topos (eine häufig wiederkehrende Vorstellung) der Dichtungstheorie, seit Platon von der „mania", dem wahnhaften Zustand sprach,
dem der Dichter verfällt.
Auch das Phänomen kann man nur mit Worten beschreiben, doch werden diese Worte anders verwendet als zur bloßen Benennung. Rilke zum
Beispiel hat unermüdlich Versuche unternommen, mit dem vorhandenen
Wortschatz Neues zu sagen.
In der Auseinandersetzung um das Wort gibt es drei Texte, die Signalwirkung hatten, immer wieder zitiert werden und an denen die Aspekte der
Wortproblematik deutlich gemacht werden können: einen Satz des französischen Dichters Mallarmé, den „Chandos-Brief" Hofmannsthals und
Benns Vortrag „Probleme der Lyrik".
Stéphane Mallarmé (1842–1898), der Lehrmeister des Symbolismus, ver-
kündete die Maxime: Ein Gedicht entsteht nicht aus Gefühlen, sondern
aus Worten. Dieser Satz beendet gewissermaßen die Erlebnislyrik, in der
sich Gefühle und Empfindungen ausdrücken; er verweist den Lyriker auf
das Material, über das er verfügt, und unterstreicht, daß es sich bei
Gedichten um rein sprachkünstlerische Gebilde handelt. Das zielt nach
Mallarmés Dichtungstheorie auf zweierlei: auf die Sprache als Musik und
auf Hermetik, das heißt auf eine Sprache, die nur Eingeweihte verstehen,
die wissen, daß es auf die Aussageform ankommt und nicht auf den
Aussageinhalt. Mallarmés „Wortsymphonien" sind Grenzgebilde zwischen Wort und Ton. Stefan George eiferte ihm nach; als Schüler schuf
er sich eine eigene, melodische Sprache, deren Sinn niemand als er
selbst kannte. Am Ende des Gedichts „Ursprünge" zitiert er sich selbst:

„CO BESOSO PASOJE PTOROS
CO ES ON HAMA PASOJE BOAÑ."

Die Hermetik als der Wunsch, nur für Eingeweihte verständlich zu sein,
ist ein romantischer Zug. Er führt bei Mallarmé zu einer Sprachverdunke-
lung, die in seinen Versen mehrere Deutungsschichten zuläßt und sie

letztlich unerklärbar macht. „Das Schweigen, in das Mallarmé seine Gedichte überführt, bis sie, zum sprachlichen ‚rien' gesteigert, im Weiß des Papiers, aus dem sie auftauchen, wieder erlöschen, ist nicht Folge des Nicht-mehr-Reden-Könnens, sondern, wie er selbst immer wieder dunkel andeutet, Ziel des Nicht-mehr-Reden-Wollens." (Hart Nibbrig: Rhetorik des Schweigens, S. 143)

„Ein Brief" von Hugo von Hofmannsthal, entstanden 1901/1902, ist Rollenprosa, das fiktive Schreiben von Lord Chandos, einem jungen Autor des sechzehnten Jahrhunderts, an den Staatsmann und Philosophen Francis Bacon. Lord Chandos schreibt von seiner Sprachnot:

„... Mein Fall ist, in Kürze, dieser: Es ist mir völlig die Fähigkeit abhanden gekommen, über irgend etwas zusammenhängend zu denken oder zu sprechen. [...] die abstrakten Worte, deren sich doch die Zunge naturgemäß bedienen muß, um irgendwelches Urteil an den Tag zu geben, zerfielen mir im Munde wie modrige Pilze. [...] Es zerfiel mir alles in Teile, die Teile wieder in Teile, und nichts mehr ließ sich mit einem Begriff umspannen. [...] die Sprache, in welcher nicht nur zu schreiben, sondern auch zu denken mir vielleicht gegeben wäre, [...] [ist] eine Sprache, von deren Worten mir auch nicht eines bekannt ist, eine Sprache, in welcher die stummen Dinge zu mir sprechen [...]"

Der Chandosbrief ist mehr als eine poetische Klage über die Sprachnot. Es geht darum, daß sich die Welt dem erkennenden Ich nicht mehr, wie in Zeiten großer theologischer oder philosophischer Systeme, als ein geordnetes Ganzes präsentiert, dessen Abbild eine schlüssige, auf allgemeiner Übereinstimmung beruhende Sprache ist. Die Begriffe hören auf, allgemeinverbindlich zu sein, weil es keine gemeinsame Vorstellung von der Welt mehr gibt. Diese besteht aus Naturgesetzen und Sachbezügen, die mit der Icherfahrung nichts zu tun haben, so daß das Individuum die Welt für sich alleine erleben und dafür seine eigene Sprache entwickeln muß.

Die nächste Stufe markiert Gottfried Benn. Er löst das Problem, indem er aus der Not eine Tugend macht: Wegen der Überfülle an akzeptierten Bedeutungen ist der Lyriker gar nicht mehr gehalten, neue Bedeutungen zu schaffen; vielmehr soll er den vorhandenen Vorrat nützen, indem er Worte verwendet, die einen hohen „Wallungswert" haben, die also möglichst vielen Lesern möglichst viele verschiedenartige Vorstellungen vermitteln, und zwar über die semantischen Fixierungen hinaus auch andere: musikalische, gestalthafte Assoziationen, Lust an Wortklang, Reim und Rhythmus, Gefühlsreaktionen, Erinnerungen. Die moderne Sprachwissenschaft benützt zur Benennung dieses Phänomens den Begriff „Konnotation".

Worte, die vielfältige Konnotationen auslösen, nennt Gottfried Benn

„Chiffren", und in seiner Marburger Rede „Probleme der Lyrik" (1951) zeigt er an den Beispielen nevermore und Anemonenwald, wie er sich das vorstellt:

„... nevermore mit seinen zwei kurzen verschlossenen Anfangssilben und dann dem dunklen strömenden more, in dem für uns das Moor aufklingt und la mort, ist nicht nimmermehr – nevermore ist schöner. Worte schlagen mehr an als die Nachricht und den Inhalt, sie sind einerseits Geist, aber haben andererseits das Wesenhafte und Zweideutige der Dinge der Natur. [...] Worte, Worte – Substantive! Sie brauchen nur die Schwingen zu öffnen und Jahrtausende entfallen ihrem Flug. Nehmen Sie Anemonenwald, also zwischen Stämmen feines, kleines Kraut [...] – oder nehmen Sie Olive oder Theogonien – Jahrtausende entfallen ihrem Flug. Botanisches und Geographisches, Völker und Länder, alle die historisch und systematisch so verlorenen Welten hier ihre Blüte, hier ihr Traum – aller Leichtsinn, alle Wehmut, alle Hoffnungslosigkeit des Geistes werden fühlbar aus den Schichten eines Querschnitts von Begriff."

Die inhaltlichen Assoziationen einer Chiffre zeigt Günter Eich in den ersten Zeilen seines Gedichts „Zum Beispiel" (1964):

Zum Beispiel Segeltuch.
Ein Wort in ein Wort übersetzen,
das Salz und Teer einschließt
und aus Leinen ist,
Geruch enthält,
Gelächter und letzten Atem,
rot und weiß und orange,
Zeitkontrollen
und den göttlichen Dulder.

Dazu schreibt Neumann (Die Rettung der Poesie, S. 87): „Die ‚Aufgabe' bestünde darin, dieses Wort (‚Zum Beispiel Segeltuch') mit allen seinen Bedeutungen, die ein Lexikon erklären könnte, und mit allen Assoziationen und Nebenbedeutungen, die es dem Gedächtnis seines Sprechers verdankt, in ein vermutlich gleichlautendes anderes Wort einzubringen. In ihm müßten alle möglichen Konnotationen, objektive wie individuelle, buchstäblich *realisiert*, das heißt magisch anwesend sein. Das wäre das ‚Ziel', [...] die ‚hergestellte' wahre Wirklichkeit. Salz, Teer, Leinen, Gerüche, Gelächter, letzter Atem von Schiffbrüchigen, Farben, Zeitkontrollen der Regatten – alles in einem Wort greifbar, nebst dem Seefahrer Odysseus. (Denn es ist wohl der *herrliche Dulder* und *göttergleiche* Odysseus gemeint, wenn das Gedicht vom ‚göttlichen Dulder' spricht.)"

Novalis
(Friedrich von Hardenberg)

Wenn nicht mehr Zahlen und Figuren ...

Wenn nicht mehr Zahlen und Figuren
Sind Schlüssel aller Kreaturen,
Wenn die, so singen oder küssen,
Mehr als die Tiefgelehrten wissen,
Wenn sich die Welt ins freie Leben,
Und in die Welt wird zurück begeben,
Wenn dann sich wieder Licht und Schatten
Zu echter Klarheit werden gatten,
Und man in Märchen und Gedichten
Erkennt die ewgen Weltgeschichten,
Dann fliegt vor Einem geheimen Wort
Das ganze verkehrte Wesen fort.

Informationen

1. Friedrich von Hardenberg, der sich Novalis nannte (nach lat. novale = Neurodung), lebte von 1772 bis 1801. Er war der Theoretiker und Philosoph der Frühromantik. Seine Gedanken legte er außer in seinem dichterischen Werk in „Fragmenten" nieder, das sind mehrere unvollständige Sammlungen von Aphorismen, also kurzen, prägnanten Gedankenabläufen, die manchmal nur ein paar Worte enthalten. Das Gedicht „Wenn nicht mehr Zahlen und Figuren ..." ist einem solchen Aphorismus ähnlich.
2. Das Gedicht selbst war für den zweiten Teil des Romans „Heinrich von Ofterdingen" vorgesehen. Es wurde nach dem frühen Tod des Dichters von dessen Freund Ludwig Tieck bei der Erstausgabe der Werke (1802) im Rahmen eines Berichts über die Gesamtplanung des Romans mitgeteilt.
3. Das Gedicht hat einen volksliedhaft schlichten Paarreim. Sein auffälligstes Stilmerkmal ist das durchgehende dialektische Konditionalgefüge (Wenn ... dann), das aus den zwölf Zeilen eine einzige Periode macht. Das ist ein Kennzeichen dafür, daß es sich um ein Gedanken-Gedicht handelt, um eine Reflexion also, die allerdings durch die Wahl der Bilder, die Doppelungen (Zahlen und Figuren, singen oder küssen usw.) und durch die einfache geradlinige Auflösung unmittelbar einsichtig ist. Tieck sagte, Novalis habe so „auf die leichteste Weise den inneren Geist seiner Bücher ausgedrückt".
4. Das Gedicht hat einen komplizierten gedanklichen Hintergrund; daß es trotzdem leicht verständlich erscheint, liegt daran, daß Novalis deutlich schied zwischen dem Gedanklichen und der poetischen Verwirklichung. Für diese ist die schlichte Form vonnöten: „Der Dichter schließt, wie er den Zug beginnt. Wenn der Philosoph nur alles ordnet, alles stellt, so löst der Dichter alle Bande auf. Seine Worte sind nicht allgemeine Zeichen – Töne sind es – Zauberworte, die schöne

Gruppen um sich her bewegen. Wie Kleider der Heiligen noch wunderbare Kräfte behalten, so ist manches Wort durch irgendein heimliches Andenken geheiligt und fast allein schon ein Gedicht geworden. Dem Dichter ist die Sprache nie zu arm, aber immer zu allgemein. Er bedarf oft wiederkehrender, durch den Gebrauch ausgespielter Worte. Seine Welt ist einfach wie sein Instrument – aber ebenso unerschöpflich an Melodien." (Neue Fragmente Nr. 87)

5. Zu den Interpretationen

In dem Vortrag „Novalis' magischer Idealismus" führt Karl Heinz Volkmann-Schluck in die philosophische und kunsttheoretische Vorstellungswelt des Dichters ein. Deren Voraussetzungen sind die folgenden:

Immanuel Kant geht von dem Gedanken aus, daß die Erkenntnis der „Natur" bzw. der physikalischen Gesetze erst möglich ist, wenn der Untersuchende die dazu notwendigen Methoden entwickelt hat. Vor dem Messen und Registrieren steht also das denkende Subjekt. Kant nannte diese notwendige Voraussetzung aller Erkenntnis „transzendental" (von lat. transcedere = hinübersteigen), also über allen einzelnen Verfahrensweisen stehend.

Johann Gottlieb Fichte, dessen Philosophie für Novalis' Gedankenwelt entscheidend war, hatte daraus die These entwickelt, daß die Welt erst wirklich ist, sofern sie vom Subjekt auch gedacht wird. („Das Ich setzt sich die Welt.")

Die zweite Interpretation zielt ebenfalls darauf ab, ein Weltbild der Frühromantik zu zeichnen. Die Aussagen des Gedichts werden paraphrasierend verdeutlicht, so daß der Dichter als der Schöpfer einer neuen Mythologie der ästhetischen Welterfahrung und der ichbezogenen, freischwebenden und ungehemmten Phantasie erscheint.

1. Interpretation

Die im natürlichen Bewußtsein erscheinende, von den Naturwissenschaften durchforschte Natur, durch Fichte als Produkt transzendentaler Operationen einsichtig gemacht, ist, so erklärt Novalis, „eine versteinerte Zauberstadt". Sie ist der ins Gegenständliche verzauberte, stillgestellte Geist. Dieser Zauber besteht in der vergegenständlichenden Fixation des Lebens des Geistes zum Gegenständlichen des bloßen Dingseins. Und was die Naturwissenschaft auch durch ihre Forschung erkennen mag – alles von ihr Erkannte bleibt etwas bloß Gegenständliches, in welchem das Leben des Geistes erloschen ist. Die Natur, der verzauberte Geist, bedarf eines Wortes, das die Kraft hat, den Zauber zu brechen und die Natur in ihr wahres Wesen zu befreien. Dieses die Natur aus ihrer transzendentalen Verzauberung erlösende Wort ist das dichterische Wort. Auch das dichterische Wort ist ein Zauber; denn es verwandelt die verzauberte Natur in ihre natürliche Gestalt. Und alle Befreiung aus einer Verzauberung beruht selbst auf einem Zauber.

Volkmann-Schluck: Novalis' magischer Idealismus, S. 46–47

2. Interpretation

Ein Naturgedicht ist das nicht. Überraschenderweise gibt es bei Novalis, dem intellektuellen Naturenthusiasten, auch kein Naturgedicht im engeren Sinne; ausgewählt wurde gerade dieses Gedicht, weil es dennoch das angemessene Verhältnis des Subjekts zu Natur und Geschichte reflektiert, sein Wortschatz weitgehend mit dem in seinem naturphilosophischen Roman „Die Lehrlinge zu Sais" übereinstimmt. Auch hier ging es um den „Schlüssel" zu „jener großen Chiffernschrift", die das Geheimnis des menschlichen Lebens und das des Naturkosmos verbarg. Nicht Zahlen und Figuren erschließen den verborgenen Sinnzusammenhang, nicht rationalistisches Denken, naturwissenschaftliche Erkenntnis vermögen den inneren Weltzusammenhang zu ergründen. Das analytische Denken, symbolisiert durch die Zahl, gelangt immer nur zu isolierten Teileinheiten, zu Quantitäten, die den Erscheinungen äußerlich bleiben. Auch die Figuren, „die zu jener großen Chiffernschrift zu gehören scheinen", die Andeutungen jenes Lebensgeheimnisses sind, bleiben stumm, werden sie nur in ihrer sinnlichen Erscheinung gedeutet; es sind Fragmentsplitter, die im Detail als Konstellation, als bildliche Konfiguration eine Ordnung, einen Sinn enthalten, jedoch den übergreifenden Sinn verstellen, werden sie nicht als Bruchstücke auf das Sinnganze bezogen. Diese Sinn aufschließende Deutung jedoch, die im „Endlichen das Unendliche schaut", vermag nur der in all seinen geistigen, seelischen, sinnlichen Kräften in sich harmonische Mensch zu leisten, das ästhetische Subjekt, das die Entzweiung in Geist und sinnliche Natur aufgehoben hat. Nicht die Tiefgelehrten folglich, deren Intellektualität, rationale Begrifflichkeit ihre Sinnlichkeit und Anschaulichkeit beherrschen, wissen die in Fragmente zersplitterte Chiffrenschrift zu lesen, sondern *die, so singen oder küssen;* die Dichter und Liebhaber, die ihre Sinnlichkeit vergeistigt und ihre Geistigkeit beseelt haben. Sie nur vermögen in der Totalität ihrer Geistes- und Gefühlskräfte die isolierten Erscheinungen als Momente eines umfassenden Sinnganzen zu erfüllen, sie nur wissen zu romantisieren, d. h. das Konkret-Endliche als Chiffre der unendlichen Idee zu lesen. [...]

Singen und Küssen – dieses Wortpaar verweist auf ein romantisches Lyrikverständnis, für das Musik „zum Modell einer rein poetischen, einer absoluten Poesie" wird. Im Gegensatz zur Sprache, die durch die Semantik des Wortes auf Bedeutung festgelegt wird, die mit ihren Zeichen auf ein Anderes verweist, liegt die Bedeutung im musikalischen Medium schon in ihrem Tonmaterial selbst. Musik hat keinerlei Abbildcharakter, sie ist autonome Produktion und Konstruktion. [...]
Wenn für Novalis die Poesie der Schlüssel der Welterkenntnis ist, so ist

ihm die Liebe „der Endzweck der Weltgeschichte – das Unum des Universums". Eros als Daseinsprinzip und spontan sinnlich erfahrene Offenbarung von kosmischer Harmonie! Diesem Konzept intuitiver Welterfahrung im Gefühl läuft die ästhetische Struktur des Gedichts entgegen; sein Reflexionscharakter, der das Offenbarende intuitiven Gefühls evoziert, schlägt sich in der Rationalität logischer Gedankenführung nieder. Die „Wenn-dann"-Struktur widerstrebt gerade intuitivem *Singen*, das Programmatische lyrischer Bildlichkeit, das sich nur aus dem Zusammenhang der kunstphilosophischen Aphorismen aufschlüsseln läßt, verweist auf die Intellektualität lyrischer Konstruktion. Das poetische *geheime* Wort, das die Welt aus der Phantasie des Subjekts neu gestaltet, erweckt die Welt erst zu *freiem Leben*, verwandelt die subjektfreie, gegenständliche Welt, die dem Ich fremd erscheint, in eine geistbelebte Zauberwelt, die zum Spiegel poetischer Innerlichkeit wird. Märchen und Gedichte, die das Kausalitätsprinzip der Natur und die Zweckrationalität der Wirklichkeit aufheben, sollen das ästhetische Subjekt – in Produktion und Rezeption – vom Zwang der Verstandesgesetze befreien, es über die Faktizität des bloß Wirklichen erheben. Die *echte Klarheit*, die aus *Licht und Schatten* entsteht, aus Ordnung und Chaos, aus Geist und Empfindung, wird gegen den Rationalismus der Aufklärung angeführt, die nur die Vernunft als alleinige Richterin des Wahren zuließ, das logische Gesetz der Wahrscheinlichkeit zum Maßstab auch der poetischen Wahrheit erhob.

Poesie als Zauberkraft und Geheimnis, als magische Evokation einer höheren Wahrheit, die sich erst in der autonomen ästhetischen Setzung offenbart – dieses ästhetische Credo des Wunderbaren bricht nicht nur mit der Aufklärungspoetik, mit dem klassischen Ideal harmonischer Ordnung; es hat sich auch entfernt von der antirationalistischen Sturm-und-Drang-Bewegung, die die Spontaneität des Gefühls gegen die Fesseln einer zweckrationalen Verstandeskultur fordert.

Gnüg: Subjektivität S. 88–91

Joseph von Eichendorff

Wünschelrute

Schläft ein Lied in allen Dingen,
Die da träumen fort und fort,
Und die Welt hebt an zu singen,
Triffst du nur das Zauberwort.

Information

1. Joseph Karl Benedikt Freiherr von Eichendorff (1788–1857) veröffentlichte seine Gedichte vorwiegend eingebunden in erzählende Werke, nach der romantischen Vorstellung von der Vereinigung aller Dichtungsgattungen in einem Gesamtkunstwerk, der „Universalpoesie".
2. „Mit Recht hat Ludwig Tieck Joseph von Eichendorff den ‚letzten Romantiker' genannt, da sein Werk – weit mehr als das der älteren schwäbischen Romantiker – noch völlig im Erlebnis der Hochromantik und der Freiheitskriege wurzelt. Aus der Spannung zwischen der Entfaltung eines im Grunde um 1819 in Ton, Form, Wort- und Bildschatz schon abgeschlossenen Werkes und des in den zwanziger und dreißiger Jahren des 19. Jahrhunderts rapide voranschreitenden Resonanzverlustes romantischen Dichtens entstand jenes Unstern-Gefühl des „Zu spät", das nicht nur der Dichter selbst seinem Werk gegenüber empfand (und oft thematisierte), sondern das auch die Zeitgenossen gegenüber Werk und Autor empfanden." (Frühwald, Gedichte der Romantik, S. 416)
3. „Wünschelrute" entstand 1835; es wurde mehrmals umgearbeitet. Die abgedruckte Fassung – mit der Überschrift – erschien 1838 in einem Almanach.
4. Das Gedicht hat zunehmend eine Signalwirkung; es wird immer dann – und unendlich oft – zitiert, wenn man romantische Dichtweise charakterisiert. Auch Alewyns Interpretation weitet sich aus zu einem derartigen Überblick.

Interpretation

Es ist bekannt, aber für das Verständnis der Dichter noch kaum ausgewertet, daß die Romantik auf dem Gebiet der Seelenkunde in Bereiche vorgestoßen ist, die erst am Anfang unseres Jahrhunderts von der Tiefenpsychologie wieder betreten worden sind. Die romantischen Psychologen, Mediziner und Naturphilosophen sind durch die Oberschicht des Bewußtseins, aber auch durch die mittleren Regionen der individuellen und wechselnden Gefühle hinuntergetaucht bis auf den kollektiven Grund, wo die Träume beheimatet sind, von wo die unbewußten Impulse ausgehen und wo telepathische Kommunikationen sich vollziehen, die sich gegen eine Erklärung sträuben. Die romantischen Mythologen und

Märchenforscher haben die Bilder, in denen das Unbewußte sich ausspricht, gesammelt und zu deuten versucht. Die romantischen Philosophen, Schelling und seine Schule, haben zwischen dem Leben der ihrer selbst nicht bewußten Natur und dem Bewußtsein des Menschen Brükken geschlagen, wie sie Eichendorff betreten hat. [...]

Das [Gedicht] will sagen, die Welt ist nicht tot und nicht stumm für den, der nicht taub und nicht blind ist. In ihr schlummert eine geheime Musik, die darauf wartet und darauf angewiesen ist, geweckt zu werden. Hier ist es der Zauber des Wortes, der sie auszulösen vermag, und in der Tat hat die Romantik die Magie, die frühe Zeiten dem geschriebenen oder gesprochenen Wort zugetraut haben, wieder entdeckt und für ihre Dichtersprache nutzbar gemacht. Sie hat aber auch – und vor allen anderen Eichendorff – mit Hilfe des magisch gebrauchten Worts die Magie der Natur entdeckt und entbunden, die als Musik dem durch Berufung, Stimmung und Stunde Begünstigten überall sichtbar und hörbar wird dank der geheimen Korrespondenz, die zwischen Seele und Natur waltet. Die Anziehung, die von ihr ausgeht, kann mythisch verkörpert sein in den Naturgeistern, den Wasserfrauen, die aus den Tiefen der Ströme und des Meeres locken, in der Zauberfrau, die in der Tiefe des Waldes wohnt, in der verführerischen Hexe Loreley, in der heidnischen Göttin Venus, in dem wunderbaren Spielmann, der bei Eichendorff im Frühling durch das Land zieht und ein Lied singt, dessen Lockung keiner sich entziehen kann, sie waltet aber auch allerorten in den Lauten der Natur. Überall in Eichendorffs Welt, aus der Ferne oder aus der Tiefe, erklingen Stimmen. Die ganze Natur ist ein einziges Grüßen, Rufen, Locken. [...] Die Sehnsucht, die berühmte „romantische Sehnsucht", und das Wandern, das „romantische Wandern", sind nichts anderes als die Antworten der Seele auf die unwiderstehliche Magie der Welt.

So stehen Welt und Ich einander nicht beziehungslos gegenüber, sondern sie bilden die beiden Pole eines magnetischen Kraftfeldes, zwei Pole freilich, die einander nicht nur antworten, sondern die auch einander anziehen und unaufhaltsam aufeinander zustreben. Das Wort „Zauber" gerät uns bei Eichendorffs Dichtung leicht auf die Zunge. Es muß hier buchstäblicher genommen werden, als es gemeinhin gebraucht wird. Eichendorffs Welt ist Magie, Magie in all ihrer Zweideutigkeit, als eine Quelle reinigender, befreiender und erlösender Kräfte, aber auch als Inbegriff einer verwirrenden, betörenden und verstörenden Dämonie. Eichendorff hat seine Dichtung zum Werkzeug dieser Magie gemacht, und es hat nie der Leser ermangelt, die die Bereitschaft aufgebracht haben, sich ihr auszusetzen.

Alewyn: Eichendorffs Symbolismus, S. 238–239

Rainer Maria Rilke

Ich fürchte mich so vor der Menschen Wort.
Sie sprechen alles so deutlich aus:
Und dieses heißt Hund und jenes heißt Haus,
und hier ist Beginn und das Ende ist dort.

Mich bangt auch ihr Sinn, ihr Spiel mit dem Spott,
sie wissen alles, was wird und war;
kein Berg ist ihnen mehr wunderbar;
ihr Garten und Gut grenzt grade an Gott.

Ich will immer warnen und wehren: Bleibt fern.
Die Dinge singen hör ich so gern.
Ihr rührt sie an: sie sind starr und stumm.
Ihr bringt mir alle die Dinge um.

Informationen

1. Rainer Maria Rilke (1875–1926) entwickelte im Laufe seines Lebens drei deutlich trennbare poetische Auffassungen. Die erste Phase war die einer schwärmerischen Innerlichkeit und (neu)romantischen Seelenmalerei. Sie fand ihren Höhepunkt im „Stundenbuch" (1899–1903, erschienen 1905).
Die zweite Phase ist die der Ding-Gedichte (zwischen 1902 und 1912). Rilke sucht die wahre Erscheinung der „Dinge" zu erfassen (darunter versteht er alles, was als Welt dem Individuum gegenübersteht, auch Menschen, Tiere, Kunstwerke); als Dienst an der Wirklichkeit will er das hinter der sichtbaren Oberfläche vorhandene wahre Sein darstellen.
Die dritte Phase ist die der Duineser Elegien und der Sonette an Orpheus. Er hatte 1912 die Duineser Elegien zu schreiben begonnen, kam aber wegen der Neuartigkeit des Ansatzes nicht voran, unterbrach für ein Jahrzehnt, schrieb fast nichts, bis er im Februar 1922 plötzlich alles das zu Papier brachte, was sich in ihm aufgestaut hatte. Es wurde zu einer Feier des diesseitigen Lebens.
2. »Ich fürchte mich so vor der Menschen Wort« wurde am 21. 11. 1897 in Berlin-Wilmersdorf niedergeschrieben und 1899 in dem Band „Mir zur Feier" veröffentlicht. Das Gedicht hat keine Überschrift.
3. Zu den Interpretationen
Ulrich Fülleborn zieht das Gedicht für seine Darstellung „Rilkes Weg ins 20. Jahrhundert" heran. Es handelt sich nicht um eine gezielte Interpretation dieses einen Gedichts; vielmehr ist es als Merkpunkt für die Neuentwicklung der Lyrik – und der Dichtung allgemein – dargestellt. „Das 20. Jahrhundert erscheint aus der Gegenwart betrachtet literatur- und philosophiegeschichtlich als eine Epoche der Sprachskepsis und der Sprachkritik. In Zweifel gezogen werden vor allem die seit Jahrhunderten geltenden Allgemeinbegriffe, die dem Menschen seine Welt erschlossen und vertraut gemacht haben. Ja, sie erweisen sich angesichts radikal

veränderter Wirklichkeitserfahrungen, vermittelt nicht zuletzt durch die moderne Naturwissenschaft, als schlechterdings unbrauchbar." (Fülleborn: Rilkes Weg, S. 55)

1. Interpretation

An den Anfang meiner Beschreibung dieses Weges möchte ich eine These stellen: Rilke hat keine der Chandos-Krise vergleichbare Erfahrung gehabt, weder um 1900 noch danach. Er hat wohl als Dichter und Mensch gefährliche, existentielle Krisen durchlitten, aber das darf nicht mit einem Zweifel an der Sprache als Medium der Poesie verwechselt werden. Die These mag überraschen, sie ist jedoch durch die neuere Forschung zureichend gestützt und läßt sich unschwer erklären. Rilke geht nämlich bereits lange vor 1900 davon aus, daß die Poesie es im Grunde mit Unsagbarem zu tun habe und daß ihre Sprache deshalb eigenen Gesetzen gehorchen müsse. So kritisiert er auch schon 1897 die nichtdichterische, die Begriffssprache von gesicherter Gegenposition aus mit großer Klarheit, und zwar als angemaßte Herrschaft über die Wirklichkeit: *Ich fürchte mich so vor der Menschen Wort...*
Wenn im Gegensatz hierzu die Sprache der Dichtung, wie sie der junge Rilke versteht, Unsagbares zu sagen versucht, dann nicht durch fixierende Benennungen und mit dem Anspruch empirisch wahrer Sätze, sondern in Bildern, die das Gemeinte niemals in sich enthalten und nicht in Gefahr geraten, es zu vergegenständlichen. Sie können nur höchst indirekt darauf verweisen, indem sie es mit jedem Darstellungsversuch gleichzeitig verbergen. Denn sie sind aus sinnlichem Stoff gemacht – aus „Gefühlsstoff", wie Rilke erstaunlicherweise die persönlichen Erlebnisse nennt, denen sie entstammen. Doch trifft er damit eine Unterscheidung, die uns spätestens durch Max Frisch nahegebracht worden ist. In „Mein Name sei Gantenbein" wird z. B. eine strikte Trennung vollzogen zwischen den „Erfahrungen", von denen jeder Mensch im Leben höchstens zwei oder drei habe, und den erzählbaren Erlebnissen, der biographischen „Geschichte" eines Menschen, die niemals an seine Erfahrungen heranreicht, eher deren willkürliche Verkleidung ist. Entsprechend gibt es bei Rilke auf der einen Seite die subjektiven, vielfältigen Erlebnisse, die der sprachlichen Darstellung im Gedicht durchaus zugänglich sind und deren der Dichter bedarf, um überhaupt etwas sagen zu können. Auf der andern Seite liegen die weniger elementaren Erfahrungen, die als „tiefinnere Geständnisse" in die Dichtung eingehen wollen. Der junge Rilke erklärt nun ausdrücklich das jeweils zur Darstellung kommende Erlebnis zum stofflichen „Vorwand" für das damit nicht identische „Geständnis" des Dichters.

Fülleborn: Rilkes Weg, S. 58–59

2. Interpretation

Rilke schrieb das Gedicht „Ich fürchte mich so vor der Menschen Wort"
mit einundzwanzig Jahren. Es zeigt, wie die Gedichte seiner Frühzeit
überhaupt, daß er die formalen Kunstmittel des Lyrikers – fast zu gut –
beherrschte.

Der Dichter verwendet einfache, alltägliche Worte, doch sind sie poetisch
aufgewertet durch zahlreiche Assonanzen (so – Wort), Alliterationen
(Hund – Haus; wissen – wird – war – wunderbar) und teils tautologische
(starr – stumm), teils antithetische Doppelformen (Beginn – Ende). Der
Rhythmus wirkt durch die vielen Daktylen verspielt und tänzerisch.

Die Aussage steht der eleganten Form entgegen. Es ist ein epigrammati-
scher Gedankengang, eine eher schwerfällige Klage über ein Sprachpro-
blem: Die romantische Klage über die entmythisierte Welt, die Welt des
Verstandes, die für Gemütswerte keinen Sinn hat.

Hier kommen die Entwicklungen des 19. Jahrhunderts zur Geltung: Den
unromantischen Philister gibt es nicht mehr. An seine Stelle ist der in den
Augen des Poeten viel schlimmere Homo technicus getreten. Die Krämerwelt hat dem Pragmatismus der mathematisch-physikalischen Denk-
weise Platz gemacht, der sogar das schlechte Gewissen fehlt, das den
Philister manchmal doch überkam. Der Homo technicus ist ganz von sich
selbst überzeugt. Poesie überläßt er nicht nur den Spinnern; er weiß gar
nicht, was das ist.

Der Kerngedanke des Gedichts, daß nämlich der Dichter den Worten eine
andere als die geläufige Bestimmung geben sollte, ist ein durchgängiges
Thema in Rilkes Werken. Die letzte Strophe nimmt die Phase der Ding-
Gedichte vorweg, in der Rilke versucht, den Dingen auf den Grund zu
gehen, sie in ihrer Wesenheit zu fassen, die nichts mit dem Zweck zu tun
hat, den sie im praktischen Leben erfüllen.

1922 taucht das Thema in der Neunten Elegie wieder auf: „... Sind wir
vielleicht *hier*, um zu sagen: Haus, Brücke, Brunnen, Tor, Krug, Obst-
baum, Fenster, – höchstens: Säule, Turm ... aber zu *sagen*, verstehs, oh
zu sagen *so*, wie selber die Dinge niemals innig meinten zu sein."

Rilke hat eine letzte Stufe der Auseinandersetzung mit dem Wort und
dem Ding erreicht. Er will nicht mehr das Wesen erfassen und ausdrükken. In einer Umkehrung der vorhergehenden Vorstellung sollen vielmehr die Dinge selbst sprechen.

Stefan George

Das Wort

Wunder von ferne oder traum
Bracht ich an meines landes saum

Und harrte bis die graue norn
Den namen fand in ihrem born –

Drauf konnt ichs greifen dicht und stark
Nun blüht und glänzt es durch die mark ...

Einst langt ich an nach guter fahrt
Mit einem kleinod reich und zart

Sie suchte lang und gab mir kund:
„So schläft hier nichts auf tiefem grund"

Worauf es meiner hand entrann
Und nie mein land den schatz gewann ...

So lernt ich traurig den verzicht:
Kein ding sei wo das wort gebricht.

Informationen

1. Stefan George (1868–1933) vertrat eine hohe Auffassung vom Dichtertum. Er hatte ein herrisches Wesen, duldete keinen Ebenbürtigen neben sich und verstand sich als Seher und Künder. Dieses sein Wesen verrät sich auch in dem Gedicht, in der Bestimmtheit der Satzprägungen und dem lehrhaft-apodiktischen Tonfall.
2. „Das Wort" wurde im letzten Heft der Zeitschrift des George-Kreises „blätter für die kunst" 1919 veröffentlicht und dann 1928 in den Band „Das Neue Reich" aufgenommen, und zwar am Schluß innerhalb einer Gruppe von „Liedern".
3. Das Gedicht hat wenig Liedartiges an sich; dazu ist es zu stark auf eine gedankliche Aussage ausgerichtet, und es ist ganz und gar nicht melodisch. Es besteht aus einer lapidaren Satzfolge mit der Wortwahl und der Reimfolge (Paarreim) urtümlicher Balladen. Man könnte vermuten, daß George bei der Zuordnung zu den Liedern an Herders Sammlung „Stimmen der Völker in Liedern" (1778–1779) dachte, die in Wirklichkeit Volksballaden enthält.
4. Zur Interpretation
Die Interpretation beruht auf einer genauen Kenntnis des Werkes und der Wortproblematik.

Interpretation

Eine solche Zaubermacht, wie sie der Dichter hier im Bild der Norn und ihres kraftspendenden Brunnens dem Worte zutraut, kennen wir heute nur noch aus Märchen, naiven Wunschträumen, die uns gemeinhin als das allerunwirklichste gelten. Ist es da nicht ein Widersinn, wenn George ausgerechnet älteste und märchenhafte Göttersage heranholt, um uns zu bedeuten, daß dichterisches Wort und Wirklichkeit innig miteinander verknüpft sind? Verleitet nicht die Wahl seiner Bilder dazu, ihren symbolischen Sinn von vornherein nicht ganz ernst und wörtlich zu nehmen und sich vielleicht in eine weitabführende Erörterung über das Verhältnis von Sein und Wort einzulassen? Bei oberflächlicher Betrachtung sieht es so aus, als böte sich eine allegorische Deutung der Bilder schnell an. George, so könnte man meinen, greift hier die verbreitete, von Dichtern immer wieder bestätigte und daher fast ausschließlich gültige Vorstellung über das schöpferische dichterische Schaffen auf, die Vorstellung nämlich, nach der trotz aller meisterlichen Mühe des Dichters jedes Gedicht nach dem bekannten Goethewort ein „unverhofftes Geschenk von oben" sei. Eine höhere Macht – hier also die Norne – inspiriert den Dichter und schenkt ihm das Zauberwort oder das Lied, das, wie Eichendorff sagt, „in allen Dingen schläft". [...]
Georges Verhältnis zum Wort und zur Welt, so zeigen schon seine dichterischen Anfänge, ist dem alltäglichen Umgang mit der Sprache, insbesondere in der Moderne, geradezu entgegengesetzt. Denn sobald der Intellekt bis zu einem gewissen Grade ausgebildet ist, verblassen die Worte für den Menschen mehr und mehr und erhalten einen bloßen Bedeutungscharakter. [...] Dem gewöhnlichen Menschen gelten fast immer die Worte wenig gegenüber den Dingen, die sie meinen. Sie sind ihm „Bezeichnungen", sonst nichts. Seine Welt erfährt er gerade nicht im Wort, sondern in den Dingen und den Geschehnissen selbst.
Ganz anders beim jungen George: In den großen Dichtungen der Weltliteratur von Homer bis Mallarmé – er lernte Italienisch, um Dante, Tasso und Petrarca, Norwegisch, um Ibsen lesen zu können – begegnete ihm mehr „Welt" als in der Wirklichkeit um ihn her. Es war ihm höchste und herrscherliche Lust, im leibhaft schönen Wort ein Seiendes anzurufen und zu seiner für ihn erst so ganz wirklichen Erscheinung zu bringen. Ein derart intensives Erfahren der sinnlichen Qualitäten des Wortes ist an sich für den Dichter überhaupt, zumindest für einen bestimmten gestalthaft-sinnlichen Erlebnistypus charakteristisch. Für George aber und seine geschichtliche Situation in der Moderne ist bezeichnend, daß das Worterlebnis ausdrücklich thematisch wird und einen metaphysischen Aussagewert bekommt. [...]

Damit stoßen wir unmittelbar auf das in Frage stehende Problem des Wort-Gedichts, dessen letzter Vers das Verhältnis von Wort und Wirklichkeit mit äußerster Prägnanz bestimmt: Nichts, sagt George – so hat er es erfahren –, sei wirklich ohne das Wort. Die wortlose Welt ist dem Dichter ein unwirklicher, schattenhaft dunkler Bereich zahlloser Möglichkeiten, die sich immer erst im Wort bestimmen und verwirklichen. Deutlich sagen die Verse 4–6, was die wortgeborene Welt auszeichnet. Das Wort *verdichtet* ein Fernes, Unfaßliches, traumhaft Flüchtiges zum Ding, macht es *greifbar, blühend* und *glänzend*. Es ist das Licht, das die Welt zu ihrer Sichtbarkeit bringt, das sie offen macht für die Sinne des Menschen. Das Wort stiftet das Sein als die sichtbare Welt. Woher aber sollte ihm diese einzigartige Kraft zuwachsen, wenn nicht aus seiner eigenen lebendigen Wirklichkeit! Dem Dichter ist das Wort selbst ein Sichtbares, nicht Begriff, sondern leibhafte Erscheinung.

Klußmann: George, S. 287–290

Gottfried Benn

Ein Wort

Ein Wort, ein Satz –: aus Chiffren steigen
erkanntes Leben, jäher Sinn,
die Sonne steht, die Sphären schweigen
und alles ballt sich zu ihm hin.

Ein Wort – ein Glanz, ein Flug, ein Feuer,
ein Flammenwurf, ein Sternenstrich –
und wieder Dunkel, ungeheuer,
im leeren Raum um Welt und Ich.

Informationen

1. Gottfried Benn (1886-1956) war ein bekannter Expressionist; als herausragender und musterbildender Lyriker trat er jedoch erst Jahrzehnte später hervor, nämlich mit den „Statischen Gedichten" von 1948. Diese entstanden vorwiegend in der Zeit seines Schreibverbots (seit 1938) im nationalsozialistischen Deutschland. Hatte er noch um 1933 gehofft, daß der „Realitätszerfall seit Goethe" durch einen neuen Menschentyp aufgehalten werden könnte, so geriet er bald danach in eine Weltanschauungskrise. Neue Erkenntnisse der Naturwissenschaften, vor al-

lem der Physik und Biologie, brachten ihn endgültig zu der Überzeugung, daß es keinen inneren Zusammenhang der Welt gibt, daß die Welt zersprengt und entgrenzt ist. Sie ist somit nicht mehr denkerisch zu erfassen.

„Erkenntnisekel und Wissenschaftsfeindlichkeit auf der einen, Irrationalismus und Selbstüberschätzung auf der anderen Seite lassen ihn im Denker den Dilettanten, im Künstler dagegen den Weisen sehen. Im Gegensatz zum Wissenschaftler, dem Analytiker und Synthetiker, erscheint allein der Dichter als Schöpfer." (Reichel: Artistenevangelium, S. 323)

2. „Ein Wort" taucht erstmals in einer hektographierten Sammlung „Biographische Gedichte" auf, die „Weihnachten 1941" datiert ist, dann in einem Privatdruck „Zweiundzwanzig Gedichte" (August 1943) und 1948 in den „Statischen Gedichten".

3. Benn hatte sich mit der Wortproblematik nach eigener Aussage 1923 intensiv beschäftigt. In der Rede „Probleme der Lyrik" (1951) trägt er Abschnitte aus dem vor, was er „1923 über die Beziehung des lyrischen Ichs zum Wort schrieb", darunter den Satz: „Worte, Worte – Substantive! Sie brauchen nur die Schwingen zu öffnen und Jahrtausende entfallen ihrem Flug."

4. Zu den Interpretationen

In „Ausdrucksformen deutscher Dichtung" untersucht Duwe die Sprachgestalt. Gnüg geht von dem subjektiven Weltverständnis des späten Benn aus und zieht die Aussage stärker in Betracht. Beide Autoren setzen sich mit dem Chiffrenbegriff auseinander.

1. Interpretation

Dieses Gedicht stellt in jeder Beziehung einen Grenzfall dar: in der Makellosigkeit der freien vierfüßigen Jamben mit den so entscheidenden Alliterationen – Satz, Sinn, Sonne, Sphären und Flug, Feuer, Flammenwurf – und den so lebendigen Reimen, die trotzdem unauffällig bleiben, in der aufsteigenden Diktion der Sprache, die die Landschaft des Gedichtes blitzartig erhellt und dann kometengleich wieder verstummt, und in der Verwandlung der Worte in Chiffren. [...] Das Gedicht ist zweifellos das künstlerische Glaubensbekenntnis Benns. Seine Verse dokumentieren, was er in seinen Essays, vor allem in „Probleme der Lyrik", theoretisch entwickelt hat. Das Übergewicht der sieben Substantive gegenüber vier Verben in der ersten Strophe – die zweite Strophe hat zehn Substantive und kein einziges Verb – ist typisch für die lyrische Bauform Benns. Das Wort, das am Anfang war, besitzt die magische Kraft, die Sonne zum Stehen und die Sphären zum Schweigen zu bringen. Sobald es verstummt, schlägt das Dunkel wieder über Welt und Ich zusammen. Man beachte, wie dieser ungeheure Vorgang in der zweiten Strophe ausschließlich mit Substantiven derart eindringlich und anschaulich dargestellt ist. Diese Tatsache ist deshalb von entscheidender Bedeutung, weil die Chiffren in der späteren Lyrik fast ausschließlich zur Verschlüsselung und nur in seltenen und glücklichen Ausnahmefällen wie bei Benn zur

Offenbarung des Lebens dienen, wo es ausdrücklich heißt, und diese Stelle auch noch durch Gedankenstrich und Doppelpunkt hervorgehoben ist „–: aus Chiffren steigen erkanntes Leben, jäher Sinn ... und alles ballt sich zu ihm hin."

Duwe: Ausdrucksformen, S. 280

2. Interpretation

Absolute Dichtung als ein ästhetischer Kosmos im *leeren Raum*, zweckfreie Schönheit des Wortes als letzter metaphysischer Sinn in einer verdinglichten Welt, – das ist das ästhetische Credo Benns. Sinn wird beschworen, jedoch als Leerstelle, als „weiße" Transzendenz ohne inhaltliche Konkretheit, das Gedicht behauptet das Sinn schaffende Wesen des Wortes; auch das poetische Wort selbst bleibt letztlich ausgespart, verwiesen wird nur auf die magische Kraft: *Ein Wort, ein Satz –: aus Chiffren steigen.* Benn komponiert hier zunächst nicht eine Chiffrensprache, sondern nennt den Begriff „Chiffre", beginnt mit einer These sein Gedicht über das absolute Gedicht „aus Worten, die Sie faszinierend montieren"; das heißt, er geht von Gedanken aus, von einer inhaltlichen Reflexion, und nicht von dem faszinierenden Wallungswert der Worte. Nur der dynamische Rhythmus, ein „presto con brio" gleichsam, der pathetische Lakonie-Stil suggerieren die faszinative Kraft des Wortes. Enthusiastisch ist die Sprachgebärde des lyrischen Subjekts, das die Macht des Wortes über die Wirklichkeit verkündet: *Die Sonne steht, die Sphären schweigen / und alles ballt sich zu ihm hin*, das Kosmosmotiv des lyrischen erhabenen Stils – das Individuum angesichts der Weite der Sphären, vor dem Glanz des fernen Sonnengestirns, dem ewigen Gesetz der Planetenbewegung – wird hier gegenläufig eingesetzt: vor dem Glanz des Wortes, der letzten erhabenen Größe in einer nichtigen Welt, erstarrt und verstummt die sinnlose Bewegung des Weltalls, Zeit steht still. Das poetische Wort ist die eigentliche Sonne, die Licht, Bedeutung ins dunkle Dasein bringt, Bewegung, jähen Sinn hervorbringt. *Ein Wort – ein Glanz, ein Flug, ein Feuer, / ein Flammenwurf, ein Sternenstrich –*, wieder wird das sinnstiftende Wort abstrakt genannt, entsteht Sinn zunächst aus der herkömmlichen Semantik, steigt nicht nur aus der schillernden Bedeutungsaura der Wallungswerte vieldeutig, andeutend auf. Die Epitheta* jedoch, die die Magie des poetischen Wortes zu evozieren suchen, bilden eine Wortkette, in der jedes Wort auf seine Nachbarworte Bedeutung

---

* Epitheton (griech.) = Beifügung.

abstrahlt, vom Nachbarwort beleuchtet wird. Die Worte *Feuer* oder *Flug* oder *Glanz* als solche sind unpoetisch; aber in der rhythmischen Reihung mit ihren Alliterationen, in der variierenden Wiederholung der einen Idee in immer neuen Bildern spiegelt sich die Faszination des wortbegeisterten lyrischen Subjekts, vermittelt es sinnlich-ästhetisch die plötzliche Leuchtkraft des poetischen Wortes. In der ästhetischen Konstellation erst scheint Sinn auf. Doch der jähe Sinn, den die Chiffre stiftet, Schönheit, ist nur ein ewiger Augenblick, Leuchtturm im dunklen Meer, der das lyrische Ich eine kurze Zeit im Faszinationszustand lyrischer Produktion aus dem *leeren Raum um Welt und Ich* herauszieht. Poetische Schönheit als einziger Inhalt, als letzte Substanz des Ichs und der Welt!

Wie absolut ist dieses absolute Gedicht? Es ist absolut insofern, als es sich auf keine äußere und innere Realität bezieht,nur sich selbst zum Inhalt nimmt; doch es realisiert nur bedingt Benns Dichtungstheorie: Reflexion scheint seine Keimzelle zu sein, nicht vornehmlich Wortfaszination. Für den Lyriker – so Benn in dem Essay „Ausdruckswelt" – ist das Wort „real und magisch, ein moderner Totem", doch in diesem Gedicht geht Benn weniger von dem Klangkörper und seinen Assoziationsimpulsen aus, vertraut er sich weniger der Magie des poetischen Wortes an; er reflektiert mehr sein poetologisches Konzept, als daß er es ästhetisch realisiert.

Gnüg: Lyrische Subjektivität S. 224–225

Johannes Bobrowski

Das Wort Mensch

Das Wort Mensch, als Vokabel
eingeordnet, wohin sie gehört,
im Duden:
zwischen Mensa und Menschengedenken.
Die Stadt
alt und neu,
schön belebt, mit Bäumen
auch
und Fahrzeugen, hier

hör ich das Wort, die Vokabel
hör ich hier häufig, ich kann
aufzählen von wem, ich kann
anfangen damit.

Wo Liebe nicht ist,
sprich das Wort nicht aus.

Informationen

1. Johannes Bobrowski (1917–1965) ist Ostpreuße (Tilsit). Er trat 1962 spät und für
ihn selbst unerwartet mit einer Lesung vor der Gruppe 47 in das Bewußtsein der
literarischen Öffentlichkeit. Bobrowski gilt als einer der wenigen Dichter, die nicht
zwischen die Mühlsteine der Ost-West-Kulturpolitik gerieten.
2. „Das Wort Mensch" schrieb er am 15.6.1965; es wurde 1967 in dem Band
„Wetterzeichen" veröffentlicht.
3. Bobrowski nannte Klopstock seinen „Zuchtmeister". „Bobrowskis Entscheidung für Klopstock ist die *gegen* jede Gefälligkeit des sprachlichen Ausdrucks. Die
Brechung der geläufigen syntaktischen Abfolge durch Inversionen, unflektierte
Attribute und Enjambements zwingt den Leser immer wieder zum erneuten Absetzen und Einhalten beim Lesen, um dann erneut in den Sprachfluß eines Verses zu
geraten. Es folgt einer Rhythmik, deren Kennzeichen es ist, daß sie jäh unterbrochen wird, um im weiteren Verlauf des Gedichts wiederaufgenommen zu werden.
Diese ungewöhnliche Gliederung der gesprochenen Sprache – die nicht lyrisch im
herkömmlichen Sinn ist –, das Absetzen und Ansetzen im Prozeß des Lesens
verleiht dem Gedicht einen *Atem*, der nicht gleichmäßig, aber lebendig ist, der dem
Wechsel des Auf und Ab von konstatierender Trauer und ekstatischer Beschwö-
rung entspricht." (Kosler: Bobrowski, S. 7–8)
4. Zur Interpretation
Hans Georg Gadamer spielt mit seinem Titel auf die Wortproblematik an (vgl. den
Chandos-Brief). Er fragt, ob es noch „das bestandhafte Gefüge von Wortkunst"

gebe, wo das „Unbehagen an der anonymen Massenhaftigkeit unseres gesellschaftlichen Lebens" von allen empfunden wird und Literatur engagiert – und damit schnell veraltend – ist. Den lyrischen Bestand sieht er dort bewahrt, wo Diskretion die Sprache von der Reportage und der „Unterkühltheit technischen Sprechens" unterscheidet, wenngleich moderne lyrische Rede ihnen ähnlich ist. Diese lyrische Rede erscheint leicht hermetisch, also geheimnisvoll und nur den Eingeweihten verständlich. Daß sie jedoch erfaßt werden kann, will er mit seinem Interpretationsversuch nachweisen.

Interpretation

Beginnen wir mit der Auslegung dort, wo jede Auslegung beginnen muß, nämlich dort, wo es uns zuerst hell wird, und das ist hier ohne Zweifel die Schlußstrophe. Sie sagt etwas ganz Deutliches: *Wo Liebe nicht ist, sprich das Wort nicht aus.* Das bedeutet – und muß vorher gegenwärtig geworden sein –, daß überall dort, wo der Sprechende das Wort *Mensch* gehört hat, keine Liebe war. So wird alles klar. Die erste Strophe ist voll bitterem Sarkasmus und von fast ätzender Schärfe. Es mag stimmen, daß die Vokabel *Mensch* zwischen Mensa und Menschengedenken steht [. . .]. Aber wenn [der Dichter] das im Gedicht sagt, ist es gezielt. Da ist zunächst *Mensa*, dieses für junge Leute sehr vertraute Wort, das eine Sache meint, an der man die Anonymität des Lebens und die Beziehungslosigkeit nach dem Verlassen der Familie wohl am stärksten empfindet. Die Mensa hält irgendwie in ständiger Erinnerung, was Familie ist, sozusagen in der Form der Privation*. Und nach der anderen Seite folgt *Menschengedenken*, ein Wort, das wir nur in einer einzigen Wendung noch gebrauchen: „seit Menschengedenken". Was diese Wendung evoziert, ist wie etwas schon gar nicht mehr Wahres – seit Menschengedenken ist das so. [. . .] Auf der einen Seite haben wir also das Anonyme, auf der anderen Seite das selbstverständlich Gewordene, und zwischen diesen beiden Extremen ist die Vokabel *Mensch* wie eingeklemmt. Die zweite Strophe spricht von der Stadt: *Alt und neu.* Wer hinhört, weiß sofort: das ist nach dem Kriege geschrieben, der unsere Städte in Trümmer gelegt hat. *Alt und neu* meint offensichtlich diese Spannung, die das Gesicht unserer Städte durchzieht. *Alt und neu* ist vielleicht noch allgemeiner gemeint und ruft nicht nur das Wiederbelebte nach seiner Verödung und Vertrümmerung herauf. Denn der dritte Vers *schön belebt, mit Bäumen* leitet über zu dem wunderbar einsilbigen *auch*, das einen ganzen Vers füllt und dadurch ein seltsames Gewicht erhält. Was wie ein zusätzlicher Reichtum klingt: *auch Bäume*, beschwört den ganzen Jam-

---

* Privation (lat.) = Beraubung.

mer des Städtertums herauf. Bäume sind freilich auch da, aber was die Stadt ausmacht, ist ihr Verkehr, die Fahrzeuge. So wird dies *auch* zum rührenden Ausdruck für die weggehastete Natur, die wir in den Straßen unserer Städte erleben. Dies *auch* ist ein nachdrückliches Beispiel echter dichterischer Diskretion.

Und dann, in der Wortfolge *hier / hör ich das Wort*, erhält auch das *hier* einen besonderen Akzent. Es steht nicht nur am Ende eines Verses, sondern einer ganzen Strophe und stellt daher ein sogenanntes Enjambement dar. [...] Das Enjambement macht den Vers und Strophenbruch gerade erst recht sichtbar. Indem der Satz weitergeht und metrisch dort doch der Bruch ist, erhält das *hier* gleichsam ein rhythmisches Ausrufungszeichen. *Hier* heißt dann: ausgerechnet dort, wo es von vornherein schon unglaubhaft ist, daß man noch als Mensch zu Mensch miteinander reden und miteinander umgehen kann. [...]

Nun kommt die Stelle des ganzen Gedichtes, die mir am schwierigsten ist: *Ich kann aufzählen von wem / ich kann anfangen damit*. Das erste ist ganz einfach; man hört's überall, und so kann ich aufzählen von wem; hier, hier, hier, jeder sagt es immerfort, ich höre es immerfort. Aber was heißt die Fortsetzung: *ich kann anfangen damit*? Das ist seltsam. Wenn ich aufzählen kann von wem, dann kann ich natürlich anfangen damit. Was will der Vers denn sagen? *Ich kann anfangen damit* scheint eine ähnliche Einschränkung zu bedeuten, wie oben das *auch*. Alle führen die Vokabel im Munde. Es ist sinnlos, alle herzuzählen. Ich bliebe stecken – das liegt in dem einschränkenden *Ich kann anfangen damit*. Aber nicht deshalb allein bliebe ich stecken, weil es zu viele sind, sondern weil mir alsbald bewußt würde, daß es keinen Sinn hat, zu zählen, wie viele das tote Wort im Munde führen, ohne daß es lebendig würde.

Daß das richtig interpretiert ist und daß an diesem Glied sozusagen die Drehung des Ganzen geschieht, zeigt die Schlußstrophe. Denn nun heißt es ausdrücklich wie im Scheitern der zählenden Suche und wie ein Verweis: *wo Liebe nicht ist, sprich das Wort nicht aus*. Das besiegelt gleichsam den Sinn des Ganzen: Das Wort *Mensch* soll keine bloße Vokabel sein. Es ist kein Ausrufungszeichen nach diesem Gedicht. Die Interpunktion der Schule wird es vermissen, denn es ist doch ein Imperativ! Aber genau das ist die Diskretion, mit der die heutigen Dichter sprechen.

Gadamer: Verstummen die Dichter, S. 114–117

Paul Celan

„KEINE SANDKUNST MEHR, kein Sandbuch, keine Meister.

Nichts erwürfelt. Wieviel
Stumme?
Siebenzehn.

Deine Frage – deine Antwort.
Dein Gesang, was weiß er?

Tiefimschnee,
       Iefimnee,
              I-i-e."

„EIN DRÖHNEN: es ist
die Wahrheit selbst
unter die Menschen
getreten,
mitten ins
Metapherngestöber."

Informationen

1. Paul Celan (1920–1970) ist der Sohn deutschsprachiger Juden aus Czernowitz,
einem rumänischen Ort, der heute zur UdSSR gehört. Seine Eltern wurden Opfer
der Judenverfolgung, er selbst leistete Zwangsarbeit im Straßenbau. Nach dem
Krieg studierte er Romanistik, Germanistik und allgemeine Sprachwissenschaft,
zuletzt in Paris, und war dort unter anderem als Lehrer für deutsche Sprache und
Literatur tätig.
Celans Lyrik greift Mallarmés Vorstellung von der Dichtung als einem Sprachkunstwerk auf, das der Musik verwandt ist. Realitätsbezüge bringt er nicht direkt
ein, sondern umgesetzt in traumatische, aus dem Unterbewußten hervortretende
Bilder. Einen starken Einfluß auf ihn hatte auch der Surrealismus, der sich in
Frankreich zwischen den beiden Weltkriegen entwickelte. Dieser vertrat die Kunst
des Unwirklichen, lehnte das realistische, sachliche und logische Denken ab und
suchte die Quellen seiner Poesie im Traumhaften, ließ sich vom Unbewußten und
Wunderbaren geradezu überfallen und beherrschen. Der Surrealismus ist nicht
auf die Dichtung beschränkt; in der bildenden Kunst ist er ebenso vertreten
(Dali).
In dem Programm André Bretons sind die Vorstellungen Mallarmés, der Surrealisten und des – späteren – Paul Celan wiederzuerkennen: „Surrealismus, reiner

psychischer Automatismus, durch den man sich vornimmt, sei es mündlich, sei es schriftlich, sei es auf ganz andere Weise, das wirkliche Funktionieren des Gedankens auszudrücken. Vom Gedanken diktiert, ohne jede von der Vernunft geübte Kontrolle, außerhalb jeder ästhetischen und moralischen Voraussetzungen. Der Surrealismus beruht auf dem Glauben an die überlegene Wirklichkeit gewisser bisher vernachlässigter Assoziationsformen, an die Allmacht des Traumes, das selbstlose Spiel des Gedankens." (André Breton)

2. Die beiden Gedichte stammen aus dem Band „Atemwende" von 1967. Sie stehen an verschiedenen Stellen, dürften also nicht gleichzeitig entstanden sein, sondern mit zwei bis drei Jahren Abstand. Sie werden aber häufig miteinander in Beziehung gesetzt.

3. Zu den Interpretationen

Die Untersuchungen sind Auszüge aus Rezensionen des Gedichtbandes „Atemwende"; die letzte stammt von einem bekannten Linguisten. Die Texte spiegeln die anhaltende Unsicherheit bei der Analyse Celanscher Gedichte wider.

1. Interpretation

Celans neuer Gedichtband *Atemwende*, der sechste des Lyrikers, setzt die poetische Methode der „Sprachgitter" fort. Sein Verfahren verglich man durchaus angemessen mit komplizierten chemischen Experimenten (Rainer Gruenter), in denen die Sprache ähnliche Veränderungen erfährt wie chemische Verbindungen in Verbrennungs- und Oxydationsvorgängen. Die Gedichtsammlung zerfällt in sechs große, durch römische Ziffern markierte Gruppen. Deutlicher noch als frühere tragen die jüngsten Verse des Autors Spuren der unabweisbaren Notwendigkeit, Sinnzusammenhänge des Sprachlichen aufzulösen und neu zu ordnen: *Tiefimschnee, / Iefimnee, / I-i-e*. Die Zerschlagung des sprachlichen Materials in puren Werkstoff des Ausdrucks läßt sich analogen Vorgängen in der zeitgenössischen Malerei, Plastik und Musik vergleichen. Die kunstzeugende Zerreißung des Individuums griff über auf seine Ausdruckselemente. Nun ist es der Leib der Sprache selbst, dessen Bruchflächen funkeln sollen. Wenn Dubuffet die exakte Wiederherstellung verschimmelter Mauern, Duchamp seine „readymades", die Surrealisten ihre „objets trouvés" zu Kunstobjekten erklären, so ist die artistische Konzentration, mit der Celan Sprache auf ihr Rohmaterial zu reduzieren und in diesem Zustand neuer Nutzbarkeit zu erhalten sucht, eine verwandte Anstrengung.

Den nun schon seit Jahren umkreisten, zur Mode degenerierten modernen Seelenzustand (ein Schweben zwischen Extremen) sollen Materialproben dieser Art anschießen lassen. Hauptreiz des Celanschen Gedichts sind die so erzielten Kombinationen und ihre Effekte. Die entstehenden „chemischen Verbindungen" bilden nicht allein das neue, unbesetzte Material; sie erzeugen vielmehr das Wort-Ding: *Pfingstschneise, Herzgro-*

schen, Wortmond – Wortcollagen, Montagen aus „readymades" der Sprache. Celans Dichtung bedeutet – wie es auch das Ziel der modernen bildenden Kunst ist – Vermehrung der Realität, ja Hausbau im zoologischen Sinne. Der Dichter baut wie die Schnecke sein je eigenes poetisches Gehäuse, um leben zu können. Dichtung als Existenzverwirklichung fordert keine ästhetischen Maßstäbe, sondern, da es sich bei ihr um eine Form der Physis handelt, eine höhere Naturwissenschaft zu ihrer Betrachtung. Nie sind Kunstprodukte in solche Nähe zu Naturprodukten gerückt.

Höhler: Atemwende, S. 145–146

2. Interpretation

Die Sprache als der Raum, der das Gedicht abschirmt, hat sich aufgelöst in ein unendliches All voll treibender, toter Elemente, in „Partikelgestöber", „Metapherngestöber". Dennoch treibt das Gedicht nicht sinnlos in diesen toten, schweigenden Weiten: es ist unterwegs „um einer Begegnung willen". Auf dieser paradoxen Grundfigur beruht die Exzentrizität der Celanschen Dichtung. Das erschreckende Schweigen birgt in sich zugleich die einzige Hoffnung des Gedichts, aus ihm heraus erwartet es „den Strahlenwind deiner Sprache". [. . .]
Welcher Stellenwert vermag der Existenz des Dichters und dem Gedicht selbst zuzukommen in einer poetischen Welt, die von der Sprache nichts, vom Schweigen alles erwartet? Man muß sich die Poetologie, die sich in „Atemwende" abzeichnet, einmal klarmachen. Dichtung wird hier nicht mehr von der Sprache her definiert, auch nicht als noch so dunkle Sonderform, sondern nur noch vom Schweigen: Sprachverneinung als radikalste Form der Sprachkritik. „Atemwende", das ist zugleich die kopernikanische Wende, in der Celan die Bedingungen seiner Dichtung auf den Kopf stellt, und „wer auf dem Kopf geht, der hat den Himmel als Abgrund unter sich" (Celan in „Der Meridian"). Das Gedicht entziffert sich selbst als Individuation des Schweigens, sein Dasein ist zugleich seine Sünde, sein Abfall, sein Verrat. In die Sprache gehend, geht das Gedicht ins Exil. Die Existenz des Dichters in der Welt des Gedichts bestimmt sich von Buße und Leid; er ist der, welcher durch sein Dichter-Sein das Schweigen, den Bund mit den Schweigenden immer wieder verrät. Er sucht den Weg zurück, einen Weg, gezeichnet durch Schnee, Wüste, Asche, Steine. [. . .] Erst da, wo die Sprache ihm nicht mehr ins Wort fällt, entsteht die Hoffnung, das Schweigen selbst könnte antworten.

Perels: Das Gedicht im Exil, S. 212–213

3. Interpretation

Ich kann mir im übrigen vorstellen, daß jemand vor einigen Gedichten Celans, und gerade vor denen seines letzten Gedichtbandes ratlos bleibt. Nicht so sehr, weil sie ein bestimmtes Sinn- und Informationsbedürfnis nicht erfüllen (moderne Gedichte erfüllen überhaupt selten dieses Bedürfnis), als vielmehr weil das Urteil des Gefallens oder Mißfallens ohne bestimmte Voraussetzungen beim Leser in der Schwebe bleiben muß. Manche Gedichte Celans – es sind mehr und mehr von Gedichtband zu Gedichtband – sind an die Voraussetzungen einer bestimmten Theorie gebunden, die relativ kongruent beim Autor und Leser vorhanden sein muß, wenn überhaupt eine Kommunikation zustande kommen soll. Es ist namentlich die Theorie von der poetischen Relevanz der Sprache als Mimesis* der Welt. Einer ihrer am meisten geglaubten Korollarsätze** ist die These, daß die Sprache, wenn die Welt aus den Fugen ist, nicht in ihren Fugen bleiben kann. Humboldts Lehre vom sprachlichen Weltbild steht am Anfang dieser Theorie, aber auch manche Vorstellungen von Wortmagie in alter und neuerer Zeit. Viele Gedichte Celans sind so geartet, daß sie Sinn und ästhetischen Wert überhaupt nur dem Leser erschließen, der mit dem Autor die Vorentscheidungen dieser im Grund linguistischen Theorie teilt. So lautet die Schlußstrophe eines Gedichtes:

Tiefimschnee,

   Iefimnee,

      I-i-e

Was soll das? Wohin führt das? Zu Kurt Schwitters' i-Gedicht vielleicht? Aber bei Celan ist nichts vom Witz der Dada-Bewegung zu spüren. Dieses Gedicht, das in seinen wenigen voraufgehenden Zeilen zwei Fragen und vier Verneinungen enthält, entzieht in seinen letzten Zeilen dem Schnee – nein, dem Wort *Tiefimschnee* – das letzte feste Gerüst: seine Konsonanten. Wir befinden uns nicht mehr in der Dimension der planen Sprache (Sprache über Sachen, z. B. Schnee), sondern der Metasprache (Sprache über Sprache, z. B. das Wort *Schnee*). Das Gedicht zeigt an sich selber die Unzulänglichkeit seiner eigenen Sprache. Es ist gut, wenn der Leser dieser poetischen Erscheinung nicht ungerüstet entgegentritt, damit er nicht dem Gedicht eine Unzulänglichkeit anlastet, die dem Gedicht nur auf der Ebene seiner Sprache, nicht aber auf der Ebene seiner Metasprache eignet.

Weinrich: Kontraktionen, S. 120–121

---

* Mimesis (griech.) = die Nachahmung der Natur in der Kunst; man sagt auch „Anverwandlung".

** Korollarsatz = eine Schlußfolgerung, die sich aus der Sache von selbst ergibt. Hier bedeutet es, daß eine ordentliche, geordnete Sprache nur in einem klar abgegrenzten Weltbild denkbar ist.

IX. Experiment

Experimentelle Lyrik treibt mit der Sprache und den poetischen Formen ein Spiel an der Grenze von Sprache und Sinn, wobei der Wert des Sinns immer geringer und zufälliger wird und schließlich ganz entfällt. Das Ziel dieser Lyrik kann zweckfreies Spiel sein – aber auch künstlerische oder politische Absicht.

Man kann die artistische Lyrik in zwei Hauptstränge unterteilen, wovon die eine die Sprachelemente, die andere die Bildelemente benutzt. Zu den Sprachspielen gehören Laut-, Buchstaben-, Silben- und Reimspiele. Beispiele dafür sind das Anagram, in dem versetzte Buchstaben immer wieder neue Wörter bilden, oder das Palindrom, bei dem Buchstaben, Wörter oder Sätze umgekehrt werden. Der Barockdichter Philipp von Zesen nennt als Anagram aus dem Namen Margareten: Gern am raten / mager raten / mager arten / er mag raten / er mag arten / arm geraten.

Ein modernes Beispiel für ein Palindrom gibt Eugen Gomringer:

> das schwarze Geheimnis
> ist   hier
> hier   ist
> das schwarze Geheimnis

Die zweite Gruppe sind Figurengedichte, in denen Wortgruppen nebeneinander oder untereinander gereiht werden, so daß Figuren entstehen, die den ästhetischen Sinn ansprechen. Diese Kunst, aus Wörtern Bäume, Palmen und emblematische Figuren zu formen, stand besonders bei den Persern, aber auch in der indischen, chinesischen und gesamten orientalischen Literatur in hohem Ansehen.

Auch in der Magie kommen Figurengedichte vor; in antiken Zauberpapyri gibt es bereits das magische Quadrat und das Schwundschema (vgl. S. 286). Ein Zauberwort oder eine Vokalreihe wird so untereinander geschrieben, daß auf jeder Zeile ein oder zwei Buchstaben verschwinden. Je nachdem, ob auf einer oder zwei Seiten Buchstaben wegfallen, entstehen Figuren wie Flügel oder Trauben.

Es gibt Figurengedichte in der griechischen Literatur der alexandrinischen Epoche, in der römischen Spätzeit und der Karolingerzeit. Mit Reim- und Wortspielen arbeitet auch der Minnesang, besonders in der Spätzeit.

In der neuhochdeutschen Dichtung tauchen die Figurengedichte zuerst im Barock auf. Zwischen Inhalt und Druckbild, z. B. Herz, Kreuz, Pokal, besteht meist eine Beziehung. Oft sind sie eng verbunden mit Klangspielen. Bei den Pegnitzschäfern zu Nürnberg erreicht die Klangakrobatik einen Höhepunkt; sie ist jedoch nicht zweckfreies Spiel, sondern will raffinierte dekorative Effekte erzielen und dem Prunk dienen.

Schwundschema (aus der Kabbalah):

Abracadabra
Abracadabr
Abracadab
Abracada
Abracad
Abraca
Abrac
Abra
Abr
Ab
A

[Nimm ab – Krankheit – wie dieses Wort]

Ende des 19. Jahrhunderts ändert sich das über Jahrhunderte gültig gewesene Erscheinungsbild des Gedichts. Arno Holz ist der erste moderne Dichter, der versucht, zu neuen Formen vorzustoßen. Er verlangt Rhythmik statt Metrik und läßt Verse und später auch Strophen fallen. Er reiht verschieden lange Zeilen mit verschiedenartig gefüllten Takten um eine imaginäre Mittelachse. Holz begründet seine Forderung nach einer neuen Form damit, daß der Reim die Gedanken vergewaltige, die Strophe zu Leierkastenmelodien verführe und die metaphorische Sprache Klischees erzeuge. Nur das sinnlich Faßbare hält er für zuverlässig und kommt so zu einem sprachlichen Impressionismus. Aber Holz hält trotz aller Neuerungen noch am natürlichen Satzbau fest, Punkte und Kommas – Pausen im Rhythmus – stehen meist am Ende der Zeile und Strophe.
Die Holzsche Formzertrümmerung wird von dem Expressionisten August Stramm konsequent weitergeführt. Er will die Sprache zu wesenhaftem Ausdruck verdichten, deshalb ist jede äußere Wirklichkeit ausgeschaltet und das innere Erleben auf die kürzeste Formel zusammengedrängt – bis zum Aufschrei. Seine Gedichte entsprechen der Wortkunsttheorie, die in der Zeitschrift „Sturm" nach dem Manifest des italienischen Futuristen

Philippo Tommaso Marinetti verbreitet wurde. Die Zeilen bestehen aus losgelösten Wörtern – möglichst Substantiven oder Verben im Infinitiv – die eine deutliche Subjekt – Objekt Beziehung vermeiden. Es gibt keine Sätze mehr und keine Metrik.

Den entscheidenden Schlag gegen die tradierte Lyrik führten die Dadaisten, eine Gruppe junger Künstler und Emigranten, die 1916 in Zürich das „Cabaret Voltaire" gründeten, um Unterhaltung für ein kunstinteressiertes Publikum zu bieten. Sie verzichteten auf die durch den Journalismus zur Ware gewordene Sprache, lösten die Wörter auf und trugen Klanggedichte vor. Die Unsinnspoesie der Dadaisten wurde später in Berlin in den Dienst des politischen und sozialen Kampfes gestellt: Indem man die Sprache vernichtet, will man das Weltbild verändern und die bestehende Gesellschaft zerschlagen.

Nach dem Ende des zweiten Weltkriegs war für bestimmte Kreise jede Gefühlsäußerung, ja jede private Aussage als irrational verpönt, denn Irrationalität galt als identisch mit Faschismus. Außerdem wollte man die Dichtung dem wissenschaftlich-technischen Jahrhundert anpassen; das führte zu den Experimenten und der Worttechnik, für die Eugen Gomringer in Analogie zur Malerei (Mondrian, Kandinsky) den Begriff „Konkrete Poesie" prägte. Gemeint ist die Reduktion: in der Malerei auf Formen und Farben, in der Poesie auf die Sprache, die nur noch Material ohne Wirklichkeits- und Zeichenfunktion ist. Konkrete Poesie ist linguistische Poesie. So tauchen alte literarische Sprachspiele wieder auf. Heißenbüttel und Gomringer reduzierten das Gedicht bis auf die Wörter, Mon sprengte auch diese, und es bleiben nur noch Buchstaben, die sich in optische Figuren fügen und zu Sehtexten werden.

Figurengedichte des Barock

Figurengedichte, Gedichte also, die durch ihre typographische Anordnung bestimmte Gegenstände abbilden, gab es schon in der Antike, aber das Barockzeitalter war der Gattung besonders günstig. Was Poeten sich damals ausgedacht und kunstfertige Setzer verwirklicht haben, können wir uns heute kaum noch vorstellen: Da gibt es Herzen und Sträuße, Musikinstrumente, Wagen und Zepter, Brunnen, Monumente, Pyramiden und vieles andere. Keineswegs waren diese Gedichte nur Spielereien, wie einige mit Gewißheit ernstgemeinte geistliche Figurendichtungen, etwa in Form eines Kreuzes, zeigen.

Wachset
Schönste
Hirten-Blätter/
Wachset/Traget ·
Immer fetter
Gaben eurer
Schaafen hier
bey dem Frie-
de für und
für.

Mit der wehrten Götter Zahl
Grünet / blühet / allemahl.

Der Gegenstand des Gedichts bestimmt seine Form: Zum Kleeblatt hat
Johannes Praetorius anno 1672 seine poetischen Forderungen an die
„schönsten Hirten-Blätter (Lämmer-Speisen, Schäfferkräuter") geordnet
und so eines der schönsten Figurengedichte des Barock verfertigt.
(Wieckenberg: Figurengedichte)

Peter Titz
Das *Ey* ist dieses:

Nim
Meinen
Schmertz von mir.
Laß mein Klagen
Lencken deinen Sinn.
Dafne / sieh diß Hertze /
Das dir gantz ist unterthan/
Das dir redet/schweiget/dencket/
Dir sich frewet / dir sich kräncket/
Vnd ohn dich nicht leben kan.
Nymfe / wo ich schertze /
Will ich noch forthin
Willig tragen
Für und für
Deinen
Grim.

Da der erste Vers von oben mit dem ersten von vnten / vnd der ander von
oben mit dem andern von vnten / vnd also fort / in der abmessung der
Sylben vnd im Reim übereinkommet. Aber genug. (Poetik des Barock,
S. 82)

288

Arno Holz

„ACHTUNG! ACHTUNG!! ACHTUNG!!!"

Mit
grellen Farben schreit die
Litfaßsäule:

„Mondamin!"

„Dreißigtausend Menschen waren im Meßpalast!"

„Pst, Sie!
Die geplatzte Emma!"

„Halt!
Mehr Goethe!"

„Papst Cohn!"

„Wilhelm, der Geschmackvolle,
als
Erzieher!"

„Das neue Weib!"

„Abeles,
der
Neo-Romantiker!"

„Das
weltenträtselnde Substanzgesetz!"

„Wie
sag' ich's meinem
Kinde?"

„Nietzsche oder die Philosophie
als
Serpentintänzerin!"

„Wählt Zubeil!"

Ein
Platzregen prasselt,
der ganze Dreck ... hängt in Fetzen.

Informationen

1. Arno Holz (1863–1929) begann 1890 mit Versuchen, die Lyrik zu revolutionieren. Er folgte damit einer Forderung, die in der Luft lag. Sein Prinzip war „eine Lyrik, die auf jede Musik durch Worte als Selbstzweck verzichtet und die, rein formal, lediglich durch einen Rhythmus getragen wird, der nur noch durch das lebt, was durch ihn zum Ausdruck ringt." Die Kritik an seiner Metrik führte zu den widersprüchlichsten Urteilen. Während die einen behaupten, daß die Phantasus-Verse jede metrische Form sprengten, sehen andere die Unterschiede nur im Druckbild, hinter dem sich konventionelle Verse nur versteckten und die sich leicht in bekannte Formen auflösen ließen.

2. 1886 erschien im „Buch der Zeit" ein Gedichtzyklus „Phantasus", der von einem Dachstubenpoeten handelt. 1898 und 1899 wurden unter dem gleichen Titel zwei Bändchen mit 100 Gedichten veröffentlicht, deren Verse mittelachsig angeordnet sind. 1916 kam dann eine Folio-Ausgabe der Phantasus heraus, 1925 eine dreibändige Ausgabe, die Holz noch einmal erweiterte. Die endgültige Fassung wurde 1960/61 aus dem Nachlaß veröffentlicht.

3. Der Phantasus sollte eine neue Weltanschauung vermitteln. Damit war Holz nicht sehr erfolgreich – aber seine sprachlichen und formalen Neuerungen hatten eine große Wirkung. Holzsche Sprachmittel sind Zitate aus literarischen, philosophischen und wissenschaftlichen Werken, zum Teil parodiert; Entlehnungen aus Dialekt und Jargon; Spiel mit Assoziationen; ständige Reflexion über die eigene Sprache und ihre Kommentierung. „Eine ähnliche Distanzierungsfunktion hat – abgesehen von seinem Klangwert – das Fremdwort, sozusagen als Verfremdungswort. Es wimmelt im Phantasus von Fremdwörtern und fremdsprachigen Ausdrücken, die zunächst als Auffrischung des in der Epigonenlyrik träge fließenden Sprachbluts gedacht waren .[...] Ironie und Verfremdung werden verstärkt durch den Versuch einer phonetisch getreuen Orthographie." (Gerhard Schulz: Sprache im Phantasus, S. 367)

Schwein!
Cochong! Cotschino!
Mallatsch!
Porku!!Pork!!
Pick!!
Domutz!! Farken!!
Swinja! Swinsko!
Swin!
Porkatschjo!!!

4. Zur Interpretation
Der in der Interpretation erwähnte Kurt Schwitters (1887–1948) gehörte zum Umfeld der Dadaisten, er war Maler und schrieb experimentelle Gedichte.

Interpretation

Tendenzen zur Intellektualisierung und Internationalisierung, die allgemein in der modernen Lyrik erkennbar sind, spielen mit hinein. Eine

Konsequenz ist schließlich die Collage-Technik, die überhaupt nur noch Fremdes aneinanderreiht und Sprache durch sich selbst parodiert und relativiert. Das findet sich bei Arno Holz bereits 1916 in der großen *Phantasus*-Fassung in einem Gedicht, das eine Litfaßsäule zum Gegenstand hat. [...]
Die zeitgenössische Welt wird wie auf einer der Collagen von Kurt Schwitters zu einem Sammelsurium aus fragwürdigem Geist und fragwürdigem Genuß, nur daß der Dichter hier im Gegensatz zu seinen expressionistischen und dadaistischen Kollegen noch einen Kommentar anzuhängen versucht hat.

Schulz: Sprache im Phantasus, S. 369–370

Christian Morgenstern

Fisches Nachtgesang

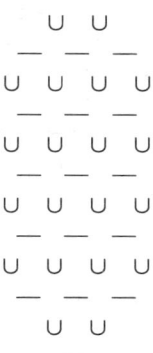

Informationen

1. Christian Morgenstern (1871–1914), Sohn und Enkel anerkannter Landschaftsmaler, begann als Nietzsche-Anhänger und endete als Anthroposoph (Anhänger Rudolf Steiners). Schon als Schüler erfand er spielerisch neue Sprachen. Sein geistiger Weg führte von Sprachkritik zu sprachgläubiger Mystik.
2. „Fisches Nachtgesang" stammt aus den Galgenliedern, die 1905 erschienen sind. Die meisten entstanden ab 1895 und waren „für einen kleinen Kreis jugendlich ausgelassener Freunde bestimmt, wo sie gemeinsam gesungen und mit einer

Art von heiter gruseliger Zeremonien mehr oder weniger dargestellt wurden."
(Morgenstern, Brief vom 5.10.1910). Als Motto stand den Galgenliedern das
Nietzsche-Wort aus dem Zarathustra voran: „Im ächten Mann ist ein Kind ver-
steckt: das will spielen."
Das Buch hatte einen sensationellen Erfolg, der Morgenstern sehr erstaunte, denn
er hatte die Gedichte nicht ernst genommen.
Die Galgenlieder arbeiten mit barocken Sprachmitteln wie Lautmalerei, Wortspie-
len und Figurengedichten, die virtuos gehandhabt sind.
3. Zu den Interpretationen
Für Alfred Liede ist „Fisches Nachtgesang" reinste Unsinnspoesie, d.h. daß der
Leser hinter der Dichtung keinen Wortsinn finden kann, daß es aber einen Sinn
jenseits von Semantik und Logik gibt. Hans Magnus Enzensberger unterstellt
Morgenstern gesellschaftspolitische Ziele: er glaubt, daß Morgenstern den Untergang der traditionellen bürgerlichen Lyrik herbeiführen wollte.

1. Interpretation

Dieses Gedicht erreicht das Ideal einer rein abstrakten, absoluten Poesie,
von dem mancher Unsinnspoet träumt. Es ist aber so absolut, daß es
auch das Ende der Poesie bedeutet; es kann nicht mehr nachgeahmt und
überboten werden; das einzige, was darüber hinausgeht, ist das leere
weiße Blatt. *Fisches Nachtgesang* ist die Krönung aller Lautmalerei, denn
es malt die Laute der stummen Kreatur. Der Einfall ist genial. [...] Denn
dieses Gedicht ist kein Ulk. Man kann es nur verstehen, wenn man es aus
der Sammlung herausnimmt und für sich betrachtet. Dann ist es so wenig
ein Witz wie die Bilder Paul Klees, sondern ein Scherz in jener Region, wo
Spiel und Ernst ineinander übergehen, in der „Zwischenstufe zwischen
Mensch und Universum", auf die das Vorwort von 1904 den Galgenberg
stellt. Es ist sprachlose Dichtung und reinste Unsinnspoesie in unserem
Sinne.

Liede: Dichtung als Spiel, S. 292

2. Interpretation

Die Sommernacht

U U — U, U U — U, U U —,
U U — U, U U —, U U — U,
U U — U, U U — U,
U U — U U —.

So steht es in meiner Ausgabe von Klopstocks Gedichten. Darunter
freilich sind drei Strophen zu lesen, deren Silben aus den fünfundzwan-

zig Buchstaben des Alphabets bestehen. Bei dieser Übung sind auch die andern großen Poeten der Nacht geblieben: Hölty (Die Mainacht, 1774); Hölderlin (Die Nacht, 1785); Novalis (Hymnen an die Nacht, 1800: „Erinnrung schmilzt in kühler Schattenflut"); Goethe (Nachtgesang, 1805: „Bannst mich in diese Kühle"); Eichendorff („Nacht ist wie ein stilles Meer", 1810?); Brentano (Heil'ge Nacht, heil'ge Nacht, 1812); Lenau (Der nächtliche Gang, etwa 1832: „Und die Welle rauscht von dannen"). Und so weiter.

Der Pedanterie der sogenannten „Motivgeschichte" sind natürlich keinerlei Grenzen gesetzt. In der zweiten Hälfte des neunzehnten Jahrhunderts wird der poetische Umgang mit der Nacht immer skrupelloser; das Nachtlied wird sozusagen verramscht: „ein Verrauschen, ein Verschwinden", um es noch einmal mit Lenaus Worten auszudrücken. Der einzige, der diesen Untergang der romantischen Tradition begriffen hat, war Christian Morgenstern.

Er hat zugleich eine neue begründet, die der Avantgarde. Keine Rede von Dada, von konkreter oder visueller Poesie: *Fisches Nachtgesang* ist 1905 erschienen, also zu einer Zeit, wo sich noch nicht einmal die schüchternsten Anzeichen des Expressionismus hervorgewagt hatten, und man wird konstatieren müssen, daß sein Text seitdem an formaler Radikalität von niemandem übertroffen worden ist. [...]

Lakonischer als *Fisches Nachtgesang* kann ein Gedicht nicht sein; das Wort *einsilbig* wäre bereits eine Übertreibung. Diskret bis zur Lautlosigkeit wird hier die Subversion betrieben: wir haben es mit einem vernichtenden Schlag gegen das poetische Herkommen zu tun, aber dieser Schlag wird mit der Eleganz eines Klassikers geführt, in vollendeter Form und mit einer Sparsamkeit der Mittel, die nur Bewunderung erregen kann. Das Gedicht, soviel steht fest, hat keine Silbe zuviel und keine Silbe zu wenig.

Es ist das außerdem einzige Gedicht, das ich auswendig rezitieren kann.

Enzensberger: Keine Silbe zuviel, S. 100–102

August Stramm

Wache

Das Turmkreuz schrickt ein Stern
Der Gaul schnappt Rauch
Eisen klirrt verschlafen
Nebel streichen
Schauer
Starren Frösteln
Frösteln
Streicheln
Raunen
Du!

Informationen

1. August Stramm (1874–1915) kam aus kleinbürgerlichen Verhältnissen in Münster/Westfalen und arbeitete als Postbeamter. Neben dem Beruf holte er ein Studium nach und schrieb expressionistische Dramen. Seit 1914 wagte er sich auch an die Lyrik. Es verblieb ihm nur eine kurze Schaffensperiode, denn am 1. September 1915 fiel er in Rußland. Er war ein Erneuerer der Sprache und wurde in seiner Kühnheit nur von den Dadaisten übertroffen.
2. Das Gedicht „Wache" schrieb Stramm im Krieg; es erschien 1919 posthum in dem Sammelband „Tropfblut".

Interpretation

Wie die Malerei will auch die Dichtung des Expressionismus alogisch sein und die Welt in den tieferen Schichten des Bewußtseins erfassen. Sie gibt deshalb keine logischen Gedankenreihen, sondern Assoziationsketten. Die verschiedenen Eindrücke, Gefühle, die im selben Augenblick auf uns einstürmen, können wir nur mitteilen, wenn wir sie nacheinander darstellen. Dieser Auffassung entsprechen als Darstellungsmittel poetische Bilder, die selbst mehrdeutig sind und gleichzeitig verschiedene Assoziationen wachrufen.

Wenn wir das Gedicht *Wache* unter diesem Gesichtspunkt anschauen, so bleibt als eindeutig nur die Überschrift: Ein Soldat hält Wache. Auf Wache stehen heißt aufmerksam und schreckhaft sein. Erschreckt das Turmkreuz den Stern oder umgekehrt? Der Soldat scheint beritten zu sein. Oder naht sich ein Gaul? Sind es seine Hufeisen, die klirren? Es herrscht Nebel. Bedeutet Schauern Angst oder Kälte? Starren kann der Blick ins Dunkle sein oder das Erstarren vor Kälte. Träumt der Soldat vom Streicheln einer Frau oder spürt er das Streicheln des Windes? Raunt die Vision des Weibes *Du*, flüstert es der Soldat oder kommt die Wachablösung?

Der Topos *Du* spielt eine bedeutende Rolle in der expressionistischen Dichtung; Stramm hat einen ganzen Gedicht-Zyklus so genannt. Als Reaktion auf den Egoismus des Rationalismus heißt das *Du* ein Sichöffnen einem anderen gegenüber, die Begegnung mit einem Mitmenschen: Frau, Freund, Kamerad. Es ist der erste Schritt zu einem „Wir", zu der allgemeinen Menschengemeinschaft. Zweifellos ist das *Du* identisch mit dem Nächsten der Bibel, also christlichen Ursprungs.

Die Darstellungsmittel sind sehr sparsam: es gibt keine Metaphern und Vergleiche. Adjektive, Adverbien und Pronomen sind verschwunden. Die Satzzeichen fehlen bis auf das Ausrufezeichen hinter dem letzten Wort. Man könnte die ersten vier Zeilen als jeweils einen Satz auffassen; dann aber bleiben nur noch Worte übrig, lauter aufgereihte Substantive oder Infinitive, die jedes Denken im Satz unmöglich machen. Die graphische Textanordnung springt ins Auge: die Zeilen werden immer kürzer, bis zuletzt nur die zwei Buchstaben *Du* übrigbleiben.

Eine verbindliche Interpretation kann es bei einem solchen Text nicht geben. Die Reduzierung der Sprache auf Einzelwörter macht mehrdeutig, weil die Ur-Bedeutung der Worte verlorengegangen oder durch eine Fülle von zusätzlichen Bedeutungen verdeckt ist, so daß nur ein syntaktischer Zusammenhang (Kontext) Klarheit schaffen könnte.

Die Abstraktion der Sprache ist jedoch auch eine Überwindung der klischeehaften Vorstellungen und Ausdrucksweisen. In *Wache* hat nur noch *Nebel streichen* eine Verbindung zur Konvention.

Hugo Ball

Karawane

jolifanto bambla ô falli bambla
grossiga m'pfa habla horem
égiga goramen
higo bloika russula huju
hollaka hollala
anlogo bung
blago bung
blago bung
bosso fataka
ü üü ü
schampa wulla wussa ólobo
hej tatta gôrem
eschige zunbada
wulubu ssubudu uluw ssubudu
tumba ba-umf
kusagauma
ba-umf

Informationen

1. Hugo Ball (1886–1927) war der Vater des Dadaismus. Der 1. Weltkrieg hatte seinen Plan vereitelt, gemeinsam mit seinem Freund Kandinsky ein expressionistisches „Theater der neuen Kunst" in München zu gründen, das eine Synthese aus bildender Kunst, Musik und Sprache sein sollte. Dieser Gedanke einer Vermischung und Ergänzung der künstlerischen Ausdrucksmittel wurde 1916 im Cabaret Voltaire in Zürich wieder aufgenommen. Man rezitierte Gedichte mit pantomimischer, tänzerischer oder instrumenteller Untermalung; die bildende Kunst trug ihren Teil bei in Form von phantastischen, meist kubistischen Masken und Kostümen. Die Wände schmückte man mit Collagen.
2. Die „Karawane" entstand 1917 und wurde 1920 in Richard Hülsenbecks Dada-Almanach veröffentlicht. Es handelt sich um ein Lautgedicht, das aus reinen Klangfolgen besteht.
3. Zu den Interpretationen
Die erste Interpretation erklärt, wie sich mit den Lauten Assoziationen verbinden; als zweites zeigt Hugo Ball selbst auf, wie die Dadaisten solche Texte vorführten.
Er schildert, wie er im Cabaret Voltaire in Zürich zum erstenmal die „Karawane" vorgetragen hat.

1. Interpretation

Karawane – die Überschrift besagt schon, daß noch ein gegenständlicher Bezug gemeint ist. „Ich habe", schreibt Hugo Ball, „eine neue Gattung von Versen erfunden, ‚Verse ohne Worte' oder Lautgedichte, in denen das Balancement der Vokale nur nach dem Werte der Ansatzreihe erwogen und ausgeteilt wird." Also abstrakte Dichtung, aber nicht nur abstrakte, sondern auch ungegenständliche, d. h. Dichtung ganz jenseits des geordneten Weltbildes der Sprache. Doch unkomplizierter und unumwundener als die Dichtung Stramms behält sie mimetische Absicht, will sie entfernte Nachahmung, In-den-Laut-Bannen einer konkret und sinnlich erfahrbaren Wirklichkeit sein. Man imaginiere in den Lauten dieses Gedichts den schleppenden Gang der Elefanten, hat man zutreffend bemerkt, Treiberberufe, etwa in dem *jolifanto*, und anderes aus der Situation *Karawane* werde sinnenfällig darin. Daß das im semantisch Unartikulierten möglich ist, verdanken die Laute und Lautgruppen des Gedichts aber eben nicht ihrem Charakter als angeblich natürliche Urlaute, sondern der Vorbestimmung ihrer Valeurs und ihrer Fähigkeit, was auch immer im aufnehmenden Subjekt zu erregen, durch die Rolle, die sie in eben der Sprache, in ihrer Struktur und ihrem Kontext spielen, die hier verlassen werden soll. Soweit Laute, ihr Klang und ihre Akzentuierung in dem Gedicht etwas aussagen, eine Empfindung oder eine Vorstellung erregen, tun sie es nur, insofern sie als Elemente der artikulierten Sprache des Dichters und vielleicht, da sie ziemlich allgemein sind, noch einigen anderen Sprachen, jedenfalls im Bereich von Wörtern und Sätzen determiniert sind, wenn auch noch so vage.

Brinkmann: Abstrakte Lyrik, S. 106

2. Auch eine Interpretation

Ich habe eine neue Gattung von Versen erfunden, „Verse ohne Worte" oder Lautgedichte, in denen das Balancement der Vokale nur nach dem Werte der Ansatzreihe erwogen und ausgeteilt wird. Die ersten dieser Verse habe ich heute abend vorgelesen. Ich hatte mir dazu ein eigenes Kostüm konstruiert. Meine Beine standen in einem Säulenrund aus blauglänzendem Karton, der mir schlank bis zur Hüfte reichte, so daß ich bis dahin wie ein Obelisk aussah. Darüber trug ich einen riesigen, aus Pappe geschnittenen Mantelkragen, der innen mit Scharlach und außen mit Gold beklebt, am Halse derart zusammengehalten war, daß ich ihn durch ein Heben und Senken der Ellbogen flügelartig bewegen konnte.

Dazu einen zylinderartigen hohen, weiß und blau gestreiften Schamanen-hut.

Ich hatte an allen drei Seiten des Podiums gegen das Publikum Noten-ständer errichtet und stellte darauf mein mit Rotstift gemaltes Manu-skript, bald am einen, bald am andern Notenständer zelebrierend. Da Tzara von meinen Vorbereitungen wußte, gab es eine richtige kleine Premiere. Alle waren neugierig. Also ließ ich mich, da ich als Säule nicht gehen konnte, in der Verfinsterung auf das Podest tragen und begann langsam und feierlich:

gadji beri bimba
glandridi lauli lonni cadori
gadjama bim beri glassala
glandridi glassala tuffm i zimbrabim
blassa galassasa tuffm i zimbrabim . . .

Die Akzente wurden schwerer, der Ausdruck steigerte sich in der Ver-schärfung der Konsonanten. Ich merkte sehr bald, daß meine Ausdrucks-mittel, wenn ich ernst bleiben wollte (und das wollte ich um jeden Preis) dem Pomp meiner Inszenierung nicht würde gewachsen sein. Im Publi-kum sah ich Brupbacher, Jelmoli, Laban, Frau Wiegmann. Ich fürchtete eine Blamage und nahm mich zusammen. Ich hatte jetzt rechts am Notenständer „Labadas Gesang an die Wolken" und links die „Elefanten-karawane" absolviert und wandte mich wieder zur mittleren Staffelei, fleißig mit den Flügeln schlagend. Die schweren Vokalreihen und der schleppende Rhythmus der Elefanten hatten mir eben noch eine letzte Steigerung erlaubt. Wie sollte ich's aber zu Ende führen? Da bemerkte ich, daß meine Stimme, der kein anderer Weg mehr blieb, die uralte Kadenz der priesterlichen Lamentation annahm, jenen Stil des Messge-sangs, wie er durch die katholischen Kirchen des Morgen- und Abendlan-des wehklagt.

Ich weiß nicht, was mir diese Musik eingab. Aber ich begann meine Vokalreihen rezitativartig im Kirchenstile zu singen und versuchte es, nicht nur ernst zu bleiben, sondern mir auch den Ernst zu erzwingen. Einen Moment lang schien mir, als tauche in meiner kubistischen Maske ein bleiches, verstörtes Jungengesicht auf, jenes halb erschrockene, halb neugierige Gesicht eines zehnjährigen Knaben, der in den Totenmessen und Hochmessen seiner Heimatpfarrei zitternd und gierig am Munde der Priester hängt. Da erlosch, wie ich es bestellt hatte, das elektrische Licht, und ich wurde vom Podium schweißbedeckt als ein magischer Bischof in die Versenkung getragen.

Vor den Versen hatte ich einige programmatische Worte verlesen. Man verzichte in dieser Art Klanggedichte in Bausch und Bogen auf die durch den Journalismus verdorbene und unmöglich gewordene Sprache. Man ziehe sich in die innerste Alchimie des Wortes zurück, man gebe auch noch das Wort preis, und bewahre so der Dichtung ihren letzten und heiligsten Bezirk. Man verzichte darauf, aus zweiter Hand zu dichten: nämlich Worte zu übernehmen (von Sätzen ganz zu schweigen), die man nicht funkelnagelneu für den eigenen Gebrauch erfunden habe. Man wolle den poetischen Effekt nicht länger durch Maßnahmen erzielen, die schließlich nichts weiter seien als reflektierte Eingebungen oder Arrangements verstohlen angebotener Geist-, nein Bildreichigkeiten.

Ball, Die Flucht, S. 239–241

Helmut Heißenbüttel

ich gehe geradeaus
ich gehe nicht geradeaus
ich erkläre mich einverstanden
ich erkläre mich nicht einverstanden
ich sage die Wahrheit
ich sage nicht die Wahrheit
ich erkenne an
ich aberkenne
ich stelle fest
ich rede
ich rede nicht

Informationen

1. Helmut Heißenbüttel, geboren 1921, studierte Architektur, Germanistik, Kunstgeschichte und arbeitete in Verlagen und beim Rundfunk.
Auch er reduziert die Sprache auf ihre Bestandteile und kombiniert die isolierten Elemente zu überraschenden Verbindungen. Seinen Experimenten gibt er eine sprachphilosophische Grundlage in seinen Essays. Heißenbüttel behauptet, die Sprache sei unbrauchbar geworden, weil ihr logischer Zusammenhang überholt sei und die überlieferten Formen, vom Satz bis zur literarischen Gattung, keine Berechtigung mehr hätten. Er begründet seine These wie folgt:
„Die indogermanischen Sprachen haben ein bestimmtes grammatisches Schema zur Grundlage. Dies Schema besteht in der Unterscheidung von Subjekt, Objekt und Prädikat. Das heißt, von allem Anfang an wird vorausgesetzt, daß die Erkennbarkeit der Welt, daß die Orientierungsmöglichkeit des Menschen auf der Fiktion beruht, es gäbe etwas, das, in sich ruhend, Mittelpunkt bilde, etwas anderes, das

dem gegenüber stehe, und es gäbe von einem zum anderen die Verknüpfungen von Tätigkeiten, Reaktionen, Verhaltensweisen, Relationen. Alle Systeme der abendländischen Philosophien, Religionen und Literaturen lassen sich letzten Endes auf dieses Grundschema reduzieren. Wenn ich nun nicht einmal so weit gehe, zu sagen, es habe sich in der Erfahrung und damit auch im Bewußtsein etwas verschoben, dem dieses Grundschema nicht mehr gerecht werden kann, wenn ich nur die Möglichkeit einer solchen Verschiebung ins Auge fasse, so folgert daraus notwendigerweise, daß ich, wenn ich konsequent bin, jeden Satz, den ich sage, schon sofort wieder in Frage stellen muß." (Helmut Heißenbüttel; „Über Literatur", 1966)

2. Der Text „ich gehe geradeaus" stammt aus den „Topographien" von 1956.

3. Zu den Interpretationen

Die Interpretation von Rudolf N. Maier sieht in dem Text nicht nur ein Spiel, sondern eine gefährliche Lebensverneinung. Die zweite Interpretation glaubt, anhand eines Vergleichs mit einem Gedicht von A. Stramm beweisen zu können, wie das Ringen um Ausdruck zur Banalität geworden ist.

Stramm: Forschen Fragen
du trägst Antwort
Fliehen Fürchten
du stehst Mut!
Stank und Unrat
du breitst Reine
Falsch und Tücke
du lachst Recht!
Wahn Verzweiflung
du schmiegst Selig
Tod und Elend
du wärmst Reich!
Hoch und Abgrund
du bogst Wege
Hölle Teufel
du siegst Gott!

1. Interpretation

Was sich hier ereignet, ist keine Albernheit (wohl dem, der nichts anderes sieht), vielmehr ein frivoles, hämisches Spiel mit der Verneinung um der Verneinung willen. (Wir erkennen das surrealistische Prinzip der aufgehobenen Wahrheit.) Ein solches Spiel ist nicht nur geschmacklos, sondern von so trügerischer Harmlosigkeit, daß man hinter aller Nichtigkeit etwas Tieftrauriges, ja den Einbruch des Unheimlichen spürt. Die Tändelei mit dem verneinenden Prinzip gehört zu den Ungeheuerlichkeiten unserer Zeit.

Maier: Das moderne Gedicht, S. 128

2. Interpretation

Aus dem ehrlichen Ringen Stramms um neue Ausdrucksmöglichkeiten, die unmittelbar vom Verb ausgehen, ist ein leeres Experimentieren geworden. [...] Die Banalität der Worte Heißenbüttels enthüllt sich vollends, wenn man sie allgemeinverständlich wiedergibt:

in einer absurden Welt	die Wahrheit sage
ist es sinnlos	oder nicht die Wahrheit sage
ob ich geradeausgehe	anerkenne
oder nicht geradeausgehe	oder aberkenne
mich einverstanden erkläre	feststelle und rede
oder nicht einverstanden erkläre	oder nicht rede

Der Text Heißenbüttels entspricht der letzten Phase eines konsequenten Naturalismus, der nunmehr auch auf Verständlichmachung verzichtet, weil ihm die Welt unverständlich und jedes Handeln vergeblich erscheint. Heißenbüttel steht damit [...] auf dem Standpunkt, man könne „nicht ein der Aussagelosigkeit und der Fragwürdigkeit des Lebens analoges Geschehen darstellen", und sucht deshalb diese Aussagelosigkeit und Fragwürdigkeit unmittelbar wiederzugeben.

Das Gegenteil bezweckt das in seiner Struktur und Antithetik scheinbar so ähnliche Gedicht Stramms. Hier beruht jeder Gegensatz auf dem echten Dualismus von Welt und Gott. Stramm möchte die Sprache auf die Ur-Laute beschränken und nur die menschlichen Ur-Erlebnisse in ihr ausdrücken. Deshalb bestehen seine Verse fast nur aus Haupt- und Tätigkeitswörtern. Alles Beiwerk der Worte ist gleich den entsprechenden Nebensächlichkeiten des Alltags ausgespart. Die verbliebenen Urworte atmen eine gesteigerte Fülle aus und wollen gesprochen und erhört und nicht nur gelesen werden. Mit Stramm hat der Expressionismus die äußerste Grenze erreicht. [...]

Duwe: Ausdrucksformen, S. 282–284

Eugen Gomringer

das schwarze geheimnis
ist   hier
hier   ist
das schwarze geheimnis

Informationen

1. Eugen Gomringer, geboren 1925, wuchs in der Schweiz auf und studierte Nationalökonomie, Literatur- und Kunstgeschichte. Er arbeitete als Werbeleiter, Designer und Redakteur einer Industriezeitschrift. Über die „konkrete Malerei" kam er zur „konkreten Poesie", die er auch theoretisch untermauerte. Für ihn ist das Gedicht ein Gegenstand der Gebrauchswelt. Wie die italienischen Futuristen geht Gomringer von dem Widerspruch aus, der zwischen einer Dichtung der Gefühle und dem Tempo der technischen Entwicklung besteht: „Rasche" Kommunikationsprozesse seien in unserer Welt notwendig; sie müßten viele Menschen ansprechen: beidem diene die formelle Vereinfachung.
2. Das „schwarze Geheimnis" stammt aus dem Sammelband „konstellationen 1951–69".
3. Zu den Interpretationen
Die erste Interpretation sieht die Struktur des Textes durch Zeit, Zahl und Ort bestimmt. Die zweite Interpretation gibt verschiedene Leseweisen an und versucht, den genauen Punkt des schwarzen Geheimnisses zu lokalisieren.

1. Interpretation

Die Druckanordnung dient als Ersatz für die reduzierte Syntax, in „simultaner" Weise soll das Gedicht erfaßt werden, es kann senkrecht oder diagonal, von rechts nach links gelesen werden, es wird zum handlichen, überschaubaren „seh- und gebrauchsgegenstand: denk gegenstanddenkspiel". Die Druckordnung soll den Leser interessieren und verblüffen, die Wortwiederholung soll auf die Besonderheit der jeweiligen Wortmaterie aufmerksam machen und gleichzeitig eine zeitliche Beharrung bewirken. Die Struktur der Konstellation wird nämlich durch den Zeitfaktor, durch die Zahl, d.h. die Zahl der ausgewählten Wörter, und durch den Ort – die Stellung der Worte zueinander – bestimmt. Das Ziel dieses reduzierenden Verfahrens ist es, „die künstlerische intuition und wissenschaftlichen spezialismus" zu verbinden. Die Technik der Reduktion ist also keineswegs Selbstzweck, sondern der Sinn der „reduzierten sprachen" ist „die größere beweglichkeit und freiheit (mit dem immanenten zwang zur regelung und ordnung) der mitteilung, die im übrigen so allgemeinverständlich wie nur möglich sei, wie anweisungen auf flughäfen ..." Die Verwandtschaft dieser Dichtungstechnik mit den Methoden der Werbegraphiker ist nicht zu verkennen.

Müller: Formen moderner Lyrik, S. 66

2. Interpretation

[Der Text] läßt sich auf mehrere Arten sinnvoll lesen.
1. „das schwarze geheimnis ist hier", zweimal im Rundlauf zu lesen;
2. „das schwarze geheimnis ist hier das schwarze geheimnis": diese tautologische Form läßt sich ebenfalls zweimal im Rundlauf lesen, wenn man Zeile 4 zweimal liest;
3. „das ist hier das schwarze geheimnis", und als Frage (unter Auslassung des Satzzeichens): „ist hier das schwarze geheimnis" (?);
4. fängt man bei „hier" in Zeile 2 zu lesen an, ergibt sich, in zweimaligem Rundlauf, „hier ist das schwarze geheimnis", wobei „geheimnis" attributiv zu „das schwarze" verwendet ist.

Das Schwarze materialisiert sich hier in der „schwarzen Kunst" des Buchdrucks als Geheimnis. Es ist *hier*, im Gedruckten, und nur hier: es gibt keinen anderen Ort für das Geheimnis als im Zeichen der Schrift. Auch wenn man den Ort des schwarzen Geheimnisses, wie es das Ideogramm ermöglicht, geometrisch ermittelt, muß man dabei ein Zeichen setzen:

das schwarze geheimnis
ist   *hier*
hier   *ist*
das schwarze geheimnis

Trennt man die beiden Sätze – nach Lesart 1 – durch einen Querschnitt voneinander ab und verbindet die beiden *hier*, ergibt sich in der Mitte der weißen Fläche als Schnittpunkt der beiden Linien der Ort des *schwarzen geheimnisses*, allerdings um den Preis, wieder nur als schwarzes Zeichen, als Punkt, erkennbar zu sein. Auch die geometrische Lösung schafft das *schwarze geheimnis* also nicht aus der Welt. [...] Das Bild bleibt leere, trügerische Verheißung; die Sprache entäußert ihren Inhalt nicht an das Bild, sondern behält das Geheimnis konzentrisch in sich, in der Schwärze der Drucktypen.

Die Magie von Schwarz und Weiß wird noch zusätzlich dadurch gesteigert, daß diese „unbunten, ‚neutralen' Farben" in der Natur „fast gar nicht vorhanden" sind, sondern Produkte der Buchdrucker-Kunst sind.

Zeller: Gedichte haben Zeit, S. 69

Franz Mon

,es'

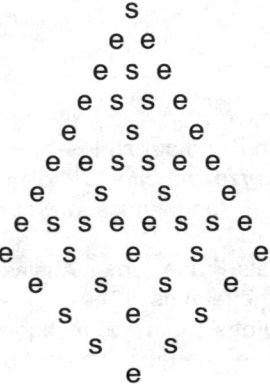

Informationen

1. Franz Mon (Pseudonym für Franz Löffelholz), geboren 1926, studierte Germanistik, Philosophie, Geschichte und arbeitet als Lektor in einem Frankfurter Schulbuchverlag.
2. „es" steht in der Gedichtsammlung „artikulationen", die 1959 erschien.
3. Zu den Interpretationen
Wolfgang Kopplin versucht, aus dem Gedicht assoziativ Sinnträger herauszufinden; Büttner läßt eine solche Interpretation nicht gelten, er sieht höchstens eine lustige Wirkung.

1. Interpretation

Man betrachte diese Buchstabenfiguration genau. Einsam ganz oben das *s*, Zischlaut, schlangenhaft, kurvig. Darunter, doppelt nachgestellt, glotzäugig der andere Buchstabe, das in sich verkrümmte *e*. Die dritte „Zeile" täuscht eine Dreierstruktur vor, dabei taucht hier erstmalig das Thema *es* auf, ein *e*, ein *s*, nachklappend noch ein *e*. Die erste ganz neue Verbindung läßt sich von oben nach unten sowohl am linken als auch am rechten Rand des Textes lesen: *see*. Man könnte es mit einem *e* schreiben, wie es am Schluß der vierten „Zeile" angedeutet wird, dann erscheint *se* als genaue Spiegelung des Leitworts *es* am Anfang der vierten „Zeile". Das Kombinationsspiel läßt sich mühelos fortsetzen. Bei *es* könnte man auch an ich *esse* denken, eine Buchstabenfolge, die horizontal und diagonal in ordinärer Vielzahl auftaucht. *Esse* nennt man aber auch einen Schornstein, und wenn neben diesem neuen Sinnträger die Buchstabenatome zum Molekül *ss* zusammentreten (vor allem 6. und 12. „Zeile"), dann liegt wieder einmal der Gedanke an die Bewältigung der jüngsten deutschen Vergangenheit nahe. *Es* heißt eine deutsche Zeitschrift der sechziger Jahre für die junge Familie (sollte die Form des Textes absichtlich einem auf den Kopf gestellten Papierdrachen oder einem Kreisel gleichen?), *Es* ist der Titel eines stark beachteten Films dieser Jahre, in dem es um ein ungeborenes Kind geht (wie hier um ein Noch-Nicht-Gedicht?), *Es*, das neutrale, unbestimmte Pronomen der dritten Person Singular, – *Es*, eine zentrale Kategorie der Tiefenpsychologie, – *es* mag genug sein. Beim Lesen eines solchen Textes kann einem niemand helfen. „Die Identifikation ist ja Sache des einzelnen Lesers, er muß zu seinem Ergebnis kommen, indem er liest, und kann es sich von keinem Interpreten vorbereiten lassen", so erläutert der Verfasser dieses Textes an anderer Stelle.

Kopplin: Beispiele, S. 82

2. Interpretation

Mon begnügt sich nicht mit der Auflösung von Reim-, Vers- und Strophenform, der Syntax und vernünftiger Gedankenführung, sondern sprengt die Wörter in Atome, d. h. in einzelne Buchstaben. Diese reiht er dann optisch oder assoziativ nebeneinander und untereinander. [...] Momentan auffallend, sonderbar und lustig wirkend – das ist alles. Interpreten,die als besonders fortschrittlich gelten wollen und jede modische Schrulle für bedeutsam halten, vermögen auch dieses Gebilde lyrisch zu deuten. Einsam erscheine – so heißt es – ganz oben das *s*, schlangenhaft und kurvig. [...] Eine derartige Interpretation einer graphischen Buchstabenspielerei kann man nur als albern und lächerlich bezeichnen. Man soll zwar in einer solchen Zertrümmerung der Sprache nicht ein Zeichen des Untergangs des Abendlandes sehen, es geht ja nicht um das Abendland, sondern nur um zwei Buchstaben, aber ebenso unmöglich ist es, darin etwas Neues, Besonderes und Richtungweisendes zu erblicken. Das extreme Buchstabenspiel läßt am Sinn des heutigen Gedichts zweifeln.

Büttner: Von Benn zu Enzensberger, S. 129–130

Literaturangaben

1. Zitiermethode

Die benutzte Literatur wird wie folgt zitiert:
Nachname, Vorname des Autors (Herausgeberschaft = Hrsg.), vollständiger Buch- bzw. Aufsatztitel, im zweiten Fall mit Titel des Sammelwerks oder der Zeitschrift und mit dem Jahr des ersten Drucks, Erscheinungsort (bei mehreren Verlagsorten der erste), Verlagsname (bei Taschenbüchern Reihenkürzel und Nummer), Erscheinungsjahr.
Im Textteil werden Kurztitel verwendet (Nachname des Verfassers, Stichworte aus dem Titel).

2. Bibliographie

Die ausführlichsten leicht zugänglichen Nachweise über die Interpretation von Werken der Literatur enthält der Band: Schlepper, Reinhard: *Was ist wo interpretiert?* Paderborn: Schöningh [6]1980

3. Interpretationssammlungen

Begegnung mit Gedichten. Hrsg. Walter Urbanek, Bamberg (Buchner) [2]1970
Deutsche Gedichte von Andreas Gryphius bis Ingeborg Bachmann. Eine Anthologie. Hrsg. Jörg Hienger und Rudolf Knauf, Göttingen (Vandenhoeck) 1969
Die deutsche Lyrik. Form und Geschichte. Hrsg. Benno von Wiese, 2 Bände, Düsseldorf (Bagel) 1964
Doppelinterpretationen. Das zeitgenössische deutsche Gedicht zwischen Autor und Leser. Hrsg. Hilde Domin, Frankfurt (Fischer, FTA 1060) 1969
Frankfurter Anthologie. Hrsg. Marcel Reich-Ranicki, bisher 9 Bände, Frankfurt am Main (Insel) 1976 ff.
Gedichte und Interpretationen. 6 Bände, Stuttgart (Reclam, RUB 7890–7895) 1982–1984
Herrmann, Manfred: Gedichte interpretieren. Modelle, Anregungen, Aufgaben. Paderborn (Schöningh) 1978
Hippe, Robert: Interpretationen zu 60 ausgewählten motivgleichen Gedichten. Hollfeld (Bange) [3]1972
Hippe, Robert: Interpretationen zu 50 modernen Gedichten. Hollfeld (Bange) 1970
Kranz, Gisbert: 27 Gedichte interpretiert. Bamberg (Buchner) 1972
Lorbe, Ruth E. Lyrische Standpunkte. Interpretationen moderner Gedichte. München (Bayerischer Schulbuch-Verlag) 1968
Seidler, Manfred: Moderne Lyrik im Deutschunterricht. Frankfurt am Main (Hirschgraben) 1971

4. Werke zur Poetik

Asmuth, Bernhard: Aspekte der Lyrik. Mit einer Einführung in die Verslehre. Opladen (Westdeutscher Verlag) [6]1981
Bantel, Otto: Grundbegriffe der Literatur. Frankfurt am Main (Hirschgraben) [8]1970

Best, Otto: Handbuch literarischer Fachbegriffe. Frankfurt am Main (Fischer; FTA 6478) 1982

Braak, Ivo: Poetik in Stichworten. Kiel (Hirt) 1965

Kayser, Wolfgang: Das sprachliche Kunstwerk. Bern (Francke) [12]1967

Killy, Walter: Elemente der Lyrik. München (Beck; auch dtv 4417) [2]1972

Kleines Literarisches Lexikon. Dritter Band: Sachbegriffe. Bern (Francke) [4]1966

Storz, Gerhard: Der Vers in der neueren deutschen Dichtung. Stuttgart (Reclam; RUB 7926) 1970

Thalmayr, Andreas: Das Wasserzeichen der Poesie oder Die Kunst und das Vergnügen, Gedichte zu lesen. Nördlingen (Greno) 1985

Theorie der Metapher. Hrsg. Anselm Haverkamp. Darmstadt (Wissenschaftliche Buchgesellschaft) 1983

Wilpert, Gero von: Sachwörterbuch der Literatur. Stuttgart (Kröner; KTA 231) [5]1969

5. Werke zur Geschichte der Lyrik

Gattungsgeschichte deutschsprachiger Dichtung in Stichworten. Teil II Lyrik, 3 Bände, von Ivo Braak, Kiel (Hirt) 1978 ff.

Geschichte der deutschen Lyrik vom Mittelalter bis zur Gegenwart. Hrsg. Walter Hinderer, Stuttgart (Reclam) 1983

Heselhaus, Clemens: Deutsche Lyrik der Moderne von Nietzsche bis Yvan Goll. Düsseldorf (Bagel) 1961

Klein, Johannes: Geschichte der deutschen Lyrik von Luther bis zum Ausgang des 2. Weltkrieges. Wiesbaden (Steiner) 1957

Knörrich, Otto: Die deutsche Lyrik seit 1945. Stuttgart (Kröner; KTA 401) [2]1978

6. Alphabetische Liste der verwendeten Literatur

Adorno, Theodor W.: Zum Gedächtnis Eichendorffs. In: Akzente, Jahrgang 1958.

Alewyn, Richard: Clemens Brentano: „Der Spinnerin Lied". (1963) In: R.A.: Probleme und Gestalten. Essays. Frankfurt (Suhrkamp st 845) 1982

Alewyn, Richard: Eichendorffs Symbolismus. (1957) In: R.A.: Probleme und Gestalten. Essays. Frankfurt (Suhrkamp st 845) 1982

Ball, Hugo: Die Flucht aus der Zeit. Abgedruckt bei: Liede, Dichtung als Spiel

Becher, Johannes R.: Lyrik, Prosa, Dokumente. Wiesbaden (Limes) 1965

Betz, Günter: Politische Gedichte. München (Pfeiffer) 1970

Bienek, Horst: Jürgen Becker als Lyriker. In: Neue Rundschau 85/3, 1974.

Blass, Regine: Die Dichtung Georg Trakls. Von der Trivialsprache zum Kunstwerk. Berlin (Schmidt) 1968

Blume, Bernhard: Die Kahnfahrt. In: Euphorion, Band 51, 1957

Brinkmann, Richard: Abstrakte Lyrik im Expressionismus. In: Der deutsche Expressionismus. Formen und Gestalten. Hrsg. Hans Steffen, Göttingen (Vandenhoeck & Ruprecht VR 208) [2]1970

Büttner, Ludwig: Von Benn zu Enzensberger. Eine Einführung in die zeitgenössische Lyrik 1945–1970. Nürnberg (Hans Carl) 1971

Cormeau-Diruf, Antonia: „Abbitte" von Friedrich Hölderlin. In: Begegnung mit Gedichten. 60 Interpretationen. Hrsg. W. Urbanek, Bamberg (Buchner) 1970

Duwe, Wilhelm: Ausdrucksformen deutscher Dichtung vom Naturalismus bis zur Gegenwart. Eine Stilgeschichte der Moderne. Berlin (Erich Schmidt) 1967

Dyck, Joachim: Die Physiognomie der Selbsterkenntnis: Goethes Gedicht „Auf dem See". In: Euphorion, Band 67, 1973

Endres, Ria: „Die Wahrheit ist dem Menschen zumutbar". Zur Dichtung der Ingeborg Bachmann. In: Neue Rundschau 92/4, 1981

Enzensberger, Hans Magnus: Brentanos Poetik. München (Deutscher Taschenbuch Verlag, dtv sr 118) 1973 (Erstdruck 1961)

Enzensberger, Hans Magnus: Keine Silbe zuviel. In: Frankfurter Anthologie 2. Frankfurt (Insel) 1977

Enzensberger, Hans Magnus: Poesie und Politik. In: H.M. Enzensberger: Einzelheiten. Frankfurt (Suhrkamp) 1962

Erckmann, Rudolf: Jazz und Lyrik. Erarbeitung Bennscher Dichtung von der Schallplatte her. In: Der Deutschunterricht, Heft 4/1965

Falk, Walter: Impressionismus und Expressionismus. In: Expressionismus als Literatur. Gesammelte Studien. Hrsg. Wolfgang Rothe, Bern (Francke) 1969

Falkenstein, Hennig: Hans Magnus Enzensberger. Berlin (Colloquium Verlag) 1977

Franke, Walter: Hugo von Hofmannsthal: Ballade des äußeren Lebens. In: Wege zum Gedicht, Hrsg. R. Hirschenauer und A. Weber, München (Schnell und Steiner) 1956

Fülleborn, Ulrich: Rilkes Weg ins 20. Jahrhundert. In: Egon Schwarz (Hrsg.): Interpretation zu Rainer Maria Rilke. Stuttgart (Klett, LGW 62) 1983

Gadamer, Hans-Georg: Verstummen die Dichter? In: Poetica. Ausgewählte Essays. Frankfurt (Insel) 1977

Gnüg, Hiltrud: Entstehung und Krise lyrischer Subjektivität: vom klassischen lyrischen Ich zur modernen Erfahrungswirklichkeit. Stuttgart (Metzler) 1983

Gnüg, Hiltrud: Schlechte Zeit für Liebe – Zeit für bessere Liebe? Das Thema Partnerbeziehungen in der gegenwärtigen Lyrik. In: Aufbrüche – Abschiede. Studien zur deutschen Literatur seit 1968. Hrsg. Michael Zeller. Stuttgart (Klett, LGW 43) 1979

Gsteiger, Manfred: Anspruch und Resignation. Stefan George in der Literatur des Symbolismus. In: Neue Rundschau 85/3, 1974

Guntermann, Georg: Ralf Thenior. Die Fastfrau. In: Deutsche Gegenwartslyrik von Biermann bis Zahl. Interpretationen. München (Fink, UTB 1115) 1982

Hart Nibbrig, Christiaan L.: Rhetorik des Schweigens. Versuch über den Schatten literarischer Rede. Frankfurt (Suhrkamp st 693) 1981

Heselhaus, Clemens: Deutsche Lyrik der Moderne. Düsseldorf (Bagel) [2]1962

Heydebrand, Renate von: Eduard Mörikes Gedichtwerk. Beschreibung und Deutung der Formenvielfalt und ihrer Entwicklung. Stuttgart (Metzler) 1972

Hienger, Jörg: Ingeborg Bachmann. In: Deutsche Gedichte von Andreas Gryphius bis Ingeborg Bachmann. Hrsg. J. Hienger und R. Knauf, Göttingen (Vandenhoeck & Rupprecht) 1969

Höhler, Gertrud: Paul Celan: Atemwende. In: Neue Deutsche Hefte 14/1967, Heft 4

Hötzer, Ulrich: Mörike, Denk' es, o Seele. In: Germanistik in Forschung und Lehre. Vorträge und Diskussionen des Germanistentags in Essen 1964. Berlin (Schmidt) 1965

Jäger, Manfred: Reiner Kunze. In: Kritisches Lexikon zur deutschsprachigen Gegenwartsliteratur. Hrsg. Heinz-Ludwig Arnold, München (edition text + kritik, Loseblattausgabe) o. J.

Jaszi, Andrew O.: Ausdruck und Leben in Hugo von Hofmannsthals „Die Beiden". (1953) In: Hugo von Hofmannsthal. Hrsg. Sibylle Bauer, Darmstadt (Wissenschaftliche Buchgesellschaft) 1968

Jost, Theodor: Mechanisierung des Lebens und moderne Lyrik. Bonn (Röhrscheid) 1934

Jünger, Friedrich Georg: Trakls Gedichte. In: text + kritik. Zeitschrift für Literatur. Heft 4/4a. [3]1973

Karsunke, Yaak: reden & ausreden. Gedichte. Berlin (Wagenbach) 1969

Kayser, Wolfgang: Das sprachliche Kunstwerk. Bern (Francke) [12]1967

Kemp, Friedhelm (Hrsg.): Deutsche Liebesdichtung aus 800 Jahren. München (Kösel) 1960

Kenkel, Konrad O.: „Was liefert dir die Welt? Rauch, Nebel und Gedichte." Die Lyrik des Andreas Gryphius. In: text + kritik. Zeitschrift für Literatur. Heft 7/8 [2]1980

Killy, Walter: Über Georg Trakl. Göttingen (Vandenhoeck & Ruprecht; VR 88/89) [2]1960

Klein, Johannes: Geschichte der deutschen Lyrik. Wiesbaden (Steiner) [2]1960

Klein, Ulrich: Lyrik nach 1945. Einführung in die Decodierung lyrischer Texte vorwiegend aus der BRD. München (Ehrenwirth) 1972

Klußmann, Paul Georg: Stefan George. In: Die deutsche Lyrik. Form und Geschichte. Hrsg. Benno von Wiese, Bd. 2. Düsseldorf (Bagel) 1964

Knauf, Rudolf: Friedrich Hebbel. In: Deutsche Gedichte von Andreas Gryphius bis Ingeborg Bachmann. Hrsg. J. Hienger und R. Knauf. Göttingen (Vandenhoeck & Rupprecht) 1969

Kohlschmidt, Werner: Konturen und Übergänge. Zwölf Essays zur Literatur unseres Jahrhunderts. Bern (Francke) 1977

Kopplin, Wolfgang: Beispiele. Deutsche Lyrik '60–'70. Texte. Interpretationshilfen. Paderborn (Schöningh) 1969

Korff, Hermann August: Geist der Goethezeit. Band IV. Leipzig (Koehler & Amelang) [2]1955

Krolow, Karl: Aspekte zeitgenössischer Lyrik. München (List) 1963

Krolow, Karl: Sommerlied von der großen Stadt. In: Frankfurter Anthologie 4, Hrsg. Marcel Reich-Ranicki, Frankfurt (Insel) 1979

Kügler, Hans: Oskar Loerke: Blauer Abend in Berlin. In: Lyrik interpretiert. Lernzielplanung und Unterrichtsmodelle für das 7.–10. Schuljahr. Darmstadt (Schroedel) und Bühl (Konkordia) 1972

Kunisch, Hermann: Rainer Maria Rilke. Berlin (Duncker und Humblot) [2]1975

Lämmert, Eberhard: Eichendorffs Wandel unter den Deutschen. In: Die deutsche Romantik. Poetik, Formen und Motive. Hrsg. H. Steffen, Göttingen (Vandenhoeck & Rupprecht, VR 250) 1967

Lehmann, Jakob: Oskar Loerke. Blauer Abend in Berlin. In: Interpretationen moderner Lyrik. Frankfurt (Diesterweg) 1956

Lehnert, Herbert: Struktur und Sprachmagie. Zur Methode der Lyrik-Interpretation. Stuttgart (Kohlhammer) 1966

Lenz, Siegfried: Überredung der Sinne. In: Frankfurter Anthologie 4. Hrsg. Marcel Reich-Ranicki, Frankfurt (Insel) 1979

Liede, Alfred: Dichtung als Spiel. Band 1, Berlin (de Gruyter) 1963

Martini, Fritz: Georg Heym. Der Krieg. In: Die deutsche Lyrik. Form und Geschichte. Hrsg. Benno von Wiese, Bd. 2, Düsseldorf (Bagel) 1964

Matthies, Klaus: Peter Huchel. Chaussee. In: Texte für den Literaturunterricht. Lyrik. Kommentare. Hannover (Schroedel) 1969

May, Kurt: Drei Goethesche Gedichte. (1957) In: Die Werkinterpretation. Hrsg. Horst Enders, Darmstadt (Wissenschaftliche Buchgesellschaft) 1967

Metzner, Ernst Erich: Die dunkle Klage des Gerechten – Poésie pure? Rationalität und Intentionalität in Georg Trakls Spätwerk, dargestellt am Beispiel „Kaspar Hauser Lied".

Müller, Hartmut: Formen moderner deutscher Lyrik. Paderborn (Schöningh) ³1978

Müller-Hanpft, Susanne: Lyrik und Rezeption. Das Beispiel Günter Eich. München (Hanser) 1972

Neumann, Peter Horst: Die Rettung der Poesie im Unsinn. Der Anarchist Günter Eich. Stuttgart (Klett-Cotta) 1981

Perels, Christoph: Das Gedicht im Exil. In: Über Paul Celan. Hrsg. D. Meinecke, Frankfurt (Suhrkamp, es 495) ²1973

Petersen, Jürgen H.: Das Spiel mit der Tradition. Über Peter Rühmkorf. In: Lyrik – Blick über die Grenzen. Gedichte und Aufsätze des zweiten Lyrikertreffens in Münster. Hrsg. L. Jordan u. a., Frankfurt (Fischer; FTA 2336) 1984

Pfeiffer, Johannes: Georg Heym: Der Krieg: In: Wege zum Gedicht. Hrsg. R. Hirschenauer und A. Weber, München (Schnell & Steiner) 1956

Pfeiffer, Johannes: Matthias Cladius. Abendlied. In: Die deutsche Lyrik. Form und Geschichte. Band I. Hrsg. Benno von Wiese, Düsseldorf (Bagel) 1964

Pfeiffer, Johannes: Was haben wir an einem Gedicht? Hamburg (Wittig) ³1966

Poetik des Barock. Hrsg. Marian Szyrocki, Stuttgart (Reclam, RUB 9854) 1977

Politzer, Heinz: Bertolt Brecht. In: Triffst du nur das Zauberwort. Stimmen von heute zur deutschen Lyrik. Hrsg. Jürgen Petersen, Berlin (Ullstein-Propyläen) 1961

Politzer, Heinz: Mutter Nacht. In: Frankfurter Anthologie 2. Hrsg. Marcel Reich-Ranicki, Frankfurt (Insel) 1977

Rasch, Wolfdietrich: Ingeborg Bachmann: „Anrufung des Großen Bären. In: Zur deutschen Literatur seit der Jahrhundertwende. Gesammelte Aufsätze. Stuttgart (Metzler) 1967

Requadt, Paul: Hugo von Hofmannsthal. In: Deutsche Literatur im 20. Jahrhundert. Band II: Gestalten. Bern (Francke) 1954

Rüdiger, Horst: In orientalischer Verkleidung. In: Frankfurter Anthologie 5. Hrsg. Marcel Reich-Ranicki, Frankfurt (Insel) 1980

Rychner, Max: Gottfried Benns dichterische Welt. In: Gottfried Benn. Hrsg. Bruno Hillebrand, Darmstadt (Wissenschaftliche Buchgesellschaft) 1979

Schäfer, Hans Dieter: Wilhelm Lehmann. Studien zu seinem Leben und Werk. Bonn (Bouvier) 1969

Schneider, Ferdinand Josef: Die deutsche Dichtung der Aufklärungszeit. Stuttgart (Metzler) ²1948

Schneider, Karl Ludwig: Themen und Tendenzen der expressionistischen Lyrik. In: Formkräfte der deutschen Dichtung vom Barock bis zur Gegenwart. Göttingen (Vandenhoeck & Ruprecht, VR 169) ²1967

Schneider, Rolf: Wachstum und Vergänglichkeit. In: Frankfurter Anthologie 5. Hrsg. Marcel Reich-Ranicki, Frankfurt (Insel) 1980

Schneider, Wilhelm: „Die Beiden" von Hugo von Hofmannsthal. In: Begegnung mit Gedichten. Hrsg. Walter Urbanek, Bamberg (Buchner) 1970

Schneider, Wilhelm: Goethe: Selige Sehnsucht. (1952) In: Interpretationen zum West-östlichen Divan Goethes. Hrsg. Edgar Lohner, Darmstadt (Wissenschaftliche Buchgesellschaft) 1973

Schuhmann, Klaus: Der Lyriker Bertolt Brecht. 1913–1933. München (Deutscher Taschenbuch Verlag dtv WR 4075) ²1974

Schulz, Eberhard Wilhelm: Deutsche Lyrik nach 1945 – Zur Phase II der Moderne. In: Wort und Zeit. Neumünster (Wachholz) 1968

Schulz, Gerhard: Sprache im „Phantasus" von Arno Holz. In: Akzente 1971

Schwarz, Peter Paul: Lyrik und Zeitgeschichte. Brecht: Gedichte über das Exil und späte Lyrik. Heidelberg (Stiehm) 1978

Sorg, Bernhard: Das lyrische Ich. Untersuchungen zu deutschen Gedichten von Gryphius bis Benn. Tübingen (Niemeyer) 1984

Stahl, August: Rilke-Kommentar zum lyrischen Werk. München (Winkler) 1978

Staiger, Emil: Meisterwerke deutscher Sprache aus dem neunzehnten Jahrhundert. München (Deutscher Taschenbuch Verlag, dtv 4141) 1973

Stenzel, Jürgen: Überredung zum Leben. In: Frankfurter Anthologie 5. Frankfurt (Insel) 1980

Szyrocki, Marian: Andreas Gryphius. Sein Leben und Werk. Tübingen (Niemeyer) 1964

Trunz, Erich: Goethes Werke. Hamburger Ausgabe in 14 Bänden. Herausgegeben und kommentiert von E. Trunz. München (Beck) [10]1976

Vietor, Karl: Die Lyrik Hölderlins. Frankfurt 1921

Volckmann, Silvia: Zeit der Kirschen? Das Naturbild in der deutschen Gegenwartslyrik: Jürgen Becker, Sarah Kirsch, Wolf Biermann, Hans Magnus Enzensberger. Königstein/Ts. (Forum Academicum) 1982

Völker, Klaus: Bertolt Brecht. Eine Biographie. München (Hanser) 1976

Volkmann-Schluck, Karl Heinz: Novalis' magischer Idealismus. In: Die deutsche Romantik, Poetik, Formen und Motive. Hrsg. Hans Steffen, Göttingen (Vandenhoeck & Ruprecht VR 250) 1967

Wagenknecht, Christian: Memento mori und Carpe diem. Zu Hofmannswaldaus Sonett „Vergänglichkeit der Schönheit". In: Gedichte und Interpretationen. Band 1. Renaissance und Barock. Hrsg. Volker Meid, Stuttgart (Reclam RUB 7890) 1982

Wallmann, Jürgen P.: „Ein alter Tibetteppich". In: Neue Deutsche Hefte 102/ 1964

Walzel, Oskar: Gehalt und Gestalt im Kunstwerk des Dichters. Darmstadt (Wissenschaftliche Buchgesellschaft) 1957. Photomechanischer Neudruck der 1. Auflage von 1929

Weinrich Harald: Bertolt Brecht in Buckow oder: Das Kleinere ist das Größere. In: Gedichte und Interpretationen. Band 6. Gegenwart. Stuttgart (Reclam RUB 7895) 1982

Weinrich, Harald: Kontraktionen. Paul Celans Lyrik und ihre Atemwende. In: Neue Rundschau, 79/1, 1968

Wieckenberg, Ernst-Peter: Figurengedichte des Barock. In: Süddeutsche Zeitung vom 21. 4. 1984

Wolf, Christa: Voraussetzungen einer Erzählung: Kassandra. Frankfurter Poetik-Vorlesungen. Darmstadt (Luchterhand SL 456) 1983

Zeller, Michael: Gedichte haben Zeit. Aufriß einer zeitgenössischen Poetik. Stuttgart (Klett) 1982

Ziegler, Jürgen: Form und Subjektivität. Zur Gedichtstruktur im frühen Expressionismus. Bonn (Bouvier) 1972

Zu den Verfassern der Textauszüge*

Theodor W. Adorno
geboren 1903 in Frankfurt am Main, gestorben 1969, studierte Musik, Philosophie und Soziologie. Er war Mitarbeiter des Instituts für Sozialforschung in Frankfurt und – nach der Emigration 1934 – in New York. Seit 1950 Professor für Soziologie und Philosophie in Frankfurt; einer der Begründer der soziologischen Literaturbetrachtung. „Noten zur Literatur 1–4" (1958–1975); darin u. a. „Rede über Literatur und Gesellschaft".

Richard Alewyn
geboren 1902 in Frankfurt am Main, gestorben 1979, war Professor für deutsche Literaturgeschichte in Heidelberg; ab 1933 in der Emigration („Sorbonne" in Paris, „Queens College" in New York) ab 1948 in Köln, Berlin, Bonn. Veröffentlichungen: Über Hugo von Hofmannsthal (1958), Das große Welttheater (1959), Probleme und Gestalten (1974) u. a.

Hugo Ball
geboren 1886 in Pirmasens, gestorben 1927, Dichter und Essayist, einer der Begründer des Dadaismus.

Johannes R. Becher
geboren 1891 in München, gestorben 1958, expressionistischer Lyriker, 1954 erster Minister für Kultur in der DDR.

Günter Betz
geboren 1936 in Frankfurt/Main, Religionspädagoge

Horst Bienek
geboren 1930 in Gleiwitz (Oberschlesien). Romanschriftsteller und Lyriker. „Die Zelle" (1968); „Die erste Polka" (1975); „Septemberlicht" (1977) und andere Romane; „Werkstattgespräche mit Schriftstellern" (1962).

Richard Brinkmann
geboren 1921 in Elberfeld, Professor für deutsche Sprache und Literatur in Tübingen. Veröffentlichungen über die Literatur zwischen der Romantik und dem Expressionismus, u. a. „Wirklichkeit und Illusion" (1957); „Theodor Fontane" (1967).

Ludwig Büttner
geboren 1909 in Pegnitz, war Professor für deutsche Sprache und Literatur in New Orleans und Alberta (Kanada). Veröffentlichungen u. a.: „Europäische Dramen von Ibsen bis Zuckmayer" (1965); „Büchners Bild vom Menschen" (1967); „Von Benn zu Enzensberger" (1971).

Wilhelm Duwe
geboren 1908 in Braunschweig, wissenschaftlicher Mitarbeiter des E. Schmidt Verlags, Berlin, schreibt über deutsche Literatur des zwanzigsten Jahrhunderts.

---

* nach „Kürschners Deutscher Gelehrten-Kalender 1983", Hrsg. W. Schuder, Berlin (de Gruyter) 1983; „Autorenlexikon deutschsprachiger Literatur des 20. Jahrhunderts", Hrsg. M. Brauneck, Reinbek (Rowohlt, ro 6320) 1984

Joachim Dyck
geboren 1935 in Hannover, ist Professor für neuere Literaturgeschichte an der
Universität Oldenburg. Veröffentlichungen: „Ticht-Kunst. Deutsche Barockpoetik
und rhetorische Tradition" (1966); „Minna von Barnhelm" (1981).

Ria Endres
geboren 1946 in Buchloe, studierte Germanistik in Frankfurt. Erzählerin: „Am
Ende angekommen".

Hans Magnus Enzensberger
geboren 1929 in Kaufbeuren, Lyriker, Essayist, Herausgeber der Zeitschrift „Kursbuch". „verteidigung der wölfe" (1957); „landessprache" (1960); „blindenschrift"
(1964); „Die Furie des Verschwindens" (1980).

Walter Falk
geboren 1924 in Sandweiler (Baden), ist Professor für neuere deutsche Literatur
an der Universität Marburg. Er schrieb über Rilke, Kafka, Trakl: „Leid und Verwandlung" (1961) und über „Das Nibelungenlied in seiner Epoche" (1974).

Ulrich Fülleborn
geboren 1920 in Ritschenwalde (Posen), war Professor für neuere deutsche
Literaturgeschichte in Hamburg und Erlangen. „Das Strukturproblem der späten
Lyrik Rilkes" (1960); „Das deutsche Prosagedicht" (1970)

Hans-Georg Gadamer
geboren 1900 in Marburg, Professor der Philosophie in Leipzig, Frankfurt und
Heidelberg. Philosophisches Hauptwerk: „Wahrheit und Methode." Literarische
Arbeiten über George, Rilke, Celan, Hilde Domin.

Reinhold Gsteiger
geboren 1930 in Twann (Schweiz), ist Professor für Komparatistik (vergleichende
Literaturwissenschaft) an der Universität Lausanne; er verfaßte vergleichende
Arbeiten über französische und deutsche Dichtung.

Christiaan L. Hart Nibbrig
geboren in Basel 1944, ist Professor für Germanistik an der Universität Lausanne.
Er schrieb über Mörike (1973), „Ja und Nein" (1974) und „Ästhetik. Materialien zu
ihrer Geschichte" (1978).

Clemens Heselhaus
geboren 1912 in Burlo (Westfalen), war Professor für deutsche Sprache und
Literatur in Münster und Gießen. Heselhaus ist Droste-Spezialist. „Deutsche Lyrik
der Moderne" (1961)

Renate von Heydebrand
geboren 1933 in Breslau, ist Professorin für neuere deutsche Literaturwissenschaft an der Universität München. Sie veröffentlichte über Robert Musil und
Georg Heym.

Jörg Hienger
geboren 1927 in Pforzheim, ist Professor für Literaturwissenschaft an der Gesamt-
hochschule Kassel. „Literarische Zukunftsphantastik" (1972); „Unterhaltungslite-
ratur" (1976).

Gertrud Höhler
geboren 1941 in Wuppertal, ist Professorin für allgemeine Literaturwissenschaft

und Kulturgeschichte an der Universität Paderborn. Sie schrieb über Wilhelm Raabe und Rilke und „Das Glück. Analyse einer Sehnsucht" (1981).

Ulrich Hötzer
geboren 1927 in Stuttgart, Professor für deutsche Sprache und Literatur an der PH Ludwigsburg, veröffentlichte über Hölderlin, Mörike und über Probleme der Interpretation.

Manfred Jäger
geboren 1934 in Ilmenau, ist Publizist und Lehrbeauftragter an der Universität Essen. Er schreibt über Gegenwartsliteratur.

Theodor Jost
promovierte um 1933 mit der Arbeit „Mechanisierung des Lebens..."

Friedrich Georg Jünger
geboren 1898 in Hannover, gestorben 1977, war vielseitiger Schriftsteller, vor allem Lyriker und Essayist.

Yaak Karsunke
geboren 1934 in Berlin, schreibt politische Lyrik und Beiträge für die Medien. „Kilroy & andere" (1967); „reden & ausreden" (1969).

Wolfgang Kayser
geboren 1906 in Berlin, gestorben 1959, war Professor für deutsche und vergleichende Literaturgeschichte an den Universitäten Lissabon und Göttingen. Hauptwerke: „Geschichte der deutschen Ballade" (1936); „Kleine deutsche Versschule" (1946); „Das sprachliche Kunstwerk" (1948); „Entstehung und Krise des modernen Romans" (1954).

Konrad O. Kenkel
geboren 1938, Lehrtätigkeit an der Universität Hamburg, Indiana University, Dartmouth College, New Hampshire. „Medeadramen: Entmythisierung und Remythisierung. Eine vergleichende Studie zu Euripides, Klinger, Grillparzer, Jahnn und Anouilh" 1978.

Walther Killy
geboren 1917, war Professor für deutsche und vergleichende Literaturwissenschaft an den Universitäten Göttingen und Bern. Hauptwerke: „Wandlungen des lyrischen Bildes" (1956); „Über Georg Trakl" (1960); „Deutscher Kitsch" (1961); „Wirklichkeit und Kunstcharakter" (1963); „Elemente der Lyrik" (1972).

Johannes Klein
geboren 1904 in Gummersbach, war Professor für deutsche Literaturgeschichte an der Universität Marburg an der Lahn. „Geschichte der deutschen Novelle" (1954); „Geschichte der deutschen Lyrik" (1957).

Ulrich Klein
geboren 1929 in Karmitten, Professor für deutsche Sprache und Methodik des Deutschunterrichts in Osnabrück, veröffentlichte Werke zur Deutsch-Didaktik.

Paul Gerhard Klussmann
geboren 1923 in Bielefeld, Professor für neuere deutsche Literaturgeschichte an der Ruhruniversität. Hauptwerk: „Stefan George" (1961).

Werner Kohlschmidt
geboren 1904 in Magdeburg, lehrte an den Universitäten Göttingen, Freiburg i. Br.,

Kiel und Bern neuere deutsche Literatur. Er ist Goethe-, Romantik-, Gotthelf und Rilke-Spezialist, außerdem Mitherausgeber des Reallexikons der deutschen Literaturgeschichte und Autor einer Geschichte der deutschen Literatur.

Hermann August Korff
geboren 1882 in Bremen, gestorben 1963, war Literaturhistoriker und Geisteswissenschaftler in Frankfurt, Gießen und Leipzig. Sein Hauptwerk ist „Geist der Goethezeit", 4 Bände (1923–1957).

Karl Krolow
geboren 1915 in Hannover, ist Lyriker und Essayist. Er ist bekannt als Entdecker und Förderer junger Talente. Er brachte über zwanzig Lyrikbände heraus und schrieb „Aspekte zeitgenössischer deutscher Lyrik" (1961) und andere Essays zur modernen Lyrik.

Hans Kügler
lehrt an der PH Ludwigsburg deutsche Sprache und Literatur. Er veröffentlichte Schriften zur deutschen Literatur des zwanzigsten Jahrhunderts und zur Deutschdidaktik.

Hermann Kunisch
geboren 1901 in Osnabrück, war Professor für deutsche Sprache und Literatur an den Universitäten Berlin und München. Hauptwerke: „Rainer Maria Rilke" (1944); „Adalbert Stifter" (1950).

Eberhard Lämmert
geboren 1924, Professor für deutsche Philologie und allgemeine Literaturwissenschaft in Heidelberg und Berlin. „Bauformen des Erzählens" (1955).

Jakob Lehmann
geboren 1919 in Bamberg, Professor für Didaktik der deutschen Sprache und Literatur an der GH Bamberg, schrieb über neuere deutsche Literatur und, u. a., mit zwei Mitarbeitern: „Wege der deutschen Literatur" (1961).

Siegfried Lenz
geboren 1926 in Lyck (Ostpreußen), Romanschriftsteller: „So zärtlich war Suleyken" (1955); „Brot und Spiele" (1959); „Deutschstunde" (1968); „Heimatmuseum" (1978); „Exerzierplatz" (1985) und viele andere.

Fritz Martini
geboren 1909 in Magdeburg, war Professor der Literaturwissenschaft an der TH Stuttgart. Hauptwerke: „Das Wagnis der Sprache" (1954); „Deutsche Literatur im bürgerlichen Realismus" (1962).

Kurt May
geboren 1892 in Heilbronn, war Professor für neuere deutsche Literatur an der Universität Frankfurt. Hauptwerke: „Faust II in der Sprachform gedeutet" (1936); „Schiller" (1948); „Form und Bedeutung" (1957).

Susanne Müller-Hanpft
promovierte in Frankfurt um 1970 mit der Arbeit, aus der ein Auszug abgedruckt ist.

Peter Horst Neumann
geboren 1936 in Neiße/Oberschlesien, Professor für Neuere deutsche Literatur in Freiburg/Schweiz und Gießen. Er veröffentlichte über Lessing, Jean Paul, Brecht und Celan.

Jürgen H. Petersen
geboren 1937, Professor für Literaturwissenschaft an der Universität Osnabrück, schrieb über Thomas Mann, Max Frisch u. a.

Johannes Pfeiffer
geboren 1902 in Guatemala, gestorben 1970, freier Schriftsteller, verfaßte Werke über Philosophie und Literaturinterpretation, u. a. „Umgang mit Dichtung" (1936); „Wege zur Dichtung" (1951); „Wege zur Erzählkunst" (1953); „Was haben wir an einem Gedicht" (1955).

Heinz Politzer
geboren 1910 in Wien, lehrte seit 1960 Deutsche Literatur an der University of California in Berkeley, USA.

Wolfdietrich Rasch
geboren 1903 in Breslau, war Professor für neuere deutsche Literaturgeschichte an den Universitäten Würzburg und Münster.

Paul Requadt
geboren 1902 in Twistringen, war Universitätsprofessor in Mainz. Er schrieb u. a. über Lichtenberg, Stifter, Goethe und Hugo von Hofmannsthal.

Horst Rüdiger
geboren 1908 in Geringwald, war Professor für Komparatistik an der Universität Bonn.

Max Rychner
geboren 1897 in Lichtsteig (Schweiz), gestorben 1965, war Lyriker, Essayist und Feuilletonchef der Züricher „Tat". „Aufsätze zur Literatur" (1966) u. a.

Hans Dieter Schäfer
geboren 1939 in Berlin, lehrt an der Universität Regensburg. Er arbeitete über Lehmann und ist selbst Lyriker: „Kältezonen" (1978); „Dem Leben ganz nah" (1982)

Ferdinand Josef Schneider
geboren 1879 in Mariaschein, gestorben 1954, war Professor für neuere deutsche Sprache und Literatur in Prag und Halle. Hauptwerke: „Christian Dietrich Grabbe" (1934); „Die deutsche Dichtung der Aufklärungszeit" (1949); „Die deutsche Dichtung der Geniezeit" (1952).

Karl Ludwig Schneider
geboren 1919 in Hamburg, gestorben 1981, war Professor für deutsche Literaturgeschichte und allgemeine Literaturwissenschaft in Hamburg. Hauptwerke: „Der bildhafte Ausdruck in der Dichtung G. Heyms, G. Trakls und E. Stadlers" (1954); „Klopstock" (1960); „Zerbrochene Formen, Wort und Bild im Expressionismus" (1967).

Rolf Schneider
geboren 1932 in Chemnitz, ist freischaffender Schriftsteller in der DDR. Romane: „Die Tage in W." (1965); „Die Reise nach Jaroslaw" (1975); „Das Glück" (1976); „November" (1979) u. a.

Wilhelm Schneider
geboren 1885 in Köln, gestorben 1979, lehrte deutsche Sprache und Literatur an der Universität Bonn. „Liebe zum deutschen Gedicht" (1952).

Klaus Schuhmann
geboren 1935 in Oberwiesenthal (Erzgebirge), ist Dozent an der Karl-Marx-Universität Leipzig. Veröffentlichungen über Lyrik im 20. Jahrhundert.

Eberhard Wilhelm Schulz
geboren 1926, ist Professor für neuere deutsche Literaturgeschichte an der Universität Münster und veröffentlichte über die Goethezeit und Fontane.

Gerhard Schulz
geboren 1928 in Löbau (Sa), ist Professor of Germanic Studies in Melbourne (Australien); er schrieb über Novalis und Arno Holz.

Bernhard Sorg
geboren 1948 in Fulda, wissenschaftlicher Assistent am Germanistischen Seminar der Universität Bonn, schrieb über Schopenhauer und Thomas Bernhard.

August Stahl
geboren 1934, ist Germanist an der Universität des Saarlandes. Er veröffentlichte über Rilke, Paul Celan und über Comics.

Emil Staiger
geboren 1908 in Kreuzlingen, war Professor für deutsche Literaturwissenschaft in Zürich. Er ist ein Hauptvertreter der Interpretationsmethode. Hauptwerke: „Grundbegriffe der Poetik" (1946); „die Kunst der Interpretation" (1955); „Goethe" (1962–1964).

Jürgen Stenzel
geboren 1937 in Leipzig, ist Professor für deutsche Literatur an der Technischen Universität Braunschweig. Er veröffentlichte u. a. „Epochen der deutschen Lyrik".

Marian Szyrocki
geboren 1928 in Lubliniec (Polen), lehrt als Dozent an der Universität Wroclaw (Breslau). Er veröffentlichte vor allem über Barockliteratur (Gryphius).

Erich Trunz
geboren 1905 in Königsberg, war Professor für deutsche Literaturgeschichte in Prag, Münster und Kiel; Herausgeber und Kommentator von Goethes Werken („Hamburger Ausgabe").

Karl Vietor
geboren 1892 in Wattenscheid, gestorben 1951, war an der Universität Gießen und nach 1933 Professor of German Art and Culture an der Harvard University. „Deutsches Dichten und Denken von der Aufklärung bis zum Realismus" (1936); „Goethe" (1949); „Georg Büchner" (1949).

Klaus Völker
geboren 1938 in Frankfurt am Main, Theater- und Literaturkritiker, Lektor und Dramaturg (Zürich und Basel).

Karl-Heinz Volkmann-Schluck
geboren 1914 in Essen, war Philosophieprofessor in Rostock und Köln.

Christian Wagenknecht
geboren 1935, Professor für deutsche Philologie und neuere deutsche Literatur in Göttingen, schrieb Bücher über Karl Kraus und eine „Deutsche Metrik" (1981).

Oskar Walzel
geboren 1864 in Wien, gestorben 1944, war Professor für Literaturgeschichte an den Universitäten Bern, Dresden und Bonn. Er verfaßte u. a. Untersuchungen über Goethe, Schiller und die Romantiker. Hauptwerke: „Das Wortkunstwerk" (1926); „Vom Wesen der Dichtung" (1928); „Gehalt und Gestalt im Kunstwerk des Dichters" (1929).

Harald Weinrich
geboren 1927 in Wismar, Professor für Linguistik, Deutsch als Fremdsprache und Romanistik an den Universitäten Kiel, Köln, Bielefeld und München. „Linguistik der Lüge" (1966); „Literatur für Leser" (1971); „Sprache in Texten" (1976).

Ernst-Peter Wieckenberg
geboren 1935 in Kiel, ist Verlagslektor in München; Herausgeber einer Sammlung von Gedichten Friedrich von Logaus.

Christa Wolf
geboren 1929 in Landsberg an der Warthe, ist Romanschriftstellerin und Essayistin in der DDR. „Der geteilte Himmel" (1963); „Nachdenken über Christa T." (1968); „Kindheitsmuster" (1976); „Kein Ort. Nirgends" (1979); „Kassandra" (1983).

Michael Zeller
geboren 1944 in Breslau, lehrt neuere deutsche Literatur in Erlangen. Veröffentlichungen über Thomas und Heinrich Mann und über moderne deutsche Literatur.